TUTORIUM JURA

Justus Meyer

Handelsrecht

Grundkurs und Vertiefungskurs

Zweite, aktualisierte Auflage

Professor Dr. Justus Meyer
Universität Leipzig
Lehrstuhl für Bürgerliches Recht,
Handels- und Wirtschaftsrecht,
Europäisches Privatrecht
und Rechtsvergleichung
Burgstraße 27
04109 Leipzig
Deutschland
jmeyer@uni-leipzig.de

ISSN 1613-8724
ISBN 978-3-642-22343-3 e-ISBN 978-3-642-22344-0
DOI 10.1007/978-3-642-22344-0
Springer Heidelberg Dordrecht London New York

Die Deutsche Nationalbibliothek verzeichnet diese Publikation in der Deutschen Nationalbibliografie; detaillierte bibliografische Daten sind im Internet über http://dnb.d-nb.de abrufbar.

© Springer-Verlag Berlin Heidelberg 2007, 2011
Dieses Werk ist urheberrechtlich geschützt. Die dadurch begründeten Rechte, insbesondere die der Übersetzung, des Nachdrucks, des Vortrags, der Entnahme von Abbildungen und Tabellen, der Funksendung, der Mikroverfilmung oder der Vervielfältigung auf anderen Wegen und der Speicherung in Datenverarbeitungsanlagen, bleiben, auch bei nur auszugsweiser Verwertung, vorbehalten. Eine Vervielfältigung dieses Werkes oder von Teilen dieses Werkes ist auch im Einzelfall nur in den Grenzen der gesetzlichen Bestimmungen des Urheberrechtsgesetzes der Bundesrepublik Deutschland vom 9. September 1965 in der jeweils geltenden Fassung zulässig. Sie ist grundsätzlich vergütungspflichtig. Zuwiderhandlungen unterliegen den Strafbestimmungen des Urheberrechtsgesetzes.
Die Wiedergabe von Gebrauchsnamen, Handelsnamen, Warenbezeichnungen usw. in diesem Werk berechtigt auch ohne besondere Kennzeichnung nicht zu der Annahme, dass solche Namen im Sinne der Warenzeichen- und Markenschutz-Gesetzgebung als frei zu betrachten wären und daher von jedermann benutzt werden dürften.

Einbandentwurf: WMXDesign GmbH, Heidelberg

Gedruckt auf säurefreiem Papier

Springer ist Teil der Fachverlagsgruppe Springer Science+Business Media (www.springer.com)

Vorwort

Die Neuauflage des Buchs gab Gelegenheit zu einer durchgehenden Aktualisierung, die durch Gesetzesänderungen im Bank- und Versicherungsrecht besonders tiefgreifend waren. Die Grundkonzeption ist geblieben: Das Tutorium Handelsrecht vereint Kurzlehrbuch und Arbeitsbuch und wendet sich damit an Jurastudenten, Rechtsreferendare sowie all jene, die sich - etwa in Bachelor- oder Master-Studiengängen, im Nebenfach oder in Wirtschaftsakademien - mit den Grundstrukturen des Handelsrechts vertraut machen und dabei auf ein vertiefendes Einüben nicht verzichten wollen. Jurastudenten, die sich auf den Pflichtstoff der Ersten Staatsprüfung beschränken wollen, können Kapitel 3.5 und weitgehend Kapitel 8 übergehen.[1]

Es gliedert sich in einen Grundkurs und einen Vertiefungskurs. Der Grundkurs vermittelt in acht Kapiteln die wesentlichen Strukturen des Handelsrechts, wobei auf die stetige Arbeit mit dem Gesetz und vor allem viele eingängige Fallbeispiele Wert gelegt wird. Er schließt mit Wiederholungsaufgaben in Multiple Choice- und offener Form und den zugehörigen Lösungshinweisen.

Der Vertiefungskurs folgt der Kapitelstruktur des Grundkurses. Er liefert zunächst zur Wiederholung eine Übersicht über den Inhalt des Grundkurses und vertieft dann in drei Schritten den Stoff anhand weiterer Aufgaben und Lösungen. Im ersten Schritt werden Feinheiten in der Struktur sowie Detailfragen erläutert. Im zweiten Schritt werden zentrale Fragen noch einmal im Rahmen von Fallbearbeitungen behandelt. Im dritten Schritt werden weitere Fragen anhand des gängigen Standardkommentars zum HGB verfolgt. Damit wird den Studierenden der Brückenschlag zur Praxis erleichtert und Referendaren die Gelegenheit gegeben, sich mit dem Handwerkszeug vertraut zu machen, das sie in die zweite Staatsprüfung und vielleicht durch ihr weiteres Berufsleben begleiten wird.

Mein herzlicher Dank geht an Frau Marie-Theres Merrem, Frau Jessica Zoberbier, Herrn Peer Mißler und Herrn Peter Rauschenbach für ihre wertvolle Unterstützung.

Ich widme dieses Buch meinen Kindern, Leah Johanna und Jakob Elias.

Leipzig, im Juni 2011　　　　　　　　　　　　　　　　　　　　　Justus Meyer

---

[1] Zum Pflichtstoff gehören regelmäßig die §§ 355 ff. HGB (Kapitel 8.3.5.); zudem kommen Kommissionsgeschäfte (Kapitel 8.1.1.) häufiger in sachenrechtlichen Prüfungen vor.

Gesamtübersicht

Inhaltsverzeichnis IX
Verzeichnis der abgekürzt zitierten Literatur XVII

Grundkurs
1 Grundlagen...3
2 Unternehmer, Kaufleute und Handelsgesellschaften...............19
3 Unternehmenspublizität...41
4 Das Unternehmen als Rechtsobjekt...63
5 Kaufmännische Stellvertretung..83
6 Allgemeine Handelsgeschäftslehre..103
7 Handelskauf...125
8 Weitere Handelsgeschäfte...139

Vertiefungskurs
1 Grundlagen..169
2 Unternehmer, Kaufleute und Handelsgesellschaften.............177
3 Unternehmenspublizität...189
4 Das Unternehmen als Rechtsobjekt.......................................201
5 Kaufmännische Stellvertretung..213
6 Allgemeine Handelsgeschäftslehre..225
7 Handelskauf...243
8 Weitere Handelsgeschäfte...257

Stichwortverzeichnis..269

Inhaltsverzeichnis

Verzeichnis der abgekürzt zitierten Literatur XVII

Grundkurs 1

1 Grundlagen 3
  1.1 Begriff und Gegenstand des Handelsrechts 3
  1.2 Historischer Hintergrund 4
  1.3 Rechtsgrundlagen 5
    1.3.1 Struktur und Regelungsgegenstände des HGB 6
      1.3.1.1 „Handelsstand" 6
      1.3.1.2 Handelsgesellschaften 6
      1.3.1.3 Handelsbücher 7
      1.3.1.4 Handelsgeschäfte 7
      1.3.1.5 Seehandel 7
    1.3.2 Weitere Rechtsquellen im nationalen Recht 8
    1.3.3 Rechtsquellen im EU-Recht und internationalen Recht 8
  1.4 Charakteristika handelsrechtlicher Normen 10
    1.4.1 Entgeltlichkeit 10
    1.4.2 Schnelligkeit und Leichtigkeit des Handelsverkehrs 10
    1.4.3 Publizität und Vertrauensschutz 11
    1.4.4 Internationalität 11
  1.5 Handelsrecht in der Fallprüfung 12
  1.6 Wiederholungsaufgaben 14
    1.6.1 Multiple-Choice-Fragen 14
    1.6.2 Weitere Wiederholungsaufgaben 15
    1.6.3 Lösungshinweise zu den Multiple-Choice-Fragen 15
    1.6.4 Lösungshinweise zu den weiteren Aufgaben 16

2 Unternehmer, Kaufleute und Handelsgesellschaften 19
  2.1 Handelsrecht als „Kaufmannsrecht" 19
    2.1.1 Subjektive Anknüpfung 19
    2.1.2 Die Prüfungsstruktur 19
  2.2 Gewerbebetrieb 20
    2.2.1 Bedeutung des Gewerbebegriffs 20
      2.2.1.1 Viele Gewerbebegriffe 20
      2.2.1.2 Gewerbetreibende als Unternehmer im BGB 21
      2.2.1.3 Der Gewerbebetrieb als Voraussetzung der
               Kaufmannseigenschaft 21

X Inhaltsverzeichnis

    2.2.2 Merkmale des Gewerbebegriffs 22
        2.2.2.1 Selbstständigkeit 22
        2.2.2.2 Ausrichtung nach außen 22
        2.2.2.3 Planmäßigkeit und Dauerhaftigkeit 23
        2.2.2.4 Gewinnerzielungsabsicht oder Entgeltlichkeit 23
        2.2.2.5 Kein freier Beruf 24
        2.2.2.6 Andere (irrelevante) Merkmale 24
2.3 Handelsgewerbe 25
    2.3.1 Der Istkaufmann 26
        2.3.1.1 Der branchenunabhängige Kaufmannsbegriff 26
        2.3.1.2 Die Abgrenzung zum Kleingewerbe 26
        2.3.1.3 Die Vermutungswirkung des § 1 II HGB 28
        2.3.1.4 Die Rechtsstellung des Istkaufmanns 29
    2.3.2 Der Kannkaufmann 29
    2.3.3 Land- und Forstwirtschaft 31
    2.3.4 Fiktiv- und Scheinkaufmann 31
        2.3.4.1 Die Bedeutung des § 5 HGB 31
        2.3.4.2 Der Scheinkaufmann 32
2.4 Betreiber 32
2.5 Handelsgesellschaften 33
    2.5.1 OHG und KG 33
    2.5.2 Die übrigen Rechtsformen 34
2.6 Wiederholungsaufgaben 36
    2.6.1 Multiple-Choice-Fragen 36
    2.6.2 Weitere Wiederholungsaufgaben 37
    2.6.3 Lösungshinweise zu den Multiple-Choice-Fragen 38
    2.6.4 Lösungshinweise zu den weiteren Wiederholungsaufgaben 39

3 Unternehmenspublizität 41
3.1 Übersicht 41
3.2 Handelsregister und Unternehmensregister 42
    3.2.1 Allgemeines 42
    3.2.2 Handelsregisterpublizität 43
        3.2.2.1 Negative Publizität unterlassener Eintragungen
                und Bekanntmachungen (§ 15 I HGB) 44
        3.2.2.2 Positive Publizität zutreffender Eintragungen und
                Bekanntmachungen (§ 15 II HGB) 44
        3.2.2.3 Positive Publizität falscher Bekanntmachungen
                (§ 15 III HGB) 45
3.3 Die Firma 46
    3.3.1 Allgemeines zur Firma 46
    3.3.2 Firmenbildung 46
        3.3.2.1 Kennzeichnungs- und Unterscheidungskraft 47
        3.3.2.2 Irreführungsverbot 47

                    3.3.2.3   Aktuell zutreffender Rechtsformzusatz 48
            3.3.3   Firmenfortführung.. 48
            3.3.4   Firmenschutz 49
            3.3.5   Firmenrecht im weiteren Kontext 49
    3.4   Pflichtangaben auf Geschäftsbriefen 50
    3.5   Rechnungslegung 51
            3.5.1   Grundbegriffe 51
            3.5.2   Buchführung und Inventar 52
            3.5.3   Der Jahresabschluss 53
            3.5.4   Sondervorschriften für Kapitalgesellschaften usw. 55
            3.5.5   Europäisierung und Internationalisierung 56
    3.6   Wiederholungsaufgaben 57
            3.6.1   Multiple-Choice-Fragen 57
            3.6.2   Weitere Wiederholungsaufgaben 58
            3.6.3   Lösungshinweise zu den Multiple-Choice-Fragen 59
            3.6.4   Lösungshinweise zu den weiteren Aufgaben 60

4   Das Unternehmen als Rechtsobjekt 63
    4.1   Was ist ein „Unternehmen"? 63
    4.2   Das Unternehmen als Schutzobjekt 64
            4.2.1   Privatrechtliche Anspruchsgrundlagen im Überblick 64
            4.2.2   Das „Recht am Unternehmen" 65
    4.3   Die Übertragung von Unternehmen 66
            4.3.1   Übertragungsformen 66
            4.3.2   Besonderheiten des Unternehmenskaufs 67
                    4.3.2.1   Due Diligence-Prüfung 67
                    4.3.2.2   Sach- und Rechtsmängel 67
                    4.3.2.3   Rechtsfolgen 68
    4.4   Haftungskontinuität beim Übergang eines Handelsunternehmens 69
            4.4.1   Haftungskontinuität beim Erwerb von Anteilen 69
            4.4.2   Haftungskontinuität beim sonstigen Erwerb unter Lebenden 69
                    4.4.2.1   Haftung des Erwerbers 69
                    4.4.2.2   Die fortbestehende Haftung des Veräußerers 71
                    4.4.2.3   Fiktion des Forderungsübergangs 72
            4.4.3   Haftungskontinuität beim sonstigen Erwerb im Erbgang 73
            4.4.4   Haftungskontinuität bei Gesellschaftsgründung 74
    4.5   Wiederholungsaufgaben 77
            4.5.1   Multiple-Choice-Fragen 77
            4.5.2   Weitere Wiederholungsaufgaben 78
            4.5.3   Lösungshinweise zu den Multiple-Choice-Fragen 79
            4.5.4   Lösungshinweise zu den weiteren Wiederholungsaufgaben 81

5 Kaufmännische Stellvertretung ... 83
5.1 Einordnung der handelsrechtlichen Stellvertretungsregeln ... 83
5.1.1 Der Grundtatbestand des § 164 BGB ... 83
5.1.2 Rechtsfolgen ... 85
5.1.3 Konsequenzen für die Fallprüfung ... 86
5.2 Die Prokura ... 86
5.2.1 Prokuraerteilung ... 86
5.2.2 Die Vertretungsmacht des Prokuristen ... 87
5.2.2.1 Der weite Umfang nach § 49 I HGB ... 87
5.2.2.2 Keine Außenwirkung abweichender Abreden ... 88
5.2.2.3 Grenzen des Prokura-Umfangs ... 88
5.2.2.4 Missbrauch der Vertretungsmacht ... 89
5.2.3 Gesamtprokura und Filialprokura ... 89
5.2.3.1 Gesamtprokura ... 89
5.2.3.2 Filialprokura ... 90
5.2.4 Erlöschen der Prokura ... 91
5.3 Die Handlungsvollmacht ... 91
5.3.1 Erteilung der Handlungsvollmacht ... 91
5.3.2 Der Umfang der Handlungsvollmacht ... 92
5.3.2.1 Die Generalhandlungsvollmacht ... 92
5.3.2.2 Die Arthandlungsvollmacht ... 93
5.3.2.3 Die Spezialhandlungsvollmacht ... 93
5.3.3 Vertrauensschutz gegenüber weiteren Beschränkungen ... 94
5.4 Stellvertretung durch Ladenangestellte ... 94
5.5 Wiederholungsaufgaben ... 96
5.5.1 Multiple-Choice-Fragen ... 96
5.5.2 Weitere Wiederholungsaufgaben ... 98
5.5.3 Lösungshinweise für die Multiple-Choice-Fragen ... 98
5.5.4 Lösungshinweise für die weiteren Wiederholungsaufgaben ... 100

6 Allgemeine Handelsgeschäftslehre ... 103
6.1 Begriff und Bedeutung der Handelsgeschäfte ... 103
6.2 Besonderheiten in der Rechtgeschäftslehre ... 105
6.2.1 Handelsbrauch und Handelsklauseln ... 105
6.2.2 Kaufmännische AGB ... 106
6.2.2.1 Einbeziehung ... 106
6.2.2.2 Inhaltskontrolle ... 106

- 6.2.3 Schweigen im Handelsverkehr ... 106
  - 6.2.3.1 Geschäftsbesorgungsverträge durch Schweigen ... 107
  - 6.2.3.2 Das kaufmännische Bestätigungsschreiben ... 107
- 6.2.4 Vergrößerung der Vertragsfreiheit und Absenkung des Schutzniveaus ... 110
  - 6.2.4.1 Vertragsstrafen ... 110
  - 6.2.4.2 Die kaufmännische Bürgschaft ... 110
  - 6.2.4.3 Gerichtsstandsvereinbarungen ... 111
- 6.3 Besonderheiten im Allgemeinen Schuldrecht ... 111
  - 6.3.1 Übersicht ... 111
  - 6.3.2 Zinsen und andere Entgelte ... 112
  - 6.3.3 Abtretungsverbote im Handelsrecht ... 113
- 6.4 Besonderheiten im Sachenrecht ... 114
  - 6.4.1 Erweiterter gutgläubiger Erwerb ... 115
    - 6.4.1.1 Hintergrund ... 115
    - 6.4.1.2 Guter Glaube an die Verfügungsbefugnis ... 115
    - 6.4.1.3 Guter Glaube an die Vertretungsmacht? ... 117
    - 6.4.1.4 Sonstige Weiterungen beim gutgläubigen Erwerb ... 117
  - 6.4.2 Kaufmännische Sicherungsrechte ... 118
- 6.5 Wiederholungsaufgaben ... 120
  - 6.5.1 Multiple-Choice-Fragen ... 120
  - 6.5.2 Weitere Wiederholungsaufgaben ... 121
  - 6.5.3 Lösungshinweise zu den Multiple-Choice-Fragen ... 122
  - 6.5.4 Lösungshinweise zu den weiteren Aufgaben ... 123

7 Handelskauf ... 125
- 7.1 Begriff, Bedeutung und Abgrenzung ... 125
- 7.2 Besonderheiten beim Annahmeverzug ... 126
- 7.3 Fixhandelskauf ... 127
- 7.4 Die Rügeobliegenheit ... 128
  - 7.4.1 Voraussetzungen ... 128
  - 7.4.2 Ordnungsgemäße Untersuchung ... 129
  - 7.4.3 Die Rügeobliegenheit bei offenen und versteckten Mängeln ... 130
  - 7.4.4 Rechtsfolgen bei Verletzung der Rügeobliegenheit ... 131
  - 7.4.5 § 377 HGB in der Fallprüfung ... 132
- 7.5 Internationaler Warenkauf ... 132
- 7.6 Wiederholungsaufgaben ... 134
  - 7.6.1 Multiple-Choice-Fragen ... 134
  - 7.6.2 Wiederholungsfragen ... 135
  - 7.6.3 Lösungshinweise zu den Multiple-Choice-Fragen ... 136
  - 7.6.4 Lösungshinweise zu den weiteren Wiederholungsaufgaben ... 137

XIV Inhaltsverzeichnis

8 Weitere Handelsgeschäfte 139
   8.1 Kommission und andere Formen der Geschäftsmittlung 139
      8.1.1 Das Kommissionsgeschäft 139
         8.1.1.1 Übersicht 139
         8.1.1.2 Das Kommissionsverhältnis 140
         8.1.1.3 Das Ausführungsgeschäft 141
         8.1.1.4 Das Abwicklungsgeschäft 141
         8.1.1.5 Kommittentenschutz 141
      8.1.2 Der Handelsvertreter 142
         8.1.2.1 Begriff, Abgrenzung und Einteilung 142
         8.1.2.2 Der Handelsvertretervertrag 143
         8.1.2.3 Beendigung des Vertragsverhältnisses 144
      8.1.3 Der Handelsmakler 145
      8.1.4 Sonstige Formen der Geschäftsmittlung 145
   8.2 Transport und Lagerverträge 146
      8.2.1 Das Frachtgeschäft 146
         8.2.1.1 Übersicht 146
         8.2.1.2 Beförderung von Umzugsgut 148
         8.2.1.3 Multimodaler Transport 148
         8.2.1.4 Internationaler Transport 148
      8.2.2 Das Speditionsgeschäft 149
      8.2.3 Das Lagergeschäft 149
   8.3 Bankgeschäfte 150
      8.3.1 Übersicht 150
      8.3.2 Einlagengeschäft und Kreditgeschäft 150
      8.3.3 Effektenkommission und Depotgeschäft 151
      8.3.4 Zahlungsdienste 151
         8.3.4.1 Schuldtilgung per Zahlungsdienst 152
         8.3.4.2 Der Zahlungsdienstevertrag 153
         8.3.4.3 Die einzelnen Zahlungsvorgänge 153
         8.3.4.4 Missbrauchssicherung und Haftung 153
      8.3.5 Das Kontokorrent 154
         8.3.5.1 Begriff und Bedeutung 154
         8.3.5.2 Die Einstellung der Einzelforderungen in die
                 laufende Rechnung 155
         8.3.5.3 Die periodische Verrechnung 155
         8.3.5.4 Die Feststellung des Überschusses
                 (Saldoanerkenntnis) 156
         8.3.5.5 Beendigung des Kontokorrents 157
   8.4 Versicherungsgeschäfte 157
      8.4.1 Übersicht 157
      8.4.2 Allgemeine Regeln 157
         8.4.2.1 Pflichten des Versicherers 158
         8.4.2.2 Pflichten des Versicherungsnehmers 158

          8.4.3 Besonderheiten der Kfz-Haftpflichtversicherung 159
    8.5 Wiederholungsaufgaben 161
          8.5.1 Multiple-Choice-Fragen 161
          8.5.2 Weitere Wiederholungsaufgaben 162
          8.5.3 Lösungshinweise zu den Multiple-Choice-Fragen 163
          8.5.4 Lösungshinweise zu den weiteren Wiederholungsaufgaben 164

Vertiefungskurs 167

1 Grundlagen 169
    1.1 Vertiefungsfragen 170
    1.2 Übungsfälle 170
    1.3 Übungen zur Kommentararbeit 171
    1.4 Lösungshinweise: Vertiefungsfragen 171
    1.5 Lösungshinweise: Übungsfälle 174
    1.6 Lösungshinweise: Kommentararbeit 176

2 Unternehmer, Kaufleute und Handelsgesellschaften 177
    2.1 Vertiefungsfragen 178
    2.2 Übungsfälle 179
    2.3 Übungen zur Kommentararbeit 180
    2.4 Lösungshinweise: Vertiefungsfragen 180
    2.5 Lösungshinweise: Übungsfälle 184
    2.6 Lösungshinweise: Kommentararbeit 187

3 Unternehmenspublizität 189
    3.1 Vertiefungsfragen 190
    3.2 Übungsfälle 190
    3.3 Übungen zur Kommentararbeit 191
    3.4 Lösungshinweise: Vertiefungsfragen 192
    3.5 Lösungshinweise: Übungsfälle 195
    3.6 Lösungshinweise: Kommentararbeit 200

4 Das Unternehmen als Rechtsobjekt 201
    4.1 Vertiefungsfragen 202
    4.2 Übungsfälle 202
    4.3 Übungen zur Kommentararbeit 203
    4.4 Lösungshinweise: Vertiefungsfragen 204
    4.5 Lösungshinweise: Übungsfälle 207
    4.6 Lösungshinweise: Kommentararbeit 211

5 Kaufmännische Stellvertretung 213
    5.1 Vertiefungsfragen..214
    5.2 Übungsfälle 215
    5.3 Übungen zur Kommentararbeit 216
    5.4 Lösungshinweise: Vertiefungsfragen 216
    5.5 Lösungshinweise: Übungsfälle 219
    5.6 Lösungshinweise: Kommentararbeit 224

6 Allgemeine Handelsgeschäftslehre 225
    6.1 Vertiefungsfragen..226
    6.2 Übungsfälle 227
    6.3 Übungen zur Kommentararbeit 228
    6.4 Lösungshinweise: Vertiefungsfragen 229
    6.5 Lösungshinweise: Übungsfälle 234
    6.6 Lösungshinweise: Kommentararbeit 240

7 Handelskauf 243
    7.1 Vertiefungsfragen..244
    7.2 Übungsfälle 245
    7.3 Übungen zur Kommentararbeit 246
    7.4 Lösungshinweise: Vertiefungsfragen 246
    7.5 Lösungshinweise: Übungsfälle 250
    7.6 Lösungshinweise: Kommentararbeit 255

8 Weitere Handelsgeschäfte 257
    8.1 Vertiefungsfragen..258
    8.2 Übungsfälle 259
    8.3 Übungen zur Kommentararbeit 259
    8.4 Lösungshinweise: Vertiefungsfragen 260
    8.5 Lösungshinweise: Übungsfälle 264
    8.6 Lösungshinweise: Kommentararbeit 267

Stichwortverzeichnis..269

Verzeichnis der abgekürzt zitierten Literatur

Baumbach/Hopt	Handelsgesetzbuch, 34. Auflage, München 2010
Baur/Stürner	Sachenrecht, 18. Auflage, München 2009
Brox/Henssler	Handelsrecht, 20. Auflage, München 2009
Canaris, HR	Handelsrecht, 24. Auflage, München 2006
Canaris, SBT II	Schuldrecht II/2, 13. Auflage, München 1994
Fezer	Klausurenkurs im Handelsrecht, 5. Auflage, Heidelberg 2009
GK-HGB	Staub, Großkommentar zum HGB, 5. Auflage Berlin 2008 ff.
Heymann	Handelsgesetzbuch, 2. Auflage, Berlin/New York 1995 ff.
Hopt, HR	Handels- und Gesellschaftsrecht, Band I, 2. Auflage, München 1999
Hübner	Handelsrecht, 5. Auflage, Heidelberg 2004
Jung	Handelsrecht, 8. Auflage, München 2010
Kindler	Grundkurs Handels- und Gesellschaftsrecht, 5. Auflage, München 2011
Koller/Roth/Morck	Handelsgesetzbuch, 7. Auflage, München 2011
Lettl	Kartellrecht, 2. Auflage, München 2007
Medicus/Petersen	Bürgerliches Recht, 22. Auflage, Köln u.a. 2009
MK-HGB	Münchener Kommentar zum HGB, 3. Auflage, München 2006 ff.
Oetker	Handelsrecht, 6. Auflage, Berlin/Heidelberg/New York 2010
Palandt	Bürgerliches Gesetzbuch, 70. Auflage, München 2011
Karsten Schmidt, HR	Handelsrecht, 5. Auflage, Köln u.a. 1999
Karsten Schmidt, GesR	Gesellschaftsrecht, 4. Auflage, Köln u.a. 2002
Wiedemann/Fleischer	Handelsrecht (PdW), 8. Auflage, München 2004

Die Abkürzungen entsprechen im Übrigen Kirchner, Abkürzungsverzeichnis der Rechtssprache, 6. Auflage, Berlin 2008.

Grundkurs

1 Grundlagen

- Was ist eigentlich „Handelsrecht"?
- Geht Handelsrecht nur Handelsunternehmen oder auch Industrieunternehmen an?
- Woher kommt das Handelsrecht?
- Wo findet es sich heute?
- Was ist das Besondere am Handelsrecht?
- Welche Rolle spielt es in Fallprüfungen?

1.1 Begriff und Gegenstand des Handelsrechts

Das Bürgerliche Recht enthält grundsätzlich Regelungen für jedermann. Wie ein Vertrag geschlossen wird, welche Verpflichtungen sich aus einem Kauf- oder Mietvertrag ergeben, wie eine bewegliche Sache übereignet oder eine Hypothek bestellt wird, all das gilt für alle Personen gleichermaßen (und grundsätzlich auch für Kaufleute). Allerdings enthält schon das BGB zahlreiche spezielle Vorschriften für besondere Personenkreise.

> **Beispiele:** §§ 1297 ff. BGB gelten nur für Verlobte, §§ 1615a ff. BGB nur für Kinder nicht miteinander verheirateter Eltern und so fort. Verschiedene Vorschriften enthalten Sonderregeln für den Fall, dass ein Verbraucher einem professionell agierenden Geschäftspartner gegenübersteht und insoweit besonders schutzwürdig erscheint (vgl. z.B. §§ 13, 14, 312 ff., 355 ff., 474 ff., 491 ff. BGB).

Im Wirtschaftsleben hat sich das Bedürfnis nach Sonderregeln schon sehr früh und in besonders starkem Maße gezeigt. Daher hat sich im Mittelalter ein Sonderrecht für den oft überregionalen und internationalen Handel entwickelt, der die seinerzeitige Wirtschaft dominierte. Das daraus entstandene Handelsrecht ist weiterhin „Recht der Kaufleute". Nach §§ 1 und 2 HGB fallen darunter aber alle größeren gewerblichen Unternehmen und nach § 6 HGB alle Handelsgesellschaften.

Der Begriff „Handelsrecht" darf daher nicht in die Irre leiten: Es geht um ein Sonderrecht für die gewerbliche Wirtschaft, das neben einigen Instituten des öffentlichen Rechts (z.B. Register, Firma, Rechnungslegung) insbesondere im Privatrecht Modifikationen der allgemeinen Regeln enthält. Daher wird es meist als „Sonderprivatrecht der Kaufleute" bezeichnet.

> **Hintergrund:** Freilich hat sich das Wirtschaftsrecht später immer stärker ausdifferenziert und weist über das Handelsrecht weit hinaus. Die Grenzen sind allerdings (z.b. im Bank- und Versicherungsrecht) fließend und das Handelsrecht lässt sich als Keimzelle des Wirtschaftsrechts im weiteren Sinne verstehen.

1.2 Historischer Hintergrund

4 Für das bessere Verständnis der handelsrechtlichen Besonderheiten sind einige historische Hintergrundinformationen hilfreich[2], die – wie gesagt – im Mittelalter ansetzen. Wenn man in antiken Rechtskulturen, z.B. im römischen Recht, nach speziellem „Handelsrecht" sucht, fällt die Ausbeute mager aus.

5 Im Hochmittelalter (insb. 1100-1500) bildeten sich vor allem in den italienischen Hafenstädten Kaufmannschaften, Handelsgerichte und zahlreiche besondere (geschriebene und ungeschriebene) Rechtsregeln heraus. Später beeinflusste im Norden auch die Hanse die entstehenden Stadtrechte, Merkantilordnungen usw. Das Handelsrecht, das aus der Praxis der international agierenden Kaufleute heraus entstanden war, wurde von der aufkommenden Handelsrechtswissenschaft hauptsächlich in den Kategorien des römischen Rechts beschrieben.[3]

6 In der Neuzeit prägten die flächendeckenden Kodifikationen in Frankreich weite Teile Europas: Im Merkantilismus war die Ordonnance de Commerce (1673) entstanden. Darauf baute der Code de Commerce (1807) auf, der sich mit der napoleonischen Herrschaft in Europa ausbreitete und die spätere Diskussion um ein einheitliches Handelsrecht in Deutschland stärker beeinflusst hat als z.B. das Kaufmannsrecht im Preußischen Allgemeinen Landrecht (1794).

7 Für die weitere deutsche Entwicklung ist bemerkenswert, dass es schon vor der Reichseinheit (1871) zur Vereinheitlichung des Handelsrechts kam: Nach der Wechselordnung (ADWO 1848) trat auch das Allgemeine Deutsche Handelsgesetzbuch (ADHGB 1861) in den meisten deutschen Staaten in Kraft und galt neben dem jeweiligen, unvereinheitlichten bürgerlichen Recht.[4] Um auch eine einheitliche Auslegung des vereinheitlichten Handelsrechts abzusichern, wurde 1869 in Leipzig das Bundesoberhandelsgericht (BOHG) gegründet, das 1871 zum Reichsoberhandelsgericht (ROHG) und 1879 zum Reichsgericht (RG) wurde. Bei Schaffung des BGB wurden zahlreiche schuldrechtliche und manche sachenrechtliche Vorschriften aus dem ADHGB übernommen; die übrigen Regeln wurden an das BGB angepasst und traten als HGB 1900 mit diesem in Kraft (Art. 1 EGHGB).[5]

---

[2] Zur Prüfungsrelevanz vgl. § 5a II 3 DRiG.
[3] Vgl. nur Coing, Europäisches Privatrecht I, § 106; Eisenhard, FS Raisch (1995), 51 ff.
[4] Vgl. z.B. Schubert, ZHR 144 (1980), 484 ff.
[5] Zusammenfassend Kindler, § 1 Rn 23 ff.

Geschichte des Handelsrechts
Einige Stationen

Gewohnheitsrecht und Stadtrechte
Italien (ab ca. 1100)
Hanse (ab ca. 1300)

Frankreich
1673 Ordonnance de Commerce
1807 Code de Commerce

Deutschland
1861 ADHGB
1869 BOHG → 1871 ROHG → 1879 RG
1900 HGB

1.3 Rechtsgrundlagen

Wichtigste Rechtsgrundlage des Handelsrechts ist danach das Handelsgesetzbuch (HGB), das insbesondere dem BGB zur Seite steht und dessen allgemeine Vorschriften modifiziert und ergänzt, um den besonderen Bedürfnissen der gewerblichen Wirtschaft Rechnung zu tragen.

> **Beispiel:** Wer seine Zahlungspflicht nicht rechtzeitig erfüllt, hat allgemein im Verzug Zinsen zu zahlen (§§ 286, 288 BGB). Im kaufmännischen Verkehr beginnt die Verzinsungspflicht nicht erst im Verzug, sondern bereits mit der Fälligkeit der Geldforderung (§ 353 HGB).

Hinzu kommen Vorgaben des EU-Rechts, des Verfassungsrechts und zahlreiche handelsrechtliche Nebengesetze mit materiellen und verfahrensrechtlichen Ergänzungen sowie auch unkodifiziertes Handelsrecht.

1.3.1 Struktur und Regelungsgegenstände des HGB

10 Das HGB besteht wie das BGB aus fünf Büchern.

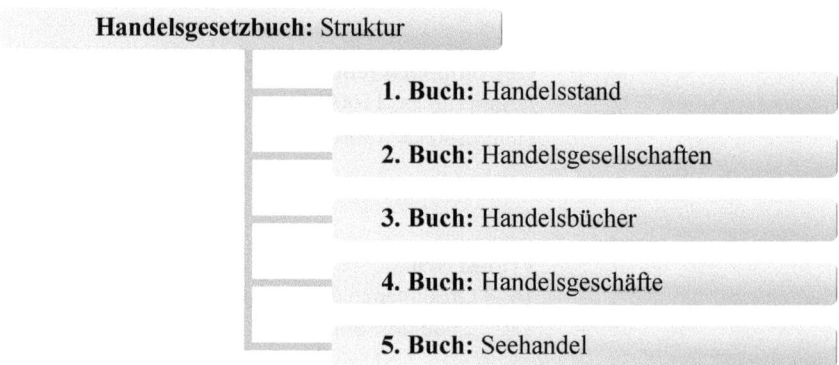

1.3.1.1 „Handelsstand"

11 Das erste Buch des HGB (§§ 1-104) behandelt zunächst die Frage, wer überhaupt Kaufleute sind. Es regelt das Handelsregister und die Firma als spezielle Unternehmenskennzeichnung und ferner insbesondere mit der Prokura besondere Stellvertretungsfragen.

> **Beispiel:** Nach §§ 164, 167 BGB kann ein Vertreter nur in dem Umfang den Vertretenen berechtigen und verpflichten, wie dieser ihn bevollmächtigt hat. Das ist im Handelsverkehr unpraktisch, da man kaum sicher sein kann, wie weit die Vollmacht seines Gegenübers reicht. Die Prokura ist eine besondere Vertretungsmacht; sie wird im Handelsregister eingetragen und hat einen im Gesetz festgelegten Umfang (§§ 49, 50 I, 53 I HGB). Ein solches Instrument wäre für Privatleute zu aufwendig, fördert aber die Schnelligkeit und Leichtigkeit des Handelsverkehrs.

1.3.1.2 Handelsgesellschaften

12 Das zweite Buch des HGB (§§ 105-236) behandelt insbesondere die Handelsgesellschaften, die Offene Handelsgesellschaft (OHG) und die Kommanditgesellschaft (KG). Hier überschneidet sich das Handelsrecht also mit dem Gesellschaftsrecht. Die HGB-Kodifikation ist hier aber nicht vollständig: Die übrigen Handelsgesellschaften sind in Sondergesetzen geregelt, insbesondere im GmbH-Gesetz und im Aktiengesetz (GmbHG und AktG).

1.3.1.3 Handelsbücher

Das dritte Buch des HGB (§§ 238-342a) befasst sich mit dem Bilanzrecht. Es enthält zunächst die allgemeinen Vorschriften zur Buchführung und zur Rechnungslegung, dann Sondervorschriften für Kapitalgesellschaften und schließlich nochmals speziellere Regeln für besondere Branchen wie insbesondere Kreditinstitute (§§ 340-340o HGB). Das Bilanzrecht gehört nicht zum herkömmlichen Prüfungsstoff und ist regelmäßig auch besonderen Vorlesungen vorbehalten. Daher werden hier nur wenige Grundzüge skizziert.

13

1.3.1.4 Handelsgeschäfte

Das vierte Buch des HGB (§§ 343-475h) enthält zunächst die allgemeinen Vorschriften, die für alle Arten von Handelsgeschäften gelten. Hier finden sich verschiedene Modifikationen des Allgemeinen Teils des BGB, des Allgemeinen Schuldrechts, aber auch des Sachenrechts.

14

> **Beispiele:** § 350 HGB enthält eine Abweichung von den BGB-Formvorschriften und § 362 HGB sieht vor, dass Schweigen in bestimmten Ausnahmesituationen als Annahme gilt. Die schon erwähnte Vorschrift über den Fälligkeitszins (§ 353 HGB) modifiziert die Regelungen des allgemeinen Schuldrechts. § 366 HGB erweitert die Möglichkeit des gutgläubigen Erwerbs beweglicher Sachen, modifiziert also die sachenrechtliche Regelung der §§ 932 ff. BGB.

Ähnlich wie im BGB das besondere Schuldrecht auf das allgemeine folgt, schließen sich mit §§ 373-382 HGB Vorschriften über den Handelskauf und danach Vorschriften über Kommissions-, Transport- und Lagerverträge an.

15

> **Beispiel:** Der Kaufvertrag unter Kaufleuten richtet sich wie auch sonst nach §§ 433 ff. BGB, die Sachmängelhaftung nach §§ 434 ff. BGB. Eine Sonderregelung ergibt sich insbesondere aus § 377 HGB, wonach der Käufer die erhaltene Ware untersuchen und dabei erkennbare Mängel unverzüglich rügen muss, um seine wegen der Mängel bestehenden Rechte nicht zu verlieren.

1.3.1.5 Seehandel

Das fünfte Buch des HGB (§§ 476-905 HGB) betrifft das Seehandelsrecht. Es gehört nicht zum herkömmlichen Prüfungsstoff und ist in den meisten HGB-Ausgaben nicht mit abgedruckt. Daher bleibt es hier außen vor.

16

1.3.2 Weitere Rechtsquellen im nationalen Recht

17 Im nationalen Recht finden sich zahlreiche handelsrechtliche Regelungen außerhalb des HGB. Das hatte sich für die Handelsgesellschaften schon gezeigt und gilt weit darüber hinaus. So ist vereinzelt auch in anderen Gesetzen von Kaufleuten die Rede.

> **Beispiel:** Nur Kaufleute können Gerichtsstandsvereinbarungen treffen (§ 38 I ZPO).

18 Viel häufiger finden sich aber Regeln, die zwar nicht am Kaufmannsbegriff anknüpfen aber – wie §§ 84 ff., 383 ff., 407 ff. HGB usw. – eine gewerbliche Tätigkeit verlangen und damit der Sache nach besondere Handelsgeschäfte betreffen.

> **Beispiele:** Bank- und Börsengeschäfte sowie Versicherungsgeschäfte sind traditionell Handelsgeschäfte, vgl. § 7 II BörsG, § 2 IV WpHG und § 7 VAG. Überwiegend sind auf diesen Gebieten Kapitalgesellschaften und damit Handelsgesellschaften tätig, so dass schon deswegen die Sondergesetze und das HGB nebeneinander gelten.

19 Hinzu kommen verschiedene verfahrensrechtliche Regeln, die speziell das Handelsrecht betreffen.

> **Beispiele:** Regelungen zum Handelsregister finden sich nicht nur in §§ 8 ff. HGB, sondern auch in §§ 374 ff. FamFG und der Handelsregisterverordnung (HRV). Für Handelssachen gibt es beim Landgericht spezielle Kammern (§§ 93 ff. GVG).

20 Schließlich ist nicht das gesamte Handelsrecht kodifiziert. Verschiedene Rechtsfiguren, die sich aus Handelsbräuchen entwickelt haben, sind gewohnheitsrechtlich anerkannt wie z.B. die Lehren vom Scheinkaufmann und vom kaufmännischen Bestätigungsschreiben.

21 Handelsrecht wird vielfach durch standardisierte AGB geprägt, die dadurch allerdings noch nicht die Qualität von Rechtsnormen erhalten.

> **Beispiele:** Das Bankrecht wird wesentlich durch die AGB der Banken und Sparkassen bestimmt. Im Transportrecht spielen die Allgemeinen Deutschen Spediteurbedingungen (ADSp) eine zentrale Rolle.

1.3.3 Rechtsquellen im EU-Recht und internationalen Recht

22 Handelsrecht wird zunehmend auch durch EU-Recht geprägt. Neben dem EU-Vertrag (EUV) und dem Vertrag über die Arbeitsweise der Union (AEUV) sind

1.3 Rechtsgrundlagen

hier einzelne Verordnungen (wie im Bilanzrecht die IAS-Verordnung[6]) zu nennen. Sie stellen nach Art. 288 II AEUV in allen Mitgliedstaaten unmittelbar geltendes Recht dar und werden vielfach durch nationale Ausführungsgesetze ergänzt. Hinzu kommen vor allem verschiedene Richtlinien (Publizität, Zweigniederlassungen, Handelsvertreter, Bilanzierung u.a.). Sie geben den Mitgliedstaaten (mehr oder minder detaillierte) Ziele vor und sind von diesen umzusetzen (Art. 288 III AEUV).

Beispiele: Die §§ 8 ff. HGB setzen die geänderte Publizitätsrichtlinie und die Zweigniederlassungsrichtlinie um, die §§ 84 ff. HGB die Handelsvertreterrichtlinie.[7]

Ein solcher „Richtlinien-Hintergrund" ist auch für die Anwendung des nationalen Rechts vor allem deshalb wichtig, weil die nationalen Regeln jeweils richtlinienkonform auszulegen sind. Bei Auslegungszweifeln entscheidet also die Zielvorgabe der Richtlinie – und letztlich der Europäische Gerichtshof (EuGH) in Luxemburg (vgl. Art. 19 EUV und Art. 267 AEUV).[8]

23

EU-Recht - Arten von Rechtsquellen

Primärrecht: **EUV + AEUV**

Sekundärrecht (1): **EU-Verordnungen**

Sekundärrecht (2): **EU-Richtlinien**

Neben der EU-rechtlichen Dimension des Handelsrechts ist schließlich die internationale zu nennen. Hier besteht mit der Welthandelsorganisation (WTO) und anderen Institutionen wie dem IWF, der Weltbank usw. ein internationaler Rahmen und es gibt zahlreiche bi- und multilaterale Abkommen, die den internationalen Handel regeln.[9]

24

Beispiele: Für den internationalen Handelskauf gilt eine UN-Konvention, der bereits mehr als 75 Staaten beigetreten sind (dazu unten Rn 298). Im Transportrecht regelt die CMR den internationalen Straßentransport. Weitere Abkommen regeln den Frachtverkehr per Eisenbahn, Schiff und Flugzeug.

---

[6] VO (EG) Nr. 1606/2002.
[7] Richtlinien 68/151/EWG (2003/58EG), 86/653/EWG und 89/666/EWG.
[8] EU-Rechtsakte u.a. unter http://eur-lex.europa.eu, EuGH-Rspr. u.a. unter www.curia.eu.int.; vgl. insg. Kilian, Europäisches Wirtschaftsrecht (CH Beck).
[9] Vgl. insg. Herdegen, Internationales Wirtschaftsrecht (CH Beck).

10 *Grundkurs - 1 Grundlagen*

25 Schließlich spielen Handelsbräuche nicht nur im nationalen Handel eine besondere Rolle (§ 346 HGB), sondern vor allem im internationalen. Daher erlangen beispielsweise die Incoterms große praktische Bedeutung. Dabei handelt es sich um ein Regelwerk der Internationalen Handelskammer in Paris, das die Vereinbarung von Lieferort, Fracht- und Versicherungskosten, Gefahrtragung usw. anhand von Buchstabenkombinationen (z.B. CIF, FOB) standardisiert. Rechtsquellen im klassischen Sinn sind sie allerdings ebensowenig wie AGB und Handelsbräuche.[10]

1.4 Charakteristika handelsrechtlicher Normen

26 Die Gründe für die Herausbildung von Sonderregeln für den Handelsverkehr sind vielfältig und teilweise eher historisch als sachlich bedingt. Es lassen sich aber einige Charakteristika hervorheben.

1.4.1 Entgeltlichkeit

27 Ein wesentlicher Unterschied in der Ausgangslage ergibt sich zunächst daraus, dass die Tätigkeit des Handels und allgemeiner der gewerblichen Wirtschaft typischerweise auf Gewinnerzielung angelegt ist. Daher steht im Handelsrecht die Entgeltlichkeit der Rechtsgeschäfte stärker im Vordergrund.

> **Beispiele:** Wie schon gesehen, sind geschuldete Beträge bereits ab Fälligkeit zu verzinsen (§ 353 HGB). Kaufleute können für Geschäftsbesorgungen auch ohne Verabredung Provisionen und für Aufbewahrungen Lagergeld verlangen (§ 354 HGB). Ein Handelskauf wird regelmäßig nicht getätigt, um eine Ware zu erhalten, sondern um mit dem Warenumsatz Gewinn zu machen. Daher tritt nach § 376 I HGB für Verspätungen beim Fixhandelskauf der Erfüllungsanspruch hinter dem Recht auf Rücktritt und Schadensersatz zurück (im BGB ist die Regelung umgekehrt).

1.4.2 Schnelligkeit und Leichtigkeit des Handelsverkehrs

28 Ein zweites Leitmotiv sind die Schnelligkeit und Leichtigkeit des Handelsverkehrs. Viele Institute sind darauf angelegt, den Abschluss und die Abwicklung von Geschäften zu erleichtern und Verzögerungen entgegenzuwirken.

> **Beispiele:** Kaufleute können sich auch formfrei verbürgen (§ 350 HGB) und durch bloßes Schweigen Verträge schließen (§ 362 HGB). Der schnelle Weg zu Rücktritt und Schadensersatz beim Fixhandelskauf (§ 376 HGB) vermeidet Verzögerungen und führt zu schnellerer Dispositionsfreiheit. Die Rügepflicht des § 377 HGB bewirkt eine zügigere Behandlung von Mängeln.

---

[10] Text und Erläuterung u.a. bei Baumbach/Hopt, 2. Teil unter (6).

Die Kehrseite dieser Erleichterungen besteht darin, dass sie an Kaufleute gesteigerte Sorgfaltsanforderungen stellen. Das rechtfertigt sich grundsätzlich dadurch, dass Kaufleute Profis sind und wissen müssen, was sie tun. Es kann freilich auch eine erhebliche Härte bedeuten. 29

Beispiele: Durch die Möglichkeit mündlicher Bürgschaften entfällt die Warnfunktion der Schriftform; übereilte Bürgschaften können ein wesentliches Haftungsrisiko begründen. Die Grundsätze vom Schweigen im Handelsverkehr verlangen dem Kaufmann stetige Aufmerksamkeit und Reaktion auf alle Angebote ab; wer sich ein paar Tage nicht um Briefkasten, Fax und Mailbox kümmert, kann schnell ohne weiteres Zutun vertraglich verpflichtet werden. Wer sich um angelieferte Ware einige Tage nicht kümmert, kann nach § 377 HGB all seine Mängelrechte verlieren.

1.4.3 Publizität und Vertrauensschutz

Mit dem Leitmotiv der Schnelligkeit und Leichtigkeit des Handelsverkehrs sind die Aspekte Publizität und Vertrauensschutz eng verknüpft. Die Firma (§ 17 HGB) ermöglicht eine erste Identifikation, Pflichtangaben auf Geschäftsbriefen (§ 37a HGB) liefern weitere Informationen. Mit dem Handelsregister existiert ein besonderes Publizitätsinstrument, das dem Handelsverkehr wesentliche Informationen liefert, auf die er sich verlassen kann. Genauere Einblicke gestatten die Handelsbücher (§§ 238 ff. HGB). Auch sonst ist der Gedanke des Vertrauensschutzes im Handelsrecht besonders stark ausgeprägt. 30

Beispiele: Durch die im Handelsregister einzutragende Prokura ist eine verlässliche Vertretungsmacht geschaffen, die Rückfragen, Vollmachtsurkunden und andere Verkomplizierungen unnötig macht. Wer ein Ladenlokal betritt, kann sich auf die Vertretungsmacht eines dort Angestellten verlassen (§ 56 HGB). Wenn § 366 HGB die Möglichkeit des gutgläubigen Erwerbs erweitert, steigert das den Vertrauensschutz und die Verkehrsfähigkeit von Waren.

1.4.4 Internationalität

Als weiteres Charakteristikum ist schließlich die Internationalität des Handelsrechts zu nennen. Das Zusammenwachsen der Europäischen Union und das Phänomen der Globalisierung erfassen zwar alle Lebensbereiche. Im Vordergrund stehen dabei aber nach wie vor der Binnenmarkt und die Globalisierung der Wirtschaft. Daher spielt hier auch die Internationalisierung des Rechts – von der WTO bis zu weltweit in der Praxis verwendeten Handelsklauseln (Incoterms) – eine besondere Rolle. Das hatte sich bei der Übersicht über die Rechtsquellen ja schon angedeutet. 31

Hintergrund: Wie schon vor Schaffung des BGB (s.o. Rn 7) erweist sich das Handels- und Wirtschaftsrecht dabei als Motor der Rechtsangleichung. Es ist kein Zufall, dass die EU aus der EWG hervorgegangen ist. Bei der europäischen und weltweiten Angleichung des Vertragsrechts spielt das UN-Kaufrecht eine zentrale Rolle.

1.5 Handelsrecht in der Fallprüfung

32 Handelsrecht ist Sonderrecht, vor allem Sonderprivatrecht der Kaufleute. Es ergänzt und modifiziert die allgemeinen Regelungen des BGB nur, soweit dies sinnvoll erscheint, um den Bedürfnissen des Handelsverkehrs besser gerecht zu werden. Daraus ergibt sich, dass die allgemeinen BGB-Vorschriften den Ausgangspunkt auch der Fallprüfung bilden. Die HGB-Regeln sind nur insoweit – vorrangig – anzuwenden, als sie für den Fall relevante Modifikationen enthalten.

Beispiele: Kauft Buchhändler K bei der V-GmbH 25 Bücher, so ergibt sich die Zahlungspflicht des K aus § 433 II BGB. Der Anspruch lässt sich aus dem BGB heraus bejahen, ohne dass es darauf ankäme, ob K Kaufmann und die V-GmbH Handelsgesellschaft ist und ob K die Bücher für seine Buchhandlung gekauft hat.
Voraussetzungen und Rechtsfolgen eines Zahlungsverzugs des K ergeben sich aus §§ 286 ff. BGB und auch für die Höhe der Verzugszinsen kommt es nach § 288 II BGB darauf an, ob die Beteiligten Verbraucher sind, und nicht darauf, ob sie Kaufleute sind. Eine Prüfung der Kaufmannseigenschaft wäre verfehlt, weil das HGB insoweit ohnehin keine Sonderregelung trifft.
Wir hatten allerdings schon gesehen, dass das HGB in § 353 eine Verzinsung von Geldschulden bereits ab Fälligkeit vorsieht. In diesem Zusammenhang kommt es darauf an, ob der Bücherkauf ein beiderseitiges Handelsgeschäft ist. Erst an dieser Stelle ist darzustellen, dass die V-GmbH nach § 13 III GmbHG Handelsgesellschaft ist (§ 6 I HGB), ob K Kaufmann ist (§§ 1, 2 HGB) und ob der Bücherkauf zum Betrieb seines Handelsgewerbes gehört (§ 343 HGB).

Die Beispiele zeigen zunächst, wie wichtig es ist, stets das HGB und das BGB zur Hand zu haben, wenn man sich mit handelsrechtlichen Problemen befasst. Es zeigt sich ferner, dass es ein Fehler ist, eine handelsrechtliche Klausur mit Ausführungen über die Kaufmannsqualität der Beteiligten zu beginnen. Eine solche Prüfung erfolgt nur dann, wenn es darauf ankommt, und nur dort, wo es darauf ankommt.

Ist im obigen **Beispiel** die Lieferung der V-GmbH mangelhaft, so ergibt sich ein Anspruch des K auf Ersatzlieferung aus §§ 437 Nr. 1, 439 BGB. Die HGB-Regeln über den Handelskauf modifizieren diese Regelung allerdings in § 377 HGB für den Fall, dass der Kauf für beide Parteien ein Handelsgeschäft ist: K muss die Bücher dann bei Erhalt untersuchen und etwaige Mängel unverzüglich rügen, um seinen Ersatzlieferungsanspruch nicht zu verlieren. Erst jetzt, nachdem die Entstehung des Anspruchs bejaht worden und sein Untergang gemäss § 377 HGB fraglich ist, kommt es wieder auf die Kaufmannsqualität und § 343 HGB an.

1.6 Wiederholungsaufgaben

1.6.1 Multiple-Choice-Fragen

1. Handelsrecht ist
   (a) was im HGB steht
   (b) Sonderrecht des Groß- und Einzelhandels
   (c) Sonderprivatrecht der Kaufleute
   (d) Sonderrecht der gewerblichen Wirtschaft
   (e) Sonderrecht aller Berufsträger

2. Die wichtigsten handelsrechtlichen Kodifikationen zwischen 1650 und 1850 entstanden in
   (a) Deutschland
   (b) Frankreich
   (c) Italien
   (d) Spanien

3. Bei der Gründung des deutschen Reiches gab es bereits ein
   (a) einheitliches BGB
   (b) einheitliches HGB
   (c) Reichsgericht
   (d) Oberstes Handelsgericht

4. Das erste Buch des HGB regelt
   (a) den „Handelsstand"
   (b) den Kaufmannsbegriff
   (c) die Prokura
   (d) die Handelsbücher
   (e) die kaufmännische Bürgschaft

5. Zu den wesentlichen Rechtsquellen des Handelsrechts gehören
   (a) HGB und „Nebengesetze"
   (b) Handelsbräuche
   (c) kaufmännische AGB
   (d) Regeln des EU-Rechts
   (e) Incoterms

6. Leitmotive des Handelsrechts sind
   (a) Entgeltlichkeit
   (b) Schutz des Schwächeren
   (c) Selbstverantwortung
   (d) Formstrenge
   (e) Schnelligkeit der Abwicklung

7. Die §§ 48 ff. HGB modifizieren
   (a) §§ 164 ff. BGB
   (b) §§ 1626, 1629 BGB
   (c) §§ 125 ff. HGB

8. § 366 HGB modifiziert
   (a) den BGB AT
   (b) §§ 929-931 BGB
   (c) §§ 932 ff., 1207 f. BGB

1.6.2 Weitere Wiederholungsaufgaben

1. Beschreiben Sie das Verhältnis des HGB zum BGB historisch, dogmatisch und anwendungspraktisch.
2. Gehört das Handelsrecht eher zum Privatrecht oder zum öffentlichen Recht? Nennen Sie HGB-Vorschriften, die zum öffentlichen Recht zählen.
3. Ist das Recht der Handelsgesellschaften vollständig im HGB geregelt?
4. Gehen Sie das 4. Buch des HGB anhand der folgenden Tabelle durch und ergänzen Sie die modifizierten BGB-Vorschriften

HGB-Norm	Modifizierte BGB-Norm(en)	HGB-Norm	Modifizierte BGB-Norm(en)
§ 346 HGB		§ 362 HGB	
§ 347 HGB		§ 366 HGB	
§ 349 HGB		§ 369 HGB	
§ 350 HGB		§ 373 HGB	
§ 352 HGB		§ 376 HGB	
§ 358 HGB		§ 377 HGB	

5. Woran erkennt man, wenn HGB-Normen eine EU-Richtlinie umsetzen, und welche Bedeutung hat das für die Rechtsanwendung?

1.6.3 Lösungshinweise zu den Multiple-Choice-Fragen

1. Richtig sind Antworten (c) und (d), s.o. Rn 2 f. Antwort (a) ist zu eng, s.o. Rn 8 f., ebenso Antwort (b), s. § 1 II HGB. Antwort (e) ist zu weit, da auch nichtgewerbliche Berufsträger (z.B. Freiberufler) grundsätzlich nicht dem Handelsrecht unterliegen, sofern sie ihren Beruf nicht im Rahmen einer Handelsgesellschaft (z.B. Rechtsanwalts-GmbH) ausüben.

2. Richtig ist Antwort (b), s.o. Rn 6.

3. Richtig sind Antworten (b) und (d). 1871 bestanden schon das ADHGB von 1861 und das Bundesoberhandelsgericht von 1869, das 1871 Reichsoberhandelsgericht wurde (s.o. Rn 7).

4. Richtig sind die Antworten (a) bis (c). Antwort (d) ist falsch, da die „Handelsbücher" (Rechnungslegung, früher §§ 38-47b HGB) seit 1986 im dritten Buch, §§ 238 ff. HGB, geregelt sind. Antwort (e) ist falsch, da sich die Sonderregeln zur kaufmännischen Bürgschaft im vierten Buch, bei den Handelsgeschäften, finden (§§ 349 f. HGB).

5. Die Antworten (a) und (d) sind richtig, s.o. Rn 8 bis 25. Handelsbräuche (b) spielen zwar eine größere Rolle als Gebräuche im allgemeinen Privatrechtsverkehr (vgl. § 346 HGB), sind aber keine Rechtsnormen im strengen Sinne. Auch AGBs (c) sind für den rationalisierten kaufmännischen Geschäftsverkehr besonders wichtig, aber keine Rechtsnormen. Das gilt ähnlich auch für Incoterms (e).

6. Richtig sind die Antworten (a), (c) und (e), s.o. Rn 26 bis 31. Kehrseite des Motivs der Schnelligkeit und Leichtigkeit ist eine gesteigerte Selbstverantwortung und damit eine Absenkung des Schutzniveaus, auch z.B. bei Formvorschriften. Daher sind (b) und (d) unzutreffend.

7. Richtig ist Antwort (a), da die Prokura eine handelsrechtliche Sonderform der Bevollmächtigung ist. Eine Prokura kann auch im Verhältnis Eltern-Kind und in einer OHG erteilt werden. Die §§ 1626, 1629 BGB und §§ 125 ff. HGB bleiben aber unberührt. Daher sind die Antworten (b) und (c) unzutreffend.

8. Richtig ist Antwort (c), denn § 366 HGB erweitert die Möglichkeiten eines gutgläubigen Erwerbs von Eigentum und Pfandrechten.

1.6.4 Lösungshinweise zu den weiteren Aufgaben

1. Historisch war das ADHGB von 1861 Vorreiter der Rechtsvereinheitlichung und diente bei Schaffung des BGB insbesondere im Schuldrecht als Vorlage. Das HGB wurde in Anpassung an das BGB aus dem ADHGB entwickelt (s.o. Rn 7). Es genießt als Sonder(privat)recht Anwendungsvorrang vor dem BGB (Art. 2 EGHGB). Die HGB-Regeln modifizieren insoweit das im BGB kodifizierte allgemeine Privatrecht. Die Fallbearbeitung geht in der Vorüberlegung regelmäßig von der allgemeinen BGB-Lösung aus und fragt anschließend nach eventuell einschlägigen handelsrechtlichen Besonderheiten (s.o. Rn 32 f.). Auch die Darstellung in Gutachten und Urteil folgt grundsätzlich dem üblichen Anspruchsschema und knüpft meist bei den allgemeinen Anspruchsgrundlagen an. Spezielle handelsrechtliche Anspruchsgrundlagen sind z.B. §§ 37 II 1, 87, 89b, 354, 384, 396 HGB.

2. Das Handelsrecht gehört mehr zum Privatrecht, da es hauptsächlich BGB-Vorschriften modifiziert und so ebenfalls den Rechtsverkehr zwischen Wirtschaftsteilnehmern regelt. Die Durchsetzung mit öffentlichem Recht ist im HGB – wie allgemein im Wirtschaftsrecht – größer als im BGB. Zum öffentlichen Recht gehören insbesondere die §§ 8 ff. HGB (Handelsregister), ein Großteil des Firmenrechts (§§ 17 ff. HGB) und das dritte Buch zur Rechnungslegungspflicht (§§ 238 ff. HGB), s.o. Rn 3. Weitere Beispiele: §§ 100 ff. HGB, §§ 106 ff., 143, 157, 162, 175 HGB, §§ 125a, 177a HGB und §§ 130a, 177a HGB.

3. Das HGB regelt im 2. Buch die ältesten Handelsgesellschaften: OHG und KG. Die in §§ 230 ff. HGB behandelte stille Gesellschaft ist keine Handelsgesellschaft, sondern reine Innengesellschaft (daher die Überschrift des 2. Buchs). Handelsgesellschaften sind ferner insbesondere die Kapitalgesellschaften: Die AG und KGaA-Vorschriften waren ursprünglich im HGB mit enthalten, wurden 1937 aber in das AktG ausgelagert. Die GmbH war von Anfang an im GmbHG geregelt. Weitere Handelsgesellschaften sind z.B. die Europäische Aktiengesellschaft (SE-Verordnung und SE-Ausführungsgesetz) und die Europäische Wirtschaftliche Interessenvereinigung (EWIV-Verordnung und EWIV-Ausführungsgesetz).

4. Die ergänzte Tabelle:

HGB-Norm	Modifizierte BGB-Norm(en)	HGB-Norm	Modifizierte BGB-Norm(en)
§ 346	§§ 157, 242	§ 362	§§ 145 f., 151
§ 347	§ 276 II	§ 366	§§ 932 ff., 1207 f.
§ 349	§ 771	§ 369	§§ 273, 320
§ 350	§§ 766, 780 f.	§ 373	§§ 293 ff.
§ 352	§ 246	§ 376	§§ 323 II Nr. 2, 280 f.
§ 358	§ 271	§ 377	§§ 437 ff.

5. Ordentliche Gesetzessammlungen weisen auf einen solchen „Richtlinienhintergrund" in Fußnoten hin und in den neueren Gesetzen sind entsprechende amtliche Anmerkungen enthalten. Praktische Bedeutung hat das vor allem, weil die nationalen Vorschriften in diesem Fall richtlinienkonform auszulegen und Zweifelsfragen über die Auslegung der Richtlinie nach Art. 267 AEUV dem EuGH vorzulegen sind (s.o. Rn 23).

2 Unternehmer, Kaufleute und Handelsgesellschaften

- Was sind eigentlich Kaufleute?
- Zählen alle Gewerbetreibenden oder alle Unternehmer dazu?
- Was macht aus einem Gewerbe ein Handelsgewerbe?
- Was ist ein „Kannkaufmann", was ein „Scheinkaufmann"?
- Welche Bedeutung hat das Handelsregister für die Kaufmannseigenschaft?
- Sind GmbH und Aktiengesellschaft Kaufleute im Sinne des HGB?

2.1 Handelsrecht als „Kaufmannsrecht"

2.1.1 Subjektive Anknüpfung

38 Da sich das Handelsrecht als Kaufmannsrecht entwickelt hat, bestimmt das HGB seinen Adressatenkreis gleich am Anfang in §§ 1 ff. (unter den Überschriften „Handelsstand" und „Kaufleute"). Die Sondernormen des HGB greifen regelmäßig ein, wenn der Betreffende Kaufmann ist.

> **Beispiele:** Kaufleute haben eine Firma (§ 17 HGB), sie müssen sich ins Handelsregister eintragen lassen (§ 29 HGB), sind buchführungspflichtig (§ 238 HGB) usw.

39 Teilweise kommen objektive Merkmale hinzu. So kommt es z.B. bei §§ 353 und 377 HGB zusätzlich darauf an, ob es sich bei dem betreffenden Geschäft um ein Privatgeschäft der Vertragsparteien handelt oder um ein Handelsgeschäft (siehe Rn 226). Aber auch dann ist die Frage nach der Kaufmannseigenschaft vorrangig.

> **Hintergrund:** Nach der französischen Revolution waren solche ständischen Unterschiede verpönt (egalité!). Das hat die Entstehung eines Sondergesetzes nicht gehindert, der Code de Commerce fragt aber vorrangig nach der Natur des Geschäfts – knüpft also objektiv an.

2.1.2 Die Prüfungsstruktur

40 Kaufmann ist nach § 1 I HGB, wer ein Handelsgewerbe betreibt (für die Kauffrau gilt das gleichermaßen, vgl. § 19 I Nr. 1 HGB). Die Vorschrift verlangt damit die Prüfung von drei Fragen.

20 Grundkurs - 2 Unternehmer, Kaufleute und Handelsgesellschaften

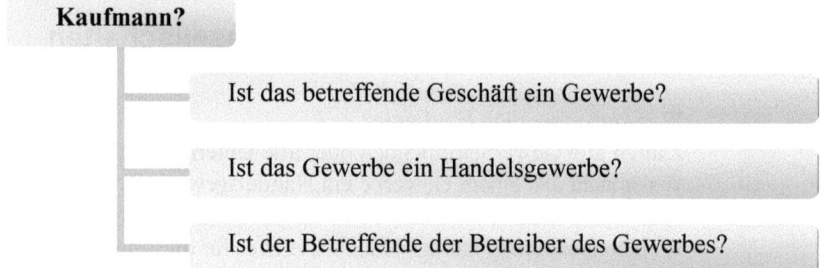

41 Es ist in der praktischen Prüfung sinnvoll, die Fragen auseinander zu halten. Die erste und dritte werden vom HGB nicht weiter geregelt (siehe Rn 43 ff.); in §§ 2-5 HGB geht es nur noch um die zweite (siehe Rn 56 ff.). Dabei wird vor allem zwischen Ist-Kaufleuten nach § 1 II HGB und den Kann-Kaufleuten nach § 2 HGB unterschieden, während § 3 und § 5 HGB nur einen sehr begrenzten Anwendungsbereich haben.

42 Der folgende § 6 HGB erweitert den Anwendungsbereich des HGB ganz beträchtlich. Danach gelten die Kaufmannsregeln auch für die Handelsgesellschaften, also insbesondere die OHG und KG, GmbH und AG (siehe Rn 82 ff.). Hier liegt sogar der praktische Schwerpunkt des Handelsrechts, da es wesentlich mehr Handelsgesellschaften als Einzelkaufleute gibt und ihr Tätigkeitskreis durchschnittlich größer ist. Wenn wir vom Sonderrecht der Kaufleute sprechen, muss daher klar sein, dass damit nicht nur Einzelkaufleute gemeint sind, sondern auch die Handelsgesellschaften.

Beispiele: Eine OHG oder GmbH hat ebenso eine Firma und ist ebenso nach § 238 HGB buchführungspflichtig wie ein Einzelkaufmann. Kauft eine Buchhandels-KG von einer Verlags-GmbH Bücher ein, dann liegt ein beiderseitiger Handelskauf vor, so dass auch z.B. die Regeln über Fälligkeitszinsen und Rügeobliegenheiten eingreifen (§§ 353 und 377 HGB).

2.2 Gewerbebetrieb

2.2.1 Bedeutung des Gewerbebegriffs

2.2.1.1 Viele Gewerbebegriffe

43 Der Begriff des Gewerbes kommt in verschiedenen Zusammenhängen vor, beispielsweise in der Gewerbeordnung, im Steuerrecht (Gewerbesteuer, Einkommen aus Gewerbe), im Strafrecht (§ 243 I StGB Nr. 3: gewerbsmäßiger Diebstahl) und eben auch im Privatrecht, z.B. im BGB und HGB. Die Bedeutung des Gewerbebegriffs ist dabei nicht einheitlich, sondern richtet sich nach dem jeweiligen Zusammenhang. Daher kann im Handelsrecht, wo eine Definition des Begriffs fehlt, nicht

einfach auf Definitionen in der Gewerbeordnung oder im Steuerrecht zurückgegriffen werden.

Beispiel: Die fiskalpolitische Frage, ob Freiberufler auch zur Gewerbesteuer herangezogen werden sollen, sagt nichts darüber aus, ob auch eine Handelsregistereintragung, die kaufmännische Buchführungspflicht oder die Möglichkeit mündlicher Bürgschaften für Freiberufler sinnvoll ist.

2.2.1.2 Gewerbetreibende als Unternehmer im BGB

Im BGB kommt der Gewerbebegriff vor allem in §§ 13, 14 vor und ist auf einzelne Rechtsgeschäfte bezogen: Nach § 14 ist Unternehmer, wer ein Rechtsgeschäft in Ausübung seiner gewerblichen oder selbstständigen beruflichen Tätigkeit abschließt. Schließt sein Gegenüber das Geschäft zu privaten Zwecken ab, handelt es sich um einen Verbrauchervertrag und es ist das besondere Verbraucherschutzrecht anwendbar. Der Gewerbebegriff ist hier also für die Unternehmerqualität im Sinne des Verbraucherschutzrechts entscheidend, beispielsweise auch – wie schon gesehen – für die Höhe von Verzugszinsen (§ 288 BGB). Der Kreis der Unternehmer umfasst dabei die Gewerbetreibenden und die (sonstigen) selbstständig Berufstätigen.

44

2.2.1.3 Der Gewerbebetrieb als Voraussetzung der Kaufmannseigenschaft

Im HGB kommt es vor allem nach § 1 I HGB auf den Gewerbebegriff an: Nur wer ein Gewerbe betreibt, das zudem als Handelsgewerbe qualifiziert ist, ist Kaufmann. Der Kaufmannsbegriff ist demnach doppelt enger als der des Unternehmers: Er erfasst nicht alle Gewerbetreibenden und erst recht nicht die sonstigen selbstständig Berufstätigen.

45

Hintergrund: Dieses Nebeneinander der Begrifflichkeit erstaunt zunächst. Es erklärt sich aber daraus, dass das Begriffspaar Unternehmer – Verbraucher in einem ganz anderen Kontext entstanden ist, nämlich auf der Ebene des europarechtlichen Verbraucherschutzes. Ob dieses Nebeneinander auf lange Sicht beibehalten wird, bleibt abzuwarten.[11]

Wenn wir nach den Merkmalen des handelsrechtlichen Gewerbebegriffs fragen, können wir uns nach alledem an die Rechtsprechung zu § 1 HGB und wohl auch zu §§ 13, 14 BGB halten, nicht aber an die gewerbe- oder steuerrechtlichen Definitionen.

46

---

[11] Zum Nebeneinander der Begriffe z.B. Karsten Schmidt, JuS 2006, 1 ff.

2.2.2 Merkmale des Gewerbebegriffs

47 Da das HGB keine Definition des Gewerbes enthält, muss man sich die einzelnen Merkmale einprägen. Misslicherweise sind sie zum Teil auch noch umstritten. Gewerbe ist nach traditioneller Definition jede selbstständige Tätigkeit, die nach außen im Rechtsverkehr in Erscheinung tritt, planmäßig, auf Dauer angelegt und auf Gewinnerzielung ausgerichtet ist; ausgenommen sind die freien Berufe. Also fünf Merkmale:

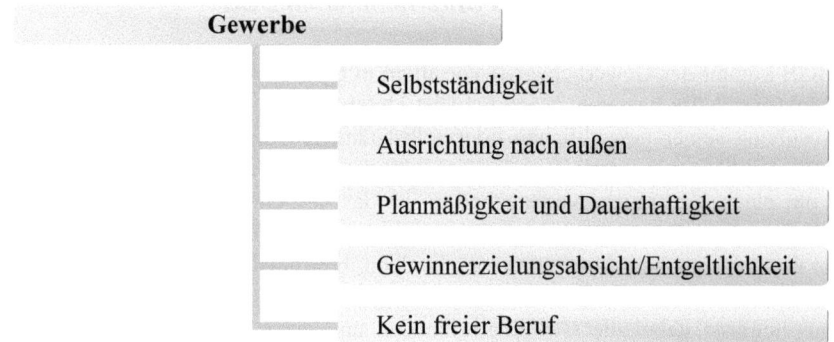

2.2.2.1 Selbstständigkeit

48 Unstreitig können nur Selbstständige Gewerbetreibende sein. Selbstständig ist, wer seine Tätigkeit und Arbeitszeit im Wesentlichen frei gestalten kann (vgl. § 84 I 2 HGB). Allgemein sind damit insbesondere Arbeitnehmer und Beamte ausgegrenzt.

> **Beispiele:** Der Inhaber einer Buchhandlung kann Kaufmann sein, der angestellte Buchhändler ist es nicht, weder der Auszubildende noch der Filialleiter. Der V-Verlag kann mit angestellten Verlagsvertretern arbeiten aber auch mit selbstständigen, die vielfach mehrere Verlage vertreten. Nur die selbstständigen sind Gewerbetreibende. Eine Aktiengesellschaft betreibt meist ein Gewerbe; ihr Vorstandsvorsitzender ist Angestellter und damit nicht Gewerbetreibender.

2.2.2.2 Ausrichtung nach außen

49 Zweitens ist eine Tätigkeit nur dann gewerblich, wenn sie nach außen erkennbar wird und in irgendeiner Form anbietend auf einen Markt ausgerichtet ist. Für rein interne oder bloß nachfragende Tätigkeiten rechtfertigt sich die Anwendung der handelsrechtlichen Sonderregeln nicht. Das gilt insbesondere auch für die reine Vermögensverwaltung.

Beispiele: Der Bücherliebhaber, der umherreist und seltene Bände erwirbt, um seine Sammlung zu komplettieren, ist kein Gewerbetreibender. Der gut situierte Rentner, der regelmäßig sein Aktiendepot aufstockt, wird auch durch die spätere Absicht eines gewinnbringenden Verkaufs nicht zum Gewerbetreibenden. Eine Holdinggesellschaft, deren Zweck sich darauf beschränkt, die Anteile an anderen Gesellschaften zu verwalten, agiert nicht am Markt und betreibt daher kein Handelsgewerbe (kann aber z.B. als AG oder GmbH Handelsgesellschaft sein).

2.2.2.3 Planmäßigkeit und Dauerhaftigkeit

Das Merkmal der Planmäßigkeit und Dauerhaftigkeit grenzt das Gewerbe von einmaligen und ganz sporadischen Aktionen ab. Es setzt andererseits keine durchgehende Tätigkeit voraus; vielmehr reicht auch die planmäßig wiederholte Betätigung aus. 50

Beispiele: Wer alle paar Jahre seine Büchersammlung auf dem Flohmarkt entrümpelt, betreibt kein Buchhandelsgewerbe. Das einmalige Herausgeben einer Abi-Zeitung schafft keinen Gewerbebetrieb. Auch der Werksangehörige, der jährlich sein mit Mitarbeiterrabatt erworbenes Auto weiterverkauft, ist kein gewerblicher Autohändler; anders derjenige, der regelmäßig die Autos von Werksangehörigen an- und verkauft. Der Betrieb einer Eisdiele nur in den fünf wärmsten Monaten im Jahr ist planmäßig und dauerhaft und damit Gewerbebetrieb.

2.2.2.4 Gewinnerzielungsabsicht oder Entgeltlichkeit

Besonders umstritten ist das Merkmal der Gewinnerzielungsabsicht. Es entspricht dem traditionellen Verständnis und lässt sich auch damit begründen, dass gerade die Gewinnerzielungsabsicht typische Triebfeder erwerbswirtschaftlicher Tätigkeit ist; darauf sind die handelsrechtlichen Sondernormen zugeschnitten (s.o. Rn 27). Freilich wird nicht verlangt, dass tatsächlich Gewinne erzielt werden: Auch ein jahrelang glückloser Buchhändler kann Kaufmann sein. 51

Immer häufiger wird dagegen vorgetragen, es genüge eine entgeltliche Tätigkeit, da sich das Erscheinungsbild einer Tätigkeit durch eine bloße Absicht nicht ändere. Auch Betriebe, die nur einen Deckungsbeitrag leisten, und auch Betriebe der öffentlichen Hand sollten vom HGB mit erfasst werden. Diese Ansicht wird durch die jüngere Rechtsprechung zu §§ 13, 14 BGB gestützt, die eine entgeltliche Tätigkeit ausreichen lässt; andererseits stellt der EuGH verschiedentlich auf die Gewinnerzielungsabsicht ab.[12] 52

---

[12] Vgl. nur BGH v. 24. 6. 2003 – XI ZR 100/02 = BGHZ 155, 240 zum Verbraucherkredit, BGH v. 9. 3. 2006 – VIII ZR 173/05 = BGHZ 167, 40 zum Verbrauchsgüterkauf; BGH v. 4. 12. 2008 – I

> **Beispiele:** Büchersammler A gibt Broschüren heraus und veranstaltet Führungen und Lesungen, um einen Teil der Kosten seiner Sammlung zu decken. Nach traditioneller Auffassung liegt mangels Gewinnerzielungsabsicht kein Gewerbe vor, nach der Gegenansicht aufgrund der Entgeltlichkeit durchaus.
> Im B-Konzern wird ein Betrieb aus Imagegründen aufrechterhalten, obwohl er als dauerhaft defizitär angesehen wird. Nach traditioneller Ansicht kein Gewerbe, nach der Gegenansicht wiederum doch.
> Die Gemeindeordnung im Land X gestattet kommunale Eigenbetriebe nur zur besseren Versorgung der Bevölkerung und verbietet eine planmäßige Gewinnerzielung. Auch hier liegt nur nach der neueren Ansicht ein Gewerbe vor. Unstreitig gilt das HGB aber z.B. für eine städtische GmbH oder AG (s. unten Rn 89).

2.2.2.5 Kein freier Beruf

53 Viele Diskussionen gibt es auch um das fünfte Merkmal: Freiberufler sind keine Gewerbetreibenden. Für viele Freiberufler ist das in ihrem Berufsrecht festgelegt (vgl. z.B. § 1 II der Bundesärzteordnung und § 2 II BRAO). Es gilt aber auch für andere freie Berufe wie Architekten, Dolmetscher, Journalisten, freischaffende Künstler oder auch Wissenschaftler (Definition mit beispielhafter Aufzählung in § 1 II PartGG). Die Abgrenzung ist nicht immer einfach. So wird z.B. der Apotheker als Gewerbetreibender eingeordnet. Zudem ist der Sinn der Ausklammerung fragwürdig: Warum sollte ein Buchhändler oder Bäcker wirksam eine mündliche Bürgschaftserklärung abgeben können und ein Rechtsanwalt nicht? Die Praxis hat die gesetzliche Wertentscheidung aber zu respektieren.

> **Hintergrund:** Die Abgrenzung ist historisch bedingt, da sich z.B. Ärzte- und Advokatenstand getrennt vom Handelsstand entwickelt haben. Auch heute findet sich hier noch ein ausgeprägtes Standesrecht. Rechtspolitisch geht es weniger um die Anwendung von HGB-Normen als um die Gewerbesteuer; aber das ist ja, wie wir gesehen haben, eine davon zu unterscheidende Frage.
> Nach § 14 BGB können Freiberufler auch Unternehmer sein, da die Vorschrift nicht nur auf gewerbliche Zwecke abstellt, sondern auch auf sonstige selbstständige berufliche Zwecke. Beispielsweise ist ein Rechtsanwalt, der Bücher für seine Kanzlei kauft, Unternehmer (aber nicht Kaufmann). Wenn er zur Entspannung einen Nooteboom-Roman kauft, ist er Verbraucher.

2.2.2.6 Andere (irrelevante) Merkmale

54 In Rechtsprechung und Literatur werden verschiedentlich weitere Merkmale des Gewerbebegriffs genannt, auf die aber letztlich verzichtet werden kann. Das gilt

---

ZR 3/06 = GRUR 2009, 871 zum UWG; vgl. aber auch EuGH v. 11. 6. 2009 - C-300/07 Rn 49 = NJW 2009, 2427, 2429 zum Vergaberecht.

z.B. für das Merkmal der Berufsmäßigkeit, denn es geht einerseits praktisch in den Merkmalen der Planmäßigkeit und Gewinnerzielungsabsicht auf und ist andererseits bei den Handelsgesellschaften schwer zu bestimmen (Was ist der Beruf einer OHG?). Es ist auch irrelevant, ob die Tätigkeit erlaubt oder verboten ist. Nach § 7 HGB kommt es für den Kaufmannsbegriff nicht auf behördliche Erlaubnisse oder dergleichen an, und ebenso ist es unerheblich, ob die Geschäfte zivilrechtlich wirksam sind.

> **Beispiele:** Wer Bankgeschäfte ohne die nach § 32 KWG erforderliche Erlaubnis tätigt, betreibt dennoch ein Gewerbe. Das gilt auch, wenn er regelmäßig wucherische Zinsen vereinbart, so dass die Darlehensverträge nach § 138 II BGB unwirksam sind. Auch die Ehevermittlung ist ein Gewerbe, obwohl die Forderungen daraus nach § 656 I BGB nicht einklagbar sind. Für das „älteste Gewerbe der Welt" hat sich das Problem ohnehin erledigt, da sich nach dem Prostitutionsgesetz klagbare Forderungen ergeben.

Insgesamt bleibt es daher bei den dargestellten fünf Merkmalen. Danach sind beispielsweise Einzel- und Großhandelsbetriebe vom Pressegrossisten über Buchhandlungen bis zum kleinen Kiosk und vom Gemüseladen bis zum Südfrüchteimporteur Gewerbebetriebe. Dasselbe gilt für Handwerksbetriebe wie Bäckereien, Metzgereien, Friseursalons, Installationsbetriebe und dergleichen. Auch Industriebetriebe gehören zu den Gewerbebetrieben, ebenso Dienstleistungsbetriebe vom Kreditinstitut über Versicherungsunternehmen bis zum Logistikunternehmen.

2.3 Handelsgewerbe

Wann ein Gewerbe ein Handelsgewerbe und damit sein Betreiber Kaufmann ist, bestimmt sich vor allem nach § 1 II und § 2 HGB. Nach § 1 II HGB sind die Betreiber ab einer gewissen Größenordnung des Geschäfts ohne weiteres Kaufmann (Istkaufmann), während es bei den Kleingewerbetreibenden nach § 2 HGB darauf ankommt, ob sie sich – freiwillig – in das Handelsregister eintragen lassen (Kannkaufmann).

Gewerbe

„großgewerblich", § 1 II HGB   kleingewerblich, § 2 HGB

2.3.1 Der Istkaufmann

2.3.1.1 Der branchenunabhängige Kaufmannsbegriff

57 Wie schon gesehen, weicht der gesetzliche Kaufmannsbegriff vom allgemeinen Sprachgebrauch erheblich ab. Dadurch erhält das Handelsrecht einen viel weiteren Anwendungsbereich. Nach § 1 II HGB ist grundsätzlich jeder Gewerbebetrieb ein Handelsgewerbe; ausgegrenzt werden nur die kleingewerblichen Betriebe. Das bedeutet, dass die Kaufmannseigenschaft nicht branchenabhängig, sondern größenabhängig ist.

Beispiele: Der Inhaber einer größeren Buchhandlung ist Kaufmann. Ebenso der Inhaber eines Supermarktes und der Südfrüchteimporteur. Auch der Inhaber einer größeren Bäckerei oder Metzgerei ist Kaufmann, genau wie der Friseurmeister oder der Installateur mit zwölf Angestellten. Der Maschinenbauunternehmer gehört ebenso zu den Kaufleuten wie der Transportunternehmer mit acht Tanklastwagen.

58 Als Prüfungsreihenfolge ergibt sich also:

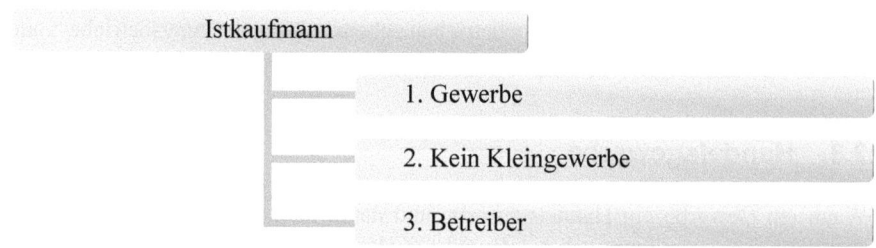

2.3.1.2 Die Abgrenzung zum Kleingewerbe

59 Die Kriterien zur Abgrenzung zwischen Ist- und Kannkaufmann ergeben sich aus dem zweiten Halbsatz des § 1 II HGB („es sei denn ..."). Entscheidend ist danach das Erfordernis einer kaufmännischen Einrichtung nach Art und Umfang des Unternehmens.

60 Ein in kaufmännischer Weise eingerichteter Geschäftsbetrieb ist dadurch gekennzeichnet, dass er durch eine Firma identifiziert wird, dass die betrieblichen Abläufe kaufmännisch organisiert sind, dass eine ordnungsgemäße (doppelte) Buchführung stattfindet, dass die besonderen Stellvertretungsformen (Prokura und Handlungsvollmacht) sinnvoll erscheinen und so fort. Insbesondere ist das Erfordernis einer kaufmännischen Buchführung ein wichtiges Indiz.

Hintergrund: Die Kaufmannseigenschaft wird auf diese Weise praktisch von der Rechtsfolgenseite her bestimmt und das hat auch eine gewisse Logik: Als Kaufleute sollen diejenigen qualifiziert werden, auf die das Sonderrecht der Kaufleute auch passt.

Dabei kommt es nur auf das Erfordernis einer kaufmännischen Einrichtung an. Das Vorhandensein einer solchen Einrichtung hat zwar Indizwirkung, ist aber nicht entscheidend. 61

Beispiele: Wenn ein Buchhändler kaufmännische Angestellte hat, eine kaufmännische Buchführung unterhält usw., spricht einiges dafür, dass das auch erforderlich ist. Andererseits ist z.B. eine Großbäckerei auch dann als Handelsgewerbe einzustufen, wenn eine solche Buchführung fehlt.

Das Erfordernis einer kaufmännischen Einrichtung richtet sich nach Art und Umfang des Unternehmens. § 1 II HGB formuliert zweifach negativ und benutzt daher die Konjunktion „oder"; es kommt also auf beide Komponenten und damit auf den Gesamtzuschnitt des Unternehmens an. Die „Art" des Unternehmens wird durch seine Komplexität bestimmt, etwa die Vielfalt des Waren- oder Leistungsangebots, der Lieferanten- und Kundenbeziehungen, der Abrechnungsmodalitäten und so fort. Der „Umfang" misst sich in erster Linie am Umsatz des Unternehmens, aber auch an ähnlichen Kennzahlen wie etwa der Zahl der Mitarbeiter. Da es jeweils auf den Gesamtzuschnitt ankommt, lassen sich nur schwer feste Bezugsgrößen nennen. 62

Beispiele: A handelt mit seltenen Büchern, die er auf ausgedehnten Reisen aufstöbert, zu Hause archiviert und im Internet anbietet. Durch den Verkauf von 3-4 Büchern im Jahr erzielt er einen durchschnittlichen Jahresumsatz von 600.000 €. Der Umsatz ist keineswegs nur kleingewerblich. Die einfache Struktur des Unternehmens bestimmt seinen Gesamtzuschnitt aber wesentlich: Eine kaufmännische Einrichtung ist nicht erforderlich. Daher liegt kein Handelsgewerbe nach § 1 II HGB vor und A ist kein Istkaufmann.
Die Buchhandlung des B hat schon bessere Zeiten erlebt; seit Jahren hat B keine Angestellten mehr, sein Jahresumsatz beträgt kaum mehr 60.000 €. Hier ist weder nach der Art noch nach dem Umfang des Unternehmens eine kaufmännische Einrichtung erforderlich. B ist Kleingewerbetreibender.
Demgegenüber hat Buchhändler C drei Filialen und zusammen 18 Angestellte. Mit dem Umfang wächst auch die Komplexität der Geschäfte. C ist Istkaufmann.

Auch die Rechtsprechung bietet ein eher buntscheckiges Bild und macht es schwer, feste Richtgrößen anzugeben. In der Praxis der Industrie- und Handelskammern, die Jungunternehmer auch darüber beraten, ob sie sich ins Handelsregister eintragen lassen müssen, wird bei den meisten Branchen die Grenze bei 250.000 € Jahresumsatz angesetzt. 63

> **Hintergrund:** Da es schon vom Wortlaut des Gesetzes her auf mehrere Kriterien ankommt, kann das natürlich nur eine erste Daumenregel sein, aber sie ist immerhin handhabbarer als die vage Formel vom Gesamtzuschnitt.
>
> Klare Grenzen gelten für die Buchführungspflicht: Einzelkaufleute sind nach § 241a HGB bei Jahresumsätzen bis 500.000 € und Gewinnen bis 50.000 € von der handelsrechtlichen (und nach § 141 I AO von der steuerrechtlichen) Buchführungspflicht befreit.

64 Hinzuweisen ist schließlich auf das Zeitproblem. Die Frage nach dem Gesamtzuschnitt darf nicht anhand eines einzelnen Jahresabschlusses oder dergleichen beantwortet werden, da saisonale oder kurzfristige konjunkturelle Schwankungen keine Rolle spielen sollten. Andererseits stellt sich ja die Frage nach der Kaufmannseigenschaft regelmäßig bereits in der Startphase (Firma? Handelsregistereintragung? usw.), wenn Umsätze vielleicht noch kaum vorkommen und ein Mitarbeiterstab noch nicht aufgebaut ist. Der Gesamtzuschnitt ist in diesem Fall nach der Anlage des Geschäftsbeginns, z.B. der Finanzplanung und dergleichen, zu prognostizieren.

2.3.1.3 Die Vermutungswirkung des § 1 II HGB

65 Die doppelte Verneinung in § 1 II HGB („es sei denn, daß ... nicht") stellt eine Vermutungs- und Beweislastregel auf. Von einem Gewerbetreibenden wird danach vermutet, dass er Kaufmann ist. Wo es auf die Kaufmannseigenschaft ankommt, kann von ihr ausgegangen werden, sofern der zu kleine Zuschnitt des Unternehmens nicht feststellbar ist.

66 Praktisch bedeutet das dreierlei: Erstens wird ein Gewerbetreibender auf seine Anmeldung hin ins Handelsregister eingetragen, wenn das Registergericht keine konkreten Anhaltspunkte für die Kleingewerblichkeit hat. Zweitens muss im Prozess derjenige den Gesamtzuschnitt des Unternehmens darlegen und beweisen, der die Kaufmannseigenschaft leugnet. Drittens hat man in einer Klausur, wenn Angaben zum Zuschnitt des Unternehmens fehlen, von der Kaufmannsqualität auszugehen.

> **Beispiel:** Buchhändler B verbürgt sich im Rahmen seiner Geschäftstätigkeit mündlich. Der Bürgschaftsvertrag ist grundsätzlich nur bei schriftlicher Bürgschaftserklärung wirksam (§ 766 BGB). Das ist nach § 350 HGB anders, wenn B Kaufmann ist. Da B Gewerbetreibender ist, wird das nach § 1 II HGB vermutet; B selbst muss notfalls beweisen, dass eine kaufmännische Einrichtung in seiner Buchhandlung nicht erforderlich ist. Handelt ein Klausurtext nur von „Buchhändler B", so kann der Bearbeiter mit Hinweis auf die Vermutungswirkung des § 1 II HGB von der Kaufmannseigenschaft ausgehen.

2.3.1.4 Die Rechtsstellung des Istkaufmanns

Gewerbebetriebe, die nicht kleingewerblich sind, sind nach § 1 II HGB ohne weiteres Handelsgewerbe und der Betreiber ist Kaufmann. Der Istkaufmann hat keine Wahl und wird daher auch Musskaufmann genannt. 67

Nach § 29 HGB ist er als Kaufmann verpflichtet, sich ins Handelsregister eintragen zu lassen. Unterlässt er das, so verhält er sich ordnungswidrig und kann vom Registergericht notfalls gezwungen werden. An seiner Kaufmannseigenschaft ändert die fehlende Eintragung aber nichts, denn die Eintragung begründet die Kaufmannseigenschaft nicht, sondern hat nur erklärenden (deklaratorischen) Charakter. 68

2.3.2 Der Kannkaufmann

Das ist bei den Kleingewerbetreibenden genau anders herum. Sie sind grundsätzlich Nichtkaufmann und werden erst durch die Eintragung zum Kaufmann. § 2 HGB formuliert das wiederum im Hinblick auf den Betrieb: Gewerbebetriebe, die nicht schon unter § 1 II HGB fallen, werden erst mit der Eintragung zum Handelsgewerbe. Die Eintragung wirkt also rechtsbegründend (konstitutiv). Als Prüfungsreihenfolge ergibt sich also: 69

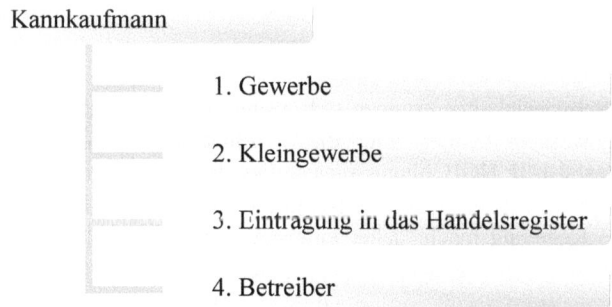

Dem Kleingewerbetreibenden steht es frei, ob er Nichtkaufmann bleibt oder sich eintragen lässt, § 2 S. 2 HGB. Daher wird er Kannkaufmann genannt. Nach § 2 S. 3 HGB kann er seine Firma, solange er nicht über den kleingewerblichen Zuschnitt hinausgewachsen ist, auch wieder aus dem Handelsregister löschen lassen und wird damit wieder zum Nichtkaufmann. Der Kleingewerbetreibende ist damit „Kannkaufmann mit Rückfahrkarte". 70

In den **Beispielen** Rn 62 können die Buchhändler A und B entscheiden, ob sie sich eintragen lassen und damit Kaufmann werden. Sie können ihre Entscheidung auch revidieren, wenn sie sehen, dass die zusätzlichen Verpflichtungen und höheren Sorgfaltsanforderungen die Vorteile überwiegen. Buchhändler C hat diese Optionen als Istkaufmann dagegen nicht. Arzt D hat sie auch nicht. Als Freiberufler übt er kein Gewerbe aus, kann sich nicht ins Handelsregister eintragen lassen und bleibt Nichtkaufmann.

71 In Erweiterung der Abbildung Rn 56 ergibt sich:

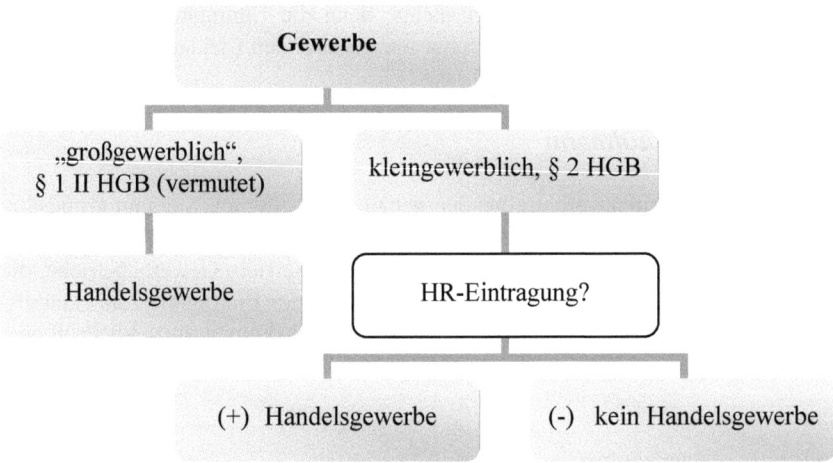

72 Praktische Schwierigkeiten ergeben sich, wenn der Betrieb eines nicht eingetragenen Kleingewerbetreibenden über die – schwer bestimm- und erkennbare – Schwelle des § 1 II HGB hinauswächst. Der Betreiber wird damit automatisch kraft Gesetzes zum Kaufmann, wird eintragungs- und buchführungspflichtig und so fort. Die Regelung macht daher eine gewisse Wachsamkeit erforderlich. Der umgekehrte Fall ist eher in der Theorie problematisch.

Beispiel: Buchhändler E hatte drei Filialen und 16 Angestellte und sich als Istkaufmann pflichtgemäß eintragen lassen. Seit Jahren hat E nun keine Angestellten mehr, sein Jahresumsatz beträgt kaum mehr 30.000 €. Manche sehen E als (noch) eingetragenen Kleingewerbetreibenden, also als Kaufmann an. Andere vermissen die in § 2 HGB vorausgesetzte freiwillige Eintragung und lösen den Fall über § 5 HGB (dazu gleich).

73 In der Wirtschaftspraxis überwiegt die Zahl der Kleingewerbetreibenden deutlich. Die meisten von ihnen lassen sich nicht eintragen und bleiben Nichtkaufleute. Insgesamt machen die Kaufleute unter den Einzelunternehmern nur einen kleinen Bruchteil aus.

Hintergrund: Die Umsatzsteuerstatistiken zählen über zwei Millionen (gewerbliche und nichtgewerbliche) Einzelunternehmen. Demgegenüber sind im Handelsregister kaum 200.000 Kaufleute eingetragen.
Die Stellung der Kleingewerbetreibenden ist seit jeher ambivalent. Bis 1998 wurden sie als Minderkaufleute erfasst; für sie galt das HGB nur partiell (keine Handelsregistereintragung, keine Prokura, sondern nur Handlungsvollmacht usw.). Stattdessen gibt es nunmehr, wie gesehen, verschiedene Vorschriften im HGB, die nicht nur für Kaufleute, sondern für alle Gewerbetreibenden gelten (z.B. §§ 84 ff., 93 ff., 383 ff., 407 ff. HGB usw.).

2.3.3 Land- und Forstwirtschaft

§ 3 HGB enthält für land- und forstwirtschaftliche Betriebe eine Sonderregelung. Danach sind selbst Inhaber von Großbetrieben nicht Istkaufleute, sondern Kannkaufleute ohne Rückfahrkarte. Nach § 3 III HGB gilt diese Regelung auch für Nebenbetriebe.   74

Beispiele: Kleinbauer K ist Nichtkaufmann, wird aber Kaufmann, wenn er sich nach § 2 HGB eintragen lässt.[13] Großbauer G ist ebenfalls Nichtkaufmann (§ 3 I HGB). Er kann sich aber eintragen lassen und wird dadurch Kaufmann (§§ 2, 3 II HGB). Ein großer Landwirtschaftsbetrieb mit großem Nebenbetrieb (Brennerei, Molkerei, Verkaufsgeschäft) hat eine doppelte Eintragungsoption; das große Verkaufsgeschäft ist nicht schon nach § 1 II HGB kaufmännisch.

2.3.4 Fiktiv- und Scheinkaufmann

2.3.4.1 Die Bedeutung des § 5 HGB

§ 5 HGB verleiht der Eintragung in das Handelsregister eine besondere Publizitätswirkung, die über die des § 15 HGB hinausgeht (siehe Rn 102 ff.). § 5 HGB setzt voraus, dass ein Gewerbetreibender in das Handelsregister eingetragen ist. In diesem Fall kann der Eingetragene nicht einwenden, kein Handelsgewerbe zu betreiben. Es wird also fingiert, dass sein Gewerbe ein Handelsgewerbe ist (daher Fiktivkaufmann). Da § 5 HGB einen Gewerbebetrieb voraussetzt, hilft die Vorschrift aber nicht über die fehlende oder zweifelhafte Gewerblichkeit hinweg.   75

Beispiel: D ist Arzt und betreibt ein Sanatorium für Schönheitsoperationen. Soweit D ärztlich tätig wird, handelt er freiberuflich, im Übrigen gewerblich. Insgesamt kann der gewerbliche Zuschnitt überwiegen, so dass D Kaufmann ist. Selbst wenn er eingetragen ist, hilft § 5 HGB dem Rechtsverkehr bei Zweifeln aber nicht, da die Vorschrift nur im Fall der Gewerblichkeit eingreift.

---

[13] H. L., vgl. nur Canaris, HR § 3 Rn 36.

32 *Grundkurs - 2 Unternehmer, Kaufleute und Handelsgesellschaften*

76 Die Vorschrift ist daher nach Konzeption und Anwendungsbereich problematisch. Der Anwendungsbereich hängt hauptsächlich davon ab, wie man mit nach § 1 II HGB Eingetragenen umgeht, deren Betrieb mittlerweile nur noch kleingewerblich ist (s.o. Rn 72). Wer hier § 2 HGB anwendet, braucht § 5 HGB praktisch nicht und es fehlt daher nicht an Stimmen, die seine Abschaffung (oder seine Anwendung auch auf Nicht-Gewerbetreibende) befürworten.[14]

2.3.4.2 Der Scheinkaufmann

77 Zumindest kann § 5 HGB gute Dienste als Merkhilfe leisten, wenn er an die ungeschriebenen gewohnheitsrechtlichen Grundsätze vom Scheinkaufmann erinnert. Es hat sich nämlich herausgestellt, dass es zu eng ist, nur auf die Eintragung zu schauen. Vielmehr kann der Rechtsverkehr auch durch ganz andere Umstände über die Kaufmannseigenschaft getäuscht werden.

> **Beispiele:** A erklärt auf Nachfrage, eingetragener Kaufmann zu sein. B nennt sich auf Visitenkarten und im Briefkopf „Kaufmann". C nennt seine Geschäftsbezeichnung „Firma" und seinen Stellvertreter „Prokurist".

78 Wer einen solchen Rechtsschein veranlasst, sei es durch eigenes Handeln oder durch Unterlassen (Gewährenlassen seines Partners, Vertreters usw.), muss sich auch als Kaufmann behandeln lassen, wenn ein Dritter auf diesen Rechtsschein vertraut und entsprechend disponiert.

> Wenn sich im vorigen **Beispiel** A gegenüber G mündlich verbürgt, kann er später nicht einwenden, er sei kein Kaufmann; die Bürgschaft gilt. Lässt B sich von einem Verlag beliefern, so muss er beschädigte Bücher nach § 377 HGB rügen. Bestellt der „Prokurist" im Namen des C Bücher, so kann C nicht einwenden, er sei nicht Kaufmann und der „Prokurist" habe in Wirklichkeit keine Vertretungsmacht für solche Bestellungen. Auch wenn sich Arzt D mit seinem Sanatorium (s.o. Rn 75) als Kaufmann geriert, kann er später nicht einwenden, als Freiberufler kein Gewerbe zu betreiben.

79 Insgesamt sind daher die gewohnheitsrechtlichen Grundsätze vom Scheinkaufmann wichtiger als § 5 HGB. Die allermeisten Fälle werden aber über § 1 II oder § 2 HGB abgedeckt, soweit es um Einzelunternehmer geht.

2.4 Betreiber

80 Kaufmann ist nach § 1 I HGB der Betreiber des Handelsgewerbes. Wer das ist, ist in den meisten Fällen leicht zu bestimmen: Es ist der Inhaber der Buchhandlung, des Gemüseladens, des Friseursalons und so fort. Dabei kommt es nicht auf die

---

[14] Vgl. nur Mönkemöller, JuS 2002, 30 ff. und unten Rn 406, 408.

Eigentumsverhältnisse an und es ist auch unerheblich, ob der Inhaber selbst im Betrieb mitarbeitet.

Beispiele: Auch der Gaststättenpächter ist Gewerbetreibender, nicht der verpachtende Eigentümer. Wer in gemieteten Räumen und mit geleastem Inventar eine Agentur betreibt, ist nicht Eigentümer, aber Betreiber des Gewerbes. Der Inhaber einer Buchhandlung bleibt ihr Betreiber, wenn er seine Angestellten arbeiten lässt und selbst den Winter oder das ganze Jahr auf Mallorca verbringt.

Entscheidend ist, wer das Unternehmensrisiko trägt, wem also die Gewinne zufließen und wen die Verluste treffen. Betreiber des Gewerbes ist daher derjenige, in dessen Namen die Geschäfte abgeschlossen werden. Das kann auch ein Minderjähriger oder eine Gesellschaft sein. 81

Beispiele: Tun sich zwei Brüder zu einer OHG zusammen, um eine größere Buchhandlung zu führen, so ist die OHG Betreiberin des Gewerbes. Gründen sie statt dessen für den Betrieb der Buchhandlung eine GmbH, so ist die GmbH die Betreiberin.
Erbt ein Fünfzehnjähriger von seinem Onkel eine Buchhandlung mit drei Angestellten, so werden ihn seine Eltern vertreten und die Angestellten werden die Geschäfte in seinem Namen tätigen. Er ist daher Betreiber des Gewerbes und wird (wenn das Gewerbe auch Handelsgewerbe ist) als Kaufmann in das Handelsregister eingetragen. Da es auf die eigene Geschäftsfähigkeit nicht ankommt, sondern darauf, in wessen Namen die Geschäfte getätigt werden, kann auch ein Zweijähriger Kaufmann sein.

2.5 Handelsgesellschaften

Den kaum 200.000 eingetragenen Einzelkaufleuten stehen heute weit mehr als eine Mio. Handelsgesellschaften gegenüber. Nach § 6 I HGB gelten die handelsrechtlichen Vorschriften für sie ebenso wie für Einzelkaufleute. Dabei ist zwischen der OHG und KG einerseits und den übrigen Rechtsformen andererseits zu unterscheiden. 82

2.5.1 OHG und KG

Bei den Personengesellschaften bildet die BGB-Gesellschaft die Grundform; die OHG und KG sind die handelsrechtlichen Sonderformen, bei denen der Gesellschaftszweck auf den gemeinschaftlichen Betrieb eines Handelsgewerbes gerichtet ist (§ 105 I, 161 I HGB). Wie beim Einzelunternehmer ist daher zu prüfen, ob ein Gewerbe betrieben werden soll und ob es sich um ein Handelsgewerbe handelt. 83

Geht es um ein „großgewerbliches" Unternehmen, so ist die Gesellschaft nach § 105 I HGB automatisch OHG; die Eintragung ist Pflicht, aber nicht Vorausset- 84 zung für die Qualifizierung als Handelsgesellschaft. Die Situation entspricht § 1 II HGB; man könnte von einer Ist-OHG sprechen.

85 Kleingewerbliche Gesellschaften sind nach § 105 II HGB nur dann OHG, wenn sie – freiwillig – ins Handelsregister eingetragen werden; ansonsten sind sie BGB-Gesellschaft. Die Situation entspricht § 2 HGB (auf den § 105 II HGB auch verweist); man könnte analog von einer Kann-OHG sprechen.

86 Nichtgewerbliche Gesellschaften sind regelmäßig BGB-Gesellschaften.

> **Beispiele:** Ärztliche Gemeinschaftspraxen und Anwaltssozietäten (Freiberufler) sowie Bankenkonsortien zur Aktienemission (nicht auf Dauer) sind keine gewerblichen Zusammenschlüsse und daher BGB-Gesellschaften.

87 Die Ausnahme bilden die reinen Vermögensverwaltungsgesellschaften: Mangels nach außen gerichteter Tätigkeit sind sie nicht gewerblich (s.o. Rn 49); § 105 II HGB eröffnet ihnen aber die Möglichkeit, sich als OHG eintragen zu lassen.

88 Insgesamt kommt es bei den Personengesellschaften daher zur Abgrenzung der OHG und KG von der BGB-Gesellschaft auf die bekannten Kriterien vom Betrieb eines Handelsgewerbes an.

> **Beispiele:** A und B betreiben gemeinschaftlich eine Kleinbuchhandlung. Solange eine kaufmännische Einrichtung nicht erforderlich ist, handelt es sich grundsätzlich um eine BGB-Gesellschaft. Entscheiden sie sich zur Eintragung, wird die Gesellschaft zur OHG. Sie können die Eintragung auch wieder löschen lassen und ihre Gesellschaft damit wieder zur BGB-Gesellschaft machen (§ 105 II 2 mit § 2 S. 3 HGB).

Betreiber des Gewerbes ist gegebenenfalls die OHG oder KG (vgl. § 124 HGB).

> **Hintergrund:** Da §§ 105 I, 161 I HGB vom Betrieb eines Handelsgewerbes „unter gemeinschaftlicher Firma" sprechen, lassen sich auch die Gesellschafter selbst als Betreiber und damit Kaufleute ansehen. Das wird herkömmlich für die persönlich haftenden Gesellschafter angenommen, nicht aber für die Kommanditisten.[15]

2.5.2 Die übrigen Rechtsformen

89 Die GmbH ist nach § 13 III GmbHG Handelsgesellschaft. Über § 6 I HGB ist damit die Anwendbarkeit des Kaufmannsrechts festgeschrieben. Auf das Tätigkeitsfeld der GmbH kommt es daher – anders als bei OHG und KG – nicht mehr an. Das HGB ist auch dann anwendbar, wenn sie nichtgewerbliche Zwecke verfolgt, wie § 6 II HGB noch einmal klarstellt.

---

[15] Vgl. nur BGH v. 2. 6. 1966 – VII ZR 292/64 = BGHZ 45, 282; differenzierend z.B. Baumbach/Hopt § 105 Rn 19 ff.

Beispiel: Eine Rechtsanwalts-GmbH ist wegen der Freiberuflichkeit nichtgewerblich. Das HGB ist gleichwohl anwendbar.

Für die AG (und auch die KGaA) gilt nichts anderes: Sie sind per se Handelsgesellschaften (vgl. nur § 3 AktG) und das HGB ist schon allein aufgrund ihrer Rechtsform anwendbar. In ganz ähnlicher Weise ist die Geltung des HGB für eingetragene Genossenschaften (§ 17 II GenG) bestimmt. Sie sind zwar keine Handelsgesellschaften, aber ebenso Formkaufleute. Zu den Formkaufleuten gehören schließlich auch die Europäische Aktiengesellschaft (SE) und die Europäische Wirtschaftliche Interessenvereinigung (EWIV). 90

Für sie alle gilt: Wo immer es auf die Kaufmannseigenschaft ankommt, ist lediglich auf die konkrete Einzelbestimmung und § 6 HGB zu verweisen; eine Prüfung handelsgewerblicher Tätigkeit wäre verfehlt. 91

2.6 Wiederholungsaufgaben

2.6.1 Multiple-Choice-Fragen

1. Die für das HGB maßgebliche Definition des Gewerbebegriffs findet sich in
   (a) § 1 II HGB
   (b) § 15 EStG
   (c) § 1 II PartGG
   (d) HGB-Kommentaren

2. W arbeitet 3 Monate pro Jahr als selbstständiger Weinkommissionär. Gelten die §§ 383 ff. HGB?
   (a) Ja
   (b) Nein
   (c) Nur, wenn sich W ins Handelsregister eintragen lässt

3. Stadt S betreibt im Winter eine Suppenküche und gibt kostenfrei warme Mahlzeiten aus.
   (a) Kein Gewerbe wegen des öffentlichen Trägers
   (b) Kein Gewerbe, da Saisonbetrieb
   (c) Kein Gewerbe, da unentgeltliche Tätigkeit
   (d) Gewerbe

4. Folgende Personen betreiben ein Gewerbe im handelsrechtlichen Sinne:
   (a) Architekten
   (b) Verleger von Kunstmagazinen
   (c) Journalisten

5. X spricht in der Fußgängerzone Passanten an und verkauft ihnen Schmuck und Uhren. Kann sich X ins Handelsregister eintragen lassen?
   (a) Nur, wenn er eine Reisegewerbekarte besitzt
   (b) Nur, wenn der Schmuck und die Uhren nicht gestohlen sind
   (c) Ja

6. Ein Handelsgewerbe nach § 1 II HGB kann nur vorliegen, wenn:
   (a) nach Art und Umfang ein kaufmännisch eingerichteter Geschäftsbetrieb erforderlich ist
   (b) nach Art oder Umfang ein kaufmännisch eingerichteter Geschäftsbetrieb erforderlich ist
   (c) der Gewerbebegriff erfüllt ist

7. § 1 II HGB enthält
   (a) eine widerlegbare Vermutung
   (b) eine Regel über die Darlegungslast im Prozess
   (c) eine Regel über die Beweislast im Prozess

8. Ist Tierarzt T (Praxis mit 14 Angestellten, im Handelsregister eingetragen) Kaufmann?
   (a) Ja, da wegen der Größe ein kaufmännisch eingerichteter Geschäftsbetrieb erforderlich ist
   (b) Ja, da er auf jeden Fall im Handelsregister eingetragen ist
   (c) Nein

9. Gilt für die folgenden Gesellschaften das HGB?
   (a) eine GmbH, die ausschließlich zu gemeinnützigen Zwecken Spenden sammelt und verwaltet
   (b) eine AG, die Obstanbau betreibt
   (c) eine Weinbau-Genossenschaft

10. Die Fast&Food GmbH hat den Schnellimbiss des E gepachtet. Wer betreibt das Gewerbe?
    (a) E als Eigentümer
    (b) Die Fast&Food GmbH
    (c) Die beiden Gesellschafter und Geschäftsführer

2.6.2 Weitere Wiederholungsaufgaben

1. Welches sind die Merkmale des Kaufmannsbegriffs? Sind sie auch für die OHG, KG und GmbH relevant?
2. Nennen Sie die Merkmale des Gewerbebegriffs.
3. In welchen Normen finden sich Hilfen zur Bestimmung des Gewerbebegriffs?
4. Wie grenzen sich die per se kaufmännischen Gewerbebetriebe von den kleingewerblichen ab?
5. Welche Rolle spielen das Vorhandensein einer kaufmännischen Einrichtung und die Eintragung ins Handelsregister für die Kaufmannseigenschaft?
6. Was wird in § 1 II HGB vermutet?
7. Erläutern Sie die Begriffe Fiktivkaufmann, Scheinkaufmann und Schein-OHG.
8. Gibt es mehr Einzelkaufleute oder Formkaufleute?

2.6.3 Lösungshinweise zu den Multiple-Choice-Fragen

94   1. Richtig ist nur Antwort (d). Der für das HGB relevante Gewerbebegriff ist gesetzlich nicht definiert (s.o. Rn 43). § 1 II HGB (a) setzt den Gewerbebegriff voraus. Definitionen etwa aus dem Gewerbe- oder Steuerrecht (b) können wegen der unterschiedlichen Gesetzeszwecke jedenfalls nicht unbesehen übernommen werden (s.o. Rn 46). § 1 II PartGG (c) definiert nur die freien Berufe (die nicht unter den handelsrechtlichen Gewerbebegriff fallen).

2. Richtig ist Antwort (a). W betreibt ein Gewerbe. Auch die längere saisonale Unterbrechung ändert am Merkmal der Planmäßigkeit und Dauerhaftigkeit nichts (s.o. Rn 50). Die §§ 383 ff. HGB kommen daher zur Anwendung. Nach § 383 II HGB kommt es auf die weitere Frage der Kaufmannseigenschaft nicht an, so dass die Eintragung auch dann unerheblich ist, wenn W kleingewerblich tätig ist.

3. Richtig ist Antwort (c). Unentgeltliche Tätigkeiten sind nicht gewerblich (s.o. Rn 52). Auf das streitige Merkmal der Gewinnerzielungsabsicht kommt es nicht an. Dagegen sind die saisonale Unterbrechung (b) und die städtische Trägerschaft (a) unerheblich.

4. Richtig ist die Antwort (b). Während Architekten und Journalisten freie Berufe und kein Gewerbe ausüben (vgl. § 1 II 2 PartGG), sind Verleger Gewerbetreibende, auch wenn es um Kunstmagazine geht.

5. Richtig ist Antwort (c). Die Tätigkeit des X erfüllt den handelsrechtlichen Gewerbebegriff und als Kleingewerbetreibender hat er nach § 2 HGB die Möglichkeit, sich ins Handelsregister eintragen zu lassen und dadurch zum Kaufmann zu werden. Auf das Erfordernis einer Reisegewerbekarte (§ 55c ff. GewO) oder ihr Vorhandensein (a) kommt es nicht an, vgl. § 7 HGB. Auch wenn die Waren gestohlen wären (b) und X folglich als Hehler agierte (§ 259 StGB), wäre er nach h.M. Gewerbetreibender. Theoretisch wäre auch eine Eintragung in das Handelsregister möglich. Wüsste der Registerrichter allerdings von der Hehlerei, würde er eher die Staatsanwaltschaft informieren (und von einer Eintragung absehen, da vom Fortbestand des Betriebs nicht auszugehen wäre).

6. Richtig sind die Antworten (a) und (c). Zunächst muss der Gewerbebegriff erfüllt sein. Dann ist positiv zu fragen, ob nach Art und Umfang ein kaufmännisch eingerichteter Geschäftsbetrieb erforderlich ist. Die Merkmale sind kumulativ zu prüfen, da die Formulierung „oder" in § 1 II HGB auf dessen negativer Formulierung beruht. Entscheidend ist der Gesamtzuschnitt des Unternehmens (Rn 59 ff.).

7. Alle Antworten sind richtig. § 1 II HGB enthält zunächst eine Vermutungsregel (s.o. Rn 65 f.): Liegt ein Gewerbe vor, wird vermutet, dass es ein Handelsgewerbe ist. Damit ist gleichzeitig die Darlegungs- und Beweislast verteilt: Wer

sich auf den kleingewerblichen Zuschnitt eines Unternehmens beruft, muss das im Prozess vortragen und im Bestreitensfall beweisen. Allerdings gelten in Registersachen die besonderen Verfahrensgrundsätze der Freiwilligen Gerichtsbarkeit, insbesondere der Amtsermittlungsgrundsatz des § 26 FamFG.

8. Richtig ist Antwort (c). T ist als Freiberufler kein Gewerbetreibender und daher auch kein Kaufmann. Auf Art und Umfang des Betriebs (a) kommt es daher nicht an. Auch die Eintragung (b) ändert am Ergebnis nichts, da §§ 2 und 5 HGB ebenso wie § 1 II HGB ein gewerbliches Unternehmen voraussetzen (s.o. Rn 69, 75). T kann allenfalls als Scheinkaufmann qualifiziert werden, wenn weitere Umstände hinzutreten.

9. Alle Antworten sind richtig. GmbH, AG und Genossenschaft sind Formkaufleute (§ 13 III GmbH, § 3 I AktG, § 17 II GenG). Auf eine gewerbliche Tätigkeit, Art und Umfang der Tätigkeit oder die Einordnung als landwirtschaftlicher Betrieb kommt es nicht an. Entsprechende Prüfungen wären verfehlt.

10. Richtig ist die Antwort (b). Entscheidend ist, in wessen Namen die Geschäfte geschlossen werden. Dabei kommt es auf das Eigentum des E (a) nicht an. Auch als Verpächter trägt er das Unternehmensrisiko nicht rechtlich, sondern höchstens mittelbar wirtschaftlich. Betreiber ist vielmehr die GmbH, in deren Namen die Geschäfte geschlossen werden. Die Gesellschafter der GmbH haften für GmbH-Verbindlichkeiten grundsätzlich nicht (§ 13 II GmbHG) und auch die Geschäftsführer handeln nur im Namen der GmbH (§ 35 I GmbHG). Selbst ein Alleingesellschafter, der zugleich Geschäftsführer ist, wird dadurch nicht zum Kaufmann.

2.6.4 Lösungshinweise zu den weiteren Wiederholungsaufgaben

1. Vgl. § 1 I HGB und s.o. Rn 40: Gewerbe, Handelsgewerbe, Betreiber. Diese Prüfungsschritte sind auch bei der Abgrenzung der OHG und KG von der BGB-Gesellschaft nach §§ 105, 161 HGB relevant, nicht dagegen bei der GmbH, die unabhängig vom Betrieb eines Handelsgewerbes Formkaufmann ist (§ 13 III GmbHG und § 6 HGB); s.o. Rn 82 ff.

2. Die relevanten Merkmale des Gewerbebegriffs: Selbstständigkeit, Ausrichtung nach außen, Planmäßigkeit und Dauerhaftigkeit, Gewinnerzielungsabsicht oder zumindest Entgeltlichkeit, kein freier Beruf (s.o. Rn 47).

3. Orientierungshilfen liefern § 84 I 2 HGB (Selbstständigkeit), § 1 II PartGG (freie Berufe) und § 7 HGB (Erlaubtheit irrelevant). S.o. Rn 48, 53, 54.

4. Nach § 1 II HGB kommt es auf das Erfordernis einer kaufmännischen Einrichtung an. Dabei kommt es auf den Gesamtzuschnitt des Unternehmens nach qualitativen und quantitativen Kriterien an (Art und Umfang). S.o. Rn 59 ff.

5. Nach § 1 II HGB kommt es auf das Erfordernis eines kaufmännisch eingerichteten Geschäftsbetriebs an, nicht auf dessen Vorhandensein, das allenfalls Indizwirkung hat. Ist eine kaufmännische Einrichtung erforderlich, so ist die Eintragung in das Handelsregister nur deklaratorisch. Ist sie nicht erforderlich (Kleingewerbe), so hat die – freiwillige – Eintragung nach § 2 HGB konstitutive Wirkung. S.o. Rn 61, 68, 69, ferner Rn 74 - 76.

6. § 1 II HGB vermutet, dass ein gewerbliches Unternehmen auch handelsgewerblich ist. Fehlen gegenteilige Angaben, kann auch in der Fallbearbeitung vom Vorliegen eines Handelsgewerbes ausgegangen werden. Das Vorliegen eines Gewerbes muss dagegen positiv festgestellt werden. Insoweit besteht eine Vermutungsregel nicht.

7. Fiktivkaufmann wird der in § 5 HGB behandelte fälschlich im Handelsregister eingetragene Gewerbetreibende genannt (s.o. Rn 75). Scheinkaufleute sind Nichtkaufleute, die zurechenbar den Rechtsschein setzen, Kaufmann zu sein und sich gewohnheitsrechtlich entsprechend behandeln lassen müssen (s.o. Rn 77). Diese Lehre gilt auch für Gesellschaften. Danach muss sich insbesondere eine BGB-Gesellschaft wie eine OHG behandeln lassen, wenn sie zurechenbar den Rechtsschein hervorruft, ein Handelsgewerbe zu betreiben (Schein-OHG).

8. S.o. Rn 82: Die Zahl der Formkaufleute, insbesondere der GmbHs, übersteigt die der Einzelkaufleute um ein Vielfaches.

3 Unternehmenspublizität

- Wie wird der Rechtsverkehr mit Unternehmensdaten versorgt und welche Rolle spielt dabei das Handelsrecht?
- Was ist das Handelsregister, was das Unternehmensregister? Wo findet man sie? Was steht drin? Und kann man sich darauf verlassen?
- Was ist eine Firma, was eine Marke?
- Was verrät die Firma „Schlachterei Ivo Pöhlmann e.K." über ihren Inhaber?
- Müssen Kaufleute ihre Bilanzen veröffentlichen?
- Gelten in Deutschland die „Grundsätze ordnungsgemäßer Buchführung" oder mittlerweile die „International Accounting Standards"?

3.1 Übersicht

Gesteigerte Publizität und erhöhter Vertrauensschutz sind schon als Charakteristika des Handelsrechts betont worden (s.o. Rn 30). Ein wesentlicher Teilaspekt davon ist das handelsrechtliche Informationssystem, das hauptsächlich aus drei Bausteinen besteht. 96

```
                    Unternehmens-
                     publizität
        ┌───────────────┼───────────────┐
Handels- / Unter-      Firma         Rechnungslegung
nehmensregister      §§ 17 ff. HGB    §§ 238 ff. HGB
  §§ 8 ff. HGB
```

Der Rechtsverkehr wird durch dieses System mit vielen wesentlichen Unternehmensdaten versorgt. Für weitergehende Informationen stehen der Praxis andere Kanäle zur Verfügung. 97

> **Beispiele:** Wer eine Bauträger-GmbH verklagen will, wird sich im Handelsregister über die genaue Firma, die Geschäftsführung und eine ladungsfähige Adresse vergewissern. Wer der GmbH einen Kredit geben will, wird sich zumindest die Bilanzen vorlegen lassen oder vielleicht auch eine Wirtschaftsauskunftei einschalten. Wer ein Unternehmen kaufen möchte, nimmt regelmäßig eine akribische „Due Diligence-Prüfung" vor (dazu unten Rn 162).

3.2 Handelsregister und Unternehmensregister

3.2.1 Allgemeines

98 Schon im Mittelalter hat sich die Idee durchgesetzt, Informationen über den „Handelsstand" in Registern zu sammeln. Für Kapitalgesellschaften schreibt das EU-Recht solche Register seit 1968 vor und seit 2007 müssen diese Register elektronisch geführt werden.[16] Das HGB hat diesen Übergang zum elektronischen Handelsregister für alle Handelsgesellschaften und Kaufleute vollzogen. Zudem wurde ein Unternehmensregister geschaffen, von dem aus die Informationen aus Handelsregister, Genossenschafts- und Partnerschaftsregister, die publizierte Rechnungslegung und weitere für den Kapitalmarkt relevanten Informationen zentral abgerufen werden können.

99 Das Handelsregister wird von den Gerichten[17] elektronisch geführt (§ 8 HGB) und kann von jedermann zu Informationszwecken eingesehen werden (§ 9 I HGB). In das Register werden nur gesetzlich vorgegebene Tatsachen eingetragen. Meist ist die Eintragung dieser Tatsachen Pflicht (vgl. auch § 14 HGB); vereinzelt ist sie freiwillig.

> **Beispiele:** Der Kaufmann muss nach § 29 HGB seine Firma und den Ort der Handelsniederlassung bei dem für den Ort der Niederlassung (ggf. der Hauptniederlassung, §§ 13 ff. HGB) zuständigen Amtsgericht zur Eintragung anmelden. Beim Kannkaufmann ist die Eintragung freiwillig (§ 2 S. 2 HGB). Bei der OHG und KG kommen weitere einzutragende Tatsachen hinzu (§§ 106 und 162 HGB). Auch die Prokuraerteilung ist eine einzutragende Tatsache (§ 53 HGB). Die Eintragungspflicht gilt jeweils auch für Änderungen (vgl. §§ 31 ff., 107, 53 III HGB). Andere Informationen, etwa über die umsatzstärksten Produkte, die wichtigsten Kunden oder den cash flow, haben im Handelsregister keinen Platz.

---

[16] Publizitätsrichtlinie (68/151/EWG), geändert durch die Richtlinie 2003/58/EG.
[17] Zuständig sind die Amtsgerichte (§ 23a II Nr. 3, 4 GVG), und zwar grundsätzlich die Amtsgerichte beim Landgericht für Unternehmen mit Niederlassung oder Sitz im jeweiligen LG-Bezirk (§§ 376 f. FamFG). Die Länder haben die Registerführung per Verordnung teilweise weiter zentralisiert.

Die betroffenen Kaufleute, GmbH-Geschäftsführer usw. haben die Tatsachen elektronisch in öffentlich beglaubigter Form zur Eintragung beim zuständigen Gericht anzumelden (§ 12 HGB). Mit der Eintragung können die Daten per Internet (kostenpflichtig) abgerufen werden. Dennoch sieht § 10 HGB weiterhin zusätzlich eine Bekanntmachung im elektronischen Bundesanzeiger vor.   **100**

> **Hintergrund:** Bekanntmachungen in Tageszeitungen usw. waren wichtig, solange das Handelsregister nur bei den Amtsgerichten einsehbar war. Heute erscheinen sie neben einem ohnehin überall zugänglichen Register überflüssig, sie sind aber vom EU-Recht weiterhin vorgegeben. Praktisch ergibt sich aus dem Handelsregister ein nach Unternehmen geordneter Datenbestand und aus den Bekanntmachungen ein chronologischer.

Auf die eingetragenen und bekannt gemachten Tatsachen kann sich der Rechtsverkehr grundsätzlich verlassen. Das Handelsregister bietet damit ein verlässliches Informationsmittel, wenn es um juristisch wichtige Eckdaten eines Unternehmens geht.   **101**

> **Beispiele:** Der V-Verlag gewährt der A-B-C-Buchhandels-OHG einen erheblichen Warenkredit und möchte vor weiteren Lieferungen wissen, wer die persönlich haftenden Gesellschafter sind. Großhändler W möchte gegen die D-GmbH einen Mahnbescheid erwirken und braucht für die wirksame Zustellung den Namen des Geschäftsführers und die ladungsfähige Anschrift. X verhandelt mit einem Vertreter der E-GmbH und möchte wissen, ob dieser wirklich Prokurist ist.

3.2.2 Handelsregisterpublizität

Als Publizitätsorgan muss das Handelsregister natürlich überhaupt zugänglich sein (formelle Publizität). Das sichern die §§ 9 und 10 HGB ab. Ein zentrales Thema ist im Übrigen die Verlässlichkeit der Informationen. Diese Frage der materiellen Publizität regelt insbesondere § 15 HGB. Die Vorschrift bestimmt aber nicht einfach, dass das Eingetragene als richtig gilt (vgl. z.B. §§ 891, 892 BGB), sondern behandelt in den Absätzen 1-3 nacheinander die unterbliebene und die richtige Eintragung und Bekanntmachung sowie die falsche Bekanntmachung.   **102**

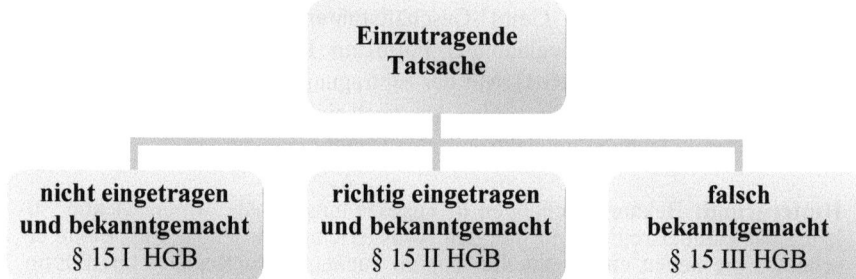

3.2.2.1 Negative Publizität unterlassener Eintragungen und Bekanntmachungen (§ 15 I HGB)

103 Nach § 15 I HGB kann eine einzutragende Tatsache einem gutgläubigen Dritten nicht entgegengehalten werden, wenn sie nicht eingetragen und bekanntgemacht ist: Auf Dinge, die nicht ordnungsgemäss publiziert sind, braucht sich der Rechtsverkehr nicht einzustellen (negative Publizität). Man kann, mit anderen Worten, auf das Schweigen des Handelsregisters vertrauen.

> **Beispiele:** Kaufmann K widerruft die Prokura des P. Sofern er diese eintragungspflichtige Tatsache (§ 53 II HGB) nicht eintragen lässt, können sich Dritte auf die Prokura verlassen; anders nur, wenn sie vom Widerruf wissen.
> In der A-B-C-OHG sind laut Gesellschaftsvertrag B und C nur gemeinsam zur Vertretung der OHG berechtigt (vgl. § 125 II HGB). Wenn das nicht eingetragen ist, kann ein Dritter, der auch sonst nichts davon weiss, vom Normalfall der Einzelvertretungsmacht (§ 125 I HGB) ausgehen. Wenn C im Namen der OHG einen Vertrag mit ihm schließt, wird die OHG Vertragspartnerin.
> Wird eine Prokura unwirksam erteilt und dennoch eingetragen, hilft § 15 I HGB nicht. Es geht nicht um eine unterlassene Eintragung, ist also kein Fall der negativen Publizität.

104 Die Funktionsweise der negativen Publizität ist nicht leicht einzusehen. In erster Linie geht es um Veränderungen (gegenüber der früheren Situation wie im ersten Beispiel oder gegenüber dem gesetzlichen Regelfall wie im zweiten Beispiel). Auf solche Veränderungen muss man sich erst einstellen, wenn sie eingetragen sind.

3.2.2.2 Positive Publizität zutreffender Eintragungen und Bekanntmachungen (§ 15 II HGB)

105 § 15 II HGB schließt an diese Regelung eine zweite für den Normalfall an. Wenn eine eintragungspflichtige Tatsache richtig eingetragen und bekannt gemacht ist, kann sie Dritten entgegengehalten werden. Das ist zunächst eine Selbstverständlichkeit, denn wahre Tatsachen kann man anderen grundsätzlich schon ohne Eintragung entgegenhalten. Die Vorschrift betont das aber gerade im Zusammenhang

mit Absatz 1 noch einmal, um das Ende des dort geschaffenen Vertrauensschutzes zu markieren. Nach § 15 II 2 HGB bleibt der Vertrauensschutz allerdings noch 15 Tage erhalten, sofern der Dritte die Tatsache nicht kannte und auch nicht kennen musste.

Im letzten Beispiel (Rn 103) lässt K schließlich den Widerruf der Prokura eintragen und bekanntmachen. Von da an müssen Dritte die veränderte Lage gegen sich gelten lassen. Sie müssen sich grundsätzlich um Veränderungen im Register und Bundesanzeiger kümmern. Erfahren sie davon ausnahmsweise schuldlos nichts, so bleibt ihr Vertrauen aber noch weitere 15 Tage geschützt.

Hintergrund: Die 15-tägige Schonfrist ist erst aufgrund der EG-Publizitätsrichtlinie ins deutsche Recht gekommen. Das gilt auch für § 15 III HGB.

Problematisch ist die Anordnung des § 15 II HGB, wenn sie auf einen zusätzlichen konkreten Vertrauenstatbestand trifft. In solchen Fällen kann der konkrete Rechtsschein schwerer wiegen als die Registerinformation.   **106**

Beispiel: K widerruft die Prokura des P und lässt den Widerruf eintragen, nennt ihn aber weiter selbst auf Nachfrage seinen Prokuristen und lässt ihn entsprechend unterzeichnen. Hier ist der konkret gesetzte Rechtsschein stärker als die Eintragung. Darauf vertrauenden Dritten kann der eingetragene Widerruf trotz § 15 II HGB nicht entgegengehalten werden.

3.2.2.3 Positive Publizität falscher Bekanntmachungen (§ 15 III HGB)

§ 15 III HGB betrifft schließlich den Fall falscher Bekanntmachungen. Ob das auf einer ebenfalls falschen Eintragung oder einem Fehler bei der Bekanntmachung beruht, ist unerheblich. Wenn eine eintragungspflichtige Tatsache falsch bekanntgemacht ist, kann ein gutgläubiger Dritter grundsätzlich darauf vertrauen.   **107**

Im letzten Beispiel Rn 103 hilft § 15 III HGB: Wenn die Prokuraerteilung unwirksam ist, sind Eintragung und Bekanntmachung unrichtig und ein gutgläubiger Dritter kann sich auf die Prokura berufen.

Allerdings gilt die Publizitätswirkung des § 15 III HGB nur zu Lasten derjenigen, die die falsche Bekanntmachung durch ihre Registeranmeldung veranlasst haben.[18] Dieses (ungeschriebene) Zurechnungsprinzip schützt unbeteiligte Dritte.   **108**

Beispiel: Durch eine Verwechselung des anmeldenden B, des Rechtspflegers beim Registergericht oder bei der Bekanntmachung wird statt des Alfons

---

[18] Baumbach/Hopt, § 15 Rn 19; Canaris, HR § 5 Rn 51 f.; a.A. Hofmann, JA 1980, 270; Krebs in MK-HGB, § 15 Rn 84 f.; vermittelnd Karsten Schmidt, HR, § 14 III 2 d.

> Adam der völlig unbeteiligte Kirchenrechtsprofessor Alfons Asam als persönlich haftender Gesellschafter der A-B-C-OHG bekanntgemacht. Nach dem Wortlaut des § 15 III HGB könnte sich ein Kreditgeber der OHG auch auf die Haftung des eingetragenen Asam berufen. Ein solcher Vertauensschutz ginge aber zu weit.

109 Insgesamt ist das gestufte System des § 15 HGB wohl unnötig kompliziert. Es sorgt aber dennoch weitgehend dafür, dass dem Rechtsverkehr mit dem Handelsregister eine verlässliche Informationsquelle zur Verfügung steht, die wesentlich zur Schnelligkeit und Leichtigkeit des Handelsverkehrs beiträgt.

3.3 Die Firma

3.3.1 Allgemeines zur Firma

110 Im allgemeinen Sprachgebrauch wird „Firma" oft gleichbedeutend mit „Unternehmen" benutzt („Ich muss noch einmal in die Firma"). Nach § 17 HGB ist die Firma aber lediglich ein weiterer Name des Kaufmanns, nämlich sein Geschäftsname.[19] Bei den Handelsgesellschaften ist die Firma der einzige Name. Auch Nichtkaufleute können sich eine Geschäftsbezeichnung zulegen, für Firmen gelten aber einige Besonderheiten. Das Firmenrecht ist in §§ 17 ff. HGB geregelt.

111 Als Name dient die Firma der Identifikation des Kaufmanns und seines Unternehmens. Daher hat sie einerseits eine Informationsfunktion. Andererseits verkörpert sie regelmäßig den good will, den die Marketingaktivitäten aufgebaut haben. Die Firma eines gut positionierten Handelsgeschäfts hat daher auch einen ganz erheblichen Wert. Deshalb kann die Firma zwar nicht isoliert, aber mit dem Handelsgeschäft übertragen werden (Firmenbeständigkeit, §§ 21-24 HGB) und sie genießt auch einen besonderen Firmenschutz (§ 37 HGB).

3.3.2 Firmenbildung

112 §§ 18 f. HGB und Sondervorschriften wie § 4 GmbHG und § 4 AktG regeln zunächst, wie eine Firma zu bilden ist. Während für Einzelkaufleute bis 1998 Personenfirmen vorgeschrieben waren, die aus Vor- und Nachnamen gebildet werden mussten, sind nunmehr auch Sachfirmen und Phantasiebezeichnungen zulässig. Für die Firma von Handelsgesellschaften gilt nichts anderes. Hier wie dort muss die Firma allerdings stets die Rechtsform korrekt bezeichnen (§ 19 HGB, § 4 GmbHG, § 4 AktG usw.).

---

[19] Betreibt ein Kaufmann mehrere Handelsgeschäfte, so kann er auch mehrere Firmen führen.

Beispiele: Personenfirma: Buchhandlung Erwin Müller e.K.; Sachfirma: Buchhandlung am Schillerplatz e.K.; Phantasiebezeichnungen: Die moosgrüne Lesegrotte KG, Tanderadei GmbH.

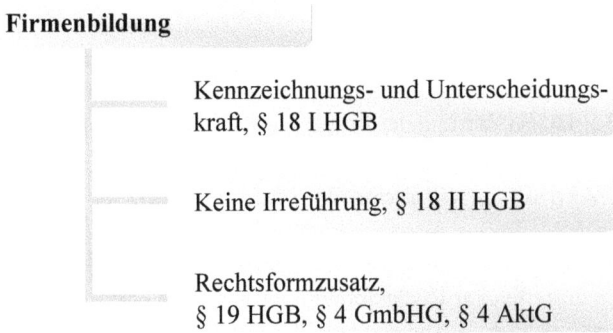

3.3.2.1 Kennzeichnungs- und Unterscheidungskraft

Das Erfordernis der Kennzeichnungs- und Unterscheidungskraft (§ 18 I HGB) folgt aus der Namensfunktion der Firma. Eine solche Identifikation kann, wie schon angedeutet, nicht nur bei Namen, sondern auch bei Sach- und Phantasiebezeichnungen möglich sein, ebenso bei Buchstaben- und Zahlenkombinationen. Allerweltsbezeichnungen und sinnlose Kombinationen haben demgegenüber keine Kennzeichnungskraft und auch Bildzeichen und Tonfolgen wird die Namens- und Eintragungsfähigkeit abgesprochen.

113

Beispiele: Nach § 18 I HGB zulässig: Hans Schmidt e.K., Tanderadei GmbH, TUI GmbH, Pro 7 GmbH, Dinner-4-2 KG.
Unzulässig: Buchhandlung e.K., Deutschland GmbH, jawohl! KG, AAAAAAA GmbH.

3.3.2.2 Irreführungsverbot

Das Irreführungsverbot ist ein Grundpfeiler des Wettbewerbsrechts und gilt natürlich auch für die Firmenbildung (Firmenwahrheit). § 18 II HGB grenzt es aber ein, indem nur Irreführungen über wesentliche Umstände relevant sind und das Registergericht nur ersichtlichen Irreführungen nachgehen soll. Verboten ist eine Bezeichnung schon, wenn sie zur Irreführung geeignet ist. Es kommt also auf den

114

Eindruck an, den die Firma in den beteiligten Kreisen weckt. Auch wahre Angaben können Fehlvorstellungen wecken.

Beispiele: „Schlachterei Erwin Müller e.K." ist irreführend, wenn Müller eine Buchhandlung betreibt. „Mediencenter am HBF" weckt den Eindruck eines Großbetriebs und ist als Firma für einen kleinen Kiosk irreführend. „Sanatorium Dr. Sommer GmbH" ist irreführend, wenn der Betreiber ein promovierter Jurist ist.[20]

115 Die §§ 21 ff. HGB gestatten die Firmenfortführung selbst bei Inhaberwechseln (Rn 117). Die daraus resultierende „Inhabertäuschung" fällt grundsätzlich nicht unter § 18 II HGB (Vorrang der Firmenbeständigkeit vor der Firmenwahrheit).

3.3.2.3 Aktuell zutreffender Rechtsformzusatz

116 Nach § 19 HGB muss die Firma schließlich – auch im Fall der Firmenfortführung – den zutreffenden Rechtsformzusatz haben. Wenn schon weder die Person des Inhabers noch der betriebene Geschäftszweig erkennbar zu sein braucht, muss doch wenigstens die Rechtsform zumindest in gebräuchlicher Abkürzung angegeben sein (e.K., OHG, GmbH usw.); das bestimmen § 4 GmbHG und § 4 AktG ebenso. Für Mischformen wie die GmbH & Co. KG bestimmt § 19 II HGB, dass der KG-Zusatz nicht ausreicht, sondern die mittelbare allseitige Haftungsbeschränkung erkennbar sein muss.

3.3.3 Firmenfortführung

117 Da Firmen häufig einen erheblichen Wert haben, der erhalten bleiben soll, gestatten die §§ 21-24 HGB, wie schon angedeutet, die Fortführung der Firma im Fall eines Namens- oder Inhaberwechsels (sog. Firmenbeständigkeit). Wichtigster Fall ist der des § 22 HGB: Wer ein handelsgewerbliches Unternehmen kauft, pachtet oder erbt und dann auch fortführt, darf auch die Firma fortführen. Selbst ein Nachfolgezusatz ist nicht nötig, stattdessen aber die Einwilligung des Veräußerers oder seiner Erben.

Beispiel: Kauft Helmut Meyer die Buchhandlung von Erwin Müller, so kann er die Firma „Buchhandlung Erwin Müller e.K." beibehalten, wenn Müller einwilligt (was dieser regelmäßig im Kaufvertrag tut, da der Firmenwert dann beim Kaufpreis mit berücksichtigt wird). Möglich wäre auch z.B. die Firma „Buchhandlung Erwin Müller e.K., Inh. Helmut Meyer" oder natürlich auch ein Verzicht auf die Fortführung („Buchhandlung Helmut Meyer e.K.").

---

[20] BGH v. 5.4.1990 – I ZR 19/88 = NJW 1991, 752. Viele weitere Bsp. bei Baumbach/Hopt, § 18 Rn 21 ff.

Die übrigen Vorschriften betreffen keinen Inhaberwechsel, sondern stellen nur klar, dass Namensänderungen oder Wechsel im Gesellschafterbestand keine Umfirmierung nötig machen. Im Fall des § 21 HGB bleibt der Betreiber mit neuem Namen derselbe. Im Fall des § 24 HGB bleibt die Gesellschaft als Betreiberin des Handelsgewerbes ebenfalls dieselbe.

118

> **Beispiel:** A, B und C betreiben ihre Buchhandlung in Form einer OHG und firmieren als „A-B-C-OHG". Scheidet A aus der OHG aus, so bleibt die OHG Betreiberin. Nach § 24 HGB kann die Firma beibehalten werden, obwohl sie einen falschen Eindruck vom Gesellschafterbestand (und damit vom Kreis der Haftenden!) erweckt.

3.3.4 Firmenschutz

Firmen müssen nicht nur allgemein Unterscheidungskraft haben, sondern jede Firma muss sich von den schon im Registerbezirk eingetragenen anderen Firmen unterscheiden (§ 30 HGB).

119

> **Beispiel:** Buchhändler Erwin Müller kann nicht „Erwin Müller e.K." firmieren, wenn schon Schlachter „Erwin Müller e.K." eingetragen ist. Zulässig wäre z.B. „Buchhandlung Erwin Müller e.K.".

§ 30 HGB schützt den Rechtsverkehr, damit aber auch die eingetragenen Firmen vor verwechselungsfähigen Neufirmen. Daneben sieht § 37 HGB einen doppelten Schutz für den Fall eines unzulässigen Firmengebrauchs vor. Einerseits kann das Registergericht nach § 37 I HGB gegen solche Fälle vorgehen. Andererseits können sich rechtlich Betroffene auch mit einem Unterlassungsanspruch nach § 37 II HGB gegen unzulässigen Firmengebrauch wehren, und zwar auch dann, wenn der Verstoß schuldlos geschieht.

120

> **Beispiele:** Buchhändler Müller lässt sich zwar mit dem Zusatz „Buchhandlung" eintragen, gebraucht aber stets nur die Firma „Erwin Müller e.K.". Der nicht promovierte Makler S firmiert als „Dr. S". Hier kann jeweils das Registergericht mit Unterlassungsverfügungen und der Verhängung von Ordnungsgeldern einschreiten. Daneben können etwa Schlachter Erwin Müller und ein konkurrierender Makler Unterlassungsklage erheben.

3.3.5 Firmenrecht im weiteren Kontext

Gerade das Thema des Firmenschutzes erschließt sich nur, wenn das Firmenrecht auch im weiteren Kontext gesehen wird. So sind auf der einen Seite die bürgerlich-

121

rechtlichen Grundlagen zu beachten: § 12 BGB schützt den Namen, über § 823 I BGB können sich auch aus firmenrechtlichen Verletzungen Schadensersatzansprüche ergeben und so fort.

122 Auf der anderen Seite ist das Firmenrecht im Kontext des allgemeinen Kennzeichenrechts zu sehen. Hier schützen die §§ 5, 15 des Markengesetzes (MarkenG) neben Namen und Firmen auch andere Unternehmenskennzeichen sowie sonstige „zur Unterscheidung des Geschäftsbetriebs ... bestimmte Zeichen". Darunter fallen die nichtkaufmännischen Geschäftsbezeichnungen, Kurzformen von Firmen und andere Kennzeichen mit Namensfunktion sowie sogar alle übrigen Kommunikationsmittel (ohne Namensfunktion), die auf das Unternehmen hinweisen wie bildliche Kennzeichen oder die spezielle Aufmachung von Ladeneinrichtungen, Fahrzeugen oder der Kleidung der Arbeitnehmer.

> **Beispiele:** Die Bezeichnung „Rechtsanwälte Müller und Partner" ist keine Firma (Freiberufler!), sie genießt aber den Schutz des § 12 BGB und der §§ 5, 15 MarkenG. Unter §§ 5, 15 MarkenG fallen auch der Mercedes-Stern und die Aufmachung der UPS-Fahrzeuge.

123 All diese Zeichen genießen Schutz vor später benutzten Zeichen, sobald und soweit sie Verkehrsgeltung haben. Dieser erweiterte Schutz ist auch für Firmen von Bedeutung.

> **Beispiel:** August Oetker betreibt mit seinem Sohn eine Bäckerei, gründet eine Kommanditgesellschaft und möchte die „August Oetker KG" eintragen lassen. In Bielefeld, wo der bekannte Lebensmittelkonzern ansässig ist, wäre ihm das nach § 30 HGB verwehrt. Da der Lebensmittelkonzern weit über die Grenzen Bielefelds hinaus bekannt ist, schützen §§ 5, 15 MarkenG auch insoweit vor der Eintragung und Benutzung verwechselungsfähiger Firmen. Unser Bäcker müsste wohl auf eine Firma wie „Bäckerei August und Erwin Oetker KG" ausweichen.

124 Das MarkenG hat allerdings mit Unternehmenskennzeichen nur in zweiter Linie zu tun. Im Vordergrund steht der Schutz von Marken, also Warenzeichen und Dienstleistungszeichen.

> **Beispiel:** „Daimler AG" ist eine Firma, „Mercedes" eine Marke.

3.4 Pflichtangaben auf Geschäftsbriefen

125 Der Informationswert einer Firma ist nach dem Gesagten nicht eben groß, das ist die Kehrseite der 1998 erfolgten Liberalisierung des Firmenrechts. Gleichzeitig wurde aber § 37a HGB eingeführt, wonach Kaufleute auf Geschäftsbriefen und insbesondere bei Bestellungen weitere Angaben machen müssen. Solche Pflichtangaben wurden vorher schon von den Handelsgesellschaften verlangt (§§ 125a,

177a HGB, § 35a GmbHG, § 80 AktG). Durch die Angabe der Firma, des Registergerichts und der Registernummer wird Interessierten ein schneller Zugriff auf die Daten des Handelsregisters ermöglicht.

3.5 Rechnungslegung

Das „Bilanzrecht" ist, wie erwähnt, nur begrenzt prüfungsrelevant. Einige Grundkenntnisse sind aber nötig, um beispielsweise mit den Regeln der Kapitalaufbringung und -erhaltung im GmbH- und Aktienrecht, dem Tatbestand der Überschuldung (§ 19 InsO), Insolvenzantragspflichten (§ 15a InsO) usw. umzugehen.[21]

126

3.5.1 Grundbegriffe

Das betriebliche Rechnungswesen erfasst und verarbeitet alle unternehmensrelevanten Daten über angefallene und geplante Geschäftsvorfälle und dient der Unternehmensplanung und -kontrolle. Die Rechnungslegung ist ein Teil dieses Informationssystems. Es dient auch der Information Dritter (Informationsfunktion) sowie als Grundlage verschiedener Zahlungspflichten (Zahlungsbemessungsfunktion).

127

> **Beispiele:** Nach § 120 I HGB werden die Gewinnanteile der Gesellschafter aufgrund der Bilanz berechnet (vgl. auch § 29 I GmbHG). Nach § 5 I 1 EStG sind die handelsrechtlichen Grundsätze ordnungsgemäßer Buchführung (GoB) prinzipiell auch für die steuerliche Gewinnermittlung maßgeblich.

Daher enthält das HGB im 3. Buch (§§ 238 ff.) zahlreiche Vorschriften über die „Handelsbücher", die durch verschiedene weitere Regeln ergänzt werden. Der HGB-Aufbau führt auch hier nach bekanntem Schema vom Allgemeinen zum Besonderen.

128

---

[21] Zur Vertiefung vgl. z.B. Wöhe / Mock, Die Handels- und Steuerbilanz (Vahlen).

52   Grundkurs - 3 Unternehmenspublizität

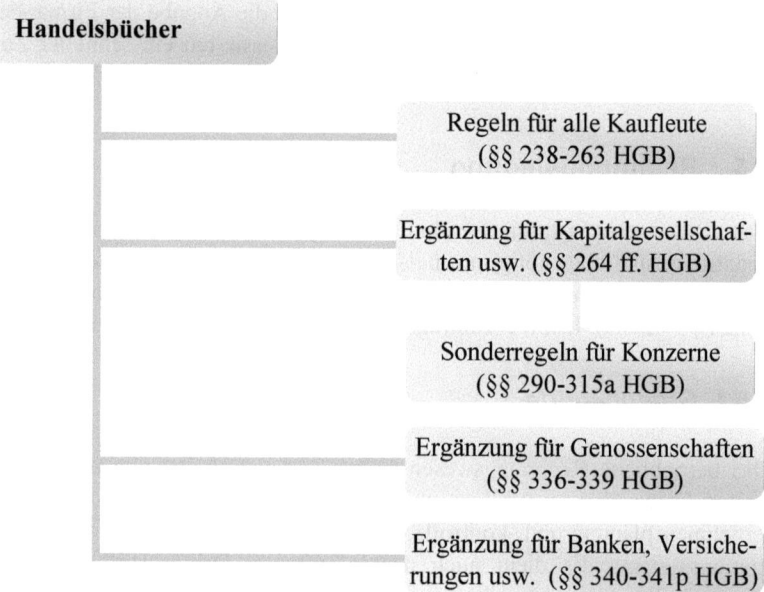

129   Dabei folgen die Vorschriften im Wesentlichen dem zeitlichen Ablauf: Auf Buchführung und Inventar folgen Bilanz und Jahresabschluss sowie bei den Kapitalgesellschaften Prüfung und Offenlegung.

Hintergrund: Die §§ 238 ff. HGB beruhen in weitem Umfang auf EU-Richtlinien und sind daher entsprechend anzuwenden (s.o. Rn 23).

3.5.2 Buchführung und Inventar

130   Die Buchführung (§§ 238 f. HGB) erfasst chronologisch und für Dritte nachvollziehbar alle Geschäftsvorfälle. Dazu ist die kaufmännische Korrespondenz aufzubewahren (vgl. § 257 HGB) und die eintretenden Vermögensänderungen sind nach den Grundsätzen ordnungsgemäßer Buchführung (GoB) in Form von Kontenbewegungen darzustellen. Diese GoB, in der Praxis entwickelt und letztlich durch Gesetz und Rechtsprechung festgelegt, verlangen regelmäßig die doppelte Buchführung.

131   Die einfache Buchführung besteht aus einem Kassabuch für die Zahlungsein- und -ausgänge und einzelnen Personenkonten (Lieferanten, Kunden usw.). Ein Geschäftsvorfall wird auf diesen Konten entweder im Soll oder Haben gebucht.

Beispiel: K wird am 1. 4. von L beliefert und bezahlt am 9. 4. die Rechnung. K bucht auf dem L-Konto den Wareneingang im Haben, die Bezahlung im Soll:

Lieferantenkonto L

Soll			Haben
		1.4. Lieferung (Beleg 023)	2.830,-
9.4. Zahlung (Überw. 023)	2.830,-		

Die doppelte Buchführung vervollständigt die Erfassung durch zusätzliche Bestands- und Erfolgskonten, um eine genauere Darstellung der Geschäftsvorfälle und auch der Lage des Unternehmens (§ 238 I 2 HGB) zu erreichen. Dabei werden einzelne Vermögensänderungen (mindestens) doppelt gebucht. Ergänzt und kontrolliert wird die Buchführung durch das Inventar (§§ 240 f. HGB), ein durch Inventur ermitteltes Bestandsverzeichnis der Aktiva und Passiva.

132

> Im obigen **Beispiel** schlägt sich die Lieferung am 1. 4. zum einen auf dem Konto „Vorräte"; „Rohstoffe" o.ä. nieder (Soll-Buchung 2.830 €) und andererseits auf dem Konto „Verbindlichkeiten" (Haben-Buchung 2.830 €). Die Bezahlung am 9. wird entsprechend als „Kasse"/„Bankkonto" (Soll) an „Verbindlichkeiten" (Haben) gebucht.
>
> **Hintergrund:** Da die Bestandskonten an den einzelnen Bilanzposten orientiert sind, schreiben sie diese letztlich laufend fort. Entsprechend schreiben die Erfolgskonten die Gewinn- und Verlustrechnung fort.

3.5.3 Der Jahresabschluss

Der Jahresabschluss besteht aus der Handelsbilanz sowie der Gewinn- und Verlustrechnung (§ 242 III HGB). Er ist nach den folgenden Vorschriften und den GoB aufzustellen und bei den Kapitalgesellschaften um einen Anhang zu ergänzen (§ 264 I HGB).

133

Die Bilanz stellt die Aktiva (Anlagevermögen, Umlaufvermögen etc.) den Passiva (Eigenkapital, Rückstellungen, Verbindlichkeiten) gegenüber. Das geschieht in zwei Spalten (links Aktiva, rechts Passiva) nach dem Gliederungsschema der §§ 247 I, 266 HGB.

134

> **Beispiel:** A will einen „Pizza- und Film"-Transportdienst aufbauen, da ein Nachbar eine Pizzeria ohne Bringdienst betreibt und ein anderer ein gutes Sortiment an DVDs führt. A bringt 4.000 Euro Eigenkapital auf, nimmt einen Kleinkredit von 6.000 € auf und kauft dafür einen gebrauchten Golf Diesel, Pizza-Verpackungen und ein Handy. Als Kleingewerbetreibender ist A ohne Eintragung ins Handelsregister Nichtkaufmann (s.o. Rn 69) und wäre nach

§ 241a HGB auch sonst nicht buchführungspflichtig (s.o. Rn 63). Die stark vereinfachte Bilanz nach einem Monat könnte aber etwa so aussehen:

Aktiva		Passiva	
A. Anlagevermögen		**A. Eigenkapital**	
Pkw	9.200	Einlage	4.000
B. Umlaufvermögen		Gewinn	800
Handy	200	**B. Fremdkapital**	6.000
Verpackungsmaterial	400		
Bankguthaben	1.000		
Bilanzsumme	10.800	Bilanzsumme	10.800

135 Die Dinge verkomplizieren sich selbstverständlich rasch. So muss z.B. der Wertverlust des Pkw berücksichtigt werden (Abschreibung) und es können stille Reserven entstehen, wenn der Buchwert niedriger ist als der wahre Wert. Das Stichtagsprinzip macht z.B. für noch ungewisse Verbindlichkeiten und drohende Verluste Rückstellungen erforderlich (§ 249 HGB), es sind Rechnungsabgrenzungsposten zu bilden, wenn z.B. eine Ausgabe in eine Periode fällt, die erst als Aufwand für die nächste zu werten ist (§ 250 HGB).

Hintergrund: Der Kaufmann hat bei der Bewertung (vgl. §§ 252 f. HGB) faktisch natürlich einige Spielräume und es kommen Bewertungs- und Bilanzierungswahlrechte hinzu (vgl. z.B. §§ 254 und 255 IV HGB). Die Ausnutzung dieser Gestaltungsspielräume hängt von den bilanzpolitischen Zielen ab, z.B. Minimierung der Erträge und der Steuerlast oder Erhöhung der Erträge und der Kreditwürdigkeit. Umgekehrt liefert gerade das Bilanzierungsverhalten in einer verständigen Bilanzanalyse wertvolle Hinweise.

136 Die Handelsbilanz ist grundsätzlich auch die Basis für die Steuerbilanz (§ 5 I 1 EStG). Dieses Maßgeblichkeitsprinzip ist aber zugunsten steuerlicher Wahlrechte wesentlich durchbrochen (§ 5 I 2 EStG). Kaufleute versuchen häufig, eine zweifache Bilanzierung zu vermeiden und orientieren ihre Bilanzpolitik vorrangig an den steuerlichen Vorgaben.

137 Die Gewinn- und Verlustrechnung (GuV) stellt zum Ende eines Geschäftsjahres die Aufwendungen und Erträge gegenüber (§ 242 II HGB). Sie ergänzt die auf einen Stichtag bezogene Darstellung der Bestände um eine periodenbezogene Erfolgsrechnung. Genauere Anforderungen an die Darstellung ergeben sich für Kapitalgesellschaften aus § 275 HGB.

3.5.4 Sondervorschriften für Kapitalgesellschaften usw.

Für die Kapitalgesellschaften einschließlich der GmbH & Co. KG und entsprechender Kombinationsformen enthalten die §§ 264 ff. HGB strengere Bilanzierungsvorschriften. Das beruht auf der verstärkten Berücksichtigung der Anlegerinteressen und der Umsetzung der verschiedenen EU-Richtlinien, die nur auf diese Gesellschaftsformen zugeschnitten sind.

Insbesondere verlangt § 264 II HGB ein den tatsächlichen Verhältnissen entsprechendes Bild und betont so die Bilanzwahrheit (true and fair view), damit sich eine Gesellschaft beispielsweise nicht unter Berufung auf das traditionelle Vorsichtsprinzip (§ 252 I Nr. 4 HGB) arm rechnet und die Gesellschafter um ihre Gewinnausschüttung bringt. Auch die weiteren Vorschriften verschärfen die Rechnungslegungspflichten durchgehend.

> **Beispiele:** Die zwingende ausführlichere Gliederung der §§ 266 und 275 HGB; das Verbot stiller Reserven in §§ 279 f. HGB, der Anhang (§§ 284 ff. HGB).

Ferner verlangt § 289 HGB einen Lagebericht, der im Unterschied zum Jahresabschluss eher ein auf die Zukunft gerichtetes Bild vermitteln soll. Mittelgroße und große Kapitalgesellschaften (Abgrenzung: § 267 I HGB) müssen ihre Jahresabschlüsse und Lageberichte durch einen unabhängigen Abschlussprüfer prüfen lassen (§§ 316 ff. HGB).

Eine weitere wesentliche Besonderheit stellt die Pflicht zur Offenlegung dar (§§ 325 ff. HGB). Durch die Veröffentlichung des Jahresabschlusses mit Lagebericht (und ggf. Prüferbestätigung usw.) im Unternehmensregister und Bundesanzeiger erhält der Rechtsverkehr natürlich wesentlich genauere Einblicke in das Unternehmen als durch die Firma und das Handelsregister.

> **Hintergrund:** Für börsennotierte Gesellschaften kommt über die Rechnungslegung hinaus noch die kapitalmarktbezogene Publizität hinzu: Das Börsenrecht verlangt einen Emissionsprospekt, zumindest halbjährliche Zwischenberichte und auch sonst vorab Informationen über wesentliche kurserhebliche Tatsachen (sog. Ad hoc-Publizität).

Besonders praxisrelevant sind schließlich die Sonderregeln für die Konzernrechnungslegung, da ein Großteil der Kapitalgesellschaften einem Konzernverbund angehört. Die §§ 290 ff. HGB verlangen eine konsolidierte Darstellung der Verhältnisse des Konzerns und der zugehörigen Gesellschaften in einem Konzernabschluss und Konzernlagebericht, da sich aus den isolierten Einzelabschlüssen kein realistisches Bild ergibt.

3.5.5 Europäisierung und Internationalisierung

143 Neben die angedeutete Europäisierung der Rechnungslegung tritt zwischenzeitlich seine Internationalisierung. Das beruht auf der zunehmenden Internationalisierung der Kapitalmärkte und der besonderen Bedeutung der US-Börsen. Seit Anfang 2005 gilt daher die sog. IAS-Verordnung der EU, wonach Konzernabschlüsse nach den International Accounting Standards (IAS) erstellt werden müssen oder (ohne Börsennotierung) können.[22] Das ist in § 315a HGB nachvollzogen.

---

[22] VO (EG) Nr. 1606/2002. International wird zwischenzeitlich von International Financial Reporting Standards (IFRS) gesprochen. Vgl. insg. nur Dettmeier/Pöschke, JuS 2007, 313 ff.; Merkt in Baumbach/Hopt, Einl v § 238 Rn 111 ff.

3.6 Wiederholungsaufgaben

3.6.1 Multiple-Choice-Fragen

1. Das Handelsregister wird geführt **144**
   (a) bei den Amtsgerichten
   (b) bei ausgewählten Amtsgerichten
   (c) bei den Landgerichten
   (d) von den IHKs
   (e) bei Google

2. Das Unternehmensregister
   (a) ist dasselbe wie das Handelsregister
   (b) besteht aus dem Handelsregister und dem Register für Nichtkaufleute
   (c) registriert die gewerblichen Unternehmen, die nicht im Handelsregister eingetragen sind
   (d) registriert auch freiberufliche Unternehmen
   (e) ist ein Internetportal, das inbes. Eintragungen im Handelsregister, Genossenschaftsregister und Partnerschaftsregister zugänglich macht

3. In das Handelregister werden eingetragen
   (a) die vorgeschriebenen und erlaubten Tatsachen
   (b) die Tatsachen, die der Kaufmann als für den Geschäftsverkehr relevant ansieht
   (c) die Aufnahme und Beendigung des Handelsgewerbes
   (d) die Branche
   (e) die Bilanzsumme

4. § 15 I HGB betrifft Tatsachen, die
   (a) eintragungsfähig aber nicht eingetragen sind
   (b) eintragungspflichtig aber nicht eingetragen sind
   (c) einzutragen und eingetragen aber nicht bekanntgemacht sind
   (d) eintragungspflichtig aber falsch eingetragen und bekanntgemacht sind

5. Installateur K gibt seinen Betrieb auf, bleibt aber im Handelsregister eingetragen. Ein Fall von
   (a) § 15 I HGB
   (b) § 15 II HGB
   (c) § 15 III HGB
   (d) § 5 HGB

6. P wird fälschlich als Prokurist des K. Kranz (und nicht K. Kreuz) eingetragen und bekanntgemacht. Kann sich ein gutgläubiger Geschäftspartner gegenüber Kranz darauf berufen?
   (a) Ja
   (b) Nein
   (c) Nur, wenn Kranz die Bekanntmachung veranlasst hat
   (d) Nur bei Kenntnis des Kranz

7. Die Firma ist
   (a) das Unternehmen eines Kaufmanns
   (b) der Geschäftsname eines Kaufmanns
   (c) der Geschäftsname eines Unternehmers

8. Welche Firmen sind zulässig?
   (a) Autohaus am Barockgarten Großsedlitz
   (b) Profi-Handwerker GmbH
   (c) ♥-Partnerschaftsagentur B. Knauth KG
   (d) e-m@il-Service F. Jürgens e.K.

9. A. Graff pachtet das Malergeschäft „Angelika Kaufmann e.K.". Welche Firmen sind zulässig?
   (a) A. Graff e.K.
   (b) Malergeschäft Angelika Kaufmann e.K., Inhaber A. Graff
   (c) Malergeschäft Angelika Kaufmann e.K.

10. Die Handelsbilanz
    (a) ist grundsätzlich für die Steuerbilanz maßgeblich
    (b) weist Anlagevermögen und Einlagen auf der linken, Verbindlichkeiten auf der rechten Seite aus.
    (c) ist Basis zur Ermittlung der Gewinnansprüche von OHG-Gesellschaftern
    (d) muss im Bundesanzeiger veröffentlicht werden.

3.6.2 Weitere Wiederholungsaufgaben

1. Kann man die Handelsregisterdaten nur abrufen oder auch beglaubigte Datenübertragungen oder Ausdrucke verlangen?

2. Wie wird der Inhalt des Handelsregisters weitergehend publiziert?

3. Welche Tatsachen werden ins Handelsregister eingetragen? Nennen Sie Beispiele!

4. Was bedeuten im Kontext des § 15 HGB die Begriffe (a) negative Publizität und (b) Veranlassungsprinzip?

5. Wie verhalten sich die Grundsätze der Firmenwahrheit und Firmenbeständigkeit zueinander?
6. Kann eine Firma unabhängig vom Unternehmen übertragen werden?
7. Wie wird ein unzulässiger Firmengebrauch nach dem HGB sanktioniert?
8. Inwiefern ergänzt das MarkenG das HGB?
9. Welche Angaben müssen Geschäftsbriefe des Kaufmannes enthalten?
10. Was bedeuten die Abkürzungen GoB, GuV, IAS?

3.6.3 Lösungshinweise zu den Multiple-Choice-Fragen

1. Richtig ist Antwort (b), vgl. oben Rn 99 mit Fn 17. Zuständig sind die Amtsgerichte bei den Landgerichten, z.B. das AG Leipzig für den Bezirk des LG Leipzig. Die Länder können das Registerwesen aber weiter konzentrieren. Der Vorschlag, die Registerführung den IHKs zu überlassen, hat sich nicht durchgesetzt. Allerdings hat das Bundesjustizministerium von § 9a I HGB Gebrauch gemacht und die Führung des Unternehmensregisters dem (privaten) Bundesanzeiger Verlag übertragen. **146**

2. Richtig ist Antwort (e), wobei noch weitere Informationen dort abrufbar sind (s.o. Rn 98 und § 8b HGB).

3. Richtig sind die Antworten (a) und (c), s.o. Rn 99. Das Gesetz legt hauptsächlich eintragungspflichtige Tatsachen fest, daneben einzelne nur eintragungsfähige. Im Übrigen kann der Kaufmann nicht selbst festlegen, welche Tatsachen er als eintragungsfähig betrachtet (b). Aufnahme und Beendigung (c) sind eintragungspflichtig (§§ 29 und 31 II HGB). Die Branche (d) ist in § 29 HGB nicht verlangt; sie gehört höchstens bei den Kapitalgesellschaften dazu (vgl. z.B. § 10 I GmbHG: „Unternehmensgegenstand"). Die Bilanzsumme (e) ist Teil der Bilanz und damit des Jahresabschlusses, der nach § 325 HGB lediglich von Kapitalgesellschaften (inkl. GmbH & Co. KG usw.) offengelegt werden muss (s.o. Rn 141).

4. Richtig sind die Antworten (b) und (c), s.o. Rn 103. § 15 I HGB betrifft eintragungspflichtige (=einzutragende) Tatsachen (daher b, nicht a) und regelt die negative Publizität unterlassener Eintragungen *und* Bekanntmachungen. Die Vorschrift greift also, wenn die Eintragung fehlt, aber auch wenn nur die Bekanntmachung fehlt (c). Antwort (d) gilt für § 15 III HGB.

5. Antwort (a) ist richtig. Die vorrangige Vorschrift des § 5 HGB greift nicht, da sie ein betriebenes Gewerbe voraussetzt (s.o. Rn 104). Da das Erlöschen der Firma eine eintragungspflichtige Tatsache ist (§ 31 II HGB), die nicht eingetragen und bekannt gemacht wurde, ist § 15 I HGB einschlägig (und nicht etwa Abs. 3, da die Eintragung der Firma falsch geworden wäre).

6. Richtig ist Antwort (c), s.o. Rn 108. Da es um eine falsche Eintragung und Bekanntmachung geht, ist § 15 III HGB einschlägig. Die Vorschrift wird aber durch das (ungeschriebene) Veranlassungsprinzip eingeschränkt: Der Registerschein wirkt nur gegen denjenigen, dem er zuzurechnen ist. Das ist derjenige, der die Eintragung (nicht den Fehler!) durch die Anmeldung veranlasst hat.

7. Antwort (b) ist richtig, s.o. Rn 110 und § 17 I HGB. Auch Nichtkaufleute können eine Geschäftsbezeichnung oder Unternehmenskennzeichnung nutzen, nicht aber eine Firma.

8. Keine Antwort ist richtig. Firma (a) hat Kennzeichnungs- und Unterscheidungskraft (§ 18 I HGB) und erweckt durch den Regionalbezug auch keine (eventuell unzutreffende) Vorstellung zu einer Vorrangstellung in der Region (§ 18 II HGB). Es fehlt aber der Rechtsformzusatz (§ 19 HGB). Firma (b) fehlt als Gattungsbegriff die erforderliche Kennzeichnungskraft.[23] Firma (c) ist wegen des Bildzeichens nicht namensfähig und die Registergerichte entscheiden beim @-Zeichen mangels eindeutiger Aussprechbarkeit ebenso.[24]

9. Alle Antworten sind richtig, sofern Angelika Kaufmann einwilligt (s.o. Rn 117, § 22 HGB).

10. Richtig sind Antworten (a), vgl. § 5 I 1 EStG und (c), vgl. § 120 HGB. Die Antworten (b) und (d) sind nur teilweise richtig: Das Anlagevermögen gehört zu den Aktiva (links), das Eigenkapital aber wie die Verbindlichkeiten zu den Passiva (rechts), vgl. insg. Rn 134). Die Handelsbilanz gehört zum Jahresabschluss (§ 242 I HGB) und ist daher nach § 325 HGB mit zu veröffentlichen. Das gilt aber nur für die Kapitalgesellschaften (inkl. GmbH & Co. KG usw.).

3.6.4 Lösungshinweise zu den weiteren Aufgaben

1. Nach § 9 III HGB wird die Übereinstimmung der übermittelten Daten mit dem Registerinhalt auf Antrag beglaubigt und nach § 9 IV HGB kann man auch einen (einfachen oder beglaubigten) Ausdruck verlangen. Freilich fallen dafür zusätzliche Gebühren (nach der Kostenordnung) an.

2. Gemäß § 10 I HGB kommt die Bekanntmachung hinzu (s.o. Rn 100).

3. Ins Handelsregister werden sowohl eintragungspflichtige als auch (lediglich) eintragungsfähige Tatsachen eingetragen. Regelfall sind die ersteren (z.B. §§ 13 ff., 29 ff., 106, 162 und 175 HGB, § 7 GmbHG, § 36 AktG). Eintragungsfähige Tatsachen finden sich z.B. in §§ 2, 48 II, 125 II, III HGB.

4. (a) Negative Publizität des § 15 I HGB: Gutgläubige Dritte brauchen sich Tatsachen, die nicht eingetragen sind, obwohl sie eingetragen werden müssen,

---

[23] BayObLG v. 1.7.2003 – 32 BR 122/03 = NJW-RR 2003, 1544.
[24] BayObLG v. 4.4.2001 – 32 BR 84/01 = NJW 2001, 2337.

nicht entgegenhalten zu lassen (ebenso bei bloß oder zusätzlich unterbliebener Bekanntmachung). S.o. Rn 103f.

(b) Das Veranlassungsprinzip schränkt die Publizitätswirkung des § 15 III HGB ein (nicht des Abs. 1): Unrichtig bekanntgemachte Tatsachen wirken nur zu Lasten derjenigen, die diese durch ihre Anmeldung veranlasst haben (s.o. Rn 108).

5. Die §§ 21-24 HGB räumen der Firmenbeständigkeit weitgehend Vorrang ein (Ausnahme: Der Rechtsformzusatz muss aktuell zutreffend sein, s.o. Rn 115 f.).

6. Nein, vgl. § 23 HGB.

7. § 37 HGB sieht zwei Sanktionsmöglichkeiten vor: Nach Abs. 1 kann das Registergericht von selbst tätig werden (Unterlassungsverfügungen, Ordnungsgeld) und Abs. 2 räumt demjenigen, der durch den unzulässigen Firmengebrauch in seinen Rechten verletzt ist, einen zivilrechtlichen Unterlassungsanspruch ein (s.o. Rn 120).

8. Das MarkenG schützt zwar in erster Linie Waren- und Dienstleistungsmarken. Nach § 5 MarkenG sind aber auch Geschäftsbezeichnungen geschützt, zu denen auch die Firma gehört. Der Schutz reicht nicht nur im Hinblick auf die erfassten Kennzeichen, sondern auch sachlich weiter: Er greift schon vor Eintragung bei Verkehrsgeltung, reicht über den Registerbezirk hinaus und es gibt u.a. auch Schadensersatzansprüche (§ 15 MarkenG). S.o. Rn 122 ff.

9. Pflichtangaben des Kaufmannes auf seinen Geschäftsbriefen sind die Firma und der Rechtsformzusatz gem. § 19 I Nr. 1 HGB, der Ort seiner Handelsniederlassung, das Registergericht und die Registernummer (§ 37a HGB). S.o. Rn 125.

10. Die Kürzel bezeichnen Begriffe aus der Rechnungslegung. GoB steht für „Grundsätze ordnungsgemäßer Buchführung" (§ 238 I 1 HGB, s.o. Rn 130). GuV bedeutet „Gewinn- und Verlustrechnung", also die Erfolgsrechnung im Jahresabschluss (§§ 242 II, III, 275 HGB, s.o. Rn 137). IAS steht für International Accounting Standards (s.o. Rn 143).

4 Das Unternehmen als Rechtsobjekt

- „Unternehmen", „Handelsgewerbe", „Handelsgeschäft" - alles das gleiche?
- Sind Unternehmen auch verfassungsrechtlich und durch § 823 I BGB geschützt?
- Was haben die Begriffe „asset deal", „share deal" und „due diligence" im deutschen Recht zu suchen?
- Haften Unternehmensverkäufer für die Richtigkeit ihrer Bilanzen?
- An wen kann sich ein Lieferant halten, wenn der belieferte Betrieb verkauft wird?
- Was wird aus den Verbindlichkeiten eines Kaufmanns, wenn er einen Partner hereinnimmt?

4.1 Was ist ein „Unternehmen"?

Das HGB spricht an verschiedenen Stellen vom „Unternehmen", ohne den Begriff zu definieren. Das kaufmännische Unternehmen wird auch Handelsgewerbe genannt oder Handelsgeschäft.

Beispiele: §§ 1 ff.: Kaufmännische Unternehmen als „Handelsgewerbe"; §§ 13 ff.: Unternehmen mit mehreren Niederlassungen; §§ 22 ff. HGB: Übertragung eines „Handelsgeschäfts" (anders der Begriff in §§ 343 ff.).

Gemeint ist eine am Markt agierende wirtschaftliche Organisation. Neben den kaufmännischen Unternehmen gehören hierzu auch die nicht eingetragenen kleingewerblichen und auch die nicht-gewerblichen Unternehmen. Diese organisatorische Einheit mit ihren Aktiva und Passiva wird als einheitliches Rechtsobjekt verstanden: Das Unternehmen genießt einen besonderen Schutz, kann verkauft oder vererbt werden und so fort. Vom Unternehmen als Rechtsobjekt ist der Unternehmensträger als Rechtssubjekt zu unterscheiden, insbesondere der Betreiber des Handelsgeschäfts, also der Kaufmann.

Beispiele: Die „Buchhandlung Erwin Müller" ist ein Unternehmen. Inhaber Erwin Müller ist als Betreiber Unternehmensträger und er ist Kaufmann, wenn es sich um ein Handelsgewerbe handelt. Die A-B-C-Buchhandels-OHG ist als Unternehmensträger ebenso vom Unternehmen zu unterscheiden. Die Rechtsanwalt P. Schlüter GmbH (Unternehmensträger) kann auch bei Schließung der Kanzlei (Unternehmen) fortbestehen.

Hintergrund: Soweit der Unternehmensträger unternehmensbezogene Geschäfte tätigt, ist er gleichzeitig Unternehmer i.S.d. § 14 BGB.

150 In anderen gesetzlichen Zusammenhängen kann die Begrifflichkeit anders sein (Relativität der Rechtsbegriffe). Beispielsweise enthält § 2 I Nr. 6 des Gesetzes gegen unlauteren Wettbewerb (UWG) eine Erweiterung gegenüber § 14 BGB. Demgegenüber ist z.B. im Gesetz gegen Wettbewerbsbeschränkungen (GWB) ähnlich wie im Konzernrecht mit Unternehmen der Unternehmensträger gemeint (vgl. §§ 15 ff., 291 ff. AktG, §§ 290 ff. HGB). Zwischen Betrieb und Unternehmen unterscheiden z.B. § 1 II, 47 I BetrVG.

4.2 Das Unternehmen als Schutzobjekt

Unternehmen genießen als Gesamtheit den Schutz des Art. 14 GG. Daher kann es beispielsweise einen entschädigungspflichtigen Eingriff darstellen, wenn eine Tankstelle durch übermäßig verzögerte Bauarbeiten über die Opfergrenze hinaus von jeder Anbindung abgeschnitten wird.

4.2.1 Privatrechtliche Anspruchsgrundlagen im Überblick

151 Ein wesentlicher Schutz ergibt sich aus dem Namens- und Firmenrecht sowie dem Schutz der Unternehmenskennzeichnung (s.o. Rn 119 f.). Weitere Schutzrechte wie Marken, Patente, Geschmacksmuster usw. betreffen zwar nicht das Unternehmen als Gesamtheit, bilden aber ebenfalls einen wichtigen Baustein des Unternehmensschutzes.

152 Namen, Firmen, Unternehmenskennzeichen, Marken, Patente, Geschmacksmuster usw. sind zudem ebenso wie z.B. das Eigentum oder andere Sachenrechte Schutzgüter i.S.d. § 823 I BGB. Rechtswidrige und schuldhafte schädigende Eingriffe führen daher zu Schadensersatzansprüchen des Inhabers. Zudem gewähren die Spezialgesetze vielfach Unterlassungs- und Beseitigungsansprüche und im Übrigen kann § 1004 BGB direkt oder analog herangezogen werden. Weitere Bausteine des Rechtsschutzes für Unternehmen sind § 823 II BGB in Verbindung mit Schutzgesetzen, § 824 BGB bei Kreditschädigungen und in Extremfällen § 826 BGB.

> **Beispiel:** Ein missgünstiger Nachbar verbreitet gezielt das Gerücht, die Bäckerei B floriere nur durch ausgedehnte Kinderarbeit. Hier sind (u.a.) § 823 II BGB i.V.m. § 187 StGB, § 824 BGB und § 826 BGB nebeneinander anwendbar.

153 Zu diesem deliktischen Schutz kommen weitere Spezialgesetze hinzu, die teilweise auch den Schutz des Unternehmens als Ganzes im Auge haben. Das gilt insbesondere für das UWG und auch (über das Privatrecht hinaus) für das GWB.

> **Beispiele:** Verbreitet etwa ein Konkurrent Gerüchte wie im vorigen Beispiel, greifen auch §§ 3, 4 Nr. 8 UWG. Versucht ein Tankstellenkonzern, eine freie

Tankstelle durch systematische Preisunterbietung vom Markt zu drängen, fällt das unter §§ 3, 4 Nr. 10 UWG und § 20 IV GWB.

4.2.2 Das „Recht am Unternehmen"

Da sich dieses Rechtsschutzsystem immer noch als lückenhaft erwiesen hat, hat die Rechtsprechung den „eingerichteten und ausgeübten Gewerbebetrieb" in seiner Gesamtheit als Schutzgut i.S.d. § 823 I BGB anerkannt: Subsidiär kann ein gezielter (betriebsbezogener) Eingriff zur Schadensersatzpflicht nach § 823 I BGB führen.

154

Beispiele: (1) Schießt eine Restaurantkritik grob über ihr Ziel hinaus, so schützt unterhalb der Schwelle der §§ 185 ff. StGB die Vorschrift des § 824 BGB vor kreditgefährdenden Tatsachenbehauptungen. Bei entsprechenden bloßen Wertungen greift § 823 I BGB. (2) A legt fahrlässig wesentliche Betriebsteile des B lahm, indem er fälschlich eine Patentverletzung reklamiert. (3) Politische Gegner blockieren die Auslieferung eines Zeitungsverlags.

Die Rechtsprechung zum „eingerichteten und ausgeübten Gewerbebetrieb" schützt auch nicht-gewerbliche Unternehmen wie insbesondere freiberufliche Praxen. Sie ist daher ein besonders deutliches Beispiel dafür, dass das Unternehmen als einheitliches Schutzobjekt verstanden wird.[25] Der Anspruch aus § 823 I BGB steht jeweils dem Unternehmensträger zu.

155

	Schutz des Unternehmens	
Einzelne Rechtsgüter § 823 I BGB	**Unternehmen insg.** Spezialgesetze	**Unternehmen insg.** § 823 I BGB
Eigentum usw. Name, Firma usw. Gewerbl. Schutzrechte	§ 823 II BGB i.V.m. SchutzG § 824 BGB UWG GWB	Haftung subsidiär (betriebsbezogener) Eingriff Rechtswidrigkeit (Abwägung)

---

[25] Vgl. z.B. Karsten Schmidt, JuS 1993, 985.

4.3 Die Übertragung von Unternehmen

156 Als Rechtsobjekte sind Unternehmen häufig Gegenstand des Rechtsverkehrs. Sie werden verkauft, verpachtet, vererbt. Daran knüpfen sich zunächst verschiedene schuld- und sachenrechtliche Fragen.

4.3.1 Übertragungsformen

157 Die Übertragung von Unternehmen kann in verschiedenen Formen vollzogen werden. Der „klassische" Fall ist der Verkauf gemäß §§ 433 ff., 453 I BGB. Da das Unternehmen aus zahlreichen Sachen, Rechten usw. besteht, fordert der sachenrechtliche Spezialitäts- und Bestimmtheitsgrundsatz, dass die einzelnen Gegenstände zur Erfüllung nach den jeweils einschlägigen Bestimmungen (§§ 929 ff. BGB, §§ 873, 925 f. BGB, §§ 398 ff., 413 BGB) übertragen werden. Die Vertragspraxis nennt das amerikanisiert „asset deal", da hier die einzelnen Aktiva (und Passiva) übertragen werden.

158 Wenn es sich nicht um ein Einzelunternehmen handelt, sondern der Unternehmensträger eine Gesellschaft ist, kommt als Alternative der Anteilskauf (Rechtskauf gemäß § 453 I BGB) in Betracht („share deal").

> **Beispiel:** Veräußert V seinen Tischlereibetrieb an K, so muss er ihm das Inventar übereignen und vielleicht das Geschäftsgrundstück. Er muss ihm die Bücher samt Lieferanten- und insbesondere Kundenliste zur Verfügung stellen und so fort. Die Arbeitsverhältnisse gehen nach § 613a BGB über.
> Wenn V die Tischlerei in Form einer Einpersonen-GmbH betrieben hat, kann er K auch alle Anteile an der V-Tischlerei-GmbH verkaufen (§§ 433, 453 I BGB, § 15 IV GmbHG) und nach §§ 398, 413 BGB, 15 III GmbHG abtreten. Unternehmensträger bleibt damit juristisch die GmbH; wirtschaftlicher Inhaber wird K.

159 Schuldrechtliche Grundlage einer solchen Übertragung muss kein Kauf sein. Ein Unternehmen kann auch Gegenstand einer Schenkung sein. Und auch dabei kann es um die Gesamtheit der Einzelgegenstände oder die Gesellschaftsanteile gehen. Neben der dauerhaften Überlassung kommt ferner auch eine Überlassung auf Zeit in Betracht. Praktisch wichtig ist die Unternehmenspacht (§§ 581 ff. BGB), die häufig in (längerfristigen) Übergangsfällen und bei Betriebsaufspaltungen vorkommt.

> **Beispiel:** Gastwirt G verpachtet seine Gaststätte zunächst für fünf Jahre an P, bevor über eine endgültige Übernahme verhandelt wird. P erhält den Besitz am Anlagevermögen und wird Eigentümer des Umlaufvermögens, ist einzuweisen usw. Er ist nunmehr Betreiber des Gewerbes und damit Kaufmann, wenn es ein Handelsgewerbe ist (§§ 1 II, 2 HGB).
> G kann an K auch die Anteile seiner G-Gaststätten-GmbH an A verpachten (Rechtspacht).

Schließlich können Unternehmen im Erbgang als Ganzes übergehen. Da der Erbe kraft Gesetzes in alle Rechte und Pflichten des Erblassers eintritt (§ 1922 BGB), bestehen die Probleme der Einzelübertragung hier nicht. Dennoch können selbstverständlich auch Gesellschaftsanteile zum Nachlass gehören. **160**

4.3.2 Besonderheiten des Unternehmenskaufs

Schuldrechtlich ist der Unternehmenskauf Kauf eines „sonstigen Gegenstands" oder (beim Anteilskauf) eines Rechts. Nach § 453 I BGB finden die §§ 433 ff. BGB so oder so entsprechende Anwendung. Beim Vertragsschluss können Formfragen eine Rolle spielen. So greift § 311b I BGB ein, wenn ein Grundstück dazugehört, und § 15 IV GmbHG, wenn GmbH-Anteile verkauft werden. Die wichtigsten juristischen Probleme betreffen das Gewährleistungsrecht. **161**

4.3.2.1 Due Diligence-Prüfung

Das beginnt in der Praxis regelmäßig damit, dass sich der Käufer gründlich mit der „gebotenen Sorgfalt" über das Unternehmen informiert (sog. Due Diligence-Prüfung). Dabei muss der Verkäufer die wesentlichen Informationen liefern, wird aber abwertende Faktoren möglichst nicht an die große Glocke hängen. Der Informationsaustausch ist wichtig für die Frage, ob sich zusätzliche Käuferrechte aus besonderen Beschaffenheitsvereinbarungen (§ 434 I 1 BGB) oder Garantien ergeben (§§ 443, 311 I BGB) oder ob umgekehrt Käuferrechte nach § 442 BGB verlorengehen. **162**

> **Beispiel:** V veräußert seinen Druckereibetrieb an K und weist darauf hin, dass es dem Unternehmen nicht gut gehe. Aus den bereitgestellten Unterlagen (48 Aktenordner) geht hervor, dass das Unternehmen erheblich überschuldet ist. Wenn dies aus den Unterlagen einigermaßen deutlich hervorgeht, sind die Gewährleistungsrechte des K wegen grob fahrlässiger Unkenntnis gemäß § 442 BGB ausgeschlossen.

4.3.2.2 Sach- und Rechtsmängel

Die Haftung für Mängel i.S.d. §§ 434, 435 BGB greift zunächst ein, wenn diese das ganze Unternehmen betreffen. Dabei kann es um das sachliche Substrat, öffentlich-rechtliche Hindernisse, aber auch z.B. den Ruf des Unternehmens gehen. **163**

> **Beispiele:** Sicherungsübereignung sämtlicher Betriebsmittel, der Betrieb ist gewerberechtlich nicht genehmigungsfähig, das verkaufte Hotel ist seit Jahren als Bordell in Verruf.

68 *Grundkurs - 4 Das Unternehmen als Rechtsobjekt*

164 Fehlbestände und Mängel an einzelnen Gegenständen können jedenfalls dann einen Sachmangel des Unternehmens darstellen, wenn sie seine wirtschaftlichen Grundlagen erschüttern.[26]

> **Beispiele:** In einem Gerüstbauunternehmen fehlt ein erheblicher Teil der Gerüste. In einer Druckerei ist die einzige Offset-Maschine unzulänglich gewartet und fällt häufig aus. In einem Taxiunternehmen ist ein wesentlicher Teil des Fuhrparks nicht betriebssicher.

165 Auch falsche Angaben zur Ertragslage des Unternehmens, z.B. eine falsche Bilanzierung, können nach h.L. einen Sachmangel begründen. Die Rechtsprechung hat das allerdings zumindest früher verneint, da es dabei eher um die Außenbeziehungen und Zukunftsaussichten des Unternehmens gehe als um seine Beschaffenheit.[27] Daher vereinbaren sorgfältige Vertragsparteien ausdrücklich, was sie als relevante Beschaffenheiten ansehen, und behelfen sich im Übrigen mit Garantiezusagen.

> **Beispiel:** Unternehmensverkäufer V hat in der letzten Bilanz keine Rückstellung für einen drohenden Produkthaftungsschaden gebildet und daher einen Gewinn von 500.000 statt 200.000 € ausgewiesen. Sofern dies zumindest fahrlässig geschieht, haftet er nach §§ 280 I, 241 II, 311 I BGB auf Schadensersatz.[28] Nur wenn aufgrund der Falschangaben auch ein Sachmangel angenommen wird, ergibt sich aus den §§ 437 ff. BGB eine verschuldensunabhängige Verkäuferhaftung.

166 Beim Anteilskauf schlagen Mängel des Unternehmens auf die Anteile jedenfalls dann durch, wenn damit wirtschaftlich das Unternehmen übernommen wird.[29]

> **Beispiel:** K erwirbt alle Anteile der V-Druckerei-GmbH von V und stellt bald Mängel wie in Rn 163 f. fest. Damit sind auch die GmbH-Anteile mangelhaft und V haftet nach §§ 453, 437 ff. BGB.

4.3.2.3 Rechtsfolgen

167 Die Rechtsfolgenseite richtet sich, wenn sich aus dem Vertrag und etwaigen Garantien nichts Besonderes ergibt, nach §§ 437 ff. BGB. Auch hier ist die Nacherfüllung (§ 439 BGB) der primäre Rechtsbehelf, so dass der Verkäufer z.B. zur Ergänzung fehlender Lagerbestände, zur Nachlieferung von Kundendaten, Nachholung von Einweisungen oder zur Beseitigung von Mängeln an wichtigen Ma-

---

[26] H.M., z.B. BGH v. 14.7.1978 – I ZR 154/76 = NJW 1979, 33; großzügiger z.B. Canaris, HR, § 8 Rn 35 ff.
[27] Vgl. z.B. RG v. 2.11.1920 – II 162/20 = RGZ 100, 200, 204; BGH v. 12.11.1969 – I ZR 93/67 = NJW 1970, 653.
[28] Bei Vorsatz greifen auch § 826 BGB, § 823 II BGB i.V.m. § 263 StGB.
[29] Vgl. nur BGH v. 25.3.1998 – VIII ZR 185/96 = BGHZ 138, 195, 204 f.

schinen verpflichtet sein kann. Wo das nicht möglich oder zumutbar ist oder scheitert (§ 440 BGB), bleiben Rücktritt (§ 323 BGB) und Minderung (§ 441 BGB) sowie im Verschuldensfall Schadensersatz (§§ 280 I, 281 BGB).

4.4 Haftungskontinuität beim Übergang eines Handelsunternehmens

Wird ein Unternehmen von einem neuen Inhaber fortgeführt, so geht der Rechtsverkehr insbesondere dann von einem Übergang aller Aktiva und Passiva aus, wenn die Firmenfortführung die Kontinuität auch der Haftungsverhältnisse signalisiert. Daher finden sich im Firmenrecht einige Vorschriften, die eine Haftung des Erwerbers auch für die Altverbindlichkeiten anordnen (§§ 25 ff. HGB).[30]

168

4.4.1 Haftungskontinuität beim Erwerb von Anteilen

Die §§ 25 ff. HGB betreffen Fälle des Inhaberwechsels. Auf einen Unternehmenserwerb ohne Inhaberwechsel finden sie keine Anwendung. Das betrifft vor allem den Unternehmenskauf in Form eines sog. „share deal" (s.o. Rn 158), gilt aber auch für einen Anteilserwerb im Erbgang.

169

> **Beispiel:** Erwin Müller betreibt seine Buchhandlung in GmbH-Form. Wenn er sämtliche GmbH-Anteile an Helmut Meyer verkauft und abtritt, wird Meyer als neuer Alleingesellschafter nur wirtschaftlich gesehen Inhaber. Juristisch gesehen bleibt aber die GmbH Betreiberin der Buchhandlung. Nichts anderes gilt, wenn Meyer die GmbH von Müller erbt. Hatte Müller im Namen der GmbH ein Darlehen bei der B-Bank aufgenommen, so bleibt die GmbH nach wie vor Schuldnerin der Bank. Für § 25 HGB ist kein Raum.

4.4.2 Haftungskontinuität beim sonstigen Erwerb unter Lebenden

Für den klassischen Fall des Unternehmenskaufs ordnet § 25 I 1 HGB an, dass der Erwerber auch für die im Unternehmen begründeten Altverbindlichkeiten haftet. Damit ist freilich keine Befreiung des Altinhabers verbunden; dieser hat weiterhin für seine Schulden einzustehen.

170

4.4.2.1 Haftung des Erwerbers

§ 25 HGB sorgt dafür, dass sich die Gläubiger wegen der Altverbindlichkeiten weiterhin an den jeweiligen Firmeninhaber halten und dort vollstrecken können, wo sich auch die Unternehmensaktiva befinden.

171

---

[30] Vgl. insg. z.B. Wernecke, JA 2001, 509; Zerres, Jura 2006, 253.

> **Beispiel:** Erwin Müller hatte ein Darlehen bei der B-Bank zur Erweiterung seiner Buchhandlung aufgenommen und eine Bestellung beim V-Verlag aufgegeben, als er die Buchhandlung an Helmut Meyer veräußert. Wenn Meyer die Buchhandlung fortführt und auch die Firma beibehält, dann hat Meyer gemäß § 25 I 1 HGB auch das Darlehen weiter zu bedienen (§ 488 BGB) und die bestellten Bücher abzunehmen und zu bezahlen (§ 433 II BGB). Ein Nachfolgezusatz, z.B. „Buchhandlung Erwin Müller e.K., Inh. Helmut Meyer", ändert daran nichts.

172 Die Haftung greift bei einer Schenkung oder einer Unternehmenspacht ebenso ein wie beim Kauf. Entscheidend ist die Fortführung von Unternehmen und Firma in ihrem wesentlichen Bestand.[31] Der Erwerber kann dieser Haftung entgehen, indem er auf die Fortführung des Unternehmens oder der Firma verzichtet; das ist wirtschaftlich allerdings kaum attraktiv. § 25 II HGB lässt aber auch eine dritte Möglichkeit: Die Parteien können vereinbaren, dass der Erwerber nicht haften soll, und das eintragen und bekanntmachen lassen; dann ist das Signal der Haftungskontinuität zurückgenommen, das sonst in der Firmenfortführung liegt.

---

[31] Die Fortführung des Unternehmenskerns und des Firmenkerns reicht aus; Beispiel: BGH v. 16. 9. 2009 – VIII ZR 321/08 = NJW 2010, 236.

4.4 Haftungskontinuität beim Übergang eines Handelsunternehmens

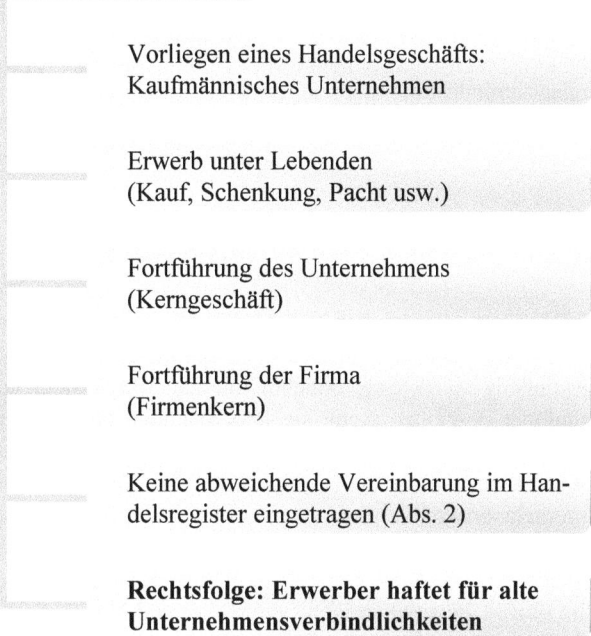

Hintergrund: Diese Möglichkeit des § 25 II HGB erscheint zunächst verlockend. In der Praxis wird sie aber selten genutzt, denn bei einem Unternehmensverkauf wird regelmäßig ohnehin vereinbart, dass der Erwerber die Schulden mit übernimmt: Aktiva und Passiva sollen beieinander bleiben, der Erwerber will die Geschäftskontakte aufrechterhalten, der Veräußerer mit den alten Dingen möglichst wenig zu tun haben.

4.4.2.2 Die fortbestehende Haftung des Veräußerers

Wie schon angedeutet, führt die Erwerberhaftung nach § 25 I 1 HGB nicht zu einer Enthaftung des Veräußerers. Dieser haftet vielmehr nach allgemeinen Regeln für die Altverbindlichkeiten weiter, damit sich niemand durch einen Verkauf seines Unternehmens seiner Schulden entledigen kann. So weit die Erwerberhaftung reicht, wird die Haftung des Veräußerers aber zeitlich auf fünf Jahre begrenzt (§ 26 HGB). Veräußerer und Erwerber haften als Gesamtschuldner. Der Dritte kann also wählen, an wen er sich hält (§ 421 BGB), und zwischen Veräußerer und Erwerber findet gegebenenfalls ein Ausgleich statt, der sich vorrangig nach ihrem Vertrag richtet (§ 426 BGB).

Im obigen **Beispiel** haftet Müller neben Erwerber Meyer noch fünf Jahre lang weiter. Die B-Bank und der V-Verlag können ihre Forderungen gegenüber beiden geltend machen. Sie werden sich normalerweise an Meyer wenden und üblicherweise findet dann kein Innenausgleich statt, da der Vertrag über den Unternehmenskauf ohnehin die Übernahme der Verbindlichkeiten vorsieht oder zumindest die bilanzierten Verbindlichkeiten im Kaufpreis berücksichtigt. Für Müller bleibt freilich ein Restrisiko, wenn Meyer innerhalb der fünf Jahre insolvent wird, bevor er das Darlehen getilgt hat.

4.4.2.3 Fiktion des Forderungsübergangs

174 Gleichzeitig gelten nach § 25 I 2 HGB für den Regelfall der Firmenfortführung mit Einwilligung auch die im Betrieb begründeten Altforderungen als übergegangen. Regelmäßig werden sie ohnehin mit abgetreten, aber auch anderenfalls werden Schuldner geschützt, wenn sie ihre Schulden beim neuen Firmeninhaber begleichen. Der Schutz ähnelt § 407 BGB. Hier kann der Schuldner befreiend an den vermeintlichen Neugläubiger leisten. Wenn dem die Forderung auch nach dem Unternehmenskaufvertrag nicht zusteht, haftet er dem wahren Forderungsinhaber aus § 816 II BGB.

Im obigen **Beispiel** einigen sich Müller und Meyer, dass Veräußerer Müller die Altforderungen für sich einzieht und die Altverbindlichkeiten begleicht. Sofern das nicht eingetragen wird (§ 25 II HGB), können die Firmengläubiger nach § 25 I 1 HGB auch den neuen Firmeninhaber Meyer in Anspruch nehmen und nach Satz 2 können Firmenschuldner auch an Meyer leisten. Sie leisten dann zwar materiell an den Falschen, nach § 25 I 2 HGB aber mit befreiender Wirkung.

4.4 Haftungskontinuität beim Übergang eines Handelsunternehmens

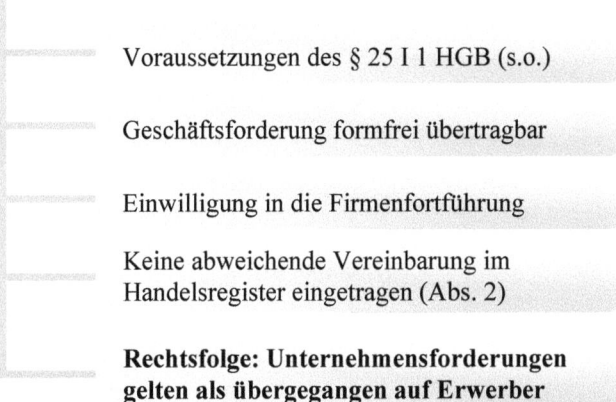

4.4.3 Haftungskontinuität beim sonstigen Erwerb im Erbgang

§ 27 HGB enthält eine Parallelregelung für den Fall, dass ein Unternehmen durch Erbschaft erworben wird. Auf den Erben gehen nach § 1922 BGB zwar ohnehin mit dem ganzen Vermögen auch die Verbindlichkeiten über (vgl. § 1967 BGB). Die §§ 1975 ff., 1990 BGB gestatten aber die Beschränkung der Erbenhaftung auf den Nachlass. Daher ordnet § 27 HGB auch hier eine Erwerberhaftung an, die erbrechtlich unbeschränkbar ist.

175

Erwerberhaftung gemäß § 27 HGB

- Vorliegen eines Handelsgeschäfts: Kaufmännisches Unternehmen
- Erwerb durch Erbschaft
- Fortführung des Unternehmens (Kerngeschäft)
- Fortführung der Firma (Firmenkern)
- Keine abweichende Erklärung im Handelsregister eingetragen (§ 25 II HGB, h.L.)
- **Rechtsfolge: Erbe haftet (unbeschränkbar) für alte Unternehmensverbindlichkeiten**

176 Die Haftung greift nicht, wenn die Erbschaft ausgeschlagen wird (§ 1942 ff. BGB), denn dann liegt kein Erwerb durch einen Erben vor. Zudem kann der Erbe der Haftung wiederum entgehen, wenn er auf die Firmenfortführung verzichtet oder den Betrieb nicht fortführt. Für diese Entscheidung über die Einstellung des geerbten Betriebes lässt § 27 II HGB dem Erben eine Frist von drei Monaten. Nach h.L. führt der Verweis in § 27 I HGB („Vorschrift*en* des § 25") aber auch zu § 25 II HGB, so dass auch eine entsprechende Eintragung des Haftungsausschlusses möglich ist.[32]

4.4.4 Haftungskontinuität bei Gesellschaftsgründung

177 Einen anderen Fall des Inhaberwechsels betrifft § 28 HGB: Tritt jemand als Gesellschafter in das Geschäft eines Einzelkaufmanns ein, so entsteht eine OHG oder KG, die nunmehr Betreiberin des Handelsgewerbes ist. Daher ordnet § 28 HGB an, dass die Gesellschaft auch für die Altverbindlichkeiten des Einzelkaufmanns haftet. § 28 I, II HGB entspricht weitgehend § 25 I, II HGB, allerdings kommt es hier nicht auf die Firmenfortführung an.

---

[32] Vgl. z.B. Baumbach/Hopt, § 27 Rn 8; Canaris, HR, § 7 Rn 111 ff.; Hübner, Rn 266; Oetker, § 4 Rn 102 f.; a.A. z.B. Thiessen in MK-HGB, § 27 Rn 44 ff.; Karsten Schmidt, HR, § 8 IV 3 a.

4.4 Haftungskontinuität beim Übergang eines Handelsunternehmens

Beispiel: A betreibt die „A-Buchhandlung e.K." mit sechs Filialen, die er noch erweitern will. Er gründet mit Kapitalgeber B die „A & B-Buchhandels OHG", bringt sein Unternehmen als Sacheinlage ein, B erbringt eine Bareinlage. Der V-Verlag kann sich wegen einer Alt-Lieferung nach § 433 II BGB weiterhin an A halten. Gemäß § 28 I HGB haftet aber auch die OHG und für die OHG-Verbindlichkeiten haften wiederum A und B als Gesellschafter persönlich (§ 128 HGB).

Haftungskontinuität gemäß § 28 HGB

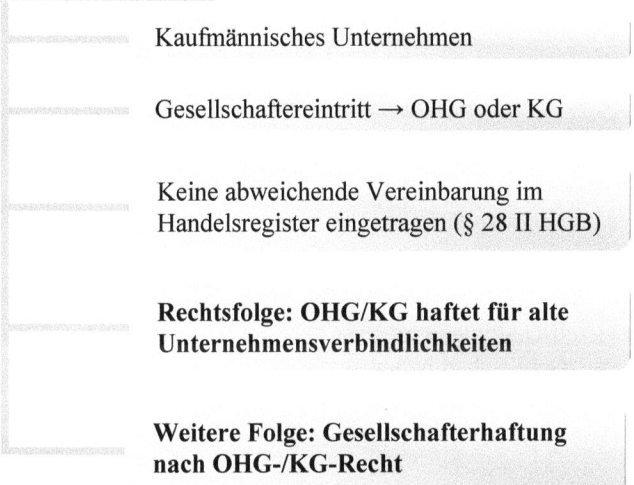

Kaufmännisches Unternehmen

Gesellschaftereintritt → OHG oder KG

Keine abweichende Vereinbarung im Handelsregister eingetragen (§ 28 II HGB)

Rechtsfolge: OHG/KG haftet für alte Unternehmensverbindlichkeiten

Weitere Folge: Gesellschafterhaftung nach OHG-/KG-Recht

Hintergrund: Da die Vorschrift des § 28 HGB keine Firmenfortführung voraussetzt, wirkt sie im Firmenrecht fehlplaziert. Da sie aber einen (formalen) Inhaberwechsel betrifft und in Abs. 2 auch einen Haftungsausschluss zulässt, steht sie näher bei § 25 HGB als bei § 130 HGB.

Entsteht durch den Eintritt in ein nicht-kaufmännisches Unternehmen eine BGB-Gesellschaft, ist § 28 HGB nach h.M. nicht analog anwendbar, da insbesondere Abs. 2 nicht passt.[33] Geht das kaufmännische Unternehmen nicht in einer OHG oder KG auf, sondern wird es in eine Kapitalgesellschaft eingebracht, die das

---

[33] BGH v. 22.11.2004 – IX ZR 65/01 = BGHZ 157, 361, 366 f.; a.A. z.B. Karsten Schmidt, BB 2004, 785 ff.

Unternehmen weiterbetreibt, ist nach h.M. nicht § 28 HGB anwendbar, sondern § 25 I HGB, so dass es wiederum auf die Firmenfortführung ankommt.[34]

> Im vorigen **Beispiel** gründen A und B die „A-Buchhandlungs GmbH". A bringt sein Unternehmen als Sacheinlage ein, B erbringt eine Bareinlage. Die Einbringung des Unternehmens in die GmbH stellt hier einen „Erwerb unter Lebenden" dar, so dass die GmbH für die Altschulden haftet, sofern die Firma im Kern fortgeführt wird.

179 Insgesamt ergibt sich für die Fragen der Haftungskontinuität damit das folgende Bild:

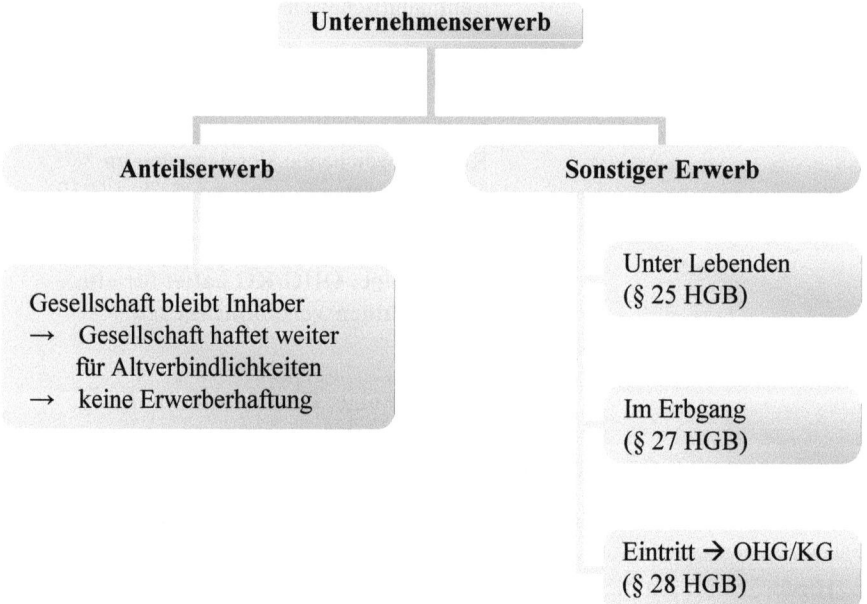

---

[34] BGH v. 22.12.1999 – VIII ZR 299/98 = BGHZ 143, 314, 318; Baumbach/Hopt, § 28 Rn 2; Canaris, HR, § 7 Rn 95 ff.; krit. z.B. Karsten Schmidt, NJW 2000, 1521.

4.5 Wiederholungsaufgaben

4.5.1 Multiple-Choice-Fragen

1. Der Begriff „Unternehmen" **180**
   (a) bezeichnet im Handelsrecht eine am Markt agierende wirtschaftliche Organisation
   (b) ist identisch mit dem Begriff des Unternehmensträgers
   (c) wird im deutschen Recht einheitlich gebraucht
   (d) wird im Handels- und im Konzernrecht einheitlich gebraucht

2. § 823 I BGB schützt als „sonstiges Recht"
   (a) auch Unternehmen als Ganzes
   (b) nur gewerbliche Unternehmen
   (c) nur vor betriebsbezogenen Eingriffen
   (d) nur, soweit keine Spezialvorschriften eingreifen
   (e) auch durch einen Unterlassungsanspruch

3. Ein Unternehmen kann übertragen werden durch
   (a) Kauf
   (b) Schenkung
   (c) einheitliche Verfügung über das Unternehmen als Ganzes
   (d) Übertragung aller einzelnen Unternehmensgegenstände
   (e) Übertragung aller Anteile der Unternehmensträgergesellschaft

4. Ein Unternehmenskaufvertrag muss notariell beurkundet werden
   (a) immer
   (b) ab 250.000 €
   (c) wenn ein Nichtkaufmann als Erwerber auftritt
   (d) wenn zum Anlagevermögen ein Grundstück gehört
   (e) wenn GmbH-Anteile gekauft werden

5. Kann ein Unternehmen ohne Übereignung des Anlagevermögens übertragen werden?
   (a) Ja, beim share deal
   (b) Ja, wenn es vermietet wird
   (c) Ja, wenn es verpachtet wird
   (d) Ja, im Fall einer Nießbrauchbestellung
   (e) Nein

6. Die Sachmängelhaftung beim Unternehmenskauf besteht
   (a) bei allen Mängeln, die das gesamte Unternehmen betreffen
   (b) bei allen Mängeln einzelner Unternehmensgegenstände
   (c) bei Falschangaben über die Gewinne der beiden Vorjahre
   (d) auch im Fall eines Kaufs aller Anteile

7. Die Erwerberhaftung nach § 25 HGB greift bei den folgenden Erwerbsgründen
   (a) Kauf
   (b) Pacht
   (c) Schenkung
   (d) Erbschaft

8. Beim Kauf eines kaufmännischen Unternehmens haftet für Altverbindlichkeiten
   (a) stets der Veräußerer
   (b) stets der Erwerber
   (c) der Erwerber nur bei Unternehmens- und Firmenfortführung
   (d) der Erwerber nur bei Eintragung einer entsprechenden Vereinbarung
   (e) der Erwerber nur mit dem übernommenen Vermögen
   (f) der Erwerber gegenüber den im Betriebe beschäftigten Arbeitsnehmern, auch wenn die Firma nicht fortgeführt wird.

9. § 25 I 2 HGB schützt
   (a) den Veräußerer des Unternehmens
   (b) Altschuldner, die an den Veräußerer leisten
   (c) Altschuldner, die an den Erwerber leisten
   (d) Nur Altschuldner, die in Unkenntnis des Inhaberwechsels leisten

10. Der Erbe eines kaufmännischen Unternehmens haftet für Altverbindlichkeiten
    (a) nur handelsrechtlich, nicht erbrechtlich
    (b) nur bei Fortführung der bisherigen Firma
    (c) nicht, wenn er die Erbschaft ausgeschlagen hat
    (d) nicht, wenn er das Geschäft im zweiten Monat einstellt
    (e) nicht, wenn er einen entsprechenden Vermerk eintragen lässt

4.5.2 Weitere Wiederholungsaufgaben

181 1. Wie verhält sich der Schadensersatzanspruch wegen unbefugter Benutzung einer geschäftlichen Bezeichnung (§ 15 II, V MarkenG) zu einem Anspruch wegen Verletzung des Rechts am Unternehmen (§ 823 I BGB)?

2. S setzt bei Schweißarbeiten versehentlich die Fabrikhalle des G in Brand. Ist dessen Recht am Unternehmen verletzt?
3. Erläutern Sie die Begriffe asset deal und share deal.
4. Was ist eine Due Diligence-Prüfung?
5. Kommen bei Unternehmenskäufen auch Nacherfüllungsansprüche oder eine Kaufpreisminderung in Betracht?
6. Inwieweit haftet der Verkäufer eines Unternehmens weiter für die von ihm vor dem Verkauf begründeten Verbindlichkeiten?
7. Tritt der Erwerber nach § 25 I 1, 2 HGB in die Mietverträge des Veräußerers ein?
8. Setzt die Erwerberhaftung nach §§ 25-28 HGB stets eine Fortführung des Unternehmens und der Firma voraus?

4.5.3 Lösungshinweise zu den Multiple-Choice-Fragen

1. Richtig ist nur Antwort (a), s.o. Rn 149. Der Begriff wird nicht einheitlich benutzt (c), sondern ist im jeweiligen Zusammenhang nach dem Zweck der Vorschriften auszulegen. Im Handelsrecht ist das Unternehmen als Rechtsobjekt („Handelsgeschäft") vom Unternehmensträger als Rechtssubjekt („Kaufmann") zu unterscheiden (b), auch wenn z.B. im Konzernrecht der Sprachgebrauch anders ist (d).

2. Richtig sind Antworten (a), (c) und (d), s.o. Rn 155. Das sog. „Recht am eingerichteten und ausgeübten Gewerbebetrieb" schützt bestehende Unternehmen als Ganzes (a), auch wenn sie nichtgewerblich sind (b). Schutz wird aber nur vor betriebsbezogenen Eingriffen (c) und nur subsidiär (d) gewährt. Auf § 823 I BGB können nur Schadensersatzansprüche gestützt werden. Ein (verschuldensunabhängiger) Unterlassungsanspruch (e) kann sich aber analog § 1004 BGB ergeben.

3. Richtig sind Antworten (d), sog. asset deal, und (e), sog. share deal (s.o. Rn 157 ff.). Die Antworten (a) und (b) sind unzutreffend, da sie das Verpflichtungsgeschäft bezeichnen und nicht die Übertragung selbst. Antwort (c) ist unzutreffend, da ein Unternehmen zwar einheitlich als Ganzes verkauft oder verschenkt werden kann, der sachenrechtliche Spezialitäts- und Bestimmtheitsgrundsatz aber erfordert, dass jeder einzelne Gegenstand des Unternehmens gesondert nach den dafür einschlägigen Vorschriften (unbewegliche Sachen §§ 873, 925 BGB, bewegliche Sachen §§ 929 ff. BGB, Forderungen und Rechte § 398 (evtl. i.V.m. § 413 BGB) übertragen wird (so Antwort (d)).

4. Grundsätzlich können Unternehmen als Gesamtheit („sonstiger Gegenstand" iSd. § 453 I BGB) formlos verkauft werden. Es existiert keine Bestimmung, die eine notarielle Beurkundung generell (a) oder jenseits bestimmter Wertgrenzen (b) oder für Nichtkaufleute (c) vorschreibt. Für Verpflichtungen zur Grundstücksübertragung verlangt allerdings § 311b BGB die notarielle Form (d) und für den Kauf von GmbH-Anteilen gilt § 15 IV GmbHG (e).

5. Richtig sind die Antworten (a), (c) und (d). Bei der Übertragung der Gesellschaftsanteile (a) ist eine Übereignung von Einzelgegenständen überflüssig. Bei der Verpachtung von Unternehmen nach § 581 BGB (c) bleibt der Verpächter Eigentümer des Anlagevermögens, ebenso bei der „dinglichen Variante", der Nießbrauchbestellung nach §§ 1030 ff. BGB (d)[35]. Eine Vermietung (b) kommt nicht in Betracht, denn dabei geht es nur um die Überlassung von Sachen zum Gebrauch.

6. Richtig sind die Antworten (a), (c) und (d), s.o. Rn 163 ff. Mängel an Einzelgegenständen (b) sind nur Mängel des Unternehmens, wenn sie von wesentlicher Bedeutung sind. Gewinne, Umsätze usw. werden heute entgegen früherer Rechtsprechung als Beschaffenheitsmerkmale angesehen, so dass Angaben darüber auch zu einer entsprechenden Sollbeschaffenheit führen.

7. § 25 HGB gilt unmittelbar für die Fälle (a) bis (c), s.o. Rn 170 ff.. Im Fall der Erbschaft (d) verweist § 27 HGB auf § 25 HGB.

8. Richtig ist zunächst Antwort (a), s.o. Rn 173. Nach § 25 HGB haftet der Erwerber nicht stets (b), sondern nur, wenn er das Unternehmen und die Firma fortführt (c). Selbst dann kann er die Haftung durch entsprechende Vereinbarung und Eintragung vermeiden (§ 25 II HGB). Dabei handelt es sich um eine Möglichkeit zum Haftungsausschluss, nicht um eine Haftungsvoraussetzung (falsch daher Antwort (d)). Auch Antwort (e) ist falsch, eine gegenständliche oder wertmäßige Haftungsbeschränkung besteht nicht. Antwort (f) ist richtig: Der Erwerber haftet unabhängig von der Firmenfortführung aus den nach § 613a BGB übergegangenen Arbeitsverhältnissen (vgl. auch § 25 III HGB).

9. Richtig ist Antwort (c). § 25 I 2 HGB ermöglicht Altschuldnern eine befreiende Leistung an den Erwerber, ohne dass es (wie z.B. in § 407 BGB) auf ihre Kenntnis ankäme (s.o Rn 174)

10. Richtig ist Antwort (c), s.o. Rn 175 f. Antwort (a) ist falsch, da § 27 HGB die Regeln zur Erbenhaftung (§§ 1922, 1942 ff., 1967 ff. BGB) nicht verdrängt. Die Antworten (b), (d) und (e) sind deshalb nur halb richtig: Ohne Firmenfortführung (b) greift § 27 HGB tatbestandlich nicht. § 27 II HGB gibt dem Erben zudem eine dreimonatige Frist, in der er die Haftung durch Einstellung des Betriebs verhindern kann (d). Nach h.M. verweist § 27 I HGB auch auf § 25 II HGB, so dass sich der Erbe durch Eintragung einer entsprechenden Erklärung

---

[35] Zu beidem Baumbach/Hopt, Einl v § 1 Rn 49 f. m.w.N.

von der Haftung befreien kann. Die Eintragung ändert aber an der allgemeinen erbrechtlichen Haftung ebenso wenig wie der Verzicht auf die Firmenfortführung oder die Einstellung des Betriebs.

4.5.4 Lösungshinweise zu den weiteren Wiederholungsaufgaben

1. § 823 I BGB schützt das Recht am Unternehmen als „sonstiges Recht" nur subsidiär. Soweit also § 15 II, V MarkenG greift, ist für § 823 I BGB kein Raum. **183**

2. S begeht eine Eigentumsverletzung und ist daher nach § 823 I BGB (und vielleicht aus § 823 II BGB i.V.m. §§ 306, 306d StGB) haftbar. Aus dem Recht am Unternehmen ergeben sich keine weiteren Ansprüche, da es an einem betriebsbezogenen Eingriff fehlt und die Haftung nur subsidiär greift (s.o. Rn 154).

3. Unter einem „asset deal" versteht man den klassischen Unternehmenskauf, bei dem alle zum Unternehmen gehörenden Gegenstände (Sachen, Rechte, Lieferanten- und Kundendateien usw.) nach den entsprechenden Regeln übertragen werden. Demgegenüber bezeichnet der Begriff „share deal" die Variante eines Anteils- oder Beteiligungskaufs (Rechtskauf). Hier findet ein Wechsel in der Mitgliedschaft statt. Unternehmensträger bleibt die Gesellschaft und die einzelnen Unternehmensgegenstände brauchen nicht gesondert übertragen zu werden. S.o. Rn 156 ff.

4. Der Begriff „Due Diligence" bezeichnet die „gebotene Sorgfalt", mit der bei Unternehmenstransaktionen das Vertragsobjekt evaluiert wird. Er stammt aus dem US-amerikanischen Kapitalmarktrecht, hat aber auch im deutschen Recht des Unternehmenskaufs eine wesentliche Bedeutung (Beschaffenheitsvereinbarung? Garantie? § 442 BGB). S.o. Rn 162.

5. Ja, im Fall eines Sach- oder Rechtsmangels (§§ 434, 435 BGB) kommen grundsätzlich sämtliche in § 437 BGB aufgeführten Rechtsbehelfe in Betracht. Die Verweisung des § 453 I BGB enthält insoweit keine Einschränkung (s.o. Rn 167).

6. Nach § 26 HGB haftet der frühere Geschäftsinhaber für die früheren Unternehmensverbindlichkeiten, wenn sie vor Ablauf von fünf Jahren fällig und daraus Ansprüche gegen ihn geltend gemacht sind. S.o. Rn 173.

7. § 25 I 1, 2 HGB betreffen nur die Verbindlichkeiten und Forderungen, nicht ganze Vertragsverhältnisse.[36] Eine gesetzliche Vertragsübernahme ist insbesondere in §§ 566, 613a BGB angeordnet. Eine vertragliche Übernahme setzt die Zustimmung des Vertragspartners voraus.

---

[36] H.M., a.A. insb. Thiessen in MK-HGB, § 25 Rn 83; Karsten Schmidt, HR, § 8 I 4 c.

8. Die §§ 25-28 HGB verlangen durchgehend eine Fortführung des Unternehmens und regelmäßig auch die Firmenfortführung. Nach § 25 III HGB haftet der Erwerber aber auch ohne Firmenfortführung, wenn er die Übernahme der Verbindlichkeiten durch Rundschreiben oder sonst in handelsüblicher Weise bekannt macht. Auch die Haftung nach § 28 HGB setzt keine Firmenfortführung voraus.

5 Kaufmännische Stellvertretung

- Wer vertritt einen dreijährigen Kaufmann, wer eine GmbH?
- Was ist „mittelbare Stellvertretung"?
- Sind die kaufmännischen Vertretungsverhältnisse im Handelsregister ersichtlich?
- Darf der Außendienstmitarbeiter eines Verlages als Beruf „Vertreter", „Handelsvertreter" oder „Prokurist" angeben?
- Kann der Prokurist eines Buchhändlers namens der Firma 150 Gläser Gurken bestellen und nach seiner Kündigung noch drei Wechsel zeichnen?
- Sind Kassierer im Supermarkt mit einer „Handlungsvollmacht" ausgestattet?

184 Das Handelsrecht modifiziert unter anderem die Stellvertretungsregeln der §§ 164 ff. BGB. Die Regeln finden sich in §§ 48 ff. HGB, also beim „Handelsstand", da die kaufmännischen Stellvertreter als Personal des Kaufmanns aufgefasst wurden. Die kaufmännische Stellvertretung setzt aber kein Anstellungsverhältnis oder dergleichen voraus und auch bei angestellten Stellvertretern ist zwischen stellvertretungsrechtlichen Fragen (Außenverhältnis) und den arbeitsrechtlichen (Innenverhältnis) streng zu trennen.

Beispiel: Ein Prokurist hat nach § 49 I HGB die Vertretungsmacht, im Namen des Kaufmanns Kredite aufzunehmen, kann damit aber gleichwohl seine arbeitsvertraglichen Pflichten verletzen und vielleicht abgemahnt oder schadensersatzpflichtig werden.

5.1 Einordnung der handelsrechtlichen Stellvertretungsregeln

5.1.1 Der Grundtatbestand des § 164 BGB

185 Die handelsrechtlichen Sonderregeln knüpfen an die §§ 164 ff. BGB an. Hier wie dort geht es um Vertragsabschlüsse und die sonstige Abgabe und den Empfang von Willenserklärungen mit unmittelbarer Wirkung für einen anderen (§ 164 I, III BGB).[37] Die §§ 48 ff. HGB betreffen also nur Willenserklärungen, nicht auch sonstiges Handeln – wie etwa Realakte.

---

[37] Allg. Überblick z.B. bei S . Lorenz, JuS 2010, 382 ff. und 771 ff.

> **Beispiel:** Die Buchhandelsangestellte, die einer Kundin ein Buch verkauft, handelt beim Kaufvertrag und der Einigung nach § 929 S. 1 BGB als Stellvertreterin (§ 164 BGB) und bei der Übergabe als Besitzdienerin (§ 855 BGB).

186 Nach § 164 I BGB muss der Stellvertreter eine eigene Willenserklärung im Namen des Vertretenen abgeben. Dabei genügt es, wenn sich das Handeln in fremdem Namen aus den Umständen ergibt.

> Im vorigen **Beispiel** schließt die Buchhändlerin den schuldrechtlichen und dinglichen Vertrag im Namen des Inhabers der Buchhandlung ab, auch wenn sie nichts dazu sagt und die Kundin vielleicht nicht einmal weiß, ob Unternehmensträger ein gelernter Buchhändler ist oder eine GmbH. Verbürgt sich dagegen ein GmbH-Geschäftsführer, ohne dass ein Handeln für die GmbH deutlich würde, so wird er gemäß § 164 II BGB ohne Anfechtungsmöglichkeit selbst zum Bürgen.

187 Wichtigste Voraussetzung ist, dass der Vertreter im Rahmen seiner Vertretungsmacht handelt. Die Vertretungsmacht kann sich aus dem Gesetz ergeben oder aus einer Bevollmächtigung. Eine Sonderform der gesetzlichen Stellvertretung ist die organschaftliche, die vor allem bei den Handelsgesellschaften eine große Rolle spielt.

> **Beispiele:** Eltern sind die gesetzlichen Vertreter ihrer Kinder (§ 1629 BGB). Ganz ähnlich sind die persönlich haftenden Gesellschafter die organschaftlichen Vertreter der OHG und KG (§§ 125 f., 161 II HGB). Eine GmbH wird durch die Geschäftsführung vertreten (§ 35 GmbHG), eine AG durch den Vorstand (§ 76 AktG).

188 Die §§ 48 ff. HGB regeln mit der Prokura, der Handlungsvollmacht und der Ladenvollmacht drei Sonderformen der Bevollmächtigung. Insbesondere wird der Umfang der jeweiligen Vertretungsmacht gesetzlich festgelegt, damit die Schnelligkeit und Leichtigkeit des Handelsverkehrs nicht zu sehr mit Unsicherheiten über die Vertretungsbefugnisse belastet wird.

> **Beispiel:** Wer Prokurist ist, ergibt sich aus dem Handelsregister und der Umfang seiner Vertretungsmacht ergibt sich aus §§ 49, 50 I HGB. Damit sind die Vertretungsbefugnisse klar.

5.1 Einordnung der handelsrechtlichen Stellvertretungsregeln

Bei den Handelsgesellschaften kommen meist Prokuristen und andere Bevollmächtigte zu den organschaftlichen Vertretern hinzu.

189

Beispiele: Eine GmbH wird durch die Geschäftsführung vertreten (§ 35 GmbHG), die Geschäftsführung kann aber auch dem Personalchef Prokura erteilen (§ 48 I HGB) und den Kassierern Handlungsvollmacht (§ 54 I HGB). Kommanditisten sind von der organschaftlichen Vertretung ausgeschlossen (§ 170 HGB), können aber Prokura oder eine Handlungsvollmacht erhalten.

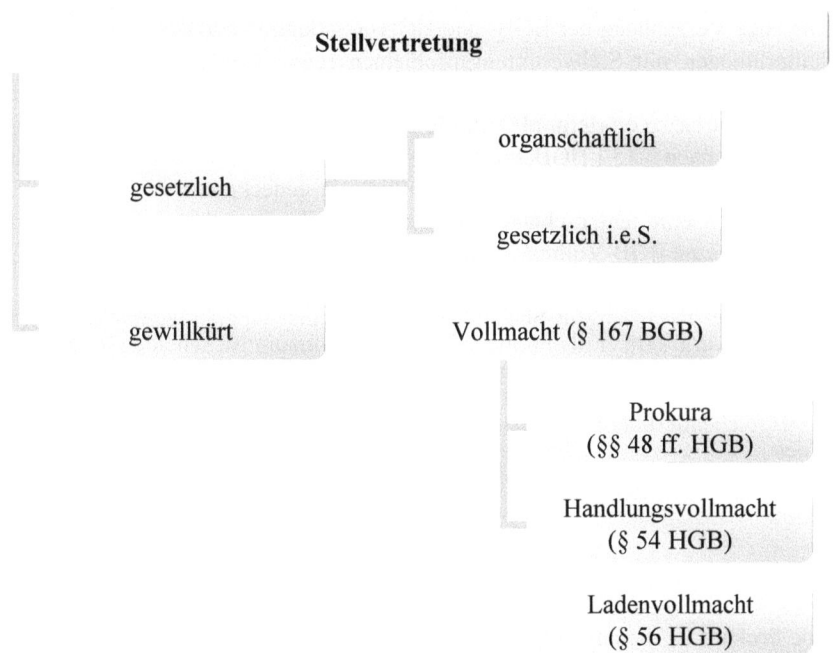

5.1.2 Rechtsfolgen

Auch auf der Rechtsfolgenseite gelten die allgemeinen Stellvertretungsregeln: Die Willenserklärungen, die der Stellvertreter im Namen des Vertretenen abgibt, gelten unmittelbar für und gegen den Vertretenen. Willenserklärungen, die der Vertreter im Rahmen seiner Vertretungsmacht für den Vertretenen empfängt, wirken unmittelbar für und gegen diesen. Handelt ein Vertreter ohne Vertretungsmacht, so richten sich die Rechtsfolgen nach §§ 177, 179 BGB: Der Vertretene kann das Geschäft an sich ziehen; ansonsten haftet der Vertreter.

190

Hintergrund: Durch das offene Handeln im fremden Namen und die unmittelbare Wirkung für und gegen den Vertretenen unterscheidet sich die hier behandelte unmittelbare Stellvertretung von der sog. mittelbaren Stellvertretung, bei der der Mittelsmann zwar in eigenem Namen, aber für fremde Rechnung handelt, wie etwa ein Kommissionär (vgl. Rn 308 und 267 f.). Nicht zu verwechseln mit dem Stellvertreter i.S.d. § 164 BGB ist zudem der Handelsvertreter, der zwar Stellvertreter sein kann, aber nicht sein muss (s. Rn 314 ff.).

5.1.3 Konsequenzen für die Fallprüfung

191 Die enge Verzahnung der BGB- und HGB-Regelung hat zunächst zur Folge, dass Fallprüfungen mit Stellvertretungsproblemen regelmäßig auch insoweit bei der BGB-Regelung ansetzen, meist bei § 164 BGB. Erst bei der Frage der Vertretungsmacht ist zu erörtern, ob z.B. die Prokura wirksam erteilt worden ist, ob sich ein Dritter nach § 15 I HGB auf den Fortbestand der Prokura berufen kann, ob das Geschäft noch von der erteilten Spezialvollmacht gedeckt ist usw.

192 Ferner kann eine fehlgeschlagene handelsrechtliche Bevollmächtigung unter Umständen in eine BGB-Vollmacht umgedeutet werden (§ 140 BGB).[38]

Beispiele: Rechtsanwalt Schlaumann erteilt seiner langjährigen Bürovorsteherin „Prokura". Da er als Freiberufler nicht Kaufmann ist, scheiden Prokura und Generalhandlungsvollmacht aus. Um seinem Willen möglichst weit Rechnung zu tragen, kann das fehlgeschlagene Rechtsgeschäft aber in eine entsprechend weitreichende bürgerlich-rechtliche Vollmacht (§ 167 BGB) umgedeutet werden.

5.2 Die Prokura

193 Die Prokura ist die am weitesten reichende handelsrechtliche Vollmacht. Sie wird ins Handelsregister eingetragen und ihr – sehr weiter – Umfang ist im Gesetz zwingend festgelegt (§§ 49, 50 I HGB).

5.2.1 Prokuraerteilung

194 Im Hinblick auf die Prokuraerteilung modifiziert § 48 I HGB die allgemeine Bevollmächtigungsregel des § 167 BGB. Wie auch sonst handelt es sich um eine einseitige empfangsbedürftige Willenserklärung, die üblicherweise dem Bevollmächtigten gegenüber abgegeben wird. Allerdings kann nur der Kaufmann selbst oder ein gesetzlicher Vertreter, insbesondere das Vertretungsorgan einer Handels-

---

[38] Zum umgekehrten Fall (Umdeutung einer unzulässigen Generalvollmacht in eine Generalhandlungsvollmacht) BGH v. 18. 7. 2002 – III ZR 124/01 = JuS 2003, 95.

gesellschaft, die Prokura erteilen. Vollmachtgeber kann also nur ein Kaufmann oder eine Handelsgesellschaft sein. Erteilt ein Nichtkaufmann jemandem „Prokura", so handelt es sich um eine falsch bezeichnete Bevollmächtigung nach § 167 BGB (s.o. Rn 192).

Gleichzeitig besagt § 48 I HGB, dass die Prokuraerteilung ein höchstpersönliches Geschäft des Kaufmanns ist; ansonsten kommen nur gesetzliche Vertreter in Frage. Das Handeln eines sonstigen Vertreters, etwa eines Prokuristen oder Handlungsbevollmächtigten, scheidet somit aus. Zudem muss die Prokura ausdrücklich erteilt werden. Eine Erteilung durch bloßes schlüssiges Handeln ist also nicht möglich. Darüber hinaus lassen sich insbesondere die Grundsätze der Duldungs- oder Anscheinsvollmacht nicht auf die Prokura übertragen. 195

Prokurist kann jede natürliche Person sein, sofern sie wenigstens beschränkt geschäftsfähig ist (§ 165 BGB). Häufig ist es ein Angestellter des Kaufmanns; notwendig ist das aber nicht. Der Kaufmann selbst scheidet als Prokurist aus, da man sich nicht selbst vertreten kann. Auch gesetzliche Vertreter scheiden aus, da eine Bevollmächtigung hier keinen Sinn mehr macht. 196

Beispiel: In der KG sind die Komplementäre organschaftliche Vertreter, nicht aber die Kommanditisten (§§ 125, 170 HGB). Ein Komplementär kann einem Kommanditisten im Namen der KG Prokura erteilen, aber nicht einem anderen Komplementär (es sei denn, der Gesellschaftsvertrag schließt ihn von der organschaftlichen Vertretung aus, vgl. § 125 I HGB).

Die Erteilung der Prokura ist nach § 53 I HGB in das Handelsregister einzutragen. Die Eintragung ist allerdings nicht Wirksamkeitsvoraussetzung, sondern wirkt (wie z.B. die Eintragung des Istkaufmanns) nur deklaratorisch. 197

5.2.2 Die Vertretungsmacht des Prokuristen

5.2.2.1 Der weite Umfang nach § 49 I HGB

Nach § 49 I HGB hat der Prokurist Vertretungsmacht für alle Rechtsgeschäfte, die der Betrieb eines Handelsgewerbes mit sich bringt. Die Vertretungsmacht des Prokuristen ist danach weder auf einfache und gewöhnliche Geschäfte beschränkt, noch auf die Geschäfte, die für die betreffende Branche typisch sind (vgl. § 49 I mit § 54 I HGB). Die Vertretungsmacht ist damit denkbar weit. Daher ist die Ernennung zum Prokuristen ein erheblicher Vertrauensbeweis; andererseits werden dem Rechtsverkehr Erwägungen zum Umfang der Vertretungsmacht weitestgehend erspart. 198

Beispiele: Buchhändler B macht P zum Prokuristen. Wenn P namens B beim V-Verlag 150 Exemplare einer Katia Mann-Biographie bestellt, muss man sich dort keine Gedanken darüber machen, ob eine solche Menge dem Zuschnitt des Geschäfts des B entspricht; der Kauf gilt. Sendet P dem W ein Fax, in dem er für B „ppa" 150 Gläser Gurken kauft, so muss W nicht lange grübeln, ob es hier um eine besondere Schaufenstergestaltung geht oder um eine Lesung mit Katerfrühstück. P hat hier „per Prokura", also im fremden Namen gehandelt (vgl. § 51 HGB) und der Gurkenkauf gehört gewiss zum Betrieb *eines* Handelsgewerbes und ist daher von § 49 I HGB gedeckt.

5.2.2.2 Keine Außenwirkung abweichender Abreden

199 Dem Umfang der Prokura sind zwar verschiedene Grenzen gesetzt (dazu Rn 201 ff.). Im Übrigen ist die Vertretungsmacht des Prokuristen aber nach außen dingfest gemacht. Regelmäßig hat der Prokurist einen Arbeitsvertrag mit dem Kaufmann und daraus ergibt sich, dass er nur in seinem Aufgabenbereich und nur in den vom Kaufmann gesteckten Grenzen handeln darf.

Beispiele: Der in einer Buchhandlung angestellte Prokurist verletzt wahrscheinlich seinen Arbeitsvertrag, wenn er im Namen des Kaufmanns 150 Gläser Gurken kauft. Der Kaufmann kann seinen Prokuristen auch anweisen, keine Bestellungen über 5.000 € ohne Rückfrage zu tätigen.

200 Die Wirksamkeit solcher Abreden im Innenverhältnis richtet sich nach arbeitsrechtlichen Maßstäben. Sie haben aber nach § 50 I HGB jedenfalls keine Wirkung im Außenverhältnis. Der Rechtsverkehr soll sich gerade auf die Vertretungsmacht des Prokuristen verlassen können, ohne sich weitere Gedanken zu machen. Daher wird die Ermächtigung des Prokuristen im Außenverhältnis dingfest gemacht.

In den letzten **Beispielen** sind der Gurkenkauf wie auch Bücherbestellungen über der Grenze von 5.000 € unabhängig von den Abreden im Innenverhältnis wirksam.

5.2.2.3 Grenzen des Prokura-Umfangs

201 Zunächst hat der Prokurist für die Veräußerung oder Belastung von Grundstücken grundsätzlich keine Vertretungsmacht (§ 49 II HGB). Hierzu bedarf er einer besonderen (ggf. einzutragenden) Ermächtigung. Nicht von § 49 I HGB sind zudem die sogenannten Grundlagengeschäfte gedeckt, die die Gesamtstruktur des Unternehmens betreffen, denn sie gehören nicht zum Betrieb eines Handelsgewerbes.

Beispiele: Die Änderung der Firma oder des Unternehmensgegenstandes, die Aufnahme von Gesellschaftern, die Veräußerung, Verpachtung oder Einstellung des Handelsgeschäfts sind Grundlagengeschäfte, die nur vom Kaufmann oder den Gesellschaftern vorgenommen werden können. Keine Grundlagengeschäfte, sondern von § 49 I HGB gedeckt sind z.B. der Abschluss und die Kündigung von Mietverträgen über Geschäftsräume, die Aufnahme von Krediten und Grundstückskäufe und wohl die Errichtung und Schließung einer Zweigniederlassung (str.).

Hintergrund: Auch die Vertretungsmacht von Gesellschaftsorganen schließt solche Grundlagengeschäfte nicht ein. Erforderlich ist vielmehr ein entsprechender Gesellschafterbeschluss und für die Umsetzung eine besondere, meist konkludent erteilte Ermächtigung.

Zudem kann der Prokurist den Kaufmann nicht bei den höchstpersönlichen Geschäften vertreten, z.B. eine Prokura erteilen (§ 48 I HGB) oder den Jahresabschluss unterzeichnen (§ 245 S. 1 HGB). 202

5.2.2.4 Missbrauch der Vertretungsmacht

Eine weitere Grenze bilden die Grundsätze vom Missbrauch der Vertretungsmacht. Sie greifen auch sonst in Stellvertretungsfällen ein, werden aber gerade bei der Prokura besonders wichtig[39]: Wenn der Vertreter seine formal bestehende Vertretungsmacht durch Überschreitung der internen Grenzen missbraucht und der Geschäftspartner das Geschäft abschließt, obwohl er davon Kenntnis hatte oder der Missbrauch jedenfalls evident war, ist es ihm nach § 242 BGB verwehrt, sich auf die formal bestehende Vertretungsmacht zu berufen.[40] 203

Beispiele: P bestellt bei seinem Vetter im Namen des B 150 Gläser Gurken, obwohl beide wissen, dass B sie nicht benötigt. P wechselt zum nächsten 1. zum V-Verlag und schließt mit dem Verlag im Namen des B noch ungewöhnliche langfristige Lieferverträge ab. In beiden Fällen sind die Rechtsgeschäfte von § 49 HGB gedeckt. Im ersten Fall handelt P mit seinem Vetter aber bewusst zum Schaden des B (§ 138 I BGB) und im zweiten Fall ist ein Missbrauch der Vertretungsmacht evident (§ 242 BGB). Da Verkehrsschutzinteressen nicht durchgreifen, wird B durch das pflichtwidrige Handeln des P nicht gebunden.

5.2.3 Gesamtprokura und Filialprokura

5.2.3.1 Gesamtprokura

Weitere Grenzen ergeben sich aus §§ 48 II, 50 III HGB, wonach die Prokura auch als Gesamtprokura und Filialprokura erteilt werden kann. Wegen der Weite der Prokura und der damit verbundenen erheblichen Risiken kann es sich empfehlen, das Vier-Augen-Prinzip einzuführen. Die Prokura kann daher auch in der Weise erteilt werden, dass mehrere Vertreter nur gemeinschaftlich vertretungsberechtigt 204

---

[39] Die Problematik ergibt sich auch z.B. bei § 126 HGB und vor allem bei § 37 GmbHG.
[40] BGH v. 25. 10. 1994 - XI ZR 239/93 = BGHZ 127, 239.

sind (Gesamtprokura, § 48 II HGB). Diese Sonderform ist entsprechend einzutragen (§ 53 I 2 HGB). Die Gesamtprokuristen müssen dann gemeinschaftlich handeln; anderenfalls können sie den Geschäftsherrn nicht wirksam berechtigen und verpflichten. Ein einzelner handelt als Vertreter ohne Vertretungsmacht.

205 Allerdings gilt dieses Gemeinschaftlichkeitserfordernis nicht, soweit es um den Empfang von Willenserklärungen geht (§ 164 III BGB), denn daraus ergäbe sich ein Erschwernis für Dritte und die Kontrollmöglichkeit des Vier-Augen-Prinzips ist hier weniger wichtig. Dieser Grundsatz ist zwar nur für andere Fälle der Gesamtvertretung ausdrücklich bestimmt (z.B. § 125 II 3 HGB), gilt aber allgemein. Zudem liegt bei der aktiven Stellvertretung gemeinschaftliches Handeln auch dann vor, wenn ein Gesamtprokurist vom anderen bevollmächtigt für beide die Willenserklärung abgibt (vgl. z.B. § 125 II 2 HGB).

Beispiele: Großbuchhändler K erteilt P_1 und P_2 Gesamtprokura. Eine Bestellung beim V-Verlag müssen grundsätzlich beide unterschreiben. P_1 kann aber P_2 bevollmächtigen, während seines Urlaubs Bestellungen bis 5.000 € auch in seinem Namen zu tätigen. Eine Verabredung, dass jeder stets auch im Namen des anderen handelt, wäre dagegen unwirksam, da sie den Sinn der Gesamtprokura unterläuft.

206 Zulässig ist auch die halbseitige Gesamtprokura, wonach der P_1 auch allein, P_2 dagegen nur gemeinsam mit P_1 handeln kann. Das kann beispielsweise sinnvoll sein, wenn P_2 noch geschäftliche Erfahrung sammeln soll. Ganz ähnlich ist es möglich, einen Prokuristen an die Mitwirkung eines vertretungsberechtigten Gesellschafters zu binden und umgekehrt (sog. gemischte Gesamtprokura).

5.2.3.2 Filialprokura

207 In Abweichung von § 50 I HGB gestattet es § 50 III HGB, die Vertretungsmacht eines Prokuristen auf eine einzelne Zweigniederlassung zu beschränken. Weitere Voraussetzung dafür ist allerdings, dass die Niederlassungen durch verschiedene Firmen, mindestens verschiedene Firmenzusätze unterscheidbar sind.

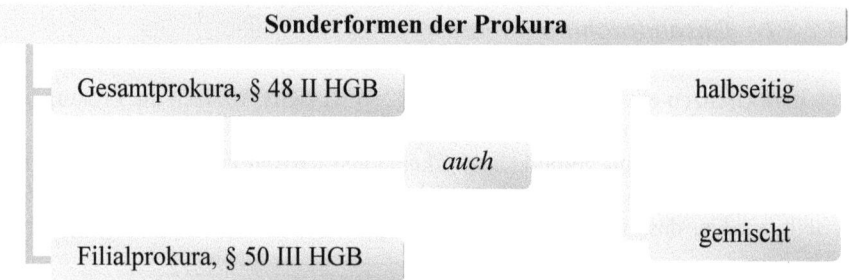

5.2.4 Erlöschen der Prokura

Die Prokura erlischt wie jede Vollmacht nach § 168 S. 1 BGB mit dem zugrunde- 208
liegenden Rechtsverhältnis. Mit Wirksamkeit der Kündigung des Dienstvertrags
des Prokuristen erlischt also auch seine Prokura, wenn nichts anderes vereinbart
wird. Daneben kann die Prokura auch jederzeit unabhängig von dem zugrundeliegenden Rechtsverhältnis widerrufen werden (§ 52 I HGB).

> **Beispiel:** P kauft im Namen des B 150 Gläser Gurken. B ist erbost und ent-
> scheidet sich zwar gegen arbeitsrechtliche Maßnahmen, widerruft aber die Pro-
> kura des P, da insoweit das Vertrauensverhältnis gestört ist.

Die Prokura erlischt auch mit dem Tod des Prokuristen, nicht dagegen mit dem 209
Tod des Kaufmanns (§ 52 III HGB), denn gerade in solchen Krisensituationen ist
der Erhalt der Vertretungsorganisation wichtig. Vielmehr haben die Erben zu entscheiden, ob sie die Prokura widerrufen wollen. Andererseits erlischt sie, wenn der
Prinzipal seine Kaufmannseigenschaft verliert (u.U. Fortbestand als BGB-
Vollmacht) oder über sein Vermögen ein Insolvenzverfahren eröffnet wird
(§§ 115, 117 InsO). Auch das Erlöschen der Prokura ist nach § 53 II HGB einzutragen. Wegen § 15 I HGB ist diese Eintragung sogar besonders wichtig (s.o.
Rn 103).

5.3 Die Handlungsvollmacht

Die Handlungsvollmacht ist neben der Prokura eine weitere Sonderform der Voll- 210
macht. § 54 HGB unterscheidet in Abs. 1 drei Formen der Handlungsvollmacht,
beschreibt den jeweils typischen Umfang der Vertretungsmacht und schützt in
Abs. 3 gutgläubige Dritte in ihrem Vertrauen auf diesen Umfang.

5.3.1 Erteilung der Handlungsvollmacht

Eine Handlungsvollmacht kann nach dem Wortlaut des § 54 HGB („Handelsge- 211
werbe") nur von einem Kaufmann erteilt werden. Die wohl h.L. befürwortet aber –
auch über die Verweisung des § 91 I HGB hinaus – eine analoge Anwendung auf
Unternehmer.[41] Die Bevollmächtigung (§ 167 BGB) muss aber – anders als bei der
Prokura – nicht persönlich und nicht ausdrücklich abgegeben werden. Daher kann
auch ein Prokurist oder sonstiger Vertreter eine Handlungsvollmacht erteilen. Die
Erteilung kann auch durch schlüssiges Handeln erfolgen (das ist sogar der häufigste Fall) und es kommt auch eine Duldungs- oder Anscheinshandlungsvollmacht in

---

[41] Baumbach/Hopt, § 54 Rn 6; Canaris, HR, § 13 Rn 33; Krebs in MK-HGB, § 54 Rn 8; a.A. z.B. Oetker, § 5 Rn 48.

Betracht. Die Erteilung einer Handlungsvollmacht wird im Gegensatz zur Prokura nicht in das Handelsregister eingetragen.

> **Beispiele:** Buchhändler B stellt H als neue Verkäuferin ein und erklärt ihr auch die Kasse. Darin ist die Erteilung einer Gattungsvollmacht zu sehen: H ist zu den üblichen Verkäufen und Kassiervorgängen ermächtigt. Wird der älteren Kollegin G das Bestellwesen samt Remittendenbearbeitung übertragen, so ist damit eine Erweiterung ihrer Handlungsvollmacht auf diesen Bereich verbunden, ohne dass das besonders ausgesprochen werden müsste.

5.3.2 Der Umfang der Handlungsvollmacht

212 Der Umfang der Handlungsvollmacht richtet sich auch im Außenverhältnis nach der Bevollmächtigung. § 54 I HGB beschreibt aber drei Grundtypen der Handlungsvollmacht und verbindet damit die widerlegliche Vermutung, dass die Ermächtigung in diesem Rahmen jeweils die branchentypischen und üblichen Geschäfte deckt.

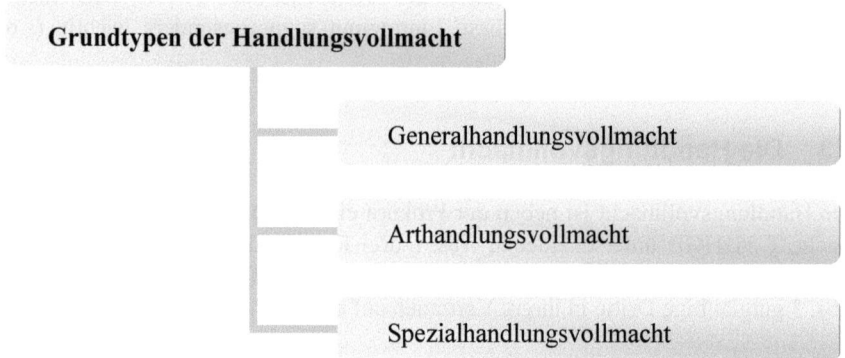

5.3.2.1 Die Generalhandlungsvollmacht

213 Der Generalhandlungsbevollmächtigte ist im Zweifel zu allen Geschäften ermächtigt, die der Betrieb eines derartigen Handelsgewerbes üblicherweise mit sich bringt. Im Vergleich zur Prokura beschränkt sich die Vollmacht also einerseits auf die für die konkrete Branche typischen Geschäfte und zum anderen auf die dort üblichen Geschäfte. Schließlich ist selbst der Generalhandlungsbevollmächtigte ohne besondere Anordnung nicht zu Grundstücksveräußerungen und –belastungen, aber auch nicht zur Eingehung von Wechselverbindlichkeiten, zur Aufnahme von Darlehen und zur Prozessführung ermächtigt (vgl. § 54 II HGB mit § 49 II HGB).

Beispiele: Der Generalhandlungsbevollmächtigte eines Buchhändlers kann ein Ladenlokal anmieten oder den Mietvertrag kündigen. Er kann Büromöbel, Regale, Computer und eine Kasse kaufen oder reklamieren, Personal einstellen oder entlassen. Der Kauf von 150 Gläsern Gurken ist branchenunüblich und daher nicht von § 54 I HGB gedeckt. Die Kreditfinanzierung von Käufen kann nach § 54 II HGB nicht ohne besondere Bevollmächtigung erfolgen, ebenso die gerichtliche Durchsetzung einer Reklamation.

5.3.2.2 Die Arthandlungsvollmacht

Die Arthandlungsvollmacht oder Gattungsvollmacht ist auf eine bestimmte Art von Geschäften beschränkt und ermächtigt zu in diesem Rahmen üblichen Geschäften. Welche Art von Geschäften das ist, wie also der Rahmen geschnitten ist, bestimmt der Vollmachtgeber. Häufig wird die Art der Geschäfte durch den zugewiesenen Arbeitsbereich recht eindeutig abgesteckt. 214

Beispiele: Der Abteilungsleiter Einkauf ist für die üblichen Geschäfte des Einkaufs ermächtigt, nicht aber für Verkäufe. Die Personalleiterin hat Vertretungsmacht für Abschluss, Änderung und Beendigung von Arbeitsverträgen, aber weder für den Einkauf noch für den Verkauf. Der Kassierer im Supermarkt ist zu Verkäufen samt Zahlungsabwicklung ermächtigt.

Innerhalb dieses Rahmens bleibt jeweils die Grenze des Üblichen zu beachten. Die Arthandlungsvollmacht erlaubt nur die Vornahme solcher Rechtsgeschäfte, die derartige Geschäfte gewöhnlich mit sich bringen. 215

Beispiele: Der Kassierer im Supermarkt kann üblicherweise keine Rabatte gewähren und nur die üblichen Zahlungsmittel entgegennehmen. In einer Boutique mag die Rabattierung üblich sein, so dass auch die Handlungsvollmacht der Verkäuferinnen so weit reicht. In einem Flughafenshop kann es üblich sein, auch Fremdwährungen zu akzeptieren.

5.3.2.3 Die Spezialhandlungsvollmacht

Die engste Form der Handlungsvollmacht ist die Einzel- oder Spezialhandlungsvollmacht. Sie beschränkt sich auf ein bestimmtes Geschäft und deckt alle Rechtshandlungen, die damit üblicherweise verbunden sind. 216

Beispiele: G soll für Buchhändler B die Leipziger Buchmesse besuchen und bestimmte Bestellungen tätigen sowie einige signierte Exemplare kaufen. Die Spezialhandlungsvollmacht deckt den Kauf einer Fahrkarte, vielleicht eine Hotelbuchung und die Käufe. Wenn H die V-Verlags-GmbH mit einem Stand auf der Messe vertreten soll, reicht seine Vertretungsmacht von der Standmiete über das Anheuern von Personal bis zu messeüblichen Verkäufen.

5.3.3 Vertrauensschutz gegenüber weiteren Beschränkungen

217 Während § 49 HGB den Umfang der Prokura gesetzlich weitestgehend festschreibt und § 50 I HGB Einschränkungen im Außenverhältnis für unwirksam erklärt, bestimmt § 54 III HGB lediglich, dass weitere Beschränkungen Dritten gegenüber nur gelten, wenn sie diese kennen oder kennen müssen.

218 Die Vorschrift schützt nicht das Vertrauen darauf, dass überhaupt eine Handlungsvollmacht erteilt wurde. Sie hilft auch nicht, die Art der Geschäfte zu bestimmen, zu denen jemand bevollmächtigt ist, und sie hilft auch nicht weiter, solange unklar ist, was bei derlei Geschäften üblich ist. In dem von dem Kaufmann abgesteckten Rahmen soll sich ein Geschäftspartner aber auf die übliche Vertretungsmacht verlassen können.

Beispiele: G ist dem V-Verlag als Handlungsbevollmächtigter für das Bestellwesen in der B-Buchhandlung bekannt. Bei üblichen Bestellungen ist das Vertrauen des Verlags in die entsprechende Vertretungsmacht geschützt. Wenn Kaufmann B über Bestellungen ab 1.000 € selbst entscheiden will, muss er den V-Verlag darüber informieren; eine interne Beschränkung wirkt nach § 54 III HGB Gutgläubigen gegenüber nicht.
Buchhändler B macht H zum Generalhandlungsbevollmächtigten, behält sich aber die Einstellung von Personal vor. Stellt H dennoch allein namens B eine Buchhändlerin ein, so ist der Arbeitsvertrag gleichwohl wirksam: Die Einstellung einer Buchhändlerin gehört zu den üblichen Geschäften im Buchhandel, fällt nicht unter die Einschränkungen des § 54 II HGB, und sonstige Einschränkungen der Vollmacht muss sich die Buchhändlerin nur entgegenhalten lassen, wenn sie sie kannte oder hätte kennen müssen.

5.4 Stellvertretung durch Ladenangestellte

219 Die Vorschrift des § 56 HGB steht in engem Zusammenhang mit der Handlungsvollmacht und dient auch dem Vertrauensschutz. Während in § 54 HGB aber eine Bevollmächtigung vorausgesetzt wird (sonst greifen die Vermutungen nicht), soll § 56 HGB gerade Zweifel über eine tatsächliche Bevollmächtigung ausschließen: Wer einen Verkaufsraum betritt, soll sich keine Gedanken über die Vertretungsmacht der dort Angestellten machen müssen. Daher gelten die Angestellten als ermächtigt, die gewöhnlichen Geschäfte (Verkäufe und Empfangnahmen) zu tätigen. In der Bearbeitung praktischer Fälle braucht also eine tatsächliche Bevollmächtigung nicht geprüft zu werden, da sie gutgläubigen Dritten gegenüber – unwiderleglich – vermutet wird.

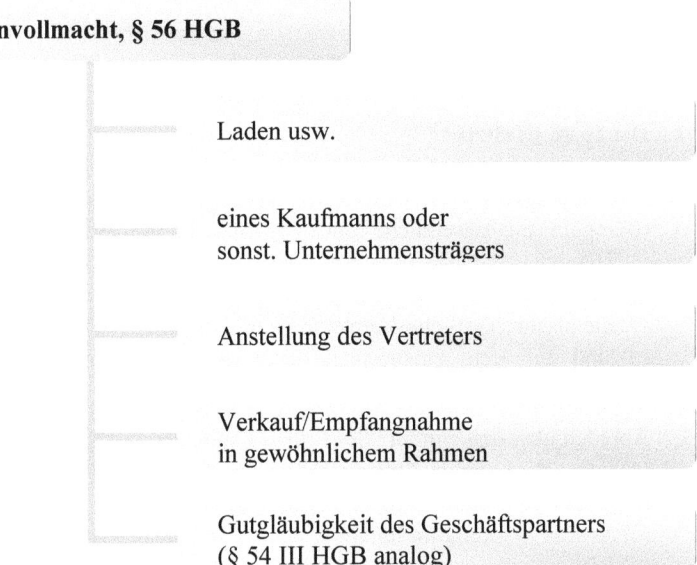

Die Vorschrift gilt für alle Verkaufsräume, auch Markt- oder Messestände, nicht dagegen für Büros oder Fabrikhallen. Nach h.L. ist § 56 HGB – wie § 54 HGB – analog auf andere Unternehmer anwendbar.[42] Als Verkehrsschutznorm verlangt sie für die „Anstellung" keinen wirksamen Arbeitsvertrag; es kommt nur auf die willentliche Einschaltung in die Verkaufstätigkeit an.[43] Das Merkmal der Gutgläubigkeit ergibt sich nicht aus dem Wortlaut des § 56 HGB, aber aus der Systematik, denn der Verkehrsschutz soll hier nicht weiter gehen als bei § 54 HGB (vgl. auch § 173 BGB).

220

Beispiel: Buchhändler B bittet seinen Bruder, im Weihnachtsgeschäft bei der Beratung der Kunden und beim Einpacken behilflich zu sein. Das begründet keinen arbeitsrechtlichen Vertrag, aber eine „Anstellung" im Sinne des § 56 HGB. Wenn der Bruder auch Bücher verkauft und Zahlungen entgegennimmt, so sind diese Rechtsgeschäfte nach § 56 HGB wirksam (auch wenn B kleingewerblich tätig und nicht im Handelsregister eingetragen ist). Gibt es aber nur eine Kasse, die von einem anderen Verkäufer bedient wird, und weisen Schilder „Zahlung nur an der Kasse" auf dessen „Alleinzuständigkeit" hin, so deckt § 56 HGB einen Zahlungsempfang des Bruders nicht mehr, da die Kunden die Einschränkung seiner Vertretungsmacht kennen müssen (§ 54 III HGB analog).

---

[42] S.o. Rn 211, hier sprechen die Gründe des Verkehrsschutzes noch eher für eine Analogie; vgl. Baumbach/Hopt, § 56 Rn 1; Canaris, HR, § 14 Rn 10; Krebs in MK-HGB, § 56 Rn 9; a.A. z.B. Oetker, § 5 Rn 61.

[43] Vgl. zur parallelen Problematik bei § 25 HGB Rn 482 zu a).

5.5 Wiederholungsaufgaben

5.5.1 Multiple-Choice-Fragen

221
1. Die §§ 48 ff. HGB
   (a) bauen auf §§ 164 ff. BGB auf und ergänzen die Regeln zur Vollmacht
   (b) regeln die gesetzliche und gewillkürte Stellvertretung im Handelsverkehr
   (c) gelten nicht für die Handelsgesellschaften, weil es dort um die organschaftliche Vertretung geht
   (d) sind auf nicht eingetragene Kleingewerbetreibende analog anzuwenden

2. Abreden über den Umfang der Prokura haben
   (a) keine Wirkung im Außenverhältnis
   (b) keinerlei Wirkung – auch nicht im Innenverhältnis
   (c) sowohl Wirkung im Innen- wie auch im Außenverhältnis
   (d) Wirkung nur im Außenverhältnis

3. Der Prokurist hat keine Vertretungsmacht für
   (a) dingliche Geschäfte
   (b) höchstpersönliche Geschäfte des Kaufmanns
   (c) sogenannte Grundlagengeschäfte
   (d) die Bestellung einer Hypothek oder Grundschuld

4. Die Gesamtprokura
   (a) ist eine Erweiterung der Vertretungsmacht eines Prokuristen im Außenverhältnis
   (b) ist eine Einschränkung der Vertretungsmacht eines Prokuristen im Außenverhältnis
   (c) beschreibt begrifflich mehrere zusammengehörige Rechtsgeschäfte, die ein Prokurist tätigt
   (d) bedeutet, dass mehrere Vertreter nur gemeinschaftlich vertretungsberechtigt sind

5. Die Filialprokura
   (a) ist die Vertretungsmacht eines Prokuristen für sämtliche Zweigniederlassungen des Unternehmens
   (b) ist eine Sonderform der Gesamtprokura
   (c) ist die Vertretungsmacht eines Prokuristen, die auf einzelne Zweigniederlassungen beschränkt ist
   (d) ist aus dem Handelsregister ersichtlich

6. Die Prokura
   (a) erlischt mit dem zugrundeliegenden Rechtsverhältnis
   (b) erlischt unabhängig von dem zugrundeliegenden Rechtsgeschäft mit Widerruf
   (c) erlischt mit dem Tod des Kaufmanns
   (d) geht mit dem Tod des Prokuristen auf dessen Erben über
   (e) geht mit Eröffnung des Insolvenzverfahrens auf den Insolvenzverwalter über

7. Die Handlungsvollmacht
   (a) ist eine Sonderform der Prokura
   (b) kann nur von einem Kaufmann erteilt werden
   (c) kann nur ausdrücklich erteilt werden
   (d) ist in das Handelsregister einzutragen

8. Die Generalhandlungsvollmacht
   (a) ist eine Form der Handlungsvollmacht
   (b) reicht weiter als die Prokura
   (c) ermächtigt zu allen Geschäften, die der Betrieb eines derartigen Handelsgewerbes üblicherweise mit sich bringt
   (d) ermächtigt auch zur Eingehung von Wechselverbindlichkeiten und zur Aufnahme von Darlehen

9. Die Arthandlungsvollmacht
   (a) ist eine besondere Vollmacht in der Kunstbranche
   (b) ist die häufigste Form der Handlungsvollmacht
   (c) wird meist konkludent erteilt
   (d) wird nach § 54 I HGB bei Angestellten für ihren Arbeitsbereich vermutet
   (e) wird auch Gattungsvollmacht oder Gattungshandlungsvollmacht genannt

10. § 56 HGB
    (a) enthält eine widerlegliche Vermutung, dass der Angestellte zu gewöhnlichen Verkäufen und Empfangnahmen ermächtigt ist
    (b) enthält eine unwiderlegliche Vermutung, dass der Angestellte zu gewöhnlichen Verkäufen und Empfangnahmen ermächtigt ist
    (c) gilt auch für nicht eingetragene Kleingewerbetreibende und ihre Messestände
    (d) schützt nur Gutgläubige
    (e) ist als Rechtsscheinsnorm nur zu prüfen, wenn § 54 HGB verneint wird

5.5.2 Weitere Wiederholungsaufgaben

222
1. Welchen BGB-Anknüpfungspunkt haben die §§ 48 ff. HGB und welche drei besonderen Bevollmächtigungsformen regeln sie?
2. Wie wird die in §§ 48 ff. HGB geregelte kaufmännische Stellvertretung vom Handelsvertreter und der sogenannten mittelbaren Stellvertretung abgegrenzt?
3. Inwieweit unterscheidet sich die Erteilung einer Prokura von einer sonstigen Bevollmächtigung?
4. Vergleichen Sie die Grenzen der Vertretungsmacht eines Prokuristen und Generalhandlungsbevollmächtigten.
5. Können auch Nichtkaufleute eine Prokura, Handlungsvollmacht und Ladenvollmacht erteilen?
6. Gelten die Grundsätze der Gesamtvertretung bei der Prokura, Handlungsvollmacht und Ladenvollmacht gleichermaßen? Was bedeuten sie für die Passivvertretung?
7. Was ist eine halbseitige Gesamtprokura und was versteht man unter einer sog. gemischten Gesamtprokura?
8. Welche Rechtsfolgen ergeben sich aus dem nicht eingetragenen Widerruf einer Prokura?
9. Sind Dritte in ihrem Vertrauen auf das Bestehen und den Umfang einer Generalhandlungsvollmacht ebenso geschützt wie bei der Prokura?
10. Beschreiben Sie den Zweck und die dogmatische Einordnung des § 56 HGB. Wie ist prüfungstechnisch sein Verhältnis zu § 54 HGB?

5.5.3 Lösungshinweise für die Multiple-Choice-Fragen

223
1. Richtig ist die Antwort (a), s.o. Rn 184 f. Fragen gesetzlicher Stellvertretung (b) werden in §§ 48 ff. HGB nicht geregelt. Falsch ist auch Antwort (c), da Handelsgesellschaften zwar primär durch ihre Organe (persönlich haftende Gesellschafter, Geschäftsführer, Vorstand) vertreten werden, aber weitere Personen (auch Gesellschafter) mit einer Prokura usw. ausstatten können s.o. Rn 191. Antwort (d) ist im Hinblick auf die Prokura unzutreffend; die h.L. befürwortet aber eine analoge Anwendung der §§ 54 und 56 HGB (s.o. Rn 211 und 220).

2. Richtig ist Antwort (a), s.o. Rn 199 f.

3. Richtig sind die Antworten (b), (c) und (d) (s.o. Rn 201 f.). Die Bestellung einer Hypothek oder Grundschuld fällt als Grundstücksbelastung unter § 49 II HGB. Die pauschale Antwort (a) ist hingegen unzutreffend.

4. Richtig sind die Antworten (b) und (d), s.o. Rn 204 ff. Eine Erweiterung (a) kann sich jedoch nach h.M. im Fall einer gemischten Gesamtvertretung insofern ergeben, als sich der Umfang der Vertretungsmacht dann nach dem Organ und nicht nach dem Prokuristen richten soll.[44]

5. Richtig sind die Antworten (c) und (d), s.o. Rn 207.

6. Zutreffend sind zunächst die Antworten (a) und (b); Antwort (c) ist falsch, da die Prokura gerade nicht mit dem Tod des Kaufmanns erlischt (§ 52 III HGB). Unzutreffend sind auch die Antworten (d) und (e), da die Prokura mit dem Tod des Prokuristen und mit Eröffnung des Insolvenzverfahrens erlischt (vgl. insg. oben Rn 208 f.).

7. Alle Antworten sind unzutreffend. Die Handlungsvollmacht ist neben der Prokura eine weitere Sonderform der Vollmacht im Handelsrecht (s.o. Rn 210). Sie kann nach h.L. auch von nichtkaufmännischen Unternehmensträgern erteilt werden. Sie muss im Gegensatz zur Prokura nicht ausdrücklich erteilt werden und die Erteilung muss und kann nicht im Handelsregister eingetragen werden (s.o. Rn 211).

8. Richtig sind die Antworten (a) und (c). Antwort (b) ist falsch, da die Prokura weiter reicht. Antwort (d) widerspricht § 54 II HGB.

9. Richtig sind die Antworten (b), (c) und (e). Die Arthandlungs- oder Gattungsvollmacht wird sehr oft konkludent durch Zuweisung eines Tätigkeitsbereichs (Einkäufer, Außendienstmitarbeiter, Kellner, Kassierer) erteilt (c) und ist daher die häufigste Form der Handlungsvollmacht (b). Nach § 54 I HGB wird gleichwohl nicht das Bestehen einer solchen Vollmacht vermutet (d), sondern nur ihr typischer Umfang.

10. Richtig sind die Antworten (b) bis (d). § 56 gilt nach h.L. auch für nichtkaufmännische Unternehmensträger und erfasst als „Laden" alle regulären Verkaufslokalitäten wie auch Messestände (c). Die Vorschrift schützt aber nur Gutgläubige, § 54 III HGB analog (d). § 56 HGB ist zwar eine Verkehrsschutznorm, soll in der Praxis aber die Frage nach der tatsächlichen Bevollmächtigung gerade erübrigen und sollte auch so geprüft werden (str.).

---

[44] RGZ 134, 303, 305 ff.; BGH v. 31. 3. 1954 – II ZR 57/53 = BGHZ 13, 61, 64; vgl. auch BGH v. 6. 11. 1986 – V ZB 8/86 = BGHZ 99, 76, 81 mit anderem Auslegungsergebnis; Karsten Schmidt, HR, § 16 III 3 c cc ccc; a.A. Krebs in MK-HGB, § 48 Rn 89 ff.

5.5.4 Lösungshinweise für die weiteren Wiederholungsaufgaben

224
1. Anknüpfungspunkt ist die Frage der Vertretungsmacht, die meist bei § 164 BGB, teilweise auch bei §§ 177, 179 BGB auftaucht. Die Sonderformen sind die Prokura, Handlungsvollmacht und Ladenvollmacht.

2. Der Handelsvertreter ist ein Gewerbetreibender, der für andere Unternehmen ständig Geschäfte abschließt oder vermittelt (§ 84 ff. HGB). Ersterenfalls ist er Stellvertreter. Als mittelbare Stellvertretung wird das Handeln im eigenen Namen für fremde Rechnung bezeichnet, während der Stellvertreter i.S.d. § 164 BGB im fremden Namen handelt.

3. Die Erteilung einer Prokura kann nur durch einen Kaufmann oder ein Organ einer Handelsgesellschaft erfolgen, und zwar nur persönlich und nur mittels ausdrücklicher Erklärung. Sie ist zudem im Handelsregister einzutragen, auch wenn das keine Wirksamkeitsvoraussetzung ist (s.o. Rn 194 ff.).

4. Der Umfang der Vertretungsmacht eines Prokuristen ist größer. Zunächst kommt beim Generalhandlungsbevollmächtigten die Grenze des § 54 I HGB hinzu: nur branchentypische und übliche Geschäfte. Ferner sind in § 54 II HGB mehr Geschäfte ausgeklammert als in § 49 II HGB: Der Prokurist ist zur Aufnahme von Wechselverbindlichkeiten und Darlehen wie auch zur Prozessführung ermächtigt, der Generalhandlungsbevollmächtigte nicht. Beide können keine höchstpersönlichen Geschäfte für den Kaufmann vornehmen, keine Grundlagengeschäfte vornehmen und für beide gelten die Grundsätze vom Missbrauch der Vertretungsmacht. S.o. Rn 201 ff. und 213.

5. Prokura können nur Kaufleute erteilen; auch eine Analogie zu § 48 HGB kommt grundsätzlich insbesondere deshalb nicht in Betracht, weil Nichtkaufleuten das Handelsregister (§ 53 HGB) nicht offensteht. Die h.L. wendet dagegen § 54 HGB und erst recht § 56 HGB analog auf andere Unternehmensträger an (s.o. Rn 211 und 220).

6. Eine Gesamtvertretung gibt es bei der Handlungsvollmacht wie bei der Prokura, nicht dagegen bei der Ladenvollmacht, da § 56 HGB die Einzelvollmacht der Angestellten unwiderleglich vermutet. Bei der Passivvertretung (§ 164 III BGB) genügt die Erklärung gegenüber einem der Gesamtvertreter (vgl. z.B. § 125 II 3 HGB).

7. Bei einer halbseitigen Prokura ist die Vertretung eines Prokuristen an einen anderen gebunden, während der andere auch allein handeln kann. Bei der gemischten Prokura treffen Prokuristen und Organe einer Handelsgesellschaft als Gesamtvertreter aufeinander.

8. Der Widerruf einer Prokura ist auch ohne Eintragung wirksam. Da der Widerruf aber eine einzutragende Tatsache ist (§ 53 II HGB), kann der Kaufmann ihn

aber nach § 15 I HGB gutgläubigen Dritten nicht entgegenhalten, wenn er nicht eingetragen und bekanntgemacht ist.

9. Das Vertrauen des Rechtsverkehrs auf das Bestehen der Prokura ist durch § 15 HGB geschützt. Einen vergleichbaren Schutz gibt es bei der Handlungsvollmacht nicht. Insbesondere setzt die Vermutung des § 54 I HGB das Bestehen der betreffenden Handlungsvollmacht voraus. Auch das Vertrauen auf den Umfang der Vertretungsmacht wird durch § 50 I HGB stärker geschützt als durch § 54 III HGB.

10. § 56 HGB ist eine Verkehrsschutznorm, die das Vertrauen des Rechtsverkehrs in die in Ladenlokalen übliche Vertretungsmacht schützt. Dazu enthält sie eine entsprechende unwiderlegliche Vermutung. Aus praktischen Gründen ist sie vor § 54 HGB zu prüfen, da die unwiderlegliche Vermutung Nachforschungen über eine tatsächliche Bevollmächtigung gerade entbehrlich machen soll. Sofern nicht die Bevollmächtigung, sondern nur ihr Umfang problematisch ist, bietet sich oft auch eine doppelte Begründung an (vgl. Rn 527 f.).

6 Allgemeine Handelsgeschäftslehre

- Wofür ist die Einordnung eines Geschäfts als Handelsgeschäft von Bedeutung?
- Sind Handelsbräuche eher etwas für Rechtsgeschichtler oder für die Praxis heute?
- Was sind Incoterms?
- Hat Schweigen im Handelsverkehr eine andere Bedeutung als sonst?
- Gibt es auch handelsrechtliche Besonderheiten zum gutgläubigen Erwerb?

Das vierte Buch des HGB, Handelsgeschäfte, behandelt in seinem Allgemeinen Teil (§§ 343-372 HGB) zunächst die allgemeine Handelsgeschäftslehre. Hier finden sich neben einer Definition des Handelsgeschäfts Modifikationen zum BGB AT, zum Allgemeinen Schuldrecht und zum Sachenrecht.

6.1 Begriff und Bedeutung der Handelsgeschäfte

Während bislang vielfach vom „Handelsgeschäft" im Sinne des kaufmännischen Unternehmens die Rede war (vgl. §§ 22 ff., 48 HGB), meint der Begriff hier die Rechtsgeschäfte der Kaufleute und Handelsgesellschaften. Nach § 343 I HGB sind Handelsgeschäfte diejenigen Geschäfte eines Kaufmanns, die zum Betrieb seines Handelsgewerbes gehören. Dazu gehören nicht nur die branchentypischen Geschäfte, sondern auch Hilfsgeschäfte und Branchenfremdes. Abgegrenzt werden lediglich die Privatgeschäfte des Kaufmanns. Da Handelsgesellschaften keine Privatgeschäfte tätigen, entfällt bei ihnen die Differenzierung.

> **Beispiele:** Zu den Handelsgeschäften eines Buchhändlers gehören der Ankauf und Verkauf von Büchern und Tonträgern, ebenso die Ladenmiete, der Kauf von Regalen, eine Prokuraerteilung, ein Anstellungsvertrag und auch der Kauf und Verkauf fairen Kaffees oder dergleichen. Kauft der Buchhändler fairen Kaffee für zuhause oder als Geschenk für Freunde, handelt es sich dagegen nicht um ein Handelsgeschäft.

104 *Grundkurs - 6 Allgemeine Handelsgeschäftslehre*

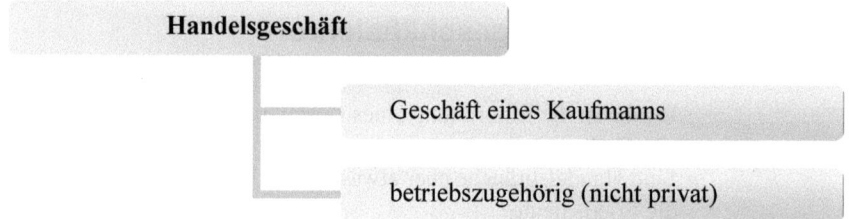

227 Da der Zweck des Geschäfts, wie das Kaffeebeispiel zeigt, manchmal zweifelhaft ist, hilft § 344 HGB mit der Vermutung, dass Kaufmannsgeschäfte im Zweifel Handelsgeschäfte sind. Die Qualifizierung als Handelsgeschäft ist wichtig für die Anwendbarkeit vieler HGB-Vorschriften (s. o. Rn 38 f.). Nach § 345 HGB genügt es für die – beiderseitige – Anwendbarkeit der meisten Vorschriften des vierten Buchs, wenn das Geschäft für eine Seite ein Handelsgeschäft ist.

> **Beispiele:** Die Regeln über das Kontokorrent (§§ 355-357 HGB) gelten, sobald nur eine Seite Kaufmann ist (also auch zwischen Bank und Kunden). Dasselbe gilt für die Regeln der §§ 358 ff. HGB.

228 Teilweise verlangen die einzelnen Vorschriften allerdings, dass das Geschäft für eine bestimmte Seite ein Handelsgeschäft ist, und andere Vorschriften sind nur für beiderseitige Handelsgeschäfte anwendbar, so dass sich die Frage nach der Kaufmannseigenschaft und der Abgrenzung zum Privatbereich zweimal stellen kann.

> **Beispiele:** Ein Bürgschaftsvertrag ist nur formfrei wirksam, wenn er für den Bürgen ein Handelsgeschäft ist (§ 350 HGB). Lagergeld kann nach § 354 HGB nur verlangt werden, wenn der Lagervertrag für den Laguisten ein Handelsgeschäft ist. Ob die Gegenseite Kaufmann ist, ist jeweils unerheblich. Nur für beiderseitige Handelsgeschäfte gelten z.B. die Vorschriften über Fälligkeitszinsen (§ 353 HGB) und die Rügeobliegenheit (§ 377 HGB).

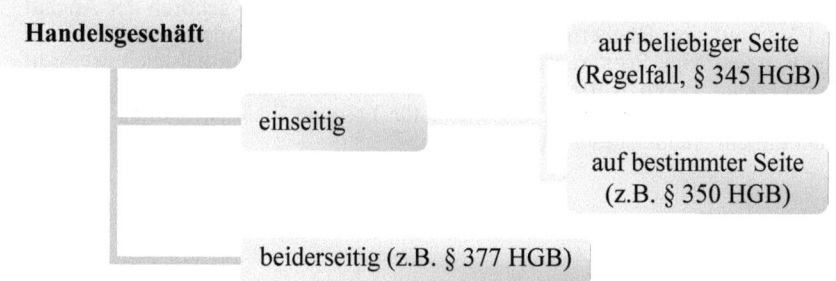

6.2 Besonderheiten in der Rechtgeschäftslehre

Neben den schon behandelten §§ 48 ff. HGB, die historisch bedingt beim „Handelsstand" eingeordnet sind, enthält das Handelsrecht verschiedene Modifikationen des BGB AT und insbesondere der Rechtsgeschäftslehre.

6.2.1 Handelsbrauch und Handelsklauseln

Eine Konkretisierung der §§ 133, 157 BGB enthält zunächst § 346 HGB, wonach unter Kaufleuten auf die im Handelsverkehr geltenden Gewohnheiten und Gebräuche besondere Rücksicht zu nehmen ist, wenn es um die Bedeutung von Handlungen und Unterlassungen geht. Solche Handelsgebräuche entstehen im Laufe der Zeit durch allgemeine Übung und Anerkennung. Sie sind keine Rechtssätze, können aber eine Vorstufe für Gewohnheitsrecht bilden.

> **Beispiel:** Aus dem Handelsbrauch, mündliche Vertragsschlüsse noch einmal schriftlich zu bestätigen und einer abweichenden Bestätigung unverzüglich zu widersprechen, sind die Grundsätze vom kaufmännischen Bestätigungsschreiben entstanden (Rn 237).

Von besonderer praktischer Bedeutung sind einheitlich verwendete Handelsklauseln. Verwenden zwei Kaufleute in einem Vertrag die Klausel „ab Werk", so ist das im Zweifel so zu verstehen, wie in den entsprechenden Handelskreisen üblich.[45] Wichtig sind die Incoterms, die auch im internationalen Handelsverkehr weitgehend einheitlich verstanden werden, da die Internationale Handelskammer in Paris einzelnen in der Praxis verwendeten Klauseln eine genau bestimmte Bedeutung beimisst und diese Bedeutung zumindest in Europa auch weitestgehend so akzeptiert wird.

> **Beispiele:** „FOB Hafen Hamburg" bedeutet „free on board" und meint, dass der Verkäufer liefert, sobald die Ware in Hamburg auf dem Schiffsdeck abgeladen ist; von da ab trägt der Käufer die Gefahr des Verlustes oder der Beschädigung und alle weiteren Kosten.
>
> **Hintergrund:** Solche Standardklauseln können vereinzelt kraft Handelsbrauchs gelten. Ansonsten handelt es sich um Allgemeine Geschäftsbedingungen (AGB), die nur anwendbar sind, wenn der konkrete Vertrag auf sie Bezug nimmt. Sofern deutsches Recht anwendbar ist, gelten die §§ 305 ff. BGB (s. Rn 232 ff.). Gerade die internationalen Klauseln unterstreichen noch einmal die besondere Internationalität des Handelsrechts und auch die besondere Bedeutung von Regelwerken, die nicht staatlicherseits vorgegeben sind, sondern aus der Handelspraxis heraus entstehen.

---

[45] Vgl. Baumbach/Hopt, § 346 Rn 40, und die Kommentierung der Incoterm-Klausel EXW.

6.2.2 Kaufmännische AGB

232 Allgemeine Geschäftsbedingungen sind im Handelsverkehr eine häufige Erscheinung. Das AGB-Recht will aber vornehmlich Verbraucher schützen; daher sind nach § 310 I BGB die Einbeziehungsregeln des § 305 II, III BGB und die speziellen Unwirksamkeitsgründe der §§ 308, 309 BGB nicht anwendbar, wenn AGB gegenüber einem Unternehmer verwendet werden.

6.2.2.1 Einbeziehung

233 Auch unter Kaufleuten gelten AGB nur, wenn sie einbezogen werden. Dazu genügt aber abweichend von § 305 II BGB auch ein konkludenter Hinweis und es reicht nach h.M. aus, wenn der Verwender die AGB zur Kenntnisnahme bereithält.[46] AGB können auch durch ein kaufmännisches Bestätigungsschreiben einbezogen werden (s. Rn 237) und im Einzelfall auch aufgrund eines Handelsbrauchs. Dagegen werden auch unter Kaufleuten Klauseln nicht Vertragsbestandteil, wenn sie Individualabreden widersprechen (§ 305 b BGB) oder überraschend sind (§ 305c I BGB).

6.2.2.2 Inhaltskontrolle

234 Auch im Handelsverkehr gilt der Grundsatz, dass Auslegungszweifel zu Lasten des AGB-Verwenders gehen (§ 305 c II BGB). Die Inhaltskontrolle richtet sich gemäß § 310 I BGB lediglich nach § 307 BGB. Die Unanwendbarkeit der §§ 308, 309 BGB hindert allerdings nicht, die Wertungen der Klauselverbote im Rahmen der Generalklausel heranzuziehen.

> **Beispiele:** Eine Klausel, wonach der Käufer im Fall einer fehlgeschlagenen Nachbesserung mindern, aber nicht zurücktreten kann, verstößt gegen § 309 Nr. 8 b aa BGB (und ggf. gegen § 475 BGB). Die Vorschrift ist gegenüber Unternehmern nicht anwendbar. Die Klausel ist aber nach § 307 BGB auch Kaufleuten gegenüber unwirksam.[47] Gegen § 307 BGB verstößt auch eine Klausel, die den Käufer generell von der Rügeobliegenheit nach § 377 HGB befreit.[48]

6.2.3 Schweigen im Handelsverkehr

235 Grundsätzlich kommen auch im Handelsrecht Verträge nur durch Angebot und Annahme zustande. Die Annahme kann freilich auch konkludent erklärt werden

---

[46] BGH v. 12. 2. 1992 – VIII ZR 84/91 = BGHZ 117, 190; strenger zum CISG BGH v. 31. 10. 2001 – VIII ZR 60/01 = BGHZ 149, 113.
[47] BGH v. 14. 7. 1993 – VIII ZR 147/92 = NJW 1993, 2436.
[48] BGH v. 19. 6. 1991 – VIII ZR 149/90 = NJW 1991, 2633.

und ihr Zugang kann nach § 151 S. 1 BGB entbehrlich sein. Das bloße Schweigen auf einen Antrag hat aber grundsätzlich nicht die Bedeutung einer Annahme (bestärkend: § 241a BGB), auch nicht im Handelsverkehr. Ausnahmen finden sich vereinzelt schon im BGB (z.B. § 516 II 2), häufiger aber im Handelsrecht. Hervorzuheben sind § 362 HGB und die Grundsätze vom kaufmännischen Bestätigungsschreiben.[49]

6.2.3.1 Geschäftsbesorgungsverträge durch Schweigen

Nach § 362 HGB muss ein Kaufmann, der Geschäfte für andere besorgt, auf Vertragsangebote unverzüglich reagieren, wenn er mit dem Antragenden in Geschäftsverbindung steht oder sich dem Antragenden zur Besorgung solcher Geschäfte „erboten hat". Schweigt er, so gilt dies als Annahme des Antrags.

236

Beispiel: Importeur I hat ein Konto bei der B-Bank und wickelt mit ihr häufiger Zahlungen ins Ausland per Akkreditiv ab. Faxt er der B-Bank ein Schreiben, in dem er erneut um eine Akkreditiveröffnung bittet, so geht der Bank damit ein Antrag zu einem Geschäftsbesorgungsvertrag zu. Nach § 362 S. 1 HGB hat sie darauf wegen der bestehenden Geschäftsverbindung unverzüglich zu antworten. Bleibt sie untätig, so gilt dies als Annahme. Der Vertrag kommt damit zustande und die B-Bank ist zur Akkreditiveröffnung verpflichtet.

6.2.3.2 Das kaufmännische Bestätigungsschreiben

Unter Kaufleuten bestätigt häufig eine Vertragspartei der anderen das Ergebnis mündlicher Vertragsverhandlungen, um spätere Streitigkeiten darüber zu vermeiden, ob ein Vertrag zustande gekommen ist und mit welchen Bedingungen im Einzelnen. Widerspricht der Empfänger nicht, wird sein Schweigen als Einverständnis angesehen, weil der Handelsverkehr ein besonderes Bedürfnis nach Klarheit hat und vom Kaufmann besondere Sorgfalt verlangt werden kann. Um diese klärende Wirkung nicht zu gefährden, kann von dem Schweigenden nicht im Nachhinein eingewendet werden, das Bestätigungsschreiben weiche in Einzelheiten von den mündlichen Verhandlungen ab. Diese Grundsätze sind Gewohnheitsrecht, das ebenso gilt wie z.B. § 362 HGB oder eine andere Norm. Da es sich um ungeschriebenes Recht handelt, muss man sich die wesentlichen Punkte allerdings einprägen.[50]

237

---

[49] Vgl. ferner §§ 75h, 91a HGB; allg. Petersen, Jura 2003, 687.
[50] Vgl. z.B. Lettl, JuS 2008, 849.

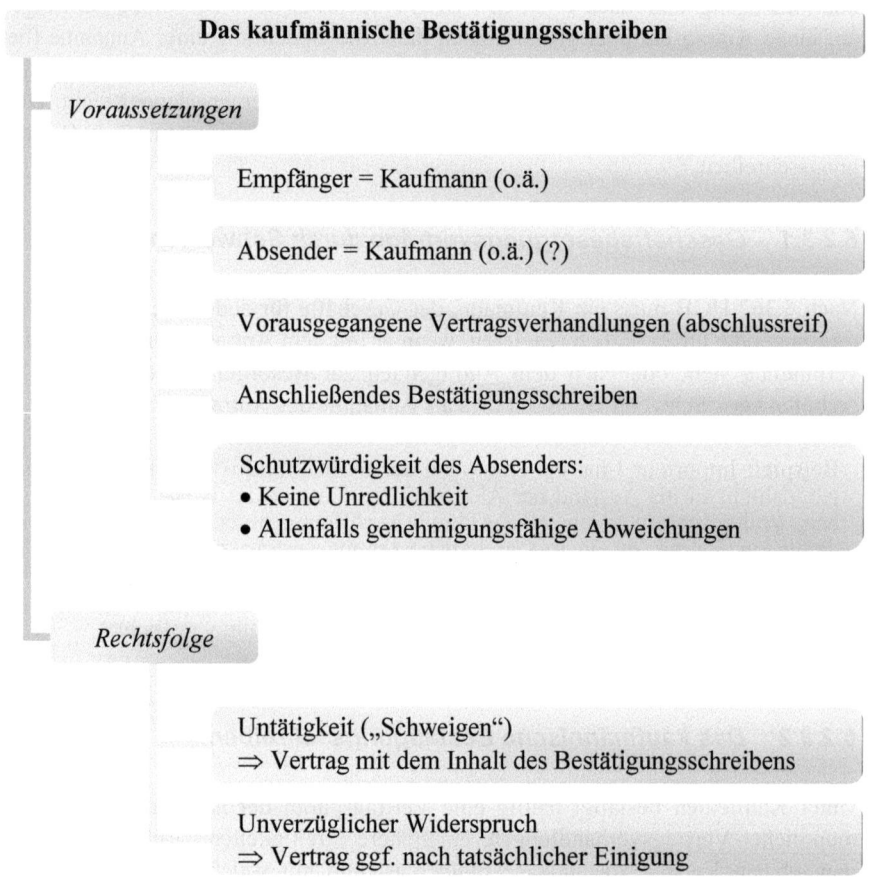

238 Die Grundsätze des kaufmännischen Bestätigungsschreibens gelten unter Kaufleuten. Die h.M. lässt es aber ausreichen, wenn die Beteiligten wie Kaufleute am Geschäftsleben teilnehmen.[51] Manche lassen als Absender sogar Verbraucher zu (was immerhin § 362 HGB entspricht).[52]

239 Von einem kaufmännischen Bestätigungsschreiben kann ferner nur gesprochen werden, wenn mündliche Vertragsverhandlungen bis zur Abschlussreife gelangt sind, mindestens die Absenderseite auch vom Vertragsschluss ausgeht und diesen daraufhin unter Wiedergabe seines Inhalts schriftlich (auch per Fax oder E-Mail) bestätigt. Bei schriftlichen Äußerungen beider Parteien ist kein Raum mehr für ein Bestätigungsschreiben.

---

[51] BGH v. 26. 6. 1963 – VIII ZR 61/62 = BGHZ 40, 42.
[52] Canaris, HR, § 23 Rn 46; Baumbach/Hopt, § 346 Rn 19.

> **Beispiele:** Buchhändler B bestellt per Fax beim V-Verlag fünf Exemplare einer Katia Mann-Biographie. Der V-Verlag faxt eine „Auftragsbestätigung" zurück und liefert die Bände. Hier stellt die Bestellung ein Angebot auf Abschluss eines Kaufvertrags dar. Die „Auftragsbestätigung" ist die Annahme dieses Angebots; sie führt zum Vertragsschluss und bestätigt diesen nicht erst.
> Verhandeln B und V per E-Mail wegen einer größeren Bestellmenge um einen Rabatt, die Frachtkosten und andere Details und führt der Schriftwechsel schließlich zu einer Bestellung des B, so ist der Vertragsschluss samt Inhalt bereits schriftlich fixiert und es bleibt kein Raum für ein kaufmännisches Bestätigungsschreiben.

Grundsätzlich soll das Bestätigungsschreiben die tatsächlich erzielte Einigung natürlich exakt wiedergeben. Die Funktion des Bestätigungsschreibens verlangt aber, dass es auch Geltung hat, wenn sich später Abweichungen herausstellen. Es kann Klarheit auch über die Einzelheiten nur schaffen und späteren Streit darüber vermeiden, wenn dem schweigenden Empfänger der spätere Einwand verwehrt wird, man habe sich doch über etwas anderes geeinigt (sog. konstitutive Wirkung). 240

> **Beispiel:** B und V verhandeln telefonisch wegen einer größeren Bestellmenge um einen Rabatt, wobei es lange zwischen 8 und 10 % hin und her geht. Bestätigt nun V den Vertrag mit 8 % Rabatt und bleibt eine Reaktion des B aus, so gilt der Vertrag mit diesem Inhalt. Das gilt auch dann, wenn B später mit einem Zeugen beweisen kann, dass man sich schließlich doch auf 10 % geeinigt hatte. Da der Absender eines Bestätigungsschreibens gerade vor solchen späteren Einwänden geschützt werden soll, hätte B seinen Widerspruch unverzüglich äußern müssen.

Andererseits ist der Absender nicht immer schutzwürdig. Der Vertrag gilt nicht wie bestätigt, wenn er bewusst versucht, der Gegenseite ungünstigere Konditionen unterzuschieben. Zudem dürfen auch gutgläubige Abweichungen nicht so groß sein, dass kein vernünftiger Absender das Schweigen als Einverständnis auffassen kann. 241

> Im letzten **Beispiel** bleibt es bei 10 % Rabatt, wenn B beweist, dass V vorsätzlich 8 % bestätigt hat. Bestätigt V dagegen versehentlich die zehnfache Bestellmenge, so ist er zwar redlich, aber wiederum nicht schutzwürdig, da die Abweichung so groß ist, dass man mit einer Genehmigung objektiv nicht rechnen kann: Das Bestätigungsschreiben bleibt insoweit ohne Wirkung und es gilt wiederum das tatsächlich Vereinbarte.

Die Grundsätze vom kaufmännischen Bestätigungsschreiben erscheinen zunächst recht kompliziert, ihre praktische Bedeutung ist aber leicht einsichtig. Es geht wiederum um die Schnelligkeit und Leichtigkeit des Handelsverkehrs, indem rasch Klarheit geschaffen wird; dafür werden höhere Sorgfaltsanforderungen (auf Empfängerseite) hingenommen. 242

6.2.4 Vergrößerung der Vertragsfreiheit und Absenkung des Schutzniveaus

243 Weitere handelsrechtliche Modifikationen erweitern die Privatautonomie der Kaufleute und senken umgekehrt das Schutzniveau ab, da Kaufleuten als Profis in gesteigertem Maße abverlangt wird, die Konsequenzen ihres rechtsgeschäftlichen Handelns einzukalkulieren.[53]

6.2.4.1 Vertragsstrafen

244 Vertragsstrafen sind auch im allgemeinen bürgerlichen Recht zulässig und oft dort sinnvoll, wo die Erfüllung einer Vertragspflicht so wichtig ist, dass die Parteien sie durch eine besondere Sanktionierung absichern (§§ 336 ff. BGB).

> **Beispiel:** K bestellt Rohstoffe bei V, die er unbedingt zu einem bestimmten Termin benötigt. V verspricht die rechtzeitige Lieferung unbedingt. Um dem Nachdruck zu verleihen, verabreden V und K aber zusätzlich, dass V unabhängig von etwaigem Schadensersatz 5.000 € Vertragsstrafe zu zahlen hat, wenn er den Termin nicht einhält.

245 § 343 BGB sieht die Möglichkeit einer gerichtlichen Überprüfung der Verhältnismäßigkeit einer solchen vereinbarten Vertragsstrafe vor, da Privatleute den Ernst der Vereinbarung vielleicht nicht überschauen. Kaufleuten wird eine solche Weitsicht aber abverlangt, bei ihnen findet diese Kontrolle gem. § 348 HGB nicht statt, so dass nur die Grenzen der §§ 138 und 307 BGB zu beachten sind.

6.2.4.2 Die kaufmännische Bürgschaft

246 Ein Bürgschaftsvertrag ist nach §§ 765, 766 BGB grundsätzlich nur wirksam, wenn das Bürgschaftsversprechen schriftlich abgegeben wird. Der Bürge muss dann für den Hauptschuldner einstehen; da aber der Hauptschuldner selbst seine Schuld in erster Linie begleichen soll, kann der Bürge sich zunächst wehren, solange der Gläubiger nicht versucht hat, den Hauptschuldner zu belangen (§ 771 BGB). Auf diese Einrede der Vorausklage kann zwar – bei der selbstschuldnerischen Bürgschaft – verzichtet werden, § 773 I Nr. 1 BGB, grundsätzlich schützt sie aber den Bürgen vor zu rascher Inanspruchnahme.

247 Sofern die Bürgschaft für den Kaufmann ein Handelsgeschäft ist, wird im Interesse der Schnelligkeit und Leichtigkeit des Handelsverkehrs auf beide Schutzmechanismen verzichtet: Nach § 349 HGB hat der Kaufmann keine Einrede der Vorausklage; seine Bürgschaft ist regelmäßig eine selbstschuldnerische. Nach § 350 HGB gilt auch das Schriftformerfordernis des § 766 BGB nicht; er kann sich auch mündlich verbürgen. Eine entsprechende Formfreiheit ordnet § 350 HGB auch für

---

[53] Sie werden hier – auch über den BGB AT hinaus – im Zusammenhang behandelt.

abstrakte Schuldversprechen (§ 780 BGB) und Schuldanerkenntnisse (§ 781 BGB) an.

> **Beispiel:** H verhandelt wegen eines Kredits zur Erweiterung seiner Produktion mit der S-Bank. Der Darlehensvertrag kommt erst zustande, als der vermögende Vater des H in einem zweiten Gespräch vor Zeugen verspricht, für diesen Kredit gerade zu stehen.
> Dieses Versprechen begründet keinen Bürgschaftsvertrag, da die Form des § 766 BGB nicht eingehalten ist. Wenn dagegen Fabrikant K mündlich zusichert, für den Kredit geradezustehen, weil H ein wichtiger Zulieferer ist, dann stellt die Bürgschaft für ihn ein Handelsgeschäft dar, so dass sie nach § 350 HGB formlos wirksam ist.

6.2.4.3 Gerichtsstandsvereinbarungen

Eine weitere Regelung, die in diesen Zusammenhang passt, findet sich außerhalb des HGB, nämlich in der ZPO unter den Regeln über die örtliche Zuständigkeit der Gerichte: Innerhalb Deutschlands können die Parteien einen Gerichtsstand nach § 38 I ZPO vertraglich nur vereinbaren, wenn sie Kaufleute sind.[54] Nichtkaufleute können Gerichtsstandsvereinbarungen treffen, wenn eine Partei keinen allgemeinen Gerichtsstand im Inland hat (§ 38 II ZPO); ansonsten können sie die Zuständigkeit eines Gerichts nur im Nachhinein durch rügeloses Einlassen begründen (§ 39 ZPO).

248

> **Hintergrund:** Die ZPO will durch diese Regelung verhindern, dass Unerfahrene nachteilige Vereinbarungen treffen. Kaufleute haben größere Freiheiten, müssen aber auch wachsamer sein. Dagegen sind Schiedsvereinbarungen auch mit Nichtkaufleuten zulässig (Verbraucherschutz: § 1031 V ZPO) und auch die vorrangig geltende Europäische Gerichtsstands- und Vollstreckungs-Verordnung (EuGVVO) lässt in Art. 23 Gerichtsstandsvereinbarungen auch für Nichtkaufleute zu (Verbraucherschutz: Art. 17 und 23 V).

6.3 Besonderheiten im Allgemeinen Schuldrecht

6.3.1 Übersicht

In den §§ 343-372 HGB finden sich verschiedene Vorschriften, die die allgemeinen Regelungen der §§ 241 ff. BGB nur konkretisieren und allenfalls geringe

249

---

[54] § 29 II ZPO verhindert zudem, dass Nichtkaufleute durch Vereinbarungen zum Erfüllungsort auch einen Gerichtsstand wählen.

Abweichungen enthalten. Weiterreichende Besonderheiten enthalten die §§ 352-357 HGB für Zinsen und Entgelte, Abtretungsverbote sowie Kontokorrente.[55]

Beispiele: Während allgemein die im Verkehr erforderliche Sorgfalt beachtet werden muss (§ 276 II BGB), hat ein Kaufmann bei seinen Handelsgeschäften für die Sorgfalt eines ordentlichen Kaufmanns einzustehen (§ 347 I HGB). Allgemein sind Leistungen im Zweifel sofort, aber nicht zur Unzeit zu bewirken (§§ 271, 242 BGB); nach § 358 HGB ist während der gewöhnlichen Geschäftszeit zu leisten. Allgemein werden bei Gattungsschulden Sachen mittlerer Art und Güte geschuldet (§ 243 I BGB), im Handelsverkehr wird Handelsgut mittlerer Art und Güte geschuldet (§ 360 HGB).

Hintergrund: Diese Sonderregeln sind nicht unbedingt nötig, aber auch unschädlich. Sie erklären sich historisch daraus, dass der HGB-Vorläufer, das ADHGB, vor dem BGB entstanden ist, als auch das Deutsche Reich noch nicht existierte. Vor diesem Hintergrund wird auch die Vorschrift des § 361 HGB verständlicher, die im Übrigen noch einmal auf die typische Internationalität des Handelsrechts hinweist.

6.3.2 Zinsen und andere Entgelte

250 Oben wurde schon die Entgeltlichkeit als ein typisches Merkmal handelsrechtlicher Regelung angesprochen und als Merkmal des Gewerbebegriffs diskutiert (Rn 27 und 51 f.). Die §§ 352-354 HGB tragen dem Rechnung.

251 Zunächst regelt § 352 HGB, dass der gesetzliche Zinssatz im Handelsverkehr 5 % beträgt (und nicht 4 %, wie in § 246 BGB bestimmt). Das gilt allerdings nur für beiderseitige Handelsgeschäfte (Abs. 1) und Zinszahlungspflichten nach dem HGB (Abs. 2). Vorrangig gelten Spezialgesetze (z.B. §§ 48 f. WG; 45 f. ScheckG) und Vereinbarungen (auch in AGB). Zudem trifft für den wichtigen Fall des Verzugs § 288 BGB eine ebenfalls vorrangige Sonderregelung (s.o. Rn 32).

252 Eine weitere Modifikation enthält § 353 HGB, indem bei Geldschulden aus beiderseitigen Handelsgeschäften Zinsen bereits ab Fälligkeit geschuldet werden (und nicht erst im Verzug, wie in § 288 BGB bestimmt). Nach § 354 I HGB kann ein Kaufmann für seine Geschäftsbesorgungen und Dienstleistungen auch ohne Verabredung eine Provision nach ortsüblichen Sätzen verlangen und bei Aufbewahrungen ein entsprechendes Lagergeld. Nach § 354 II HGB kann er für Darlehen, Auslagen usw. im Zweifel Zinsen verlangen und zwar i.H.v. 5 % (§ 352 II HGB). Die Vorschrift geht nur partiell über die BGB-Regelungen hinaus (vgl. z.B. §§ 612 I, 632 I BGB einerseits und § 488 BGB andererseits), illustriert aber noch einmal den Grundsatz der Entgeltlichkeit. Sie gilt allerdings nicht, wenn für eine Leistung ein bestimmtes Entgelt oder ihre Unentgeltlichkeit vereinbart ist, und sie gilt entsprechend nicht für Nebenleistungen, die mit dem Preis für die Hauptleistung abgegolten sind.

---

[55] Das Kontokorrent wird bei den Bankgeschäften behandelt (Rn 351 ff.).

Beispiele: Bittet K Buchhändler B, nach einer Erstausgabe von Thomas Manns Zauberberg zu recherchieren, so schuldet er dafür regelmäßig noch kein Entgelt, da eine solche Recherche typischerweise nur der Vorbereitung eines Verkaufs dient. Kauft Buchhändler B bei Antiquitätenhändler A zwei alte Regale für 2.400 €, die A in drei Wochen bei B anliefern und aufstellen soll, so sind mit dem Kaufpreis auch die Kosten für die dreiwöchige Aufbewahrung, den Transport und die Aufstellung abgegolten.

6.3.3 Abtretungsverbote im Handelsrecht

Forderungen können allgemein nach § 398 BGB durch Vertrag zwischen Alt- und Neugläubiger abgetreten werden, ohne dass der Schuldner beteiligt wäre. Solche Forderungsabtretungen kommen in der Praxis sehr häufig vor, insbesondere als Sicherungsabtretung (auch beim verlängerten Eigentumsvorbehalt[56]) und im Rahmen des Factoring.[57]

253

Beispiel: Autohändler A verkauft viele Fahrzeuge auf Raten und hat daher auch längerfristige Kundenforderungen. Benötigt er Kredit, so kann er zur Sicherung des Darlehens seine Kundenforderungen abtreten. Um seine Liquidität zu sichern, kann er sie auch einer Factorbank abtreten, die ihm den Nennwert zu einem Gutteil gutschreibt und die Einziehung übernimmt.

Da es auch für die Schuldner häufig einen zusätzlichen Aufwand bedeutet, sich einem neuen Gläubiger gegenüber zu sehen, hat es sich sehr verbreitet, bei der Eingehung einer Zahlungspflicht ein Abtretungsverbot gemäß § 399 BGB zu vereinbaren, so dass Abtretungen unwirksam sind.[58]

254

Beispiel: K kauft bei V 20 Fahrzeuge. Die verwendeten AGB sehen dabei vor, dass V seine Forderungen gegen K nicht abtreten darf. Tritt V nun seine Forderungen sämtlich an seine kreditgebende Bank oder Factorbank B ab, so ist die Abtretung der Forderungen gegen K nach § 399 BGB unwirksam. Je häufiger solche Abtretungsverbote sind, umso geringer wird der Spielraum des V.

---

[56] Vgl. dazu z.B. Baur/Stürner, § 59 Rn 6.
[57] Dazu z.B. Canaris, SBT II § 69; vgl. allg. S. Lorenz, JuS 2009, 891.
[58] Die Unwirksamkeit nach § 399 BGB ist eine Ausnahme von § 137 BGB, wonach rechtsgeschäftliche Verfügungsverbote grundsätzlich nur relativ wirken. § 354 a HGB schafft eine Gegenausnahme.

255

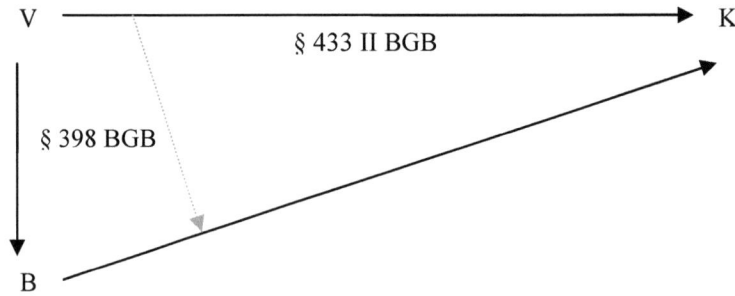

Um hier die Spielräume zu erhalten, bestimmt § 354a HGB, dass solche Abtretungen von Geldforderungen aus beiderseitigen Handelsgeschäften entgegen § 399 BGB wirksam sind.

> Im letzten **Beispiel** ist die Abtretung durch V nach § 354a HGB wirksam; das mit K vereinbarte Abtretungsverbot wirkt nicht. B ist neue Forderungsinhaberin; K kann allerdings trotzdem nach § 354a S. 2 HGB befreiend an V leisten.

256 Das Gesetz gibt den Interessen der Besicherungspraxis und Liquiditätssicherung also den Vorrang vor dem Interesse des Schuldners, seinen Gläubiger zu behalten, und gleicht das mit der fortbestehenden Zahlungsmöglichkeit aus. Dabei ist allerdings der Zuschnitt der Vorschrift unglücklich, denn sie vernachlässigt den Schutz von Kleinunternehmern, indem sie ein beiderseitiges Handelsgeschäft verlangt.

> **Beispiel:** Ist V ein nicht eingetragener Kleingewerbetreibender, so ist der Verkauf an K kein beiderseitiges Handelsgeschäft. § 354a HGB hilft ihm daher nach seinem Wortlaut nicht, obwohl V wahrscheinlich ein größeres Bedürfnis nach einer solchen Besicherungsmöglichkeit hat als größere Autohäuser. Art. 3 GG gebietet hier eine teleologische Extension: § 354a HGB gilt nach h.L. auch, wenn der Gläubiger ein sonstiger Unternehmensträger ist.[59]

6.4 Besonderheiten im Sachenrecht

257 Unter den sachenrechtlichen Besonderheiten steht die erweiterte Möglichkeit gutgläubigen Erwerbs im Vordergrund; daneben bestehen insbesondere spezielle kaufmännische Sicherungsrechte.

---

[59] Baumbach/Hopt, § 354a Rn 1; Canaris, HR, § 26 Rn 33 ff.; Karsten Schmidt in MK-HGB, § 354a Rn 8.

6.4.1 Erweiterter gutgläubiger Erwerb

6.4.1.1 Hintergrund

Der Eigentümer einer beweglichen Sache (oder sonstige Berechtigte[60]) kann das Eigentum nach §§ 929-931 BGB übertragen. Zudem sind entsprechende Verfügungen eines Nichtberechtigten wirksam, wenn sie mit Zustimmung des Berechtigten erfolgen (§ 185 BGB). Ansonsten ist ein Eigentumserwerb vom Nichtberechtigten nach den §§ 932-935 BGB nur möglich, wenn der Erwerber ihn (ohne grobe Fahrlässigkeit) für den Eigentümer hält und die Sache dem Eigentümer nicht abhanden gekommen ist.

Ein solcher gutgläubiger Erwerb ist auch möglich, wenn eine bewegliche Sache verpfändet wird (§ 1207 BGB). Dagegen lehnt die h.M. den gutgläubigen Erwerb gesetzlicher Pfandrechte ab, da die Verweisung in § 1257 BGB ein „entstandenes Pfandrecht" voraussetzt.[61]

258

259

> **Beispiel:** Wenn Eigentümer E seinen Wagen reparieren lässt, ist der Werklohn des Werkstattinhabers nach § 647 BGB durch ein Werkunternehmerpfandrecht gesichert. Wenn Nichteigentümer N (z.B. als Leasingnehmer, Vorbehaltskäufer o.ä.) den Wagen des E reparieren lässt, entsteht ein solches Pfandrecht nicht, da der Wagen nicht zu den „Sachen des Bestellers" gehört.
>
> **Hintergrund:** Die Praxis behilft sich daher mit Verpfändungsklauseln in ihren AGB, für die dann § 1207 BGB gilt.

Von diesen Regelungen geht auch das HGB aus. § 366 HGB erhöht aber die Verkehrsfähigkeit beweglicher Sachen, indem er die Möglichkeiten des Gutglaubenserwerbs erweitert.

260

6.4.1.2 Guter Glaube an die Verfügungsbefugnis

Die wichtigste Erweiterung ergibt sich aus der ersten Alternative in § 366 I HGB. Da es im kaufmännischen Verkehr häufig vorkommt, dass fremdes Eigentum weiterveräußert wird, werden Erwerber nicht nur geschützt, soweit sie den Veräußerer für den Eigentümer halten, sondern auch, wenn sie ihn für verfügungsbefugt halten.

261

> **Beispiele:** Buchhändler B gibt seinem Kollegen C zwei seiner seltensten Bücher mit, damit er sie auf einer Messe verkauft. B ist Eigentümer, eine Veräußerung durch C ist aber nach § 185 I BGB wirksam, da sie mit Einwilligung

---

[60] Z.B. ist in der Insolvenz der Eigentümer Nichtberechtigter und der Insolvenzverwalter Berechtigter (§ 80 I InsO).

[61] BGH v. 21. 12. 1960 - VIII ZR 89/59 = BGHZ 34, 122; BGH v. 2. 7. 1992 – IX ZR 274/91 = BGHZ 119, 75; a.A. für Besitzpfandrechte z.B. Baur/Stürner, § 55 Rn 40.

des B geschieht. Händler H kauft TV-Geräte unter Eigentumsvorbehalt von V. Eigentümer ist noch V; dennoch kann H die Geräte an seine Kunden weiterverkaufen und ihnen auch das Eigentum übertragen, § 185 I BGB.

262 In beiden Fällen können die Erwerber, falls die Einwilligung der Eigentümer fehlt, nach §§ 932-935 BGB das Eigentum erwerben, wenn sie den Veräußerer für den Eigentümer halten. Nach § 366 I HGB gelten diese Regeln aber auch, wenn der Erwerber nicht an das Eigentum des veräußernden Kaufmanns, sondern an seine Verfügungsbefugnis glaubt.

Beispiel: C sollte die Bücher des B auf der Messe nur schätzen lassen. Als Interessent I ein besonders gutes Angebot macht, übereignet C die Bücher mit dem Hinweis, sie gehörten zwar B, er handle aber in dessen Auftrag.

Gutgläubiger Eigentumserwerb nach § 366 I HGB

Grundtatbestand §§ 929-931 BGB
- Einigung
- Übergabe / -surrogat
- Berechtigung (-)

Allg. Voraussetzungen des Gutglaubenserwerbs
- Rechtsscheintatbestand (§§ 932-934 BGB)
- Gutgläubigkeit → Eigentum (§ 932 BGB)*
- Kein Abhandenkommen (§ 935 BGB)

* Erweiterung: § 366 I HGB
- Veräußerer: Kaufmann oder Kleingewerbe
- Veräußerung betriebsbezogen
- Gutgläubigkeit → Verfügungsbefugnis

263 Die Prüfung des Eigentumserwerbs setzt beim Grundtatbestand an und geht zu §§ 932 ff. BGB über, wenn festgestellt wird, dass die Verfügungsberechtigung fehlt. Auf § 366 I HGB kommt es nur an, wenn die Voraussetzungen eines gutgläubigen Erwerbs vorliegen, der gute Glaube sich aber nicht auf das Eigentum des Veräußerers bezieht, sondern auf seine Verfügungsbefugnis. § 366 HGB setzt voraus, dass die Veräußerung durch einen Kaufmann im Rahmen seines Handelsgewerbes geschieht. Die Vorschrift gilt aber für kleingewerbliche Kommissionäre

nach § 383 II 2 HGB entsprechend[62] und ist auf kleingewerbliche Warenhändler analog anzuwenden.[63]

6.4.1.3 Guter Glaube an die Vertretungsmacht?

Im Handelsverkehr wird häufig nicht sauber zwischen unmittelbarer und mittelbarer Stellvertretung unterschieden (s.o. Rn 190). § 366 I HGB handelt nur vom zweiten Fall, in dem es um die Verfügungsbefugnis geht. Es ergibt sich daher das Problem, ob der Gutglaubensschutz nicht auch auf die Frage der Vertretungsmacht ausgedehnt werden sollte.

264

> Scheitert im letzten **Beispiel** der gutgläubige Erwerb, wenn C dem I die Bücher im Namen des B veräußert?

Manche wollen hier § 366 I HGB analog anwenden: Wenn die Praxis die beiden Fälle kaum unterscheide, rechtfertige sich auch kein unterschiedlicher Gutglaubensschutz.[64] Die h.L. erhebt dagegen zu Recht vor allem drei Einwände[65]: Erstens liegt die Unterscheidung nicht nur dem Gesetz zugrunde, sondern auch der Praxis: Beim Kommissionär glaubt man an dessen Verfügungsbefugnis, beim Handelsvertreter u.U. an dessen Vertretungsmacht. Zweitens wird das Vertrauen auf die Vertretungsmacht auch im HGB auf grundsätzlich andere Weise geschützt (vgl. §§ 15, 50 I, 54 III und 75h HGB). Drittens nützt die Anwendung des § 366 I HGB nur, wenn man sie auch auf das Verpflichtungsgeschäft bezieht,[66] denn sonst müsste der Erwerber das Eigentum nach § 812 I 1 (1) BGB rückübertragen.

265

6.4.1.4 Sonstige Weiterungen beim gutgläubigen Erwerb

§ 366 I HGB regelt zudem den Fall, dass ein Kaufmann eine Sache als Nichteigentümer verpfändet. Wer an sein Eigentum glaubt, kann das Pfandrecht nach § 1207 BGB erwerben; wer an seine Verfügungsbefugnis glaubt, ist durch § 366 I HGB entsprechend geschützt. Dasselbe gilt nach § 366 II HGB für Fälle des gutgläubigen lastenfreien Erwerbs (vgl. § 936 BGB). § 366 III HGB lässt einen gutgläubigen Pfandrechtserwerb auch bei den besonderen gesetzlichen Pfandrechten des Handelsverkehrs zu.

266

---

[62] Vgl. ferner §§ 407 III 2, 453 III 2, § 467 III 2 HGB.
[63] Baumbach/Hopt, § 366 Rn 4; Canaris, HR, § 27 Rn 5 ff.; Koller in Koller/Roth/Morck, § 366 Rn 2; Welter in MK-HGB, § 366 Rn 32; weitergehend Karsten Schmidt, HR, § 23 II 1 a: alle Unternehmensträger; a.A. z.B. Oetker, § 7 Rn 96.
[64] Baumbach/Hopt, § 366 Rn 5; Brox/Henssler, Rn 268; Karsten Schmidt, HR, § 23 III, und in JuS 1987, 939; Welter in MK-HGB, § 366 Rn 42.
[65] Canaris, HR, § 27 Rn 16 f.; Medicus/Petersen, Rn 567; Oetker, § 7 Rn 101; M. Reinicke, AcP 189, (1989), 79 ff.
[66] So z.B. Brox/Henssler, Rn 268; Karsten Schmidt, HR, § 23 III.

> **Beispiel:** Transportiert T Güter des E, so hat er nach § 441 HGB ein gesetzliches Pfandrecht wegen seiner eigenen Forderungen gegen E. Lässt E den T Güter transportieren, die ihm nicht gehören, ist nach § 366 III HGB ein gutgläubiger Pfandrechtserwerb möglich: Da das Pfandrecht wie ein vertragliches behandelt wird, ist § 1207 BGB anwendbar, und insoweit reicht es wiederum gemäß Absatz 1, wenn T an die Verfügungsbefugnis des E glaubt.

267 § 367 HGB enthält schließlich Regeln über die Gut- oder Bösgläubigkeit von Kaufleuten, die abhanden gekommene Inhaberpapiere und bestimmte andere Wertpapiere erwerben.

6.4.2 Kaufmännische Sicherungsrechte

268 Eine weitere sachenrechtliche Besonderheit im Handelsverkehr ist schon bei § 366 III HGB angeklungen: Das HGB sieht für Kommissionäre, Frachtführer, Spediteure und Lagerhalter besondere gesetzliche Pfandrechte vor, um ihre Forderungen abzusichern.

269 Daneben tragen auch die §§ 369-372 HGB dem Sicherungsinteresse im Handelsverkehr besondere Rechnung. Schon das BGB sieht in § 273 neben dem Zug-um-Zug-System bei gegenseitigen Verträgen (§§ 320-322) ein allgemeines Zurückbehaltungsrecht vor. § 369 HGB erweitert dieses Zurückbehaltungsrecht aber noch: Hat K_1 aus beiderseitigen Handelsgeschäften mit K_2 eine fällige Forderung gegen diesen, so hat er ein Zurückbehaltungsrecht an beweglichen Sachen und Wertpapieren des K_2, die mit dessen Willen in seinen Besitz gelangt sind.

> **Hintergrund:** Während das BGB nur die Zurückhaltung der eigenen Leistung gestattet, macht das HGB die Sachen des Schuldners jeweils zum Sicherungsobjekt; insoweit ähnelt § 369 HGB den zuvor angesprochenen gesetzlichen Pfandrechten.

270 An diesen zurückhaltbaren Sachen hat der Kaufmann nach § 371 HGB zudem ein pfandrechtsähnliches Befriedigungsrecht: K_1 kann wegen seiner Forderungen nach den BGB-Regeln den Pfandverkauf betreiben.

> **Beispiel:** K_1 veredelt Maschinenteile für K_2. Gerät K_2 in Zahlungsrückstand, so ist K_1 durch die in seinem Besitz befindlichen Maschinenteile gesichert. Zahlt K_2 trotz Zahlungsaufforderung und Androhung der Versteigerung nicht, kann K_1 sie nach einer Woche versteigern lassen (vgl. §§ 1233 ff. BGB und § 371 II 2 HGB).

271 Die Regelung über das pfandrechtsähnliche Befriedigungsrecht zeigt noch einmal, dass es bei den §§ 369 ff. HGB weniger um ein Zurückbehaltungsrecht i.S.d. BGB geht als um ein besonderes kaufmännisches Sicherungsrecht. Die Regelung beruht auf der Annahme, dass es Kaufleuten nicht so sehr um die konkreten Sachen oder Leistungen geht, sondern um die kommerziellen Interessen, also den erzielbaren

Umsatz usw. Gleichzeitig klingt in der Verkürzung der Androhungsfrist bei der Versteigerung (§ 371 II 2 HGB) noch einmal ein Leitmotiv des Handelsrechts an: Schnelligkeit und Leichtigkeit des Handelsverkehrs – und gesteigerte Sorgfaltsanforderungen auf der anderen Seite.

6.5 Wiederholungsaufgaben

6.5.1 Multiple-Choice-Fragen

272   1. Handelsgeschäfte sind
   (a) die Geschäfte eines Kaufmanns, die zum Betrieb seines Handelsgewerbes gehören
   (b) die Geschäfte eines Kaufmanns, die branchentypisch zu seinem Handelsgewerbe gehören
   (c) sämtliche Geschäfte eines Kaufmanns
   (d) die Geschäfte, die unter §§ 383-475h HGB fallen
   (e) kaufmännische Unternehmen

2. Die §§ 343 ff. HGB sind in der Regel anwendbar, wenn
   (a) das Geschäft für beide Seiten ein Handelsgeschäft ist
   (b) das Geschäft für irgendeine Seite ein Handelsgeschäft ist
   (c) das Geschäft für die belastete Seite ein Handelsgeschäft ist

3. Incoterms
   (a) sind besondere Vertragsstrafen im internationalen Handelsverkehr
   (b) sind Verrechnungsklauseln im Bankverkehr
   (c) sind Handelsklauseln für Import/Exportgeschäfte
   (d) gelten im internationalen Handelsverkehr wie Gewohnheitsrecht

4. Schweigen im Handelsverkehr
   (a) hat keine besondere Bedeutung, da sonst die Rechtssicherheit im Handelsverkehr gefährdet wäre
   (b) führt zur Erleichterung des Handelsverkehrs grundsätzlich zum Vertragsschluss
   (c) führt nur in den im HGB geregelten Fällen zum Vertragsschluss

5. Die kaufmännische Bürgschaft ist
   (a) auch mündlich wirksam
   (b) grundsätzlich selbstschuldnerisch
   (c) regelmäßig kostenpflichtig
   (d) ein akzessorisches Sicherungsrecht

6. Gerichtsstandsvereinbarungen
   (a) regeln die örtliche Zuständigkeit der Gerichte
   (b) regeln die sachliche und funktionale Zuständigkeit der Gerichte
   (c) sind laut ZPO weitgehend Kaufleuten vorbehalten
   (d) sind laut EuGVVO auch Nichtkaufleuten möglich

7. Wenn ein Kaufmann einen anderen zu spät bezahlt,
   (a) hat er ab Fälligkeit Zinsen i.H.v. 4 % zu zahlen
   (b) hat er ab Fälligkeit Zinsen i.H.v. 5 % zu zahlen
   (c) hat er im Verzug Zinsen i.H.v. 8 Prozentpunkten über dem Basiszins zu zahlen
   (d) hat er im Verzug Zinsen i.H.v. 5 % zu zahlen

8. § 354a HGB
   (a) soll massenhafte Sicherungsabtretungen und Factoringgeschäfte verhindern
   (b) soll Unternehmen die Liquiditätsplanung und Kreditnahme erleichtern
   (c) gilt für beiderseitige Handelsgeschäfte
   (d) gilt auch zugunsten nichteingetragener Kleingewerbetreibender

9. § 366 HGB
   (a) erweitert die Möglichkeiten gutgläubigen Erwerbs
   (b) beschränkt die Möglichkeiten gutgläubigen Erwerbs
   (c) gilt für die Übereignung und Verpfändung beweglicher Sachen
   (d) gilt auch, wenn nicht eingetragene Kleingewerbetreibende verfügen
   (e) schützt den guten Glauben in das Eigentum des Verfügenden
   (f) schützt den guten Glauben in die Vertretungsmacht des Verfügenden

10. §§ 369-371 HGB
    (a) regeln ein Zurückbehaltungsrecht, das über § 273 BGB hinausgeht
    (b) gelten bei ein- und beiderseitigen Handelsgeschäften
    (c) gewähren ein Zurückbehaltungsrecht für alle Waren und Wertpapiere des Schuldners
    (d) lassen auch eine Versteigerung der Waren und Wertpapiere zu

6.5.2 Weitere Wiederholungsaufgaben

1. Erfasst der Begriff des Handelsgeschäfts in § 343 HGB auch (a) Hilfsgeschäfte, (b) vorbereitende Geschäfte, (c) die Anstellung oder Entlassung von Personal, (d) branchenfremde Geschäfte?

2. Nennen Sie drei HGB-Regelungen, die ein beiderseitiges Handelsgeschäft verlangen.

3. Gehen § 347 und § 354 HGB über § 276 und §§ 612, 632, 488 BGB hinaus?

4. Welche Rechtsqualität und welchen Zweck haben die Grundsätze vom kaufmännischen Bestätigungsschreiben?

5. Beschreiben Sie die persönlichen und sachlichen Voraussetzungen eines kaufmännischen Bestätigungsschreibens nach h.L. In welcher Frist hat der Empfänger ggf. zu widersprechen und was sind die Folgen der Säumnis?

6. Welche Sonderregeln enthält das HGB für (a) Vertragsstrafen, (b) Bürgschaften, (c) Schuldversprechen, (d) Schuldanerkenntnisse, (e) Gerichtsstandsvereinbarungen?

7. In welcher Reihenfolge kommen die §§ 246, 288 BGB, 352 HGB zur Anwendung?

8. Enthält das HGB auch eine Sonderregel zu § 936 BGB?

9. Gestatten die §§ 1207, 1257 BGB und § 366 HGB auch den gutgläubigen Erwerb gesetzlicher Pfandrechte?

10. Schützt § 366 HGB auch den guten Glauben in die Vertretungsmacht des Veräußerers?

11. Inwiefern erweitert das HGB die Zurückbehaltungsrechte des BGB?

12. Beschreiben Sie die Parallele zwischen den §§ 397, 441 HGB und § 371 HGB.

6.5.3 Lösungshinweise zu den Multiple-Choice-Fragen

1. Richtig ist Antwort (a), vgl. § 343 I HGB und oben Rn 226. Antwort (b) ist danach zu eng, Antwort (c) zu weit. Antwort (d) ist falsch, da auch kaufmännische Geschäfte, die anderen Vertragstypen zuzuordnen sind, Handelsgeschäfte sind. Antwort (e) ist für den Sprachgebrauch z.B. der §§ 22 ff. und 49 HGB richtig.

2. Richtig ist die Antwort (b), vgl. § 345 HGB und oben Rn 230 f.

3. Richtig ist Antwort (c). Antwort (d) ist falsch, da Incoterms nur gelten, wenn die Vertragsparteien sie einbeziehen; allenfalls gelten sie kraft internationalen Handelsbrauchs. (s.o. Rn 231).

4. Alle Antworten sind falsch. Schweigen hat im Handelsverkehr eine größere Bedeutung als im bürgerlichen Rechtsverkehr, führt aber nicht stets zu einem Vertragsschluss, sondern nur, soweit es durch eine HGB-Norm, ein anderes Gesetz oder Gewohnheitsrecht bestimmt ist (zu den wichtigsten Fällen s.o. Rn 235 ff.).

5. Richtig sind zunächst die Antworten (a) und (b); vgl. Rn 246 f. Antwort (c) ist insofern richtig, als sich ein Anspruch auf Avalprovision aus § 354 I HGB ergeben kann. Antwort (d) trifft auf kaufmännische wie nichtkaufmännische Bürgschaften zu (vgl. §§ 767, 401 BGB).

6. Richtig sind Antworten (a), (c) und (d), s.o. Rn 248. Antwort (b) ist falsch, da zwar die sachliche, nicht aber die funktionale Zuständigkeit einer Gerichtsstandsvereinbarung unterliegen kann.

7. Richtig sind die Antworten (b) und (c). Der Fälligkeitszins ergibt sich aus §§ 352, 353 HGB, der Verzugszins aus § 288 I, II (s.o. Rn 251 f.).

8. Richtig sind die Antworten (b)-(d), s.o. Rn 253 ff.

9. Unstreitig sind die Antworten (a) und (c) richtig, nicht aber Antworten (b) und (e), s.o. Rn 259 ff.. Nach h.L. ist auch Antwort (d) zutreffend (s.o. Rn 263), falsch dagegen Antwort (f), s.o. Rn 264 f.

10. Richtig ist zunächst Antwort (a). Antwort (b) ist falsch, da § 369 HGB nur unter Kaufleuten gilt. Antwort (c) ist zu weit gefasst, da zwar Waren und Wertpapiere erfasst sind, aber nur solche, die im Rahmen von Handelsgeschäften mit Willen des Schuldners in den Besitz des anderen Kaufmanns gelangt sind. Antwort (d) ist richtig (§ 371 I, II HGB i.V.m. §§ 1228 ff BGB). S.o. Rn 268.

6.5.4 Lösungshinweise zu den weiteren Aufgaben

1. Nach § 343 HGB ist entscheidend, dass das Geschäft zum Betrieb seines Handelsgewerbes gehört. Das umfasst auch Hilfs- und Vorbereitungsgeschäfte, Arbeitsrechtliches und Branchenuntypisches.

2. Vorschriften für beiderseitige Handelsgeschäfte sind §§ 346, 352, 353 HGB, dem Wortlaut nach auch § 354a HGB (s. aber Rn 256), ferner §§ 369, 371, 377, 379 HGB.

3. § 347 HGB hat gegenüber § 276 BGB lediglich konkretisierende Funktion (s.o. Rn 249). § 354 HGB deckt sich im Wesentlichen mit §§ 612, 632 BGB, soweit sich die Anwendungsbereiche überschneiden. Die Vorschrift geht aber über § 488 BGB hinaus, da im bürgerlichen Recht keine Vermutung für die Entgeltlichkeit eines Darlehens besteht (s.o. Rn 252).

4. Die Grundsätze vom kaufmännischen Bestätigungsschreiben sind Gewohnheitsrecht. Sie sollen Verhandlungsergebnisse fixieren und damit rasch Klarheit über ihren Inhalt schaffen sowie spätere Streitigkeiten und Beweisprobleme reduzieren (s.o. Rn 237).

5. Vgl. Rn 237. Voraussetzungen: Auf mündliche Verhandlungen zweier Kaufleute (oder ähnlich am Geschäftsverkehr Beteiligter) schickt einer dem anderen ein bestätigendes Schreiben. Das Schreiben darf keine Abweichungen enthalten, die arglistig eingefügt oder nicht genehmigungsfähig sind. Rechtsfolge: Der Empfänger muss unverzüglich reagieren (vgl. § 121 I 1 BGB, §§ 362, 377 II HGB). Anderenfalls gilt das Geschäft wie bestätigt.

6. Sonderregeln enthält das HGB für

(a) Vertragsstrafen (§ 348: keine Herabsetzung nach § 343 BGB),
(b) Bürgschaften (§ 349: keine Einrede der Vorausklage, § 350: kein Schriftformerfordernis),
(c) Schuldversprechen (§ 350: kein Schriftformerfordernis) und
(d) Schuldanerkenntnisse (§ 350: kein Schriftformerfordernis).
Für Gerichtsstandsvereinbarungen trifft das HGB keine Regelung; sie sind aber nach §§ 29 II, 38 ZPO weitgehend Kaufleuten vorbehalten.

7. Anwendungsvorrang genießt zunächst § 288 BGB als Spezialregelung für Verzugszinsen (s. auch § 352 I 1: „mit Ausnahme der Verzugszinsen"). Im Übrigen gilt § 352 HGB nach Art. 2 EGHGB vorrangig vor § 246 BGB.

8. Ja, § 366 II HGB erweitert die Möglichkeiten eines lastenfreien Erwerbs: Auch hier wird zusätzlich der gute Glaube an die (vorbehaltlose) Verfügungsbefugnis geschützt (s.o. Rn 266).

9. Ein gutgläubiger Erwerb gesetzlicher Pfandrechte gemäß §§ 1207, 1257 BGB ist nach h.M. nicht möglich. § 366 III HGB sieht einen solchen gutgläubigen Erwerb der dort genannten gesetzlichen Pfandrechte aber vor (s.o. Rn 259 und 266).

10. Nach h.L. ist § 366 HGB nicht analog anzuwenden (s.o. Rn 265).

11. § 369 HGB erweitert die Zurückbehaltungsrechte aus §§ 273, 320 BGB, indem nicht nur die eigene Leistung zurückbehalten werden kann, sondern bestimmte Waren und Wertpapiere des Schuldners. Zudem gehen die Befugnisse über die Zurückbehaltung hinaus, indem § 371 HGB ein Befriedigungsrecht anschließt (s.o. Rn 268 ff.).

12. Die §§ 397, 441 HGB geben dem Kommissionär und Frachtführer gesetzliche Pfandrechte, aus denen sie sich notfalls befriedigen können. Ein ähnliches Befriedigungsrecht ergibt sich nach § 371 HGB im Anschluss an das kaufmännische Zurückbehaltungsrecht des § 369 HGB (s.o. Rn 270).

7 Handelskauf

- Was versteht man unter Handelskauf, Unternehmenskauf und Verbraucherkauf?
- Warum enthält das HGB so wenige Regeln zum Handelskauf?
- Was ist ein Fixhandelskauf?
- Was bedeutet „kaufmännische Rügeobliegenheit"?
- Was ist das UN-Kaufrecht und wieso geht es dort um Handelskäufe?

Im vierten Buch des HGB folgen auf den ersten Abschnitt mit allgemeinen Vorschriften weitere Abschnitte zu besonderen Vertragstypen. Wie im BGB steht dabei das Kaufrecht an erster Stelle. Die Sondervorschriften zum Handelskauf (§§ 373-381 HGB) modifizieren die allgemeinen Vorschriften der §§ 433 ff. BGB, die um die Regeln des Allgemeinen Schuldrechts und die „AT-Regeln" des BGB und HGB ergänzt werden.

7.1 Begriff, Bedeutung und Abgrenzung

Ein Handelskauf liegt vor, wenn ein Kaufvertrag über Waren geschlossen wird, der für mindestens eine Partei ein Handelsgeschäft ist (§ 345 HGB). Nur in §§ 377, 379 HGB wird ein beiderseitiges Handelsgeschäft verlangt. Unter die §§ 373 ff. HGB fallen auch Kaufverträge über Wertpapiere (§ 381 I HGB) und Verträge über die Lieferung herzustellender Waren (§ 381 II HGB). Damit wird ein sehr großer Teil aller Umsatzgeschäfte erfasst, denn der Austausch von Waren gegen Geld bildet auch in einer Dienstleistungsgesellschaft den häufigsten Geschäftstyp.

Dennoch enthält der zweite Abschnitt nur wenige Vorschriften. Die §§ 373-381 HGB beinhalten einige Modifikationen, die hauptsächlich der Beschleunigung dienen; im Übrigen bleiben die BGB-Regeln anwendbar. Insbesondere wird im Annahmeverzug des Käufers rascher Klarheit über das Schicksal der Ware geschaffen (§§ 373 f. HGB), beim Fixhandelskauf kann im Verspätungsfall schneller anderweitig disponiert werden (§ 376 HGB) und Mängel müssen beim beiderseitigen Handelskauf unverzüglich gerügt werden (§ 377 HGB). Vorrangig gelten einerseits die – zwingenden – Regeln zum Verbrauchsgüterkauf (§§ 474 ff. BGB). Andererseits genießen auch die – dispositiven – Regeln des UN-Kaufrechts Vorrang, wenn die Vertragsparteien ihren Sitz in verschiedenen Staaten haben (unten Rn 297 f.).

7.2 Besonderheiten beim Annahmeverzug

279 Eine Sonderregelung ist zunächst in § 373 HGB für den Annahmeverzug des Käufers getroffen. Die Vorschrift knüpft an den Verzugstatbestand der §§ 293 ff. BGB an. Sie setzt also voraus, dass im Rahmen eines Handelskaufs der Käufer die angebotene Leistung, vor allem also die gelieferten Waren oder Wertpapiere, nicht annimmt. Die HGB-Regelung lässt auch die BGB-Rechtsfolgen unberührt (§ 374 HGB). Insbesondere bleibt es bei der Haftungsmilderung für den Verkäufer (§ 300 I BGB), beim Gefahrübergang (§ 300 II BGB) und der Ersatzpflicht für Mehraufwendungen (§ 304 BGB). Zudem behält der Verkäufer seinen (gekürzten) Gegenleistungsanspruch, wenn er selbst z.B. wegen Verderbs der Ware von seiner Leistung frei wird (§§ 275 I, 326 II BGB).

280 § 373 HGB erweitert dagegen die Möglichkeiten der Hinterlegung (§§ 372 ff. BGB) und des Selbsthilfeverkaufs (§§ 383 ff. BGB): Der Verkäufer kann nicht nur Kostbarkeiten, sondern alle Waren an sicherem Ort, insbesondere einem öffentlichen Lagerhaus, hinterlegen, wobei der Käufer die Gefahr zufälligen Untergangs und die Kosten trägt (§ 373 I HGB).

> **Beispiel:** Als V vertragsgemäß 200 kg Frischfisch bei K anliefert, nimmt der die Ware nicht an, da sich der Umbau des Kühlhauses verspätet hatte. V kann den Fisch nach § 373 I HGB bei L einlagern lassen. Wird die Ware auf dem Weg zu L durch einen Unfall zerstört, so wird V von der Leistungspflicht frei, wenn er den Unfall nicht oder nur leicht fahrlässig (§ 300 I BGB) verschuldet hat, denn K trägt nach § 373 I HGB die Gefahr. Den Kaufpreis kann V nach § 326 II BGB dennoch verlangen.

281 Nach vergeblicher Androhung kann sich der Verkäufer der Ware auch durch Selbsthilfeverkauf entledigen, indem er sie versteigern oder ggf. freihändig verkaufen lässt (§ 373 II HGB). Nach § 373 III HGB erfolgt der Selbsthilfeverkauf für Rechnung des säumigen Käufers. Das bedeutet, dass ihn das wirtschaftliche Ergebnis wie einen Auftraggeber trifft (§§ 666, 667, 670 BGB): Der Verkäufer erfüllt damit seine Verkäuferpflicht, ist zur Rechnungslegung verpflichtet und hat den Erlös abzüglich seines Aufwendungsersatzes herauszugeben. Er kann freilich mit seinem fortbestehenden Kaufpreisanspruch aufrechnen.

282 Insgesamt wird der Sinn der Regelung abseits aller Details schnell deutlich: Der Verkäufer soll sich der Ware leichter entledigen, wenn sein Vertragspartner sie nicht abnimmt, damit seine weiteren Umsatzgeschäfte nicht weiter blockiert werden.

Annahmeverzug

Tatbestand:
Handelskauf + §§ 293 ff. BGB

Rechtsfolgen:
§ 373 HGB + BGB-Folgen

Hinterlegung (Abs. 1)
auf Kosten und Gefahr des Käufers

Selbsthilfeverkauf (Abs. 2-5)
für Rechnung des Käufers
(§§ 666, 667, 670 BGB)

7.3 Fixhandelskauf

Eine weitere beschleunigende Sonderregel ist in § 376 HGB für den Fall getroffen, dass im Rahmen eines Handelskaufs ein (relatives) Fixgeschäft vereinbart wird. Von einem solchen Fixgeschäft spricht man, wenn der Liefertermin für den Käufer so wichtig ist, dass sein Lieferinteresse grundsätzlich nur bei Einhaltung des Termins besteht.

283

Nach § 323 I, II Nr. 2 BGB behält der Käufer in diesem Fall bei Terminüberschreitungen zwar seinen Erfüllungsanspruch, kann aber ohne weiteres vom Vertrag zurücktreten. Schadensersatz statt der Leistung kann er erst verlangen, wenn der Verkäufer auch nach Ablauf einer ihm gesetzten angemessenen weiteren Frist noch immer nicht geliefert hat (§ 281 I BGB).

284

Nach § 376 HGB kann der Käufer ebenso zurücktreten, muss aber umgekehrt sofort anzeigen, wenn er auch die verspätete Lieferung noch fordern will. Stattdessen kann er regelmäßig ohne weitere Fristsetzung auch Schadensersatz statt der Leistung verlangen, wenn der Verkäufer sich nicht entlasten kann und daher im Verzug befindet (§ 286 IV BGB).[67]

285

Beispiel: K bestellt bei V 2.000 kg Frischfisch, der „fix und präzise am 18.3. um 10-12 Uhr" im Hamburger Hafen angeliefert werden muss, da nachmittags die Verladung zum Weitertransport beendet wird. Als V um 12.30 Uhr nicht geliefert hat und telefonisch nicht erreichbar ist, deckt sich K gegen 1.800 € Aufpreis bei W ein, verweigert die spätere Abnahme des V-Fisches und stellt stattdessen den Aufpreis als Schadensersatz in Rechnung.

---

[67] Weiter reicht die Bedeutung des Verzugserfordernisses praktisch nicht, da beim Fixgeschäft die Mahnung entbehrlich ist (§ 286 II Nr. 1 BGB); für einen Verzicht auf das Merkmal z.B. Canaris, HR, § 29 Rn 30; Hübner, Rn 571; W.-H. Roth in Koller/Morck/Roth, § 376 Rn 9.

> **Hintergrund:** Um den Druck zur pünktlichen Lieferung noch zu erhöhen, wird in solchen Fällen häufig zusätzlich eine Vertragsstrafe vereinbart (s.o. Rn 244).

286 Wenn die Ware einen Börsen- oder Marktpreis hat, gelten für die Schadensberechnung nach § 376 II-IV HGB Sonderregelungen. Nach Abs. 2 ist eine abstrakte Schadensberechnung aus der Differenz zwischen vereinbartem Preis und Marktpreis möglich. Wer den Schaden stattdessen konkret berechnen will, muss sich nach Abs. 3 sofort an einen öffentlich ermächtigten Handelsmakler oder Versteigerer wenden (wie in § 373 II HGB).

7.4 Die Rügeobliegenheit

287 Die wichtigste Modifikation des allgemeinen Kaufrechts bestimmt § 377 HGB. Sie betrifft die Lieferung mangelhafter Ware beim beiderseitigen Handelskauf und verlangt eine ordnungsgemäße Untersuchung nach Ablieferung. Dabei erkennbare Mängel sind unverzüglich zu rügen; nicht entdeckbare Mängel sind zu rügen, sobald sie erkennbar werden. Der Käufer verliert seine Rechte wegen des Mangels, wenn er nicht ordnungsgemäß rügt.

7.4.1 Voraussetzungen

288 § 377 HGB verlangt einen beiderseitigen Handelskauf. Es muss also ein Kaufvertrag über (auch herzustellende) Waren oder Wertpapiere vorliegen (vgl. § 381 HGB), beide Parteien müssen Kaufleute sein und es darf für beide kein Privatgeschäft sein (§§ 343 f. HGB). Die Obliegenheiten des Käufers setzen erst ein, wenn die Ware abgeliefert ist. Dazu muss sie so in seinen Machtbereich gelangen, dass eine Untersuchung möglich ist.

> **Beispiele:** Die Bücherlieferung des V-Verlags ist abgeliefert, wenn der Transporteur sie bei B ausgeladen hat. Bestellt B ein betriebsfertiges Computersystem für Kasse und Buchführung, so liegt die Ablieferung erst vor, wenn die Software installiert und das Handbuch mitgeliefert ist, denn erst dann ist eine ordentliche Untersuchung durch B möglich.[68] Lässt B den V-Verlag die bestellten 60 Bände „Algebra für die Mittelstufe" direkt an die Luise-Hensel-Schule liefern, hat er für die dortige Untersuchung zu sorgen, um seine Rechte zu wahren.

289 Nach der Ablieferung hat der Käufer die Ware ordnungsgemäß zu untersuchen. Eine Rügeobliegenheit entsteht aber erst, wenn die Ware einen Mangel i.S.d. § 434 BGB aufweist. Danach sind nicht nur Qualitätsmängel zu rügen, sondern nach § 434 II BGB auch fehlerhafte Montagen und Montageanleitungen sowie vor allem nach § 434 III BGB auch Falschlieferungen und Zuweniglieferungen.

---

[68] BGH v. 4. 11. 1992 - VIII ZR 165/91 = NJW 1993, 461.

Beispiele: Buchhändler B bestellt beim V-Verlag 80 Bände des neuen Harry Potter-Romans. Werden Bände mit angestoßenem Einband, verwischtem Druck oder fehlenden Seiten geliefert, liegt ein zu rügender Mangel vor. Liefert V nur 78 Bände, ist gleichfalls zu rügen, ebenso, wenn er statt der Harry Potter-Romane 80 Bände „Algebra für die Mittelstufe" liefert.

7.4.2 Ordnungsgemäße Untersuchung

Nach § 377 I HGB hat der Käufer die Ware nach der Ablieferung „unverzüglich" zu untersuchen, „soweit dies nach ordnungsgemäßem Geschäftsgange tunlich ist". Die Formulierung „unverzüglich" verweist auf die Legaldefinition in § 121 I 1 BGB: ohne schuldhaftes Zögern. Die Untersuchungszeit ist im Interesse der Schnelligkeit des Handelsverkehrs kurz zu halten; verschuldete Verzögerungen gehen zu Lasten des Käufers, auch Nachlässigkeiten des Personals (vgl. § 278 BGB). 290

Beispiele: Eine Bücherlieferung ist regelmäßig in ein oder zwei Tagen zu untersuchen, Frischfisch innerhalb weniger Stunden; der Testlauf einer umfangreichen Maschine kann mit Justierungsarbeiten und dergleichen einige Tage oder auch Wochen dauern. Lässt ein Angestellter die mittwochs gelieferten Bücher bis übers Wochenende liegen, weil er danach Urlaub hat, erfolgt die Untersuchung nicht mehr unverzüglich.

Die Art und Weise der Untersuchung richtet sich danach, was „nach ordnungsgemäßem Geschäftsgange tunlich ist". Dabei geht es weniger um das in der jeweiligen Branche Übliche als darum, was dem Käufer angesichts der Verkäuferinteressen einerseits und der Kosten, dem Zeitaufwand sowie der nötigen Sachkenntnis andererseits zumutbar ist. Eine einfache Sichtkontrolle unter Einschluss etwaiger Papiere ist danach in jedem Fall erforderlich. Das Nachzählen und zumindest teilweise Auspacken der Ware meist auch. Ferner sind vielfach weitergehende Prüfungen an Stichproben nötig. Bei fehlender eigener Sachkenntnis kann bei einem gewissen Geschäftsvolumen die Hinzuziehung eines Experten zumutbar sein. 291

Beispiele: Lebensmittel müssen nach Aussehen, Geruch und probeweise nach Geschmack geprüft werden. Bei gefrorenem Fisch ist ein Stück aufzutauen, um Verderb festzustellen. Bei 2.400 Pilzdosen ist es ausreichend, wenn fünf geöffnet und auf Sorte und Verderb geprüft werden. Bei gefärbten Stoffen ist die Farbechtheit zumindest durch Abreiben mit einem feuchten Lappen zu prüfen, je nach Wert und Menge auch durch Waschen und ggf. Kochen. Werden zwölf DVD-Recorder geliefert, sind mehrere auszupacken und von außen zu untersuchen, einer ist probeweise anzuschließen.

7.4.3 Die Rügeobliegenheit bei offenen und versteckten Mängeln

292 Offene Mängel sind solche, die bei einer ordnungsgemäßen Untersuchung erkennbar sind. Sie sind nach § 377 I HGB unverzüglich zu rügen. Nach Entdeckung des Mangels muss der Kaufmann also ein zweites Mal ohne schuldhaftes Zögern reagieren. Er kann das Ergebnis der Untersuchung abwarten, muss den Mangel dann aber zügig substantiiert bezeichnen und dem Verkäufer anzeigen. Eine bestimmte Form ist dafür nicht erforderlich. In der Praxis ist aber zu berücksichtigen, dass der Käufer die Rüge im Streitfall auch beweisen muss. Angesichts der modernen Kommunikationsmittel werden hier selten mehr als zwei Tage unverzüglich sein; bei verderblichen Waren kann die Frist deutlich kürzer sein. Nach § 377 IV HGB ist für die Frist die Absendung entscheidend; der rügende Käufer trägt also zwar das Zugangsrisiko, nicht aber das Risiko verspäteter Ankunft, sofern die Absendung ordnungsgemäß war.

> **Beispiele:** K sendet V ein Rügeschreiben, das er noch am Tag der Anlieferung und Untersuchung in den Briefkasten wirft. Kommt der Brief nie an, hat K nicht ordnungsgemäß gerügt. Kommt der Brief wegen eines – nicht voraussehbaren – Poststreiks erst nach acht Tagen an, hat K ordnungsgemäß gerügt. Kommt der Brief erst nach acht Tagen an, weil er ihn nicht frankiert oder falsch adressiert hat, oder war der Poststreik voraussehbar, hat K dagegen seine Rügeobliegenheit wiederum verletzt.

293 Versteckte Mängel sind solche, die bei einer ordnungsgemäßen Untersuchung nicht erkennbar sind. Sie müssen nach § 377 III HGB unverzüglich nach ihrer Entdeckung gerügt werden. Das wird regelmäßig der Fall sein, wenn sich der Mangel beim Ge- oder Verbrauch beim Käufer zeigt oder wenn sich nach Weiterverkauf Reklamationen ergeben.

> **Beispiele:** Buchhändler B hatte das bestellte Computersystem ordnungsgemäß getestet. Erst nach acht Monaten stellt sich aber heraus, dass das System der inzwischen angewachsenen Datenmenge nicht gewachsen ist. B hat das dem Verkäufer ohne schuldhaftes Zögern anzuzeigen. Bestellt er stattdessen zunächst den Software-Spezialisten S, der sich 12 Tage Zeit lässt, so hat B seine Rügeobliegenheit verletzt.

Kaufmännische Rügeobliegenheit (§ 377 HGB)

- Beiderseitiger Handelskauf
- Ablieferung
- Mangel (§ 434 BGB)
  - Bei Untersuchung erkennbar → Rüge (Abs. 1)
  - Erst später erkennbar → Rüge (Abs. 3)

7.4.4 Rechtsfolgen bei Verletzung der Rügeobliegenheit

Soweit der Käufer Mängel ordnungsgemäß rügt, richten sich die weiteren Rechtsfolgen nach den allgemeinen Regeln des BGB.

294

Beispiele: Buchhändler B bestellt beim V-Verlag 80 Bände des neuen Harry Potter-Romans. Werden Bände mit angestoßenem Einband, verwischtem Druck oder fehlenden Seiten geliefert, so kann der ordnungsgemäß rügende B nach §§ 434, 437, 439 BGB in erster Linie verlangen, dass V ihm mangelfreie Exemplare liefert und die mangelhaften auf eigene Kosten zurücknimmt (Ersatzlieferung als Form der Nacherfüllung). Liefert V nur 78 Bände, so kann B Nachlieferung der fehlenden zwei Bände verlangen. Liefert V 80 Bände „Algebra für die Mittelstufe", so muss er sie auf eigene Kosten gegen die Harry Potter-Bände austauschen.

Soweit der Käufer die Rügeobliegenheit verletzt, gilt die Ware nach § 377 II oder III BGB als genehmigt. Das bedeutet, dass sie insoweit als vertragsgemäße Ware angesehen wird und alle Rechtsbehelfe wegen des Mangels ausgeschlossen sind.

295

Beispiele: Werden bei der obigen Bestellung Bände mit angestoßenem Einband, verwischtem Druck oder fehlenden Seiten geliefert, die B nicht ordnungsgemäß rügt, so muss er die Lieferung akzeptieren und bezahlen, ohne die Rechte aus §§ 434, 437 BGB geltend machen zu können. Liefert V nur 78 Bände, so muss B im Fall der Rügesäumnis 80 Bände zahlen, ohne Nachlieferung der fehlenden zwei Bände verlangen zu können. Liefert V 80 Bände „Algebra für die Mittelstufe", die B nicht rügt, so gilt die Ware wiederum als genehmigt. B muss die Lieferung also abnehmen und grundsätzlich den vereinbarten Kaufpreis zahlen (der ja an den Harry Potter-Bänden berechnet ist). Sind die Algebra-Bände teurer, wirkt sich die Rügesäumnis nach h.M. nicht aus: V kann auf die Genehmigungsfiktion verzichten, die Bände nach § 812 I 1 (1) BGB herausverlangen und muss die Potter-Bände nachliefern.

7.4.5 § 377 HGB in der Fallprüfung

296 Die Rechtsfolge des § 377 HGB besteht demnach in einem Rechtsverlust des nicht rechtzeitig rügenden Käufers. In der Fallbearbeitung wird § 377 HGB daher erst als Untergangsgrund geprüft, nachdem die Entstehung eines Anspruchs wegen eines Mangels festgestellt ist.

Im vorigen **Beispiel** der angestoßenen Einbände sind also zunächst die Voraussetzungen eines Ersatzlieferungsanspruchs aus § 439 I BGB zu prüfen: wirksamer Kaufvertrag (§ 433 BGB), Mangelhaftigkeit der Ware (§ 434 BGB) bei Gefahrübergang (§§ 446 f. BGB). Erst im Anschluss ist zu fragen, ob der Anspruch gemäß § 377 HGB untergegangen ist, und die Prüfung kann teilweise zurückverweisen, da ein Kaufvertrag und ein Mangel ja schon festgestellt sind.

7.5 Internationaler Warenkauf

297 Zahlreiche Handelskäufe erfolgen über die Grenze hinweg. Dann greifen die hier beschriebenen Regeln nicht ohne Weiteres.

Beispiel: Bezieht eine deutsche GmbH Rohstoffe aus Frankreich, so kommt französisches Recht ebenso in Betracht wie deutsches.

Diese Frage beantwortet das Internationale Privatrecht oder Kollisionsrecht und zwar für Vertragsverhältnisse insbesondere die Rom I-Verordnung[69]. Nach ihrem Art. 3 gilt zunächst das von den Vertragsparteien gewählte Recht und mangels wirksamer Rechtswahl für Kaufverträge über Waren grundsätzlich das Recht des Staates, in dem der Verkäufer seinen Sitz hat (Art. 4 lit. a). Zuvor ist aber zu prüfen, ob ein internationales Übereinkommen Anwendung findet (Art. 25).

298 Für den besonders wichtigen Fall des internationalen Warenkaufs haben die Vereinten Nationen ein solches internationales Einheitsrecht geschaffen: das UN-Kaufrecht[70], das aufgrund eines völkerrechtlichen Vertrages in mehr als 75 Staaten von den USA über die meisten EU-Staaten und Russland bis China vorrangig gilt, sofern die Parteien keine entgegengesetzte Rechtswahl treffen. Die Regeln betreffen vor allem Handelskäufe, da Verbraucherkäufe weitestgehend ausgeklammert

---

[69] Verordnung (EG) Nr. 593/2008.
[70] Convention on the International Sale of Goods (CISG); Lehrbuch: z.B. Schlechtriem, Internationales UN-Kaufrecht (Mohr); Internet: z.B. www.cisg-online.ch; www.cisg.law.pace.edu.

sind (Art. 2 lit. a CISG). Sie behandeln den Vertragsschluss, Verkäufer- und Käuferpflichten und das Leistungsstörungsrecht von der Nacherfüllung über Schadensersatz bis zur Vertragsaufhebung.

Im vorigen **Beispiel** kommt es vorrangig darauf an, ob die Parteien eine Rechtswahl getroffen haben (Art. 6 I CISG und Art. 3 der Rom I-Verordnung). Anderenfalls gilt vorrangig das UN-Kaufrecht und im Übrigen französisches Recht (Art. 7 II CISG und Art. 4 lit. a der Rom I-Verordnung).

Hintergrund: Das UN-Kaufrecht ist heute ein wichtiges Vorbild für Rechtsangleichungsprojekte in der ganzen Welt. Es stand z.B. auch Pate, als in Brüssel die Verbrauchsgüterkauf-Richtlinie und in Berlin die Schuldrechtsmodernisierung erarbeitet wurden.

7.6 Wiederholungsaufgaben

7.6.1 Multiple-Choice-Fragen

1. Auf Handelskäufe finden
   (a) die Vorschriften der §§ 433 ff. BGB Anwendung
   (b) die Vorschriften der §§ 433 ff. BGB keine Anwendung
   (c) §§ 373 ff. HGB vorrangig Anwendung
   (d) die §§ 373 ff., nicht aber die 343 ff. HGB Anwendung
   (e) die Regeln des BGB AT keine Anwendung

2. Der Tatbestand des Annahmeverzugs beim Handelskauf
   (a) ergibt sich aus § 373 HGB
   (b) ergibt sich aus §§ 293 ff. BGB
   (c) erfordert auf Käuferseite die Kaufmannseigenschaft
   (d) erfordert auf Käuferseite ein Verschulden

3. § 373 HGB weicht in folgenden Punkten von der BGB-Regelung ab
   (a) hinterlegungsfähig sind alle Waren
   (b) die Hinterlegung hat Erfüllungswirkung
   (c) der Verkäufer hat nur Vorsatz und grobe Fahrlässigkeit zu vertreten
   (d) der Selbsthilfeverkauf muss bei Verderb nicht angedroht werden
   (e) der Ort des Selbsthilfeverkaufs kann frei gewählt werden

4. § 376 HGB regelt
   (a) absolute Fixgeschäfte
   (b) relative Fixgeschäfte
   (c) ein- und beiderseitige Handelsgeschäfte
   (d) auch die Möglichkeit einer abstrakten Schadensberechnung

5. § 376 HGB
   (a) sieht ein Rücktrittsrecht bei unpünktlicher Lieferung vor
   (b) lässt den Anspruch auf Erfüllung unberührt
   (c) soll möglichst zeitnah die Dispositionsfreiheit des Käufer sichern
   (d) gewährt dem Käufer im Verzugsfall einen Schadenersatzanspruch

6. § 377 HGB gilt für
   (a) einseitige Handelsgeschäfte
   (b) Wertpapierkäufe
   (c) offene Mängel
   (d) verdeckte Mängel

7. Was ist ein Mangel i.S.d. § 377 HGB?
   (a) Falschlieferung
   (b) Schlechtlieferung
   (c) Zuweniglieferung
   (d) Zuviellieferung
   (e) Lieferung einer falschen Montageanleitung

8. Zu einer ordnungsgemäßen Untersuchung nach § 377 I HGB gehört es,
   (a) die Ware auch bei Großlieferungen Stück für Stück zu überprüfen
   (b) die angelieferten Kartons nachzuzählen und nach äußerer Beschädigung durchzuschauen
   (c) die angelieferten Kartons auszupacken und den Inhalt zu überprüfen
   (d) von 10.000 eingeschweißten DVDs 20 für einen Probelauf zu öffnen

9. Im Falle der Verletzung der Rügeobliegenheit nach § 377 HGB
   (a) gilt die Ware grundsätzlich als genehmigt
   (b) gilt die Ware aus Verkehrsschutzgründen auch dann als genehmigt, wenn der Mangel bei der Untersuchung nicht erkennbar war
   (c) gilt die Ware nicht als genehmigt, wenn der Verkäufer den Mangel arglistig verschwiegen hat
   (d) wird die Beschaffenheit der Ware als vertragsgemäß angesehen

10. Das UN-Kaufrecht
    (a) gilt bei internationalen Warenkäufen
    (b) gilt nicht, wenn die Parteien etwas anderes vereinbart haben
    (c) enthält keine eigenen Regeln zum Vertragsschluss
    (d) ist für den Warenverkehr innerhalb der EU nicht einschlägig

7.6.2 Wiederholungsfragen

1. Was ist ein Handelskauf?   **300**
2. Welche Bedeutung haben die Vorschriften zum Handelskauf in der Praxis?
3. Welche beiden Formen des Selbsthilfeverkaufs sieht das HGB bei Annahmeverzug vor?
4. Was geschieht im Fall eines Selbsthilfeverkaufs mit den ursprünglichen Hauptpflichten?
5. Welche BGB-Regeln behandeln den Fixkauf? Welche werden durch § 376 I HGB modifiziert?
6. Was sind offene Mängel, was sind versteckte Mängel i.S.d. § 377 HGB?

7. Von welchem Zeitpunkt an laufen die Untersuchungs- und Rügefristen des § 377 BGB?
8. Was bedeutet „unverzüglich" in § 377 I, III HGB?
9. Welche Rechtsfolgen ergeben sich für den Käufer bei ordnungsgemäßer Rüge?
10. Welche Rechtsfolgen ergeben sich für den Käufer, wenn er zu spät rügt:
    a) eine Schlechtlieferung
    b) eine unvollständige Lieferung
    c) eine Falschlieferung

7.6.3 Lösungshinweise zu den Multiple-Choice-Fragen

1. Richtig sind die Antworten (a) und (c). Die Antworten (b), (d) und (e) sind falsch, da auf Handelskäufe auch die allgemeinen Regeln über Handelsgeschäfte anzuwenden sind und subsidiär auch die BGB-Regeln über den Kaufvertrag (§§ 433 ff., aber auch BGB AT und §§ 241 ff.) gelten (Rn 276).

2. Richtig ist nur Antwort (b). Der Tatbestand ergibt sich aus dem BGB und erfordert anders als der Schuldnerverzug (§ 286 IV BGB) kein Verschulden. § 373 HGB ist allerdings nur anwendbar, wenn zumindest eine Partei Kaufmann ist.

3. Antwort (a) ist zutreffend (§ 373 I HGB, anders § 372 BGB). Antwort (b) ist falsch; nur die Hinterlegung nach § 372 BGB hat Erfüllungswirkung (§ 378 BGB). Antwort (c) ist falsch; die Haftungsmilderung des § 300 I BGB gilt für Privat- und Handelskäufe. Auch Aussage (d) gilt im BGB (§ 384 I) wie HGB (§ 373 II 2). Antwort (e) ist korrekt, da die Versteigerung nach § 383 I BGB am Leistungsort stattfinden muss und § 373 HGB eine solche Einschränkung nicht enthält.

4. Antwort (a) ist falsch, (b) zutreffend; absolute Fixgeschäfte unterfallen § 275 BGB. Antwort (c) und (d) sind zutreffend (vgl. § 376 II HGB).

5. Antwort (a) ist richtig, (b) falsch, s. § 376 I 2 HGB. Antworten (c) und (d) sind richtig (s.o. Rn 283 ff.).

6. Antwort (a) ist falsch, da § 377 HGB einen beiderseitigen Handelskauf voraussetzt. Unter dieser Voraussetzung ist Antwort (b) richtig (§ 381 I HGB), ebenso Antworten (c) und (d), vgl. § 377 II, III HGB.

7. Der Begriff „Mangel" in § 377 HGB stützt sich auf die Definition in § 434 BGB (s.o. Rn 289). Einzig die Zuviellieferung (Antwort (d)) ist nach Wortlaut und h.M. kein Fall des Mangels i.S.d. § 377 HGB.

8. Antworten (b) und (d) sind richtig. Die Antworten (a) und (c) gehen über das „Tunliche" hinaus, da nicht jedes Stück aus einer größeren Lieferung geprüft werden muss. Bei größeren Mengen genügen aussagekräftige Stichproben.

9. Die Antworten (a), (c) und (d) sind richtig. Antwort (b) ist falsch. Nach § 377 III HGB muss der Käufer einen Mangel, der zum Zeitpunkt der Untersuchung nicht erkennbar war, erst bei Kenntnis des Mangels, dann jedoch unverzüglich, anzeigen.

10. Richtig sind Antworten (a) und (b). Die Antworten (c) und (d) sind falsch: Art. 14-24 CISG regeln den Abschluss internationaler Kaufverträge und die Konvention gilt auch für die Verkäufe zwischen den meisten EU-Mitgliedstaaten.

7.6.4 Lösungshinweise zu den weiteren Wiederholungsaufgaben

1. Von einem Handelskauf spricht man, wenn ein Kaufvertrag über Waren oder Wertpapiere geschlossen wird, der für mindestens eine Partei ein Handelsgeschäft ist.

2. Die praktische Bedeutung der §§ 373 ff. HGB ist groß. Der Austausch von Waren gegen Geld ist der am häufigsten vorkommende Geschäftstyp. Da zumindest auf einer Seite häufig ein Kaufmann beteiligt ist, ist ein Großteil der täglich abgeschlossenen Umsatzgeschäfte von den Vorschriften zum Handelskauf erfasst.

3. Nach § 373 II HGB kann der Verkäufer die Ware versteigern lassen. Wenn sie einen Börsen- oder Marktpreis hat, kann er sie auch freihändig verkaufen lassen.

4. Der Selbsthilfeverkauf geschieht nach § 373 III HGB für Rechnung des Käufers. Er wirkt daher analog § 362 II BGB als Erfüllungssurrogat und lässt den Lieferanspruch untergehen. Umgekehrt bleibt der Anspruch des Verkäufers auf Kaufpreiszahlung erhalten (und kann ebenso wie der Anspruch auf Aufwendungsersatz mit dem Anspruch auf Erlösherausgabe nach § 667 BGB aufgerechnet werden).

5. Beim relativen Fixgeschäft hat der Käufer im Fall der Verspätung ein Rücktrittsrecht ohne Nachfristsetzung (§ 323 I, II Nr. 2 BGB, ebenso § 376 I HGB). Er kann im Verzug einen eventuellen Verzögerungsschaden ersetzt verlangen (§§ 280 I, II, 286 BGB) und u.U. Schadensersatz statt der Leistung verlangen. Dafür bedarf es nach § 281 BGB allerdings einer Nachfristsetzung und nach § 376 I HGB nicht.

6. Offene Mängel sind solche, die bei einer ordnungsgemäßen Untersuchung erkennbar sind, die dabei unerkennbaren sind verdeckte Mängel.

7. Die Frist zur unverzüglichen Untersuchung beginnt mit Ablieferung der Ware. Die Frist zur unverzüglichen Rüge beginnt mit Endeckung des (offenen oder verdeckten) Mangels.

8. „Unverzüglich" bedeutet nach § 121 I 1 BGB „ohne schuldhaftes Zögern".

9. Durch die rechtzeitige Rüge bleiben dem Käufer alle Rechte wegen des Mangels erhalten.

10. Durch die Rügesäumnis verliert der Käufer alle Rechte wegen des Mangels (vgl. im Einzelnen Rn 295).

8 Weitere Handelsgeschäfte

- Was unterscheidet Kommissionäre von Kommissionsagenten und Vertragshändler von Franchisenehmern?
- Was ist eine Effektenkommission?
- Sind Spediteure, Transporteure und Frachtführer das Gleiche?
- Was meinen Juristen, wenn sie von „gelähmten Forderungen" sprechen?
- Wie kommt man per Pfändung an Girokonten heran?

Das HGB regelt weitere Handelsgeschäfte in seinen §§ 383 ff.: Kommissions-, Transport- und Lagergeschäfte. Hinzu kommen die seerechtlichen Geschäfte und weitere Handelsgeschäfte, die außerhalb des HGB geregelt sind: insbesondere Versicherungs- und Bankgeschäfte. All das wird hier nur im Überblick behandelt. Eine etwas ausführliche Darstellung – und Vertiefung – erfahren die Materien, die auch im Rahmen der Pflichtfachprüfungen vorkommen: das Kommissionsgeschäft und das Kontokorrent. Ausgeklammert bleiben die kaufmännischen und sonstigen Wertpapiere.[71]

8.1 Kommission und andere Formen der Geschäftsmittlung

Das HGB regelt das Kommissionsgeschäft im Anschluss an den Handelskauf (§§ 383-406), während andere Verträge über die Geschäftsmittlung (Handelsvertretervertrag usw.) bei den „selbstständigen Hilfspersonen" im ersten Buch über den „Handelsstand" eingeordnet sind (§§ 84 ff.). In der Praxis haben sich weitere Vertriebsformen wie Vertragshändler- und Franchisingsysteme herausgebildet, für die die HGB-Regeln teilweise analog gelten.

8.1.1 Das Kommissionsgeschäft

8.1.1.1 Übersicht

Das Kommissionsgeschäft ist dadurch gekennzeichnet, dass jemand gewerblich im eigenen Namen, aber für fremde Rechnung den Einkauf oder Verkauf von Waren oder Wertpapieren übernimmt. Es kam schon als Beispiel einer mittelbaren Stellvertretung und beim gutgläubigen Erwerb vor und wir hatten bereits gesehen, dass

---

[71] Vgl. nur Karsten Schmidt, HR, § 24 und die allgemeinen Lehrbücher zum Wertpapierrecht.

die §§ 383 ff. HGB auch dann greifen, wenn der Kommissionär als Kleingewerbetreibender nicht eingetragen und damit Nichtkaufmann ist (vgl. § 383 II HGB).[72] Nach § 406 HGB sind die Kommissionsregeln zudem anwendbar, wenn

- ein Kommissionär andere Geschäfte für Rechnung eines anderen tätigt (Abs. 1 S. 1)
- ein anderer Gewerbetreibender gelegentlich Kommissionsgeschäfte tätigt (Abs. 1 S. 2)
- ein Kommissionsgeschäft erst herzustellende Waren betrifft (Abs. 2).

Beispiele: Die Veräußerung fremder Gesellschaftsanteile in eigenem Namen und Computerleasing für Rechnung eines Kommittenten fallen unter § 406 I 1 HGB. Autohändler, Juweliere oder Antiquare, die im Rahmen ihres Gewerbes nur vereinzelt Kommissionsgeschäfte abwickeln, sind Gelegenheitskommissionäre i.S.d. § 406 I 2 HGB.

306 In Kommissionsfällen ergibt sich eine typische Dreieckskonstellation:

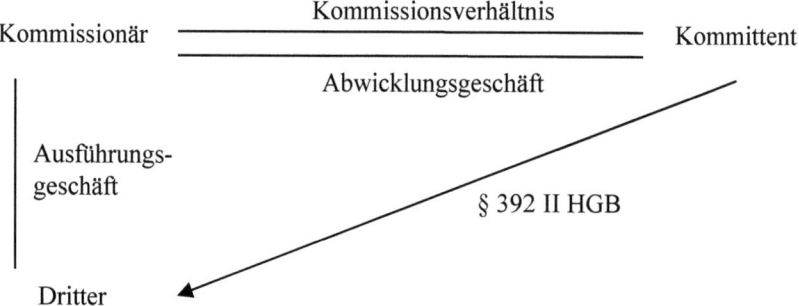

8.1.1.2 Das Kommissionsverhältnis

307 Der Kommissionsvertrag ist ein Sondertyp des Geschäftsbesorgungsvertrags. Der Kommissionär ist in erster Linie zur sorgfältigen Ausführung des Kommissionsauftrags verpflichtet; die §§ 384 ff. HGB modifizieren insoweit das allgemeine Recht des Geschäftsbesorgungsvertrags (§§ 675, 665 ff. BGB). Sein Vertragspartner, der Kommittent, ist vor allem zur Zahlung der Provision und zum Ersatz der Aufwendungen verpflichtet (§ 396 HGB).

---

[72] S.o. Rn 190, 261 f., 73.

8.1.1.3 Das Ausführungsgeschäft

Das Ausführungsgeschäft (Kauf oder Verkauf) schließt der Kommissionär im eigenen Namen mit einem Dritten, sofern er nicht von seinem Selbsteintrittsrecht (§§ 400 ff. HGB) Gebrauch macht. Dementsprechend hat z.B. ein Einkaufskommissionär gegen den Verkäufer die Lieferansprüche aus § 433 I BGB und die Zahlungspflicht aus § 433 II BGB, er hat etwaige Mängel dem Verkäufer gegenüber nach § 377 HGB zu rügen und so fort. Grundsätzlich ist es dementsprechend auch der Einkaufskommissionär, der nach §§ 929 ff. BGB vom Verkäufer das Eigentum übertragen bekommt. Umgekehrt wird der Verkaufskommissionär durch das Ausführungsgeschäft lieferpflichtig (§ 433 I BGB) und erfüllt diese Verpflichtung regelmäßig durch Übereignung nach §§ 929, 185 BGB.

308

8.1.1.4 Das Abwicklungsgeschäft

Auf der Grundlage des Kommissionsvertrags erfolgt schließlich das Abwicklungsgeschäft, mit dem der Kommissionär das wirtschaftliche Ergebnis auf den Kommittenten überträgt. Er ist zur Abrechnung verpflichtet, hat bei der Einkaufskommission das Kommissionsgut zu übereignen, bei der Verkaufskommission die empfangenen Zahlungen weiterzuleiten und etwaige Ansprüche gegen den Dritten abzutreten. Dafür hat er umgekehrt Provisions- und Aufwendungsersatzansprüche, mit denen er aufrechnen kann (wenn keine Kontokorrentbeziehung besteht).

309

8.1.1.5 Kommittentenschutz

Solange das Abwicklungsgeschäft nicht abgeschlossen ist, ergibt sich systembedingt ein Spannungsverhältnis zwischen juristischer und wirtschaftlicher Zuordnung, das zu einigen praxis- und prüfungsrelevanten Besonderheiten führt. Zum einen ist die Einkaufskommission eine klassische Fallgruppe der Drittschadensliquidation: Der Schaden trifft typischerweise den Kommittenten, während dem Kommissionär als Vertragspartner des Dritten die entsprechenden Ansprüche zustehen.[73]

310

Beispiel: Kommissionär K kauft beim Dritten D für Rechung des Kommittenten T zwei Bilder, die D verspätet und mit einem Rahmenschaden liefert. Den Verzögerungsschaden (§§ 280 I, II, 286 BGB) und den Mangelschaden (§§ 437 Nr. 3, 280 I BGB) kann K geltend machen; T kann von K aber auch die Abtretung der Ansprüche verlangen und sie dann selbst geltend machen.

Ferner bestimmt § 392 HGB, dass der Kommittent Forderungen aus dem Ausführungsgeschäft erst nach Abtretung geltend machen kann (Abs. 1). Er wird aber

311

---

[73] Vgl. nur Baumbach/Hopt, § 383 Rn 21; Heinrichs in Palandt, vor § 249 Rn 105 ff.; Hübner, Rn 903 ff.

gegenüber dem Kommissionär und dessen Gläubigern dadurch geschützt, dass die Forderungen insoweit als seine behandelt werden (Vorausabtretungsfiktion des Abs. 2).

> **Beispiele:** K kauft bei D für Rechung des T zwei Bilder. Wenn Gläubiger des K in den Lieferanspruch aus § 433 I BGB vollstrecken wollen, kann T wegen § 392 II HGB Drittwiderspruchsklage nach § 771 ZPO erheben. Wird K insolvent, hat T ein Aussonderungsrecht nach § 47 InsO.

312 Schließlich ergibt sich eine vergleichbare Schutzlücke, wenn das Ausführungsgeschäft schon weiter abgewickelt ist: Wenn der Dritte an den Kommissionär leistet, dieser aber das Ergebnis noch nicht an den Kommittenten abgeführt hat, besteht wiederum die Gefahr, dass Gläubiger des Kommissionärs zugreifen.[74] Die Praxis versucht daher, diese Phase durch eine sofortige Weiterübereignung möglichst kurz zu halten.

> **Beispiel:** K kauft bei D für Rechung des T zwei Bilder, die am 25.2. geliefert werden. Am 1.3. bringt K sie zu T. Solange K in der Zwischenzeit Eigentümer des Bildes ist, besteht die Gefahr eines Gläubigerzugriffs. Daher vereinbaren K und T regelmäßig gleich bei Abschluss des Kommissionsvertrags, dass T sogleich Eigentümer werden soll und K die Bilder für ihn als Verwahrer besitzt. Durch eine solche Übereignung mittels eines antizipierten Besitzkonstituts (§§ 929 S. 1, 930 BGB) wird die „gefährliche Zwischenzeit" auf eine logische Sekunde reduziert. Andererseits kann K die Herausgabe immer noch verweigern, solange er nicht seine Provision erhält (§ 396 HGB).

8.1.2 Der Handelsvertreter

313 Das Handelsvertreterrecht (§§ 84-92c HGB) ist seit 1990 durch die Handelsvertreter-Richtlinie[75] geprägt. Es ist nicht nur für Verträge zwischen Handelsvertretern und ihren Unternehmern relevant, sondern vielfach auch auf andere Vertriebsformen analog anwendbar.[76]

8.1.2.1 Begriff, Abgrenzung und Einteilung

314 Handelsvertreter sind nach § 84 HGB Gewerbetreibende, die ständig damit betraut sind, für einen anderen oder mehrere andere Unternehmer Geschäfte zu vermitteln oder in deren Namen abzuschließen. Durch das Merkmal der Selbstständigkeit unterscheiden sie sich vom „Vertreter" im Sinne eines angestellten Außendienstmi-

---

[74] Die Rspr. wendet § 392 II HGB hier nicht analog an (BGH v. 26. 9. 1980 – I ZR 119/78 = BGHZ 79, 89; für eine analoge Anwendung auf „Forderungssurrogate" z.B. Baumbach/Hopt, § 392 Rn 7.
[75] Richtlinie 86/653 EWG.
[76] Vgl. insg. Karsten Schmidt, JuS 2008, 665 ff.

8.1 Kommission und andere Formen der Geschäftsmittlung

tarbeiters, durch das Handeln im fremden Namen insbesondere vom Kommissionär (s.o. Rn 305). Der Handelsvertreter kann als Gewerbetreibender Kaufmann sein, unterliegt nach § 84 IV HGB aber auch sonst den §§ 84 ff. HGB (nicht aber den §§ 343 ff. HGB).

> **Beispiele:** Wer mit freier Zeiteinteilung im Gebiet der Postleitzahlen 32xxx und 33xxx Staubsauber im Namen der Hinterwerk-AG verkauft, ist Handelsvertreter. Ein Verlagsvertreter mit Grundgehalt und Provision, Gebietszuweisung und Acht-Stunden-Tag ist kein Handelsvertreter, da er nicht selbstständig ist. Ein Tankstellenbetreiber, der gegen Provision ständig damit betraut ist, im Namen der Mineralölgesellschaft deren Kraft- und Schmierstoffe zu verkaufen ist auch dann Handelsvertreter, wenn der Vertrag für die Tankstelle Öffnungszeiten von 24 Stunden vorgibt.[77]

§ 84 I HGB unterscheidet den Abschlussvertreter, der im Zweifel Vertretungsmacht nach §§ 54, 55 HGB hat (§ 91 HGB), und den Vermittlungsvertreter, der sich darum zu bemühen hat, Geschäfte für seine Unternehmer zu vermitteln (§ 86 I HGB). Dabei darf die Formulierung „für einen anderen Unternehmer" in § 84 I HGB nicht täuschen. Vielmehr kann ein Handelsvertreter grundsätzlich für mehrere Unternehmer tätig werden. Sofern dies vertraglich oder faktisch ausgeschlossen ist (sog. Einfirmenvertreter), greifen wegen der typischen wirtschaftlichen Abhängigkeit verschiedene arbeitsrechtliche Vorschriften.[78]

315

> **Beispiel:** Ein Bankangestellter, der nebenher freiberuflich als Versicherungsvertreter arbeitet, ist Handelsvertreter im Nebenberuf (§§ 92, 92b HGB) und häufig Einfirmenvertreter (§ 92a I, II HGB).

8.1.2.2 Der Handelsvertretervertrag

Ein Handelsvertretervertrag kann formfrei abgeschlossen werden. Jede Partei kann aber nach § 85 HGB zwingend eine schriftliche Absetzung verlangen und einzelne Abreden bedürfen der Schriftform (§§ 86b I 3, 90a I 1 HGB). Der Vertrag ist Geschäftsbesorgungsvertrag mit Dienstvertragscharakter (§§ 675, 611 ff. BGB).

316

Der Handelsvertreter hat sich nach § 86 HGB um den Abschluss oder die Vermittlung von Geschäften zu bemühen. Dabei ist er nach §§ 675, 665 BGB weisungsgebunden und hat nach § 86 HGB die Interessen des Unternehmers zu wahren sowie ihm die erforderlichen Nachrichten zu geben.[79] Er hat nach § 90 HGB Geschäfts- und Betriebsgeheimnisse zu wahren; darüber hinaus folgt aus der Pflicht

317

---

[77] OLG Köln v. 22.1.2003 – 19 W 47/02 = VersR 2003, 1300.
[78] Vgl. z.B. § 5 I 2 ArbGG, § 2 II BUrlG. Eine Verordnung i.S.d. § 92a HGB ist dagegen nicht erlassen worden. Vgl. allg. z.B. BAG v. 15. 12. 1999 – 5 AZR 566/92 = JuS 2000, 722.
[79] Die Regelung ähnelt der kommissionsrechtlichen (vgl. § 384 HGB), ist aber weitgehend zwingend (Abs. 4).

zur Interessenwahrung, dass er dem Unternehmer keine erhebliche Konkurrenz machen darf. Weiterreichende vertragliche Wettbewerbsverbote können gegen § 1 GWB oder Art. 101 AEUV verstoßen.

> **Beispiel:** Der Betreiber einer Tankstelle darf in seiner Werkstatt auch Motorenöle anderer Mineralölgesellschaften verwenden, sie aber nicht im Tankstellenshop anbieten.

318 Der Unternehmer hat den Handelsvertreter nach § 86a HGB mit dem erforderlichen Material und den erforderlichen Informationen zu versorgen. Vor allem schuldet er nach § 87 HGB Provision für die abgeschlossenen Geschäfte des Unternehmers, die auf seine Tätigkeit zurückzuführen sind, wobei das Kausalitätserfordernis nach Abs. 2 und 3 gelockert ist. Die Provision wird nach § 87a HGB fällig, wenn das Geschäft ausgeführt wird – oder der Unternehmer zu vertreten hat, dass es nicht ausgeführt wird (Abs. 3).

> **Beispiele:** Der Handelsvertreter behält den Anspruch, wenn der Unternehmer die Lieferung so lange verzögert, bis der Kunde zurücktritt oder wenn der Unternehmer nicht mehr liefern kann, weil ihm die finanziellen Ressourcen fehlen.

319 Gesonderte Provisionen schuldet der Unternehmer, wenn der Handelsvertreter die Inkassotätigkeit übernimmt (§ 87 IV HGB) oder wenn er sich für den Kunden verbürgt oder dergleichen (§ 86b HGB). Einen gesonderten Aufwendungsersatzanspruch hat er nach § 87d HGB nur in Sonderfällen.

8.1.2.3 Beendigung des Vertragsverhältnisses

320 Als Dauerschuldverhältnis endet das Handelsvertreterverhältnis entweder durch Zeitablauf oder durch Kündigung. Auch hier ist für ordentliche Kündigungen eine Frist vorgesehen (§ 89 HGB), während für außerordentliche Kündigungen regelmäßig eine Abmahnung (vgl. § 314 II 1 BGB) und ein wichtiger Grund erforderlich sind (§ 89a HGB).

321 Häufiger Streitpunkt ist der Ausgleichsanspruch nach § 89b HGB, zumal die Vorschrift auf andere Vertriebssysteme analog angewendet werden kann. Die Vorschrift soll einen Ausgleich dafür schaffen, dass der Unternehmer regelmäßig auch nach Beendigung des Vertrags von den Kundenbindungen profitiert. Daher hat der Handelsvertreter einen Anspruch auf eine angemessene Provision von bis zu einer Jahresprovision, die sich an den zu erwartenden Unternehmervorteilen, Handelsvertreternachteilen und allgemeinen Billigkeitserwägungen orientiert (vgl. § 89b I Nr. 1, 2 HGB und die Ausschlussgründe in Abs. 3).[80]

---

[80] Vgl. die Entscheidung EuGH v. 26. 3. 2009 - C-348/07 = BB 2009, 1607, die zur Neufassung des § 89b I HGB geführt hat.

Beispiel: Ein Autohaus (Vertragshändler) erhält grundsätzlich einen Ausgleichsanspruch analog § 89b HGB, wenn der Autohersteller den Vertrag kündigt. Wenn das Autohaus die stets ordnungsgemäß weitergeleiteten Kundendaten dann vertragswidrig auch Dritten überlässt, schließt das den Anspruch nicht nach § 89b I Nr. 3 aus Billigkeitsgründen aus, führt aber wegen der geringeren Vorteile hier und Nachteile dort zu einer Reduzierung des Ausgleichsbetrags.[81]

8.1.3 Der Handelsmakler

Handelsmakler vermitteln gewerbsmäßig bewegliche Gegenstände des Handelsverkehrs für andere (§ 93 HGB). Sie sind – in Abgrenzung zum Handelsvertreter – nicht ständig für einen Unternehmer tätig, sondern typischerweise von Fall zu Fall tätig und als „ehrlicher Mittler" gedacht. Daher haften sie beiden Parteien gegenüber und haben im Zweifel gegen beide einen hälftigen Provisionsanspruch (§§ 98, 99 HGB).[82] Auf dieser Mittlerrolle beruht es auch, dass Handelsmakler „neutrale" Verkäufe nach §§ 373 II, 376 III HGB durchführen können, wenn sie die entsprechende öffentlich-rechtliche Ermächtigung besitzen.

322

8.1.4 Sonstige Formen der Geschäftsmittlung

In der Praxis haben sich verschiedene weitere Formen der Geschäftsmittlung, insbesondere auf der Absatzseite, herausgebildet.[83] Hervorzuheben ist zunächst der Kommissionsagent, der als Gewerbetreibender ständig damit betraut ist, gegen Provision im eigenen Namen für Rechnung anderer Unternehmer Waren zu kaufen und zu verkaufen. Hier richten sich das Innenverhältnis weitgehend nach Handelsvertreterrecht und die Geschäftsabwicklung nach Kommissionsrecht.

323

Beispiel: Pressegrossist P vertreibt die Zeitungen und Zeitschriften der V Verlagsgruppe über Verkaufsstellen in Supermärkten. Er erwirbt die Ware nicht zu Eigentum, veräußert sie aber, nach § 185 BGB ermächtigt, in eigenem Namen und gibt die unverkauften Exemplare an V zurück.

Vertragshändler kaufen und verkaufen dagegen in eigenem Namen und für eigene Rechnung, wie andere Händler auch, und verdienen keine Provision, sondern an der Händlerspanne. Sie sind aber, einem Handelsvertreter ähnlich, über Rahmenverträge in das Vertriebssystem eines Herstellers eingebunden. Daher sind auch hier die §§ 86 f., 89 ff. HGB analog anwendbar.[84]

324

---

[81] BGH v. 28.6.2006 – VIII ZR 350/04 = WM 2006, 1919.
[82] Das beruht nach h.L. auf einem gesetzlichen Schuldverhältnis, ist im Einzelnen aber umstritten; vgl. nur Canaris, HR, § 19 Rn 26 ff.; Baumbach/Hopt, § 98 Rn 1 und § 99 Rn 1.
[83] Vgl. insg. Baumbach/Hopt, vor § 373 Rn 35 ff. und § 383 Rn 3.
[84] Vgl. nur Baumbach/Hopt, § 84 Rn 10 ff.

> Wichtigstes **Beispiel** sind die Vertriebssysteme der meisten Automobilhersteller (s.o. Rn 321).

325 Der Vertrieb von Waren und Dienstleistungen erfolgt schließlich häufig innerhalb von Franchisesystemen. Auch hier ist der Franchisenehmer zwar Gewerbetreibender und schließt seine Geschäfte in eigenem Namen und für eigene Rechnung. Er ist aber regelmäßig eng in das System eingebunden und profitiert vom Know-how des Unternehmers, der Sogwirkung der Marke usw. und hat dafür Franchisegebühren zu entrichten. Die enge Einbindung rechtfertigt auch hier die analoge Anwendung der §§ 86 f., 89 ff. HGB.[85]

> **Beispiele:** McDonald's Restaurants, Bofrost-Kühlwagen, Inlingua-Sprachschulen.

8.2 Transport und Lagerverträge

326 Im HGB sind ferner verschiedene Geschäftsformen im Bereich der Logistik geregelt: Fracht-, Speditions- und Lagergeschäft (§§ 407 ff.).

8.2.1 Das Frachtgeschäft

8.2.1.1 Übersicht

327 Der Frachtvertrag (§§ 407-452d HGB) verpflichtet einen gewerblichen Transporteur (Frachtführer), das Gut zum Bestimmungsort zu transportieren und beim Empfänger abzuliefern; dafür schuldet der Absender ein Entgelt (Fracht). Es handelt sich um einen Werkvertrag über eine Geschäftsbesorgung (§§ 675, 631 ff. BGB) und einen echten Vertrag zugunsten Dritter (§ 328 BGB), da der Empfänger nach § 421 I 1 HGB einen eigenen Ablieferungsanspruch hat. Zudem kann er nach § 421 I 2 HGB Güter- und Verspätungsschäden in eigenem Namen geltend machen.

---

[85] Vgl. nur Baumbach/Hopt, § 84 Rn 10 ff. und 19.

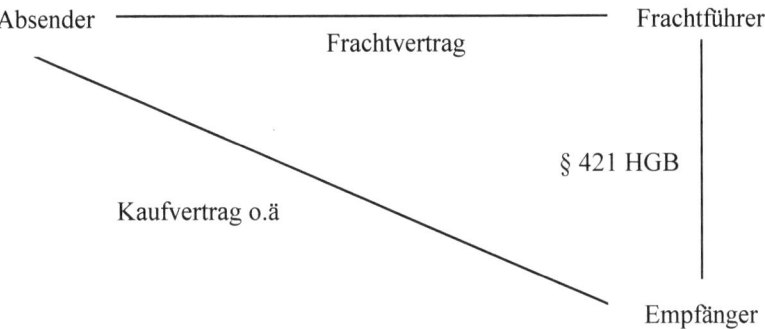

Die §§ 425 ff. HGB regeln die Haftung in besonderer Weise: Der Frachtführer haftet für Güter- und Verspätungsschäden und kann sich nach § 426 HGB nur entlasten, wenn sie auch bei allergrößter Sorgfalt eines idealen Frachtführers nicht vermeidbar waren. Die Entlastungsanforderungen sind also strenger als bei § 280 I 2 BGB, gehen aber über § 701 III BGB hinaus.

328

Die Haftung für Güterschäden ist doppelt beschränkt. Nach § 429 HGB ist nur der Wert des Guts zu ersetzen; Ansprüche auf Naturalrestitution und den Ersatz von Folgeschäden sind also ausgeschlossen. § 431 HGB statuiert zudem eine Haftungshöchstgrenze, die an einer täglich aktualisierten „Kunstwährung" des IWF orientiert ist und auf ca. 9,5 €/kg hinausläuft.[86] Für Verspätungsschäden und sonstige Vermögensschäden kommen weitere Obergrenzen hinzu (§§ 431 III, 433 HGB). All diese Grenzen gelten nach § 434 HGB auch für außervertragliche Ansprüche.

329

Beispiel: A verkauft seinen Antiquariatsbestand an E und lässt die Bücher durch F transportieren. Beim Abladen stellt E fest, dass ausgerechnet die drei Kisten mit den Erstausgaben (zusammen 70 kg) fehlen. Solange A und E keine Unterschlagung nachweisen können (§ 435 HGB), können sie gemäß § 431 I, II Nr. 2 HGB nur 665 € Schadensersatz verlangen, obwohl das eher der Wert eines einzelnen Buchs ist. Auch der Anspruch aus § 823 I BGB reicht nicht weiter.

Hintergrund: Die Regelung kann also zu einer drastischen Anspruchskürzung führen und wird teils auch für verfassungswidrig gehalten.[87] In der Praxis führt sie dazu, dass teureres Gut nur mit entsprechenden (teureren) Versicherungen transportiert wird.

---

[86] „Rechnungseinheiten" sind nach § 431 HGB Sonderziehungsrechte des IWF (=Special Drawing Rights – SDR), Tageskurse über die IWF-Homepage (www.imf.org).
[87] Canaris, HR, § 31 Rn 14 ff., insb. Rn 39 ff. und 58.

148 *Grundkurs - 8 Weitere Handelsgeschäfte*

330 Weitere Besserstellungen des Frachtführers ergeben sich aus der recht strengen Rügeobliegenheit des § 438 HGB, die auch zu Lasten von Nichtkaufleuten gilt, und aus der einjährigen Verjährungsfrist des § 439 HGB.

8.2.1.2 Beförderung von Umzugsgut

331 Für die Beförderung von Umzugsgut enthalten die §§ 451-451h HGB Modifikationen des allgemeinen Frachtrechts. Nach § 451a HGB hat der Frachtführer im Zweifel auch den Auf- und Abbau der Möbel sowie das Ver- und Entladen des Umzugsguts zu übernehmen. Nach § 451e HGB berechnet sich die Haftungshöchstgrenze nicht nach Gewicht, sondern nach Volumen (620 €/m^3). Nach § 451f HGB bleibt etwas mehr Zeit für die Rüge von Schäden; dafür führt die Rügesäumnis wie in § 377 HGB zum Rechtsverlust und nicht nur zu einer Vermutung der Schadensfreiheit wie in § 338 I, II HGB.
Bei Privatumzügen erweitert sich der – dispositive – Pflichtenkatalog des Frachtführers noch einmal (§ 451a II HGB). Die Haftungsbeschränkungen (samt Rügeobliegenheit) dürfen nicht zum Nachteil des Verbrauchers verändert werden und sie gelten nur, wenn er über sie informiert worden ist (§§ 451g, 451h HGB).

8.2.1.3 Multimodaler Transport

332 Die §§ 407 ff. HGB regeln den Straßen-, Eisenbahn-, Luft- und Binnengewässertransport einheitlich, während der Seetransport in §§ 556 ff. HGB geregelt ist. Wenn für einen einheitlichen Transport verschiedene Beförderungsmittel verwendet werden (multimodaler Transport) können daher verschiedene Regeln eingreifen. Nach § 452 HGB bleibt es aber grundsätzlich beim einheitlichen Frachtrecht. Nur für Schäden mit bekanntem Schadensort greift nach § 452a HGB das entsprechende Haftungsrecht.

> **Beispiel:** Ein Containertransport auf der Straße, dann per Schiff, dann per Bahn unterliegt nach § 452 HGB durchgehend den §§ 407 ff. HGB. Geht Gut ungeklärt verloren, gelten die §§ 425 ff. HGB. Ist dagegen klar, dass der Schaden während des Seetransports entstanden ist (z.B. durch Salzwasser), gelten die Haftungsregeln des Seefrachtrechts (§§ 606 ff., 658 ff. HGB).

8.2.1.4 Internationaler Transport

333 Gerade im Transportrecht wird die Internationalität des Handelsrechts noch einmal besonders deutlich. Zum einen ist das Transportrecht 1998 mit Rücksicht auf die internationalen Entwicklungen reformiert worden und zum anderen gelten für die – immer häufigeren – internationalen Transportgeschäfte primär nicht die HGB-

Regeln, sondern internationale Abkommen wie die CMR für den internationalen Transport auf der Straße.[88]

8.2.2 Das Speditionsgeschäft

Der Speditionsvertrag (§§ 453-466 HGB) verpflichtet den Spediteur zur Organisation der Güterbeförderung und den Versender zur Zahlung der vereinbarten Vergütung. Der Spediteur ist also – dem allgemeinen Sprachgebrauch entgegen – nicht der Transporteur, sondern ein Logistik-Fachmann, der die günstigsten Wege und Anbieter von Einzelleistungen für den Versender zusammenstellt. Er hat nach § 454 HGB Beförderungswege und -mittel zu bestimmen, die entsprechenden Fracht- und Lagerverträge zu schließen und für Verpackung, Versicherung, Kennzeichnung und Verzollung zu sorgen, was regelmäßig im eigenen Namen geschieht (Abs. 3). Er kann auch seinerseits Spediteure einschalten, die z.B. auf bestimmte Güter spezialisiert sind, oder er kann umgekehrt die Beförderung selbst übernehmen (Selbsteintritt, § 458 HGB). Er kann schließlich auch die Beförderung der Güter mehrerer Versender kombinieren, um zu kostengünstigeren Lösungen zu kommen (Sammelladung, § 460 HGB). Speditionsverträge mit gewerblichen Kunden unterliegen häufig den „Allgemeinen Deutschen Spediteursbedingungen" (ADSp). Sie gelten aber als AGB nur, wenn sie wirksam einbezogen sind, und unterliegen der Inhaltskontrolle nach § 307 BGB.

334

8.2.3 Das Lagergeschäft

Der Lagervertrag (§§ 467-475h HGB) ist die handelsrechtliche Sonderform des Verwahrungsvertrags (§§ 688 ff. BGB). Er verpflichtet den Lagerhalter zur Lagerung und Aufbewahrung von Gütern gegen Vergütung. Einlagerungsfähige Güter sind grundsätzlich alle beweglichen Sachen, nicht aber Geld oder Wertpapiere. Die wichtigste Besonderheit des Lagergeschäfts ist das Institut des Lagerscheins, der einerseits eine wesentliche Beweisfunktion zwischen den Vertragsparteien hat und vor allem andererseits als Wertpapier die Verfügung über das eingelagerte Gut erleichtert (§§ 475c ff. HGB).

335

Auch insoweit sollen weitere Einzelheiten nicht verfolgt werden. Gemeinsam ist den Vorschriften des 4. bis 6. Abschnitts aber, dass der Dienstleister jeweils wie bei der Kommission nicht Kaufmann zu sein braucht, sondern nur Gewerbetreibender sein muss. Auch der Kunde braucht nicht Kaufmann zu sein.

336

Hintergrund: Vielmehr gibt es jeweils Sonderregeln für den Fall, dass er Verbraucher ist (vgl. § 414 III HGB mit § 13 BGB). Die Gewerbetreibenden haben dann insbesondere zusätzliche Informationspflichten (z.B. 451b II, III 451g, 468 II 2, 472 I 2 HGB) und manche kundenschützenden Vorschriften

---

[88] Vgl. nur Baumbach/Hopt, 2. Teil, (17).

werden zu zwingendem Recht erklärt (z.B. §§ 449 I, 451h I, 466 I, 475h HGB).

8.3 Bankgeschäfte

8.3.1 Übersicht

337 § 1 II HGB in der bis 1998 geltenden Fassung zählte die „Bankier- und Geldwechslergeschäfte" zu den Grundhandelsgeschäften und auch nach der Reform sind sie praktisch durchgehend zumindest einseitige Handelsgeschäfte. Das HGB enthält allerdings keine mit §§ 383 ff. HGB vergleichbaren Sonderregeln für Bankgeschäfte. Die wesentlichen Rechtsgrundlagen enthalten vielmehr das BGB (§§ 675 ff., 488 ff., 700) und verschiedene Spezialgesetze (Depotgesetz, Börsengesetz, Wertpapierhandelsgesetz usw.). Demgegenüber regeln das Kreditwesengesetz (KWG), Zahlungsdiensteaufsichtsgesetz (ZAG) usw. die öffentlich-rechtliche Aufsicht. Große praktische Bedeutung haben die Banken-AGB. Musterbedingungen sind im Internet abrufbar und über die Kommentarliteratur zugänglich.[89]

338 Bankgeschäfte werden in erster Linie durch Kreditinstitute getätigt, also von Privatbanken, Genossenschaftsbanken und den öffentlich-rechtlich organisierten Sparkassen (die ebenfalls ein Handelsgewerbe betreiben, s.o. Rn 52). Das gewerbsmäßige Betreiben von Bankgeschäften bedarf einer Erlaubnis der Bundesanstalt für Finanzdienstleistungsaufsicht (BaFin, §§ 32 ff. KWG), die neben der gewerberechtlich stets erforderlichen Zuverlässigkeit insbesondere eine hinreichende Eigenmittelausstattung voraussetzt (§§ 10 ff. KWG).

8.3.2 Einlagengeschäft und Kreditgeschäft

339 § 1 I 2 Nr. 1 KWG definiert das Einlagengeschäft als die Annahme fremder Gelder als Einlagen oder anderer unbedingt rückzahlbarer Gelder des Publikums. Dazu gehören die Sichteinlagen oder Tagesgelder, die wie beim Girokonto täglich fällig sind und als Summenverwahrung qualifiziert werden (§§ 700 I 1, 2, 488 ff. BGB). Termineinlagen (Festgelder) und Spareinlagen sind als Darlehen einzuordnen, die der Einleger der Bank gewährt (§§ 488 ff. BGB).

340 Wirtschaftlich ist das Kreditgeschäft gleichsam die Kehrseite, da Banken Gelder hereinnehmen und ausleihen und über die Differenz zwischen Haben- und Sollzinsen ihre Kosten decken und Gewinne erwirtschaften. Nach §§ 488 ff. BGB beurteilen sich Gelddarlehen vom Kleinstkredit in Form von Dispositions- und Überziehungskrediten über Baudarlehen bis zu Großkrediten zur Unternehmensfinanzierung. Bei Verbraucherkrediten kommen die §§ 491 ff. BGB hinzu.

---

[89] Vgl. www.bankenverband.de; Baumbach/Hopt, 2. Teil, (8) – (9).

8.3.3 Effektenkommission und Depotgeschäft

Einen weiteren Schwerpunkt bilden die Geschäfte mit Wertpapieren und anderen „Finanzinstrumenten" (§ 1 XI KWG). Die Anschaffung und Veräußerung von Wertpapieren geschieht regelmäßig im eigenen Namen für fremde Rechnung und fällt daher unter die §§ 383 ff. HGB (Effektenkommission). Die Verwahrung der Wertpapiere erfolgt in der Regel aufgrund eines Depotvertrags, der als Geschäftsbesorgungsvertrag mit Dienstvertrags- und Verwahrungselementen (§§ 675, 611, 688 ff. BGB) qualifiziert wird. Detailregelungen finden sich im Depotgesetz, das als Regelfall die Sammelverwahrung vorsieht (§§ 5 ff.). 341

> **Hintergrund:** Sofern die Wertpapiere wie Aktien ein Stimmrecht gewähren, ergibt sich daraus ein Depotstimmrecht, das erheblich zur Steigerung der Bankenmacht beiträgt und daher eingegrenzt wird (vgl. §§ 128, 135 AktG).

8.3.4 Zahlungsdienste

Das Recht der Zahlungsdienste ist 2009 in Umsetzung der Zahlungsdienste-Richtlinie[90] durch das ZAG und die §§ 675 ff. BGB eingehend geregelt worden.[91] 342

> **Hintergrund:** Die Richtlinie zielt auf die Schaffung eines einheitlichen Euro-Zahlungsraums („Single Euro Payment Area" – SEPA) und soll insbesondere den internationalen bargeldlosen Zahlungsverkehr schneller und kostengünstiger machen, um die sich daraus ergebenden Hemmnisse für grenzüberschreitende Aktivitäten der gewerblichen Wirtschaft aber auch der Verbraucher zu verringern. Das hat allerdings zu einer erheblichen Normenflut (vgl. nur §§ 675c-z (!) und 676-676c BGB), Informationsflut für die Kunden (Art. 248 EGBGB) und erheblichem Anpassungsbedarf auch für die Banken-AGB[92] geführt.

Unter die Zahlungsdienste fallen nach § 1 II ZAG insbesondere das Ein- und Auszahlungsgeschäft und der bargeldlose Zahlungsverkehr per Überweisung, Dauerauftrag und Lastschrift, Zahlungskarte (EC-Karte, Kreditkarte, Geldkarte usw.) und Internet-Zahlungssysteme wie z.B. „PayPal". Nach § 675c II BGB erfassen die Regelungen auch die Ausgabe und Nutzung von elektronischem Geld.

---

[90] Richtlinie 2007/64/EG.
[91] Näher z.B. Derleder, NJW 2009, 3195 ff.; Grundmann, WM 2009, 1109 ff. und 1157 ff.
[92] S.o. Rn 337; die Wirksamkeit einzelner neuer Klauseln ist noch umstritten.

8.3.4.1 Schuldtilgung per Zahlungsdienst

343 Geldschulden sind grundsätzlich durch Zahlung von Bargeld zu begleichen. Häufig akzeptiert der Gläubiger aber stattdessen z.B. durch die Angabe einer Kontonummer auf der Rechnung, das Kreditkartensymbol an der Ladentür oder entspreentsprechende Homepage-Angebote eine Überweisung, Kartenzahlung o.ä. Sofern der Gläubiger nicht gleichzeitig der Zahlungsdienstleister ist (wie z.B. bei Kundenkreditkarten, die Warenhäuser, Tankstellen- und Hotelketten usw. ausstellen), entsteht ein typisches Dreiecksverhältnis.[93]

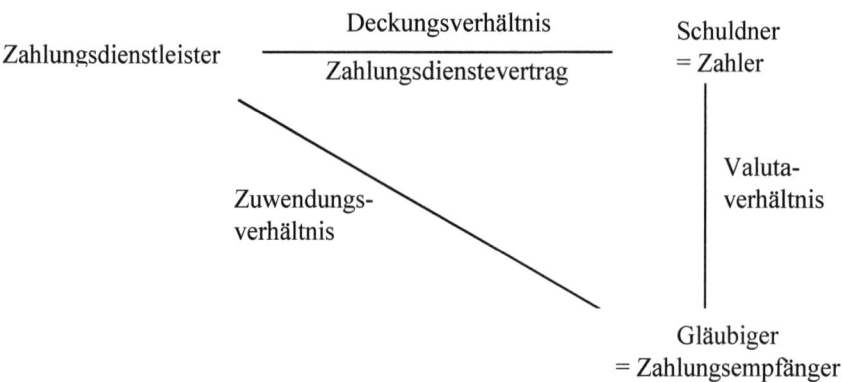

344 Das sog. Deckungsverhältnis wird durch den Zahlungsdienstevertrag bestimmt. Im Valutaverhältnis zwischen dem Schuldner (=Zahler) und seinem Gläubiger (=Zahlungsempfänger) wirken der Überweisungsauftrag oder die Kartenzahlung regelmäßig noch nicht als Erfüllung (§ 364 II BGB). Der Gläubiger erwirbt bei garantierten Zahlungen zunächst einen Zahlungsanspruch gegen den Zahlungsdienstleister aus einem selbstständigen Schuldversprechen (§ 780 BGB) oder Garantievertrag. Dabei handelt es sich, wie beim klassischen Wertpapier, um einen abstrakten Anspruch, der von den Einwendungen aus dem Valutaverhältnis grundsätzlich unberührt bleibt. Im Übrigen hat er gegen seinen Zahlungsdienstleister einen Anspruch darauf, dass ihm der dort eingegangene Zahlungsbetrag unverzüglich gutgeschrieben oder sonst verfügbar gemacht wird (§ 675t I BGB). Erst damit tritt auch im Valutaverhältnis die Erfüllungswirkung ein.

---

[93] Praktisch wird daraus oft ein Vierecksverhältnis, da zusätzlich die Bank des Gläubigers zwischengeschaltet ist.

8.3.4.2 Der Zahlungsdienstevertrag

Der Zahlungsdienstevertrag kommt nach § 675f BGB als Einzelvertrag oder als Rahmenvertrag vor. In der Praxis sind Rahmenverträge wie insb. der Girovertrag, Kundenkartenverträge usw. bedeutsamer. Der „Zahlungsdiensterahmenvertrag" ist ein spezieller Geschäftsbesorgungsvertrag (§§ 675c I BGB), der ein Dauerschuldverhältnis begründet. Dadurch wird der Zahlungsdienstleister (Bank, Kaufhauskette usw.) verpflichtet, für den Nutzer ein Konto zu führen und einzelne Zahlungsvorgänge durchzuführen (§ 675f I, II 1 BGB). 345

Der Nutzer hat dafür nach § 675f IV BGB das vereinbarte Entgelt zu zahlen. Die Entgelte und Zinsen gehören zu den wesentlichen Informationen, die der Zahlungsdienstleister dem Nutzer nach § 675d BGB, Art. 248 §§ 1-16 EGBGB zu übermitteln hat. § 675g BGB steckt den Rahmen für Entgelt- und Zinsanpassungen sowie andere Änderungen ab und § 675h BGB sichert dem Nutzer ein Recht zur ordentlichen Kündigung mit höchstens einmonatiger Frist. 346

8.3.4.3 Die einzelnen Zahlungsvorgänge

Als „Zahlungsvorgang" erfasst § 675f III 1 BGB jede Bereitstellung, Übermittlung oder Abhebung eines Geldbetrags, also bare und unbare Geldflüsse. Ein Zahlungsvorgang wird durch einen Zahlungsauftrag[94] ausgelöst, der oft unmittelbar vom Zahler ausgeht (z.B. bei Überweisungen inkl. Daueraufträgen und Abhebungen). Sofern er vom Zahlungsempfänger ausgelöst wird (wie z.B. bei Lastschriften und Kreditkartenzahlungen), kann dieser als Erklärungsbote des Zahlers handeln (§ 120 BGB); ansonsten muss die Zahlung nachträglich durch (zumindest stillschweigende) Genehmigung des Zahlers autorisiert werden.[95] 347

Die Autorisierung durch den Zahler (§ 675j BGB) ist die Voraussetzung dafür, dass der Zahlungsdienstleister sein Konto belasten darf (Aufwendungsersatz nach §§ 675c II, 670 BGB). § 675r BGB gestattet es dem Zahlungsdienstleister, den Zahlungsauftrag ausschließlich anhand von „Kundenkennungen" auszuführen. Sie müssen also lediglich auf die Kontodaten der Beteiligten schauen und nicht auf ihre Namen. Dafür sehen die §§ 675s, 675t BGB verkürzte Fristen für die Ausführung und Wertstellung vor. 348

8.3.4.4 Missbrauchssicherung und Haftung

Die Missbrauchssicherung durch Chipkarten, PIN-Codes usw. behandeln die §§ 675j ff. BGB als „Zahlungsauthentifizierungsinstrumente". Die Nutzer sind nach § 675l BGB verpflichtet, alle zumutbaren Vorkehrungen zu treffen, um die 349

---

[94] Der Zahlungsauftrag ist kein „Auftrag" i.S.d. § 662 BGB, sondern nach § 675f III 2 BGB eine Weisung an den Zahlungsdienstleister. Zu Zugang, Ablehnung, Widerruflichkeit usw. §§ 675n ff. BGB.
[95] Vgl. zu beiden Varianten BGH v. 20. 7. 2010 – XI ZR 236/07 = NJW 2010, 3510.

personalisierten Sicherheitsmerkmale vor unbefugtem Zugriff zu schützen und den Zahlungsdienstleister im Verlustfall unverzüglich zu informieren. Der Zahlungsdienstleister ist ansonsten für die Sicherheit des Authentifizierungssystems verantwortlich und trägt auch das Verlustrisiko beim Verschicken von Chipkarten, PIN- und TAN-Nummern und dergleichen (§ 675m BGB).

350 Das Missbrauchsrisiko trägt grundsätzlich der Zahlungsdienstleister, denn für nicht autorisierte Zahlungsvorgänge kann er gemäß § 675u BGB keinen Aufwendungsersatz verlangen und muss abgebuchte Beträge erstatten. Dem steht aber die Haftung des Nutzers nach § 675v BGB gegenüber. Zunächst haftet der Nutzer im Fall abhanden gekommener Karten, PIN-Nummern usw. und bei fehlerhafter Aufbewahrung von TAN-Nummern usw. nach § 675v I BGB maximal bis 150 €. Darüber hinaus haftet er nach § 675v II BGB für den gesamten Schaden, wenn er den Missbrauch vorsätzlich oder grob fahrlässig ermöglicht hat.

Beispiel: Wer einen einheitlichen Zugriff auf Karte und PIN ermöglicht, handelt grob fahrlässig und muss sich im Missbrauchsfall die entsprechende Belastung seines Kontos gefallen lassen, und wenn eine gestohlene Karte zeitnah mit PIN-Eingabe missbraucht wird, spricht der Beweis des ersten Anscheins dafür, dass die PIN bei der Karte notiert war.[96]

8.3.5 Das Kontokorrent

8.3.5.1 Begriff und Bedeutung

351 Das Kontokorrent ist nach § 355 I HGB durch vier Merkmale gekennzeichnet:

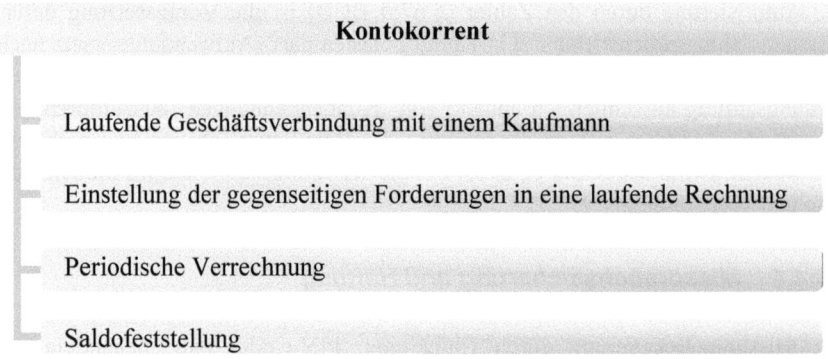

---

[96] BGH v. 17.10.2000 – XI ZR 42/00 = NJW 2001, 286; BGH v. 05.10.2004 – XI ZR 210/03 = BGHZ 160, 308.

Solche laufenden Rechnungen sind, wie gesehen, bei Bankgeschäften sehr häufig, kommen aber auch im Rahmen anderer Handelsgeschäfte oft vor und sind daher im Allgemeinen Teil, in §§ 355-357 HGB, geregelt.

352

Beispiele: Provisionskonten von Handelsvertretern, Geschäftsverbindungen zwischen Groß- und Einzelhändler oder Verlag und Buchhändler, Kapitalkonten der Gesellschafter bei Handelsgesellschaften, laufende Rechnungen zwischen Konzernunternehmen.

8.3.5.2 Die Einstellung der Einzelforderungen in die laufende Rechnung

Durch die im Voraus verabredete Einstellung der Einzelforderungen werden diese mit ihrer Entstehung Teil der laufenden Rechnung. Für welche Forderungen das gelten soll, bestimmen die Parteien. In das Kontokorrent sollen im Zweifel alle Geldforderungen eingestellt werden, die sich aus der Geschäftsverbindung der Parteien ergeben. Hierzu gehören auch die Nebenforderungen, insbesondere die Zinsen, so dass sich aus der Anordnung der Saldoverzinsung in § 355 I HGB eine Ausnahme vom Zinseszins-Verbot (§§ 248, 289 BGB, § 353 I 2 HGB) ergibt. Die eingestellten Forderungen gehen mit der Einstellung nicht unter, aber sie verlieren ihre Selbstständigkeit und sind gleichsam gelähmt: Der Gläubiger kann sie nicht einzeln geltend machen und eine gesonderte Aufrechnung ist ausgeschlossen. Der Schuldner kann ihretwegen nicht in Verzug geraten und die Verjährung ist gemäß § 205 BGB gehemmt.

353

Diese „Lähmung" wirkt auch Dritten gegenüber. Mit der Einstellung ist eine einzelne Abtretung ausgeschlossen (§ 399 2. Alt. BGB); § 354a HGB steht dem nicht entgegen. Vor allem führt der Verlust der Selbstständigkeit auch dazu, dass die Einzelforderungen von Gläubigern des Forderungsinhabers nicht gepfändet werden können. Das bedeutet freilich nicht, dass man sich per Kontokorrent seinen Gläubigern entziehen könnte, denn § 357 HGB lässt die Pfändung des Saldos zu.

354

8.3.5.3 Die periodische Verrechnung

Die Verrechnung der eingestellten Einzelforderungen erfolgt aufgrund der Verrechnungsabrede in den vereinbarten Zeitabständen. Nach § 355 II HGB geschieht das im Zweifel jährlich. Parteiabreden gehen aber vor.

355

Beispiele: Die Banken-AGB sehen eine quartalsweise Verrechnung vor (Zwischensalden dienen nur der Information). Beim sog. Staffelkontokorrent findet die Verrechnung nicht in festgelegten Perioden statt, sondern mit jeder neu eingestellten Forderung.

356 Anders als bei der Aufrechnung (§§ 389 ff. BGB) ist also keine gesonderte Aufrechnungserklärung erforderlich. Andererseits hat die periodische Verrechnung aber auch noch keine Tilgungswirkung.

8.3.5.4 Die Feststellung des Überschusses (Saldoanerkenntnis)

357 Aus der periodischen Verrechnung der Forderungen ergibt sich ein Überschuss zugunsten einer Partei. Der wirtschaftliche Sinn des Kontokorrents besteht darin, die Einzelforderungen in einer dementsprechenden neuen Forderung dieser Partei zusammenzufassen. Diese neue Forderung entsteht nicht schon mit der Verrechnung, sondern erst mit der – auch im Gesetzestext getrennten – Feststellung des Überschusses. Dazu müssen die Parteien den Saldo vertraglich anerkennen.

> **Hintergrund:** Für solch ein abstraktes Schuldanerkenntnis ist nach § 781 BGB an sich die Schriftform erforderlich; das gilt nach § 782 BGB aber nicht, weil es aufgrund einer Abrechnung erfolgt. Daher ist auch die in den Banken-AGB vorgesehene Gestaltung zulässig, dass das kontoführende Institut den Saldo quartalsweise mitteilt und dieser anerkannt ist, wenn der Kunde nicht innerhalb von vier Wochen widerspricht.

358 Mit dem Anerkenntnis entsteht eine neue, abstrakte Forderung, die von den Einzelforderungen unabhängig ist, einer einheitlichen Verjährung unterliegt usw. Umstritten ist dagegen das Schicksal der saldierten Einzelforderungen.

> **Hintergrund:** Nach der Rechtsprechung gehen die Einzelforderungen mit Entstehung der abstrakten Saldoforderung unter (Novation). In der Lehre wird dagegen eingewandt, dass auch sonst die Begründung einer abstrakten neuen Verbindlichkeit die alte unberührt lässt (z.B. bei Wechsel und Scheck, vgl. § 364 II BGB).

359 Der Streit ist aber zumindest für die wichtigste Frage – was geschieht mit Sicherheiten an Einzelforderungen? – wegen § 356 HGB irrelevant. Die für die Einzelforderungen bestellten Sicherheiten bleiben in Kraft und dienen insoweit als Sicherheit, als sich Einzelforderung und Saldo decken.

> **Beispiel:** Buchhändler B steht in laufender Geschäftsbeziehung mit dem V-Verlag; sie haben ein Kontokorrent mit halbjährlicher Verrechnung vereinbart. Im 1. Halbjahr 2003 werden B 3.200 € aus Remissionen gutgeschrieben. Wegen finanzieller Engpässe bestellt er lange nichts. Eine Bestellung im Wert von 8.000 € nimmt der V-Verlag erst entgegen, als sich C dafür verbürgt. Nach Rechnungsabschluss erkennen B und V den Saldo von 4.800 € zugunsten des V an. Nach § 356 I HGB setzt sich die Bürgenhaftung des C in Höhe dieser 4.800 € fort. Dasselbe würde nach § 356 II HGB gelten, wenn C der Schuld des B beigetreten wäre.

8.3.5.5 Beendigung des Kontokorrents

Das Kontokorrent endet mit der Geschäftsverbindung. Eine Kündigung ist im Zweifel jederzeit möglich, auch während einer Rechnungsperiode (§ 355 III HGB); gegebenenfalls sind die Einzelforderungen zu begleichen oder aufzurechnen. Die Pfändung eines Saldos führt nicht zur Beendigung, sondern nur zur Bildung eines Zwischensaldos. Das Kontokorrent endet dagegen mit der Insolvenz einer Partei (§ 91 InsO).

360

8.4 Versicherungsgeschäfte

8.4.1 Übersicht

Das private Versicherungsgeschäft – im Unterschied zur Sozialversicherung nach dem SGB – ist entgegen ursprünglichen Plänen nicht mit im HGB geregelt worden, sondern im Versicherungsvertragsgesetz (VVG), dem Spezialgesetze wie das Pflichtversicherungsgesetz (PflVG) und das Versicherungsaufsichtsgesetz (VAG) zur Seite stehen. Gleichwohl waren Versicherungsgeschäfte nach § 1 II Nr. 3 HGB a.F. Grundhandelsgeschäfte und sind auch heute zumindest einseitige Handelsgeschäfte, da als private Versicherer nur Formkaufleute zugelassen sind (§§ 7, 16 VAG).
Das 2007 neu gefasste VVG enthält in seinem Allgemeinen Teil zunächst Vorschriften für alle Versicherungszweige (§§ 1-73) und anschließend Vorschriften für die Schadensversicherung (§§ 74-99). Der Besondere Teil enthält Regeln für einzelne Versicherungszweige: Auf die Schadensversicherungen (Haftpflicht-, Rechtsschutz-, Transport- und Gebäudefeuerversicherung) folgen die Personenversicherungen (Lebens-, Berufsunfähigkeits-, Unfall- und Krankenversicherung).[97]

361

8.4.2 Allgemeine Regeln

Über den Versicherungsvertrag hat der Versicherer dem Versicherungsnehmer eine (zumindest maschinell) unterschriebene Urkunde auszuhändigen (Versicherungsschein). In den Vertrag sind regelmäßig umfangreiche Versicherungsbedingungen (AGB) einbezogen. Musterbedingungen sind im Internet abrufbar und über die Kommentarliteratur zugänglich.[98]

362

---

[97] Vgl. insg. Wandt, Versicherungsrecht (Heymanns).
[98] Vgl. www.gdv.de; Prölss/Martin, VVG (C.H. Beck).

8.4.2.1 Pflichten des Versicherers

363 Hauptpflicht des Versicherers ist es gemäß § 1 I VVG, nach Eintritt des Versicherungsfalls die vereinbarte Leistung zu bewirken. Er muss also bei der Schadensversicherung den verursachten Schaden in Geld ersetzen (§§ 74 ff. VVG), bei der Lebensversicherung den Kapital- oder Rentenbetrag an den Versicherten oder sonst Bezugsberechtigten zahlen (§§ 150, 159 ff. VVG, §§ 328, 331 BGB) usw.

364 Soweit er einen Schaden ersetzt, für den ein Dritter verantwortlich ist, gehen nach § 86 I 1 VVG Schadensersatzansprüche des Versicherungsnehmers gegen den Dritten auf ihn über.

> **Beispiel:** S zerkratzt fahrlässig den Wagen des G, der bei V kaskoversichert ist. G hat einen Anspruch gegen S aus § 823 I BGB und gegen V aus § 1 VVG (i.V.m. den AKB[99]). Wenn V dem G den Schaden ersetzt, kann sie den nach § 86 I 1 VVG übergegangenen deliktischen Anspruch gegen S geltend machen. Am Ende bleibt also S auf dem Schaden sitzen (oder seine Haftpflichtversicherung).
>
> **Hintergrund:** Die Vorschrift ist nach § 194 I 1 VVG auch für die private Krankenversicherung anwendbar und eine ähnliche Legalzession ist auch im Sozialversicherungsrecht vorgesehen (§ 116 SGB X). Auch sonst finden sich Legalzessionen häufig zur Regressabsicherung (vgl. z.B. §§ 426 II, 774 und 1143 BGB).

365 Als Nebenpflichten des Versicherers kommen insbesondere Informations- und Beratungspflichten hinzu, wobei er für seine Versicherungsvertreter über § 278 BGB haftet. Beratungsfehler können gemäß §§ 280 I, 241 II, 311 II, III BGB dazu führen, dass der Versicherer Schäden regulieren muss, die zu den an sich ausgeschlossenen Risiken gehören.

> **Beispiel:** VWL-Student G stammt aus Ankara und kauft sich für eine Heimfahrt ein Auto. Die B-Bank finanziert den Kauf und vertritt bei Abschluss des Versicherungsvertrags die V. Da die B den Vertragszweck kannte, hätte sie G darauf hinweisen müssen, dass die Versicherung Unfälle im asiatischen Teil der Türkei nicht deckt. Für diese vorvertragliche Pflichtverletzung haftet V gemäß §§ 280 I, 241 II, 311 II, 278 BGB und muss den Schaden daher regulieren, da G bei gehöriger Aufklärung für Deckung gesorgt hätte.

8.4.2.2 Pflichten des Versicherungsnehmers

366 Die Hauptpflicht des Versicherungsnehmers besteht nach §§ 1 II, 33 ff. VVG in der Prämienzahlung. Zahlungsverzögerungen können dazu führen, dass der Versicherungsschutz entfällt (§§ 37 f. VVG). Zu den Nebenpflichten gehören insbesondere die vorvertraglichen Informationspflichten, deren Verletzung zu einem

---

[99] AKB sind die Allgemeinen Bedingungen für die Kfz-Versicherungen, also Muster-AGB (Rn 362).

Rücktritts- oder Anfechtungsrecht führen können (§§ 19 ff. VVG), das grundsätzliche Verbot der Vergrößerung des versicherten Risikos (§§ 23 ff. VVG) und die Informationspflichten im Versicherungsfall (§§ 30 f. VVG).

> **Beispiele:** Wer bei Abschluss einer Kranken- oder Lebensversicherung sein schweres Asthma verschweigt, muss gemäß § 19 II VVG mit einem Rücktritt (oder gar einer Täuschungsanfechtung nach § 123 I BGB, § 22 VVG) rechnen. Wenn der Versicherungsnehmer einen Schaden vorsätzlich verursacht, wird die Schadensversicherung nach § 81 I VVG von der Leistungspflicht frei. Verursacht er den Schaden grob fahrlässig, so kann sie nach § 81 II VVG ihre Leistungen der Schwere der Schuld entsprechend kürzen.

8.4.3 Besonderheiten der Kfz-Haftpflichtversicherung

Für die Kfz-Haftpflichtversicherung ergeben sich aus dem PflVG einige Besonderheiten. Zunächst ist nach § 1 PflVG grundsätzlich jeder Halter verpflichtet, für sich, den Fahrzeugeigentümer und den Fahrer eine Haftpflichtversicherung abzuschließen, die die durch den Fahrzeuggebrauch verursachten Schäden deckt.

Die prüfungstechnisch wichtigste Besonderheit ergibt sich daraus, dass der Geschädigte nach § 115 I 1 Nr. 1 VVG i.V.m. § 1 PflVG einen Direktanspruch gegen den Versicherer hat. Dieser Direktanspruch besteht im Interesse des Verkehrsopferschutzes nicht nur, soweit der Versicherer auch dem Versicherungsnehmer einstandspflichtig ist, sondern nach §§ 115 I 2, 117 I-IV i.V.m. § 3 PflVG auch darüber hinaus.

> **Beispiel:** Ein Geschädigter kann die Haftpflichtversicherung des N auch dann direkt in Anspruch nehmen, wenn sie intern wegen eines Prämienverzugs von der Leistung frei ist oder das Versicherungsverhältnis schon beendet hatte.

Der Direktanspruch schließt den Anspruch gegen den Versicherungsnehmer nicht aus. Vielmehr haften beide nach § 115 I 3 VVG als Gesamtschuldner (§§ 421 ff. BGB). Im Innenverhältnis ist der Versicherer allerdings im Rahmen seiner Leistungspflicht allein verpflichtet (§ 116 I VVG).

Beispiel: S fährt mit seinem bei V haftpflichtversicherten Pkw mit deutlich überhöhter Geschwindigkeit den Radfahrer G an. Gs Schürfwunden müssen behandelt werden; die Kosten von 300 € übernimmt die DAK. Zudem muss Gs Rad repariert werden (200 €).

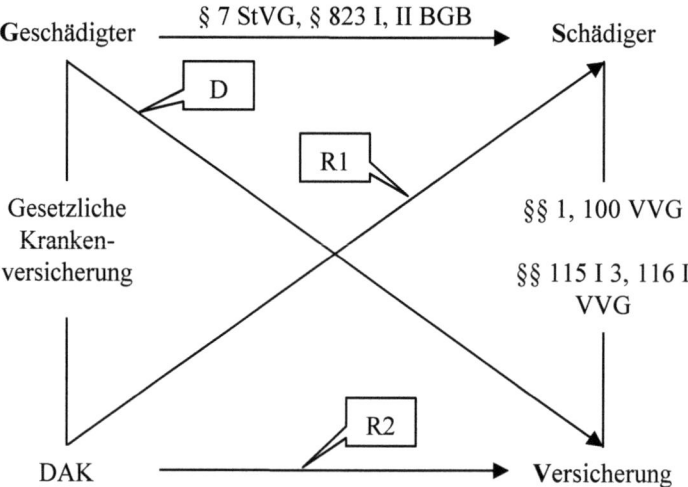

G hat Ansprüche aus § 7 I StVG und § 823 I und II BGB gegen S und aus § 115 I 1 Nr. 1 i.V.m. § 1 PflVG einen Direktanspruch gegen V (Pfeil D). Da die DAK die Kosten der Heilbehandlung übernimmt, gehen die Ansprüche i.H.v. 300 € nach § 116 SGB X auf sie über. Das gilt auch für den Direktanspruch, so dass zwei Regressansprüche entstehen (R1, R2). S und V haften nach § 115 I 3 VVG als Gesamtschuldner. Im Innenverhältnis hat V den Schaden allein zu ersetzen (§ 116 I VVG), da sie ihm nach §§ 1, 100 VVG zur Regulierung verpflichtet ist.

8.5 Wiederholungsaufgaben

8.5.1 Multiple-Choice-Fragen

1. Der Kommissionär
   (a) handelt im eigenen Namen und für fremde Rechnung
   (b) handelt im fremden Namen und für eigene Rechnung
   (c) übernimmt den An- und Verkauf von Waren und Wertpapieren
   (d) übernimmt den An- und Verkauf von Waren, nicht aber von Wertpapieren
   (e) ist stets Kaufmann

2. Im Fall der Einkaufskommission erwirbt der Kommittent Eigentum an der Ware
   (a) unmittelbar
   (b) regelmäßig durch Übereignung nach § 929 S. 1 BGB
   (c) regelmäßig durch Übereignung nach §§ 929 S. 1, 930 BGB
   (d) regelmäßig durch ein Geschäft für den, den es angeht

3. Der Kommittent wird vor Abschluss des Abwicklungsgeschäfts geschützt durch
   (a) die Grundsätze der Drittschadensliquidation
   (b) die Fiktion der Vorausabtretung in § 392 II HGB
   (c) die Unwirksamkeit von Abtretungsverboten nach § 354a HGB
   (d) die Übereignung mit antizipiertem Besitzkonstitut

4. Handelsvertreter
   (a) werden regelmäßig für einen Unternehmer tätig
   (b) fallen nur unter die §§ 84 ff. HGB, wenn sie für einen gewerblichen Unternehmer tätig werden
   (c) haben Vertretungsmacht für Verkaufs- und Inkassogeschäfte
   (d) können angestellt oder selbstständig sein

5. Der Handelsvertreter hat nach dem Gesetz regelmäßig Anspruch auf
   (a) Versorgung mit den erforderlichen Informationen und Materialien
   (b) Provision für abgeschlossene und ausgeführte Geschäfte
   (c) Provision für abgeschlossene, aber nicht ausgeführte Geschäfte
   (d) Ausgleich bei Beendigung des Vertragsverhältnisses
   (e) Aufwendungsersatz

6. Der Kommissionsagent ist vertragstypologisch einzuordnen zwischen
   (a) Kauf und Kommission
   (b) Kommissionär und Handelsvertreter
   (c) Kommissionär und Vertragshändler
   (d) Kunsthandel und Geheimdiensttätigkeit

7. Die Haftung des Frachtführers ist beschränkt
   (a) durch eine Exkulpationsmöglichkeit wie in § 280 I 2 BGB
   (b) bei Güterschäden durch den Wert des Gutes
   (c) bei Güterschäden nach Volumen des Gutes
   (d) bei Verspätungsschäden in Höhe des doppelten Frachtbetrags

8. Die Überweisung
   (a) ist Weisung nach § 665 BGB
   (b) erfolgt aufgrund eines Vertrags
   (c) setzt einen Girovertrag voraus

9. Das Kontokorrent ist gekennzeichnet durch
   (a) die Beteiligung zweier Kaufleute
   (b) die Beteiligung eines Kaufmanns
   (c) eine laufende Geschäftsverbindung
   (d) eine laufende Verrechnung
   (e) eine periodische Verrechnung.

10. Das Kontokorrent endet mit
    (a) der Pfändung des Saldos
    (b) der Insolvenz einer Partei
    (c) dem Ende der Geschäftsverbindung
    (d) Kündigung während einer Rechnungsperiode.

8.5.2 Weitere Wiederholungsaufgaben

371
1. Was ist ein Gelegenheitskommissionär? Ist er stets Kaufmann?

2. Welche drei Geschäfte sind im Rahmen einer Kommission auseinanderzuhalten?

3. Beschreiben Sie kurz Funktion und Wirkung des § 392 II HGB.

4. Unterliegt ein Handelsvertreter einem Wettbewerbsverbot?

5. Nennen Sie die Voraussetzungen für den Provisionsanspruch des Handelsvertreters.

6. Nennen Sie die wichtigsten Bankgeschäfte. Wo können Sie eine gesetzliche Aufzählung nachlesen?

7. Gelten die §§ 675c ff. BGB auch für Daueraufträge und Kreditkartenzahlungen?

8. Nennen Sie die vier Merkmale eines Kontokorrents und die drei Stationen auf dem Weg zur Saldoforderung.

9. Was ist ein Staffelkontokorrent?

10. Was geschieht mit Forderungen, die in ein Kontokorrent eingestellt werden?
11. Beschreiben Sie die Rechtsfolgen des Saldoanerkenntnisses.
12. Was geschieht in einem Kontokorrent mit Sicherheiten, die für Einzelforderungen bestellt worden sind?
13. Wie ordnen sich die Haftpflichtversicherung und die Rechtsschutzversicherung in das System der Versicherungszweige ein?
14. Kann ein Schadensversicherer einen für den Schaden verantwortlichen Dritten in Regress nehmen?
15. Kann ein Geschädigter die Haftpflichtversicherung des Schädigers auch direkt in Anspruch nehmen?

8.5.3 Lösungshinweise zu den Multiple-Choice-Fragen

1. Richtig sind Antworten (a) und (c), vgl. § 383 I HGB und oben Rn 305. Antwort (e) ist falsch, da § 383 HGB auch Kleingewerbetreibende ohne Eintragung erfasst (vgl. Abs. 1 „gewerbsmäßig" und Abs. 2). **372**
2. Richtig ist Antwort (c), vgl. Rn 312.
3. Richtig sind die Antworten (a), (b) und (d), s.o. Rn 310 ff.
4. Keine Antwort ist in dieser Form richtig. Handelsvertreter können grundsätzlich für mehrere Unternehmer tätig werden (a), und zwar für gewerbliche wie nichtgewerbliche (b). Sie haben als Vermittlungsvertreter nach § 91 II HGB nur eine sehr eingeschränkte Vertretungsmacht, die Verkäufe nicht deckt, und auch Abschlussvertreter sind nach §§ 91 I, 55 III HGB nicht ohne weiteres zu Inkassogeschäften ermächtigt (c). Handelsvertreter i.S.d. § 84 HGB sind nur Selbstständige (d). Vgl. insg. Rn 313 ff.
5. Richtig sind die Antworten (a), (b) und (d), s.o. Rn 316 ff.
6. Richtig ist Antwort (b), s.o. Rn 323.
7. Richtig ist Antwort (b). Antwort (a) ist nicht richtig, da die Entlastung nach § 426 HGB strengere Anforderungen stellt als § 280 I 2 BGB. Antwort (c) ist nur für Umzugsverträge richtig (§ 451e HGB), ansonsten entscheidet nach § 431 HGB das Gewicht des Gutes. Antwort (d) ist falsch, da die Höchstgrenze nach § 431 III HGB beim dreifachen Frachtbetrag liegt.
8. Richtig ist Antwort (b). Grundlage ist ein Zahlungsdienstevertrag, der nach § 675f I, II BGB ein Einzel- oder Rahmenvertrag sein kann.

Grundkurs - 8 Weitere Handelsgeschäfte

9. Richtig sind Antworten (b), (c) und (e), s.o. Rn 351.

10. Richtig sind die Antworten (b) - (d), s.o. Rn 360.

8.5.4 Lösungshinweise zu den weiteren Wiederholungsaufgaben

1. Gelegenheitskommissionär ist ein Gewerbetreibender (nicht notwendig Kaufmann), der nicht gewerblicher Kommissionär ist, aber gelegentlich Kommissionsgeschäfte tätigt (§ 406 I 2 HGB).

2. Zu trennen sind das Kommissionsgeschäft, das Ausführungsgeschäft und das Abwicklungsgeschäft.

3. § 392 II HGB schützt den Kommittenten vor Verlusten, indem er ihm Forderungen aus dem Ausführungsgeschäft schon vor Abtretung zuordnet. Diese Zuordnung gilt nur dem Kommissionär und seinen Gläubigern gegenüber (s.o. Rn 311).

4. Neben § 90 HGB ist ein Wettbewerbsverbot nicht gesondert normiert, es folgt aber aus der allgemeinen Interessenwahrungspflicht nach § 86 HGB (s.o. Rn 317).

5. Der Anspruch aus § 87 HGB setzt grundsätzlich voraus: (1) ein wirksames Handelsvertreterverhältnis, (2) den Abschluss eines Geschäfts, (3) die Kausalität der Vertretertätigkeit und (4) die Ausführung des Geschäfts (§ 87a HGB). S.o. Rn 318.

6. Zu den Bankgeschäften i.S.d. § 1 I 2 KWG gehören insbesondere das Einlagengeschäft, das Kreditgeschäft, die Finanzkommission (Effektengeschäft usw.), das Depotgeschäft und das Girogeschäft.

7. §§ 675c ff. BGB gelten für alle Zahlungsdienste (vgl. § 1 II ZAG und oben Rn 342). Dazu gehören auch Daueraufträge als Überweisungsvertrag für wiederkehrende Buchungen und Kreditkartenzahlungen.

8. Die vier Merkmale sind (1) laufende Geschäftsverbindung mit einem Kaufmann, (2) Einstellung der gegenseitigen Forderungen in eine laufende Rechnung, (3) periodische Verrechnung und (4) Saldofeststellung. Die Merkmale 2 bis 4 beschreiben zugleich die drei Stationen auf dem Weg zur Saldoforderung.

9. Beim Staffelkontokorrent findet die Verrechnung nicht in festgelegten Perioden statt, sondern mit jeder neu eingestellten Forderung (s.o. Rn 355).

10. Die Einstellung einer Forderung bewirkt eine „Lähmung". Die Forderung kann nicht geltend gemacht, abgetreten oder gepfändet werden. Ein Verzug ist ausgeschlossen, die Verjährung gehemmt. S.o. Rn 353 f.

11. Das Saldoanerkenntnis ist ein abstraktes Schuldanerkenntnis (§ 781 BGB). Damit entsteht eine neue, abstrakte Forderung, die an die Stelle der Einzelforderungen tritt. S.o. Rn 357 f.

12. Nach § 356 HGB bleiben die Sicherheiten in Kraft und gelten nach Anerkennung für den Saldo (s.o. Rn 359).

13. Das VVG unterscheidet Schadensversicherungen von Personenversicherungen und ordnet die Haftpflichtversicherung und die Rechtsschutzversicherung bei ersterer ein (s.o. Rn 361).

14. Ja, aufgrund der Legalzession gemäß § 86 I 1 VVG (s.o. Rn 364).

15. Grundsätzlich nein, nach § 100 VVG ist der Haftpflichtversicherer nur dem Versicherungsnehmer verpflichtet. Eine Ausnahme gilt für die Kfz-Haftpflicht gemäß § 115 I 1 Nr. 1 VVG. S.o. Rn 368.

Vertiefungskurs

1 Grundlagen

Handelsrecht: Sonderprivatrecht der Kaufleute
- Modifikation des BGB: Vorrangige Spezialregeln (Art. 2 EGHGB)
- für „Kaufleute": Gewerbliche Unternehmen (§§ 1 II, 2 HGB)
  Handelsgesellschaften (§ 6 HGB)
- öffentlich-rechtliche Ergänzungen (Register, Firma, Rechnungslegung usw.)

Rechtsgeschichtliche Stationen
- Hochmittelalter: Gewohnheitsrecht und Stadtrechte (insb. Italien, auch Hanse)
- Frankreich: Erste flächendeckende Kodifikation 1673, dann Code de Commerce (1807)
- Deutschland: ADHGB (1861), ROHG (1869/71), HGB (1900)

Rechtsgrundlagen
- HGB + „Nebengesetze" (EGHGB, HRV, ZPO, GVG, FamFG)
- Gesetze in Spezialgebieten
  (z.B. Transportrecht, Bank- und Börsenrecht, Versicherungsrecht)
- Gewohnheitsrecht
- EU-Recht (insb. VO und Richtlinien)
- Internationales Recht (z.B. CISG, CMR)
- Keine Rechtsnormen:
  Handelsbräuche, Handelsklauseln (z.B. Incoterms), kfm. AGB

Charakteristika handelsrechtlicher Normen
- Entgeltlichkeit
- Schnelligkeit und Leichtigkeit
- Publizität und Vertrauensschutz
- Internationalität

Grundregeln für die Fallprüfung im Handelsrecht
- Prüfung nach allg. Regeln wie BGB (Anspruchsaufbau)
- Vorrang von HGB-Normen
  Prüfung innerhalb des allgemeinen Prüfungsverlaufs
- Häufigste Prüfungspunkte:
  ⇒ Kaufmannseigenschaft → §§ 1 ff HGB (auch Handelsges. → § 6 HGB)
  ⇒ Handelsgeschäft (einseitig/beiderseitig) → §§ 343 ff. HGB

1.1 Vertiefungsfragen

374

1. Unterfallen Handelsgesellschaften dem Handelsrecht oder dem Gesellschaftsrecht?
2. Gehören die §§ 59-83 HGB eher zum Handelsrecht oder zum Arbeitsrecht?
3. Worin ist die besondere Bedeutung der italienischen Stadtrechte in der Renaissance und des französischen Code de Commerce im 19. Jahrhundert begründet?
4. Wieso konnte es vor der Reichsgründung 1871 schon ein „Allgemeines Deutsches Handelsgesetzbuch" geben?
5. Wirkt Handelsrecht auch heute als Motor der Rechtsangleichung?
6. Gibt es überall in Europa Handelsgesetzbücher? Knüpfen sie überall wie die §§ 1 ff HGB beim „Handelsstand" an?
7. Was sind „Handelssachen" i.S.d. GVG und der EuGVVO?
8. Was verbinden Sie mit den folgenden Namen
   a) Levin Goldschmidt
   b) Hermann Staub
   c) Claus Wilhelm Canaris und Karsten Schmidt?
9. Nennen Sie Beispiele für den Einfluss des EU-Rechts im Handelsrecht. Lässt sich von einem „Europäischen Handelsrecht" sprechen?
10. Erläutern Sie die folgenden Begriffe
    a) Industrie- und Handelskammer
    b) Internationale Handelskammer
    c) Kammer für Handelssachen

1.2 Übungsfälle

375

1. Kaufmann K begleitet seinen Sohn S, der für den Dachausbau seines Hauses bei der B-Bank-AG einen Kredit aufnehmen will. Zum Abschluss eines Darlehensvertrags kommt es erst, als K sich für die Rückzahlung verbürgt. Der Bank-Angestellte notiert das, und S bestätigt das mit seiner Unterschrift; K unterschreibt nichts. Als S drei Jahre später mit der Rückzahlung in Verzug gerät, verlangt die B-Bank-AG Zahlung von K.

2. K bestellt bei V Rohstoffe, Lieferung „20.-23.2., keine Nachfrist". V liefert bis zum 24.2. nicht, sondern bittet noch um einige Tage Geduld. Wie ist die Rechtslage, (a) wenn K kein Kaufmann ist, (b) wenn K Kaufmann ist?

1.3 Übungen zur Kommentararbeit

Beantworten Sie anhand des Kommentars Baumbach/Hopt, Handelsgesetzbuch, die folgenden Fragen.

1. Vollziehen Sie die Ausführungen zu Gegenstand, Charakteristika, Geschichte und Rechtsquellen des Handelsrechts noch einmal anhand der Kommentierung nach.
2. Nennen Sie 3-5 wesentliche HGB-Reformen seit 1900.
3. Nennen Sie Beispiele für internationale Rechtsangleichung im Handelsrecht.
4. Nennen Sie Gründe für die besondere Bedeutung der Schiedsgerichtsbarkeit in Handelssachen.
5. Sind Gerichtsstandsvereinbarungen nach deutschem und europäischem Verfahrensrecht zulässig?

1.4 Lösungshinweise: Vertiefungsfragen

1. Die Vorschriften des HGB gelten nach seinem § 6 auch für Handelsgesellschaften und hier hat das HGB sein Hauptanwendungsfeld, da es wesentlich mehr Handelsgesellschaften als Einzelkaufleute gibt. Zudem enthält das HGB in §§ 105 ff. das OHG- und KG-Recht (und enthielt bis 1937 auch das Aktienrecht). Das Recht der Handelsgesellschaften lässt sich daher als Teil des Handelsrechts auffassen – und wird in vielen Rechtsordnungen so aufgefasst. Andererseits behandelt das Gesellschaftsrecht nicht nur Handelsgesellschaften, sondern z.B. auch Vereine, BGB-Gesellschaften und Genossenschaften und wird vielfach als eigenständige Disziplin verstanden – freilich mit vielen Verbindungen zum Handelsrecht.[100]

2. Die §§ 59-83 HGB behandeln das Dienstverhältnis von Handlungsgehilfen und Handlungslehrlingen und werden heute dem Arbeitsrecht zugeordnet. Die Regelung im HGB ist historisch bedingt: Früher wurden sie dem „Handelsstand" zugerechnet und das Arbeitsrecht war noch nicht so entwickelt. Diese standesrechtliche Sicht auch der „Prokuristen" hat übrigens ebenso dazu geführt, dass das Stellvertretungsrecht der §§ 48 ff. HGB nicht mit den anderen Modifikationen des BGB AT im vierten Buch geregelt ist.

3. In der Wendezeit vom Mittelalter zur Neuzeit waren die Stadtrechte die dominierenden Partikularrechte. Dabei spielten die italienischen See- und Handelsstädte schon wegen der herausragenden Bedeutung des Mittelmeerhandels eine besondere wirtschaftliche Rolle. Hinzu kamen die allgemeine kulturelle Blüte

---

[100] Vgl. nur Karsten Schmidt, HR, § 1 II 3.

und die Weiterentwicklung der Rechtswissenschaft durch die Wiederentdeckung des römischen Rechts.

Frankreich war früh ein einheitlicher Flächenstaat, der im Merkantilismus auch eine einheitliche Kodifizierung des Handelsrechts (1673/81) erhielt. Darauf baute der Code de Commerce von 1807 auf, der in weiten Teilen Europas vom Rheinland bis Spanien die dortigen Partikularrechte ersetzt hat und wichtigster Bezugspunkt für spätere Reformen blieb. Auch die Reformen im Deutschen Bund, die zum ADHGB führten, orientierten sich stärker am Code de Commerce als z.B. am Kaufmannsrecht des preußischen Allgemeinen Landrechts von 1794.[101]

380   4. Die Rechtszersplitterung in Deutschland behinderte besonders den Handelsverkehr. Daher gab es hier verstärkte Bemühungen um Rechtsvereinheitlichung. So wurde 1847 auf einer Konferenz in Leipzig eine Allgemeine Deutsche Wechselordnung ausgearbeitet, die nach Scheitern der Frankfurter Nationalversammlung in den einzelnen Staaten parallel in Kraft trat (ADWO von 1848). Nach ähnlichem Muster wurde der Entwurf eines ADHGB 1857 von einer Nürnberger Konferenz erarbeitet, 1861 von der Bundesversammlung des Deutschen Bundes empfohlen und im Wege der Parallelgesetzgebung eingeführt. Ebenfalls noch vor der Reichsgründung hat man in Leipzig das Bundesoberhandelsgericht installiert. 1871 wurden das ADHGB Reichsgesetz und das Gericht Reichsoberhandelsgericht. Mit der Reichseinheit verbreitete sich auch das Programm der Rechtsvereinheitlichung. Die Reichsjustizgesetze (GVG, ZPO, StPO, KO) vereinheitlichten 1879 weite Teile des Verfahrensrechts und aus dem ROHG wurde das Reichsgericht. Das BGB beendete schließlich die Rechtszersplitterung im allgemeinen Privatrecht – und verallgemeinerte zahlreiche zuvor handelsrechtliche Rechtssätze.

381   5. Handels- und Wirtschaftsrecht sind tendenziell dynamischer und internationaler ausgerichtet als das allgemeine Privatrecht. Dadurch werden sie häufiger zum Motor für weiterreichende Modernisierungen und Angleichungen.

> **Beispiele:** Die Entwicklung von der EWG zur EU. Das UN-Kaufrecht als Recht des Handelskaufs und Basis europäischer und weltweiter Angleichung des Vertragsrechts.

382   6. In manchen Rechtsordnungen – wie der englischen – ist das Privatrecht ohnehin nicht durchgängig kodifiziert (Fallrecht). Andere, wie die Schweiz, haben ein Zivilgesetzbuch, aber kein HGB. In Italien und den Niederlanden wurde das zunächst gesondert kodifizierte Handelsrecht in die allgemeinen Zivilgesetzbücher integriert.

Die bestehenden Handelsgesetzbücher folgen oft dem Code de Commerce. Dem nach der französischen Revolution vorherrschenden Geist entsprechend

---

[101] S. z.B. Coing, Europäisches Privatrecht, I (1985) §§ 106 ff., II (1989) §§ 109 ff.

ist der Code de Commerce nicht als Standesrecht konzipiert, sondern regelt vorrangig bestimmte Handelsgeschäfte (sog. objektive Anknüpfung). Das deutsche HGB mit seiner vorrangig subjektiven Anknüpfung ist in Österreich übernommen worden. 2005 wurde es in ein Unternehmensgesetzbuch umgestaltet.[102]

7. In §§ 93 ff. GVG sind die Kammern für Handelssachen geregelt. Sie sind bei den Landgerichten eingerichtet und mit einem Berufsrichter als Vorsitzendem sowie zwei ehrenamtlichen Richtern besetzt, die als eingetragene Kaufleute, Prokuristen, Geschäftsführer usw. für Praxisnähe sorgen sollen. Der Kreis der „Handelssachen" (§ 95 GVG) rührt von der Zuständigkeit des ROHG her und ist weiter gezogen als das im HGB Geregelte (z.B. Wechsel- und Scheckrecht, Kennzeichenrecht, Lauterkeitsrecht und auch Kartellrecht [§ 87 II GWB]).
Die EuGVVO gilt nach ihrem Art. 1 für „Zivil- und Handelssachen". „Handelssachen" werden hier aber nicht von den Zivilsachen abgegrenzt, sondern gehören dazu. Für Art. 1 Rom I-VO und Rom II-VO gilt das ebenso. **383**

8. a) Levin Goldschmidt (1829-1897) gilt als bedeutendster deutscher Handelsrechtler (Professor in Heidelberg, dann Berlin, ROHG-Richter, Begründer der ZHR, Hauptwerk: „Handbuch des Handelsrechts" [unvollendet]). **384**
   b) Hermann Staub (1856-1904), Rechtsanwalt in Berlin, hat die Lehren von der positiven Vertragsverletzung und vom Scheinkaufmann entwickelt und den wichtigsten HGB-Kommentar begründet.
   c) Claus Wilhelm Canaris und Karsten Schmidt sind die Autoren der heute führenden Lehrbücher des Handelsrechts. Das Lehrbuch von Canaris ist durch eine spezifisch bürgerlichrechtliche Sichtweise geprägt („Variationen über *bürgerlich*rechtliche Themen"[103]). Hauptanliegen des Werks von Karsten Schmidt ist die Fortentwicklung des Handelsrechts zu einem Außenprivatrecht der Unternehmen,[104] ein weiteres wesentliches Kennzeichen die parallele und verwobene Darstellung von Handels- und Gesellschaftsrecht.

9. Stark „europäisiert" ist z.B. das Registerrecht (§§ 8 ff. HGB); hier schreibt die 2003 geänderte Publizitätsrichtlinie EU-weit elektronische Register vor und die §§ 13d ff. HGB gehen auf die Zweigniederlassungsrichtlinie zurück. Das Handelsvertreterrecht (§§ 84 ff. HGB) ist wesentlich durch die Handelsvertreterrichtlinie von 1986 geprägt. Am stärksten wird der EU-Einfluss im Bilanzrecht (§§ 238 ff. HGB) sichtbar (s.o. Rn 129). Erhebliche EU-Einflüsse sind z.B. auch im Bankrecht und Versicherungsrecht zu verzeichnen. Vor diesem Hintergrund wird teils von einem europäischen Handelsrecht gesprochen und teils für ein europäisches Handelsgesetzbuch plädiert.[105] **385**

---

[102] Vgl. nur Baumbach/Hopt, Einl v § 1 Rn 25.
[103] Canaris, HR, § 1 Rn 47 (Hervorhebung im Original).
[104] Vgl. dazu Karsten Schmidt, HR, § 3; Canaris, HR, § 1 Rn 23 ff. und 43 f.
[105] Vgl. nur Magnus, FS Drobnig (1998), 57 ff.

386 10. Die Industrie- und Handelskammern vertreten nach dem IHK-Gesetz als öffentlich-rechtliche Körperschaften die Interessen ihrer Mitglieder. Das sind mehr als 3 Mio. gewerbliche Unternehmen. Die Aufgaben der IHK haben zahlreiche Berührungspunkte mit dem HGB. So haben sie nach § 380 FamFG die Registergerichte zu unterstützen, sie beraten z.b. Existenzgründer auch über die Erforderlichkeit einer Handelsregistereintragung. Sie wirken bei der Bestellung von Handelsrichtern mit (§ 108 GVG) und erstatten z.b. – nach Mitgliederbefragung – sachverständige Gutachten, wenn prozessrelevante Handelsbräuche streitig sind. Parallelorganisationen sind insb. die Handwerkskammern und Landwirtschaftskammern.

Die Internationale Handelskammer in Paris (International Chamber of Commerce – ICC) gestaltet die internationale Handelspraxis insbesondere durch Richtlinien und Empfehlungen (z.B. Incoterms) und als Organ der Handelsschiedsgerichtsbarkeit.

Zur Kammer für Handelssachen s.o. Rn 383.

1.5 Lösungshinweise: Übungsfälle

387 **Fall 1: Dachausbau: Zahlungsanspruch der B-Bank-AG aus § 765 BGB**
Ein Anspruch der B gegen K aus § 765 BGB setzt neben einer Hauptverbindlichkeit (hier dem Darlehensvertrag des S) einen gültigen Bürgschaftsvertrag voraus. Dafür ist nach § 766 S. 1 BGB eine schriftliche Bürgschaftserklärung des K erforderlich. § 126 BGB verlangt dazu eine eigenhändige Namensunterschrift des K; ein vom Sohn unterschriebener Vermerk reicht nicht aus. Die Formvorschrift könnte allerdings nach § 350 HGB unanwendbar sein, da K Kaufmann ist. Die Vorschrift setzt allerdings voraus, dass die Bürgschaft für ihn ein Handelsgeschäft ist. Das ist sie nach § 343 HGB, wenn sie zum Betrieb seines Handelsgewerbes gehört. Hier liegt indes ein reines Privatgeschäft vor. Daher ist die Bürgschaft kein Handelsgeschäft, § 350 HGB greift nicht und es bleibt beim Formerfordernis des § 766 S. 1 BGB und der Formnichtigkeit des Bürgschaftsvertrags nach § 125 BGB. Ein Zahlungsanspruch der B gegen K aus § 765 BGB besteht daher nicht.

388 *Die Prüfung ist typisch: Anspruchsgrundlage aus dem BGB, daher setzt die Prüfung im BGB an und erst wo eine mögliche Modifikation in Betracht kommt, wird die maßgebliche HGB-Norm herangezogen. Bei ihrer Prüfung ergeben sich die beiden häufigsten Fragen: (1) Die Kaufmannsqualität des K ist im Sachverhalt vorgegeben, daher erfolgt keine Prüfung der §§ 1 ff. HGB. (2) Das Geschäft muss ein Handelsgeschäft sein. Das ist hier zu verneinen. Da der Sachverhalt eindeutige Angaben enthält (Kredit für private Zwecke, Bürgschaft aus familiärem Motiv), bleibt für die Vermutungsregel des § 344 HGB kein Raum. Im Fall einer schriftlichen Bürgschaft bliebe übrigens noch die Einrede der Vorausklage nach § 771 BGB. Auch hier gibt es in § 349 HGB zwar eine Modifikation; sie greift aber wiederum bei Privatgeschäften von Kaufleuten nicht ein.*

Fall 2: Fixgeschäft 389
Aufgrund der Abrede „Lieferung 20.-23. 2., keine Nachfrist" handelt es sich um ein relatives Fixgeschäft und durch die Fristversäumung gerät V nach § 286 II Nr. 1 BGB in Schuldnerverzug.

a) BGB-Regelung: Allgemein ergibt sich daraus nach § 323 I, II Nr. 2 BGB ein 390
sofortiges Rücktrittsrecht des K. Sofern er es nicht ausübt, bleibt es bei seinem Erfüllungsanspruch aus § 433 I BGB. Schadensersatz statt der Leistung kann er dagegen ohne weitere Fristsetzung nur unter den besonderen Umständen des § 281 II BGB verlangen, die hier nicht feststellbar sind.

b) Fixhandelskauf: Für den Fall eines Handelskaufs modifiziert § 376 HGB diese 391
Regelung. Einerseits kann K ohne Nachfrist nicht nur zurücktreten, sondern auch gleich Schadensersatz statt der Leistung verlangen (Abs. 1 S. 1). Andererseits behält er seinen Erfüllungsanspruch nach S. 2 nur nach einer entsprechenden Anzeige.

§ 376 HGB modifiziert die allgemeine Regelung für verspätete Leistungen also, 392
indem der Erfüllungsanspruch verkürzt und ein schnellerer Weg zum Schadensersatz statt der Leistung eröffnet wird (der nach Abs. 2 auch abstrakt berechnet werden kann). Die Vorschrift geht davon aus, dass es bei den meisten Handelskäufen nicht so sehr um den Kaufgegenstand als die damit verbundenen Umsatzmöglichkeiten geht und sorgt dafür, dass beide Parteien rasch ihre Dispositionsfreiheit wiedererlangen (Schnelligkeit und Leichtigkeit als Leitmotiv). Sie setzt aber kein beiderseitiges Handelsgeschäft voraus und es ist auch nicht Voraussetzung, dass gerade der Käufer Kaufmann ist (wäre im Sachverhalt angegeben, dass V Kaufmann ist, ergäben Varianten (a) und (b) keinen Unterschied.).
Im Prüfungsaufbau ist nach Anspruchsgrundlagen zu unterscheiden.

Für (b) ergibt sich: 393
Ansprüche und Gestaltungsrechte des Kaufmanns K
   1. Anspruch auf Erfüllung (Lieferung) aus § 433 I BGB
      a) Entstehung mit Kaufvertrag
      b) Untergang gemäß § 376 I 2 HGB?
         - Handelskauf (K = Kaufmann, Handelsgeschäft) (+)
         - Fixgeschäft (+)
         - Keine fristgerechte Leistung (+)
         - Sofortige Anzeige?
   2. Rücktrittsrecht, § 323 I, II Nr. 2 BGB (+)
   3. Anspruch auf Schadensersatz statt der Leistung, § 376 I 1 HGB
      a) Fixhandelskauf, s.o. (+)
      b) Schuldnerverzug, § 286 BGB (+)
      ⇒ Schadensersatz (+)

1.6 Lösungshinweise: Kommentararbeit

1. Vgl. Einl. v. § 1 Rn 1 ff., 4 ff., 8 ff., 16 ff.

2. Vgl. Einl. v. § 1 Rn 11 ff. Die wichtigsten Änderungen betrafen die Herausnahme des Aktienrechts (1937), die Einbeziehung aller Handwerker (1953 – s. auch § 1 Rn 26), die Umsetzung der Bilanzrichtlinien (1985), die Modernisierung der Kaufmanns- und Firmenvorschriften (1998) und die Transportrechtsreform (1998).

3. Vgl. Einl. v. § 1 Rn 27. Genannt sind die aus der Praxis entwickelten Incoterms und die Einheitlichen Richtlinien für Akkreditive und Inkassi (ERA und ERI), die im zweiten Teil des Kommentars („Handelsrechtliche Nebengesetze") unter (6), (11) und (12) kommentiert sind. Beispiele für Übereinkommen stammen aus dem Transportrecht (CIM, CIV, CMR – letztere kommentiert im 2. Teil unter (17)) und Wechsel- und Scheckrecht.

4. Vgl. Einl. v. § 1 Rn 88 ff.; die §§ 1025 ff. ZPO regeln das Schiedsverfahren zwar unabhängig von der Kaufmannsqualität der Beteiligten. Die wesentlichen Gründe für solche Verfahren (Einl. v. § 1 Rn 88: freie Schiedsrichterwahl, Sachkunde, Schnelligkeit, Diskretion und Flexibilität des Verfahrens) fallen aber gerade hier besonders ins Gewicht.

5. Das deutsche Verfahrensrecht gestattet Gerichtsstandsvereinbarungen in Auslandssachen generell, in Inlandssachen aber grundsätzlich nur Kaufleuten usw. (§ 38 I ZPO). In der EU gilt insb. die EuGVVO, die Gerichtsstandsvereinbarungen generell unabhängig von der Kaufmannseigenschaft anerkennt. Vgl. insg. Einl. v. § 1 Rn 86 f.

2 Unternehmer, Kaufleute und Handelsgesellschaften

Anknüpfung: HGB-Normen gelten für Kaufleute
- direkt oder über § 343 HGB (Handelsgeschäfte)
- teils Geltung für alle Gewerbetreibenden (§§ 84 ff., 383 ff. HGB)
- Geltung auch für Handelsgesellschaften / Formkaufleute (§ 6 HGB)

Einzelkaufleute

1. Gewerbe
- Selbstständig *(vgl. § 84 I 2 HGB)*
- Ausrichtung nach außen
- Planmäßig und dauerhaft
- Gewinnerzielungsabsicht/entgeltlich
- Kein freier Beruf *(vgl. § 1 II PartGG)*

2. Handelsgewerbe
- Regelfall (vermutet): Gewerbe ist Handelsgewerbe (§ 1 II HGB)
- Kleingewerbe
  (Art und Umfang: kein Erfordernis kfm. Einrichtung, z.B. Buchführung)
  § 2 HGB → Handelsgewerbe mit (freiwilliger) Eintragung
- Land- und Forstwirtschaft (§ 3 HGB): Handelsgewerbe, wenn eingetragen

3. Betreiber
Derjenige, in dessen Namen die Geschäfte geschlossen werden
(→Träger des Unternehmensrisikos)

OHG/KG vs. BGB-Gesellschaft
- § 105 HGB: Betrieb eines Handelsgewerbes? (s.o.)
- § 6 I HGB: Geltung des HGB

Formkaufleute (GmbH, AG usw.)
- Handelsgesellschaft / HGB-Geltung kraft gesetzlicher Bestimmung
- Unternehmensgegenstand unerheblich, § 6 II HGB

Sonderfälle
- § 5 HGB wenn Gewerbe + HR-Eintragung, aber kein Handelsgewerbe
- Scheinkaufmann, -OHG, -GmbH usw.

2.1 Vertiefungsfragen

395
1. Wie ist das Verhältnis der Begriffe Kaufmann (§ 1 I HGB) und Unternehmer (§ 14 BGB)?
2. Stadt S betreibt ihre Müllabfuhr (für 180.000 Einwohner) nicht kostendeckend. Gilt das HGB, wenn die Müllabfuhr (a) als Eigenbetrieb oder (b) als GmbH organisiert ist?
3. A betreibt eine Kleinkunstbühne und tritt wöchentlich einmal selbst auf. Ist er Kaufmann?
4. Wer ist in den folgenden Konstellationen Betreiber des Handelsgewerbes?
   a) A verpachtet seinen kaufmännischen Betrieb für 10 Jahre an B.
   b) C und D führen die Geschäfte für ihre minderjährige Tochter E.
   c) Insolvenzverwalter F führt die Geschäfte der G-GmbH.
   d) H gründet die H-GmbH und vermietet ihr Grundstück, Fabrikhalle und Inventar.
   e) I hat seine Geschäfte (selbstständige Softwareentwicklung) auslaufen lassen und sich zur Ruhe gesetzt, ist aber noch im Handelsregister eingetragen.
5. F betreibt mit zwei Auszubildenden einen Friseursalon und verkauft Haarpflegemittel (200.000 € Jahresumsatz). (a) Kann er sich ins Handelsregister eintragen lassen? (b) Kann er bei organisatorischer Trennung der Geschäfte nur für eines eine Firma eintragen lassen? (c) Oder für beide verschiedene?
6. Ist dem F (vorige Aufgabe) die Eintragung anzuraten?
7. Welche Wirkungen hat die Eintragung eines Istkaufmanns (§ 1 II HGB) im materiellen Handelsrecht und im Verfahrensrecht?
8. Gilt für Kleingewerbetreibende, die sich nach § 29 HGB haben eintragen lassen, § 2 HGB?
9. L baut auf seinem Gut Hopfen an und betreibt damit eine Brauerei in größerem Stil. Ist er Kaufmann?
10. Ist § 5 HGB anwendbar, wenn der Eingetragene (a) Freiberufler ist? (b) seinen Gewerbebetrieb aufgegeben hat? (c) als Istkaufmann gemäß § 29 HGB eingetragen wurde, aber nunmehr kleingewerblich agiert? (d) als Kleingewerbetreibender seinen Antrag nach § 2 S. 2 HGB zurückgenommen hat, aber durch ein Versehen des Registergerichts doch eingetragen wurde? (e) als Großgewerbetreibender ohne Antrag eingetragen wurde?
11. Welches sind die allgemeinen Voraussetzungen einer Rechtsscheinhaftung, was ist die Rechtsfolge? Wie verhält sich dazu die Lehre vom Scheinkaufmann?

12. Greift die Lehre vom Scheinkaufmann, wenn
    a) S seine Arztpraxis als „Sanatorium Dr. S e.K." bewirbt?
    b) Metzger M (Kleingewerbe, keine Eintragung) auf Nachfrage angibt, Kaufmann zu sein?
    c) A und B eine kleingewerbliche Buchhandlung führen und ohne Eintragung als „Berliner Bücherhaus A & Co." agieren?
    d) Handelsvertreter H Visitenkarten mit dem Aufdruck „H-GmbH" benutzt?
13. Sind Vor-Gesellschaften Formkaufleute?
14. Sind alle Formkaufleute Handelsgesellschaften oder umgekehrt?

2.2 Übungsfälle

1. Stadt S schreibt den Bau einer Kläranlage aus (Bauvolumen 48 Mio. €, Bauzeit 4 Jahre). Drei Bauunternehmen (A-GmbH, B-GmbH, C-GmbH) gründen eine Gesellschaft, um sich an der Ausschreibung zu beteiligen. Als die Gesellschaft den Zuschlag erhält, soll sie von den Büroräumen der A-GmbH aus tätig werden und die Aktivitäten der GmbHs koordinieren. Der Hauptgesellschafter der A-GmbH fragt, ob eine Eintragung ins Handelsregister erforderlich wird.

2. D erteilt seinem treuen Mitarbeiter E zum zehnjährigen Dienstjubiläum schriftlich „Prokura". Da D selbst nicht ins Handelsregister eingetragen ist, unterbleibt auch eine Eintragung der Prokuraerteilung. Welche Vertretungsmacht hat E in den folgenden Varianten?
   a) D ist Wirtschaftsprüfer.
   b) D ist geschäftsführender Alleingesellschafter der D-GmbH.
   c) D ist Südfrüchteimporteur mit 35 Beschäftigten, bewegt sich in den letzten Jahren aber durchweg in der Verlustzone.
   d) D „firmiert" zwar in seiner Korrespondenz als „B & Söhne Hanseatische Handelscompagnie seit 1815", vertreibt aber lediglich in kleinem Stil Brokatstoffe.
   e) D ist kleingewerblicher Kommissionär.

3. F war über zehn Jahre in großem Stil im Südfrüchteimport tätig und hatte sich pflichtgemäß ins Handelsregister eintragen lassen. Dann überkam ihn das Buddenbrook-Syndrom: Seine Spannkraft ließ nach, er ließ die Zügel locker, agierte die letzten Jahre noch mit zwei Mitarbeitern und kaum sechsstelligen Umsätzen. Statt einer Buchführung gab es einen Waschkorb. Schließlich folgt – lange unentdeckt – die Insolvenz. Als F nicht recht kooperieren will, meint der Insolvenzverwalter, als eingetragener Kaufmann habe sich F mit seiner Waschkorb-Lösung sogar strafbar gemacht.

4. G ist im Nebenberuf Geflügelzüchter, arbeitet nach streng ökologischen Grundsätzen und besteht auf Freilandhaltung. Er lässt sich mit der Firma „Öko-

logische Geflügelzucht G e.K." ins Handelsregister eintragen. Er baut einen Teil des Futters selbst an, kauft aber gelegentlich bei der H-GmbH Körnerfutter zu. Als er eine Partie drei Wochen nach Lieferung öffnet, erkennt er sofort am Geruch, dass das Futter vertragswidrig chemische Zusätze enthält. Die H-GmbH verweigert eine Ersatzlieferung, da die Reklamation verspätet sei.

2.3 Übungen zur Kommentararbeit

397 Beantworten Sie anhand des Kommentars Baumbach/Hopt, Handelsgesetzbuch, die folgenden Fragen.

1. Wie steht die Kommentierung zum Merkmal „Gewinnerzielungsabsicht"?
2. Gelten für Handwerker Besonderheiten bei der Prüfung der Kaufmannseigenschaft?
3. Betreiben die öffentlich-rechtlichen Rundfunkanstalten (ARD, ZDF etc.) hinsichtlich der Programmausstrahlung ein Gewerbe?
4. Was bedeuten Art und Umfang in § 1 II HGB?
5. Wer ist Betreiber des Gewerbes, wenn die Geschäfte durch einen Strohmann geführt werden?
6. Können Minderjährige Kaufleute sein? Können sie auch selbst die Geschäfte tätigen?
7. Wie steht die Kommentierung zu den Konstellationen der Fälle 3 und 4?
8. Gilt § 5 HGB (a) nur gutgläubigen Dritten gegenüber? (b) auch zugunsten des Eingetragenen? (c) nur wenn sich der Dritte darauf beruft?
9. Was sind die Voraussetzungen und Rechtsfolgen der Lehre vom Scheinkaufmann? Wirkt sie (a) nur gutgläubigen Dritten gegenüber? (b) auch zugunsten des Scheinkaufmanns (c) nur wenn sich der Dritte darauf beruft?
10. Gelten § 5 HGB und die Lehre vom Scheinkaufmann auch im Deliktsrecht und öffentlichen Recht?

2.4 Lösungshinweise: Vertiefungsfragen

398 1. Beide Begriffe beschreiben den personellen Anwendungsbereich spezieller Rechtsnormen durch die Abgrenzung von Profis gegenüber anderen Rechtssubjekten. Der Kaufmannsbegriff ist traditionell gewachsen und statusbezogen. Der Unternehmerbegriff ist in Umsetzung von EU-Recht als Gegenbegriff zum Verbraucher konzipiert und jeweils auf einzelne Rechtsgeschäfte bezogen. Er

ist weiter als der des Kaufmanns, da er auch alle kleingewerblichen und auch selbstständige nichtgewerbliche (insb. freiberufliche) Tätigkeiten umfasst.

2. Auch für Tätigkeiten öffentlicher Träger kommt die Anwendung des HGB in Frage. Das gilt jedenfalls für städtische GmbHs und AGs (und daher heute für die Mehrzahl der Stadtwerke), da sie nach § 13 III GmbHG und § 3 I AktG Handelsgesellschaften sind und damit als Formkaufleute dem HGB unterfallen (§ 6 HGB). Im Fall (b) gilt für die GmbH der S das HGB. 399

Im Fall (a) kommt es nach § 1 I HGB darauf an, ob S ein Handelsgewerbe betreibt. Problematisch ist hier schon der Gewerbebegriff, da bei dem nicht kostendeckenden Betrieb nicht von einer Gewinnerzielungsabsicht ausgegangen werden kann. Die traditionelle Ansicht lehnt daher ein Gewerbe und damit die Anwendbarkeit des HGB ab (s.o. Rn 51). Stellt man nur auf eine entgeltliche oder wirtschaftliche Tätigkeit ab, liegt ein Gewerbe und bei einer Entsorgung für 180.000 Einwohner auch ein Handelsgewerbe nach § 1 II HGB vor. Danach kommt das HGB zur Anwendung (Ausnahme: § 263 HGB). 400

3. Problematisch ist nach § 1 I HGB zunächst die Gewerblichkeit seiner Tätigkeit, da A als Künstler Freiberufler ist. Die Kleinkunstbühne selbst ist aber davon zu unterscheiden. Sie erfüllt die Merkmale des Gewerbebetriebs (bei einer Hobby-Bühne ist nur das – umstrittene – Merkmal der Gewinnerzielungsabsicht fraglich). „Kleinkunst" wird auch nicht notwendig kleingewerblich betrieben. Da weitere Angaben fehlen, ist nach § 1 II HGB zu vermuten, dass es sich um ein Handelsgewerbe handelt. Daher ist davon auszugehen, dass A als Betreiber Kaufmann ist. 401

4. Betreiber des Gewerbes ist grundsätzlich derjenige, in dessen Namen die Geschäfte getätigt werden, da ihn so das unternehmerische Risiko trifft. Im Fall der Verpachtung (a) ist der Pächter B Betreiber und ggf. Kaufmann, nicht der verpachtende Eigentümer A. Im Fall der gesetzlichen (elterlichen) Vertretung (b) ist der Vertretene (hier E) Betreiber, nicht der Vertreter. Im Insolvenzverfahren (c) handelt der Insolvenzverwalter (F) zwar im eigenen Namen[106], aber mit Wirkung für und gegen die Insolvenzmasse (§ 80 I InsO). Betreiber bleibt daher der Schuldner (hier die G-GmbH). Im Fall der Betriebsaufspaltung (d) ist die Betriebsgesellschaft (hier die H-GmbH) Betreiberin des Gewerbes. Bei der Besitzgesellschaft fehlt eine nach außen gerichtete Tätigkeit (vgl. aber § 105 II HGB). Im Fall vollständiger Geschäftsaufgabe (e) gibt es kein Gewerbe und keinen Betreiber mehr. I ist daher Nichtkaufmann. Die Handelsregistereintragung ändert daran nichts. Auch § 5 HGB greift nicht ein, da kein Gewerbe vorliegt. Gutgläubige Dritte sind nur über die Figur des Scheinkaufmanns und § 15 I HGB geschützt, da die Geschäftsaufgabe zum Erlöschen der Firma führt und I diese eintragungspflichtige Tatsache (§ 31 II HGB) nicht hat eintragen lassen. 402

---

[106] Das ist str., wirkt sich aber hier nicht aus (vgl. nur Oetker, Rn 21).

403   5. (a) F betreibt mit seinem Salon ein Gewerbe mit kleingewerblichem Zuschnitt. Daher kann er sich nach § 2 HGB ins Handelsregister eintragen lassen (Kannkaufmann). (b) Wenn F den Friseursalon und das Vertriebsgeschäft organisatorisch (nicht notwendig räumlich) trennt, betreibt er zwei Unternehmen. Da es zwei kleingewerbliche Unternehmen sind, hat F auch eine zweifache Eintragungsoption nach § 2 HGB. Nimmt er sie z.B. in Bezug auf seinen Friseursalon wahr, ist er als dessen Betreiber Kaufmann und agiert im Übrigen nichtkaufmännisch. (c) Auch die Eintragung zweier Firmen ist für zwei kaufmännische Unternehmen möglich. Der Grundsatz der Firmeneinheit steht nicht entgegen (s. Rn 437).

404   6. Bei Kleingewerbetreibenden begründet die Eintragung die Kaufmannseigenschaft. Das bringt ein gewisses Prestige und eine Erweiterung der rechtsgeschäftlichen Möglichkeiten mit sich (Prokuristen, Gerichtsstandsvereinbarungen usw.). Manche Rechtsfolgen sind im Ergebnis neutral. So begünstigt der höhere Zinssatz (§ 352 HGB) den Gläubiger und belastet Schuldner und die Rügelast begünstigt Verkäufer aber belastet Käufer. Im Übrigen ergeben sich durch die Anwendung handelsrechtlicher Regeln eher Belastungen. Beispielsweise ermöglicht § 350 HGB mündliche Bürgschaften, ist aber (wie §§ 348, 349 HGB) in erster Linie gefährlich. Das gilt ähnlich für die Wirkungen des § 15 HGB, des § 362 HGB und kaufmännischer Bestätigungsschreiben. Zudem ergeben sich aus der Registerpflicht mit den resultierenden Gebühren und vor allem aus der Buchführungspflicht zusätzliche Kosten. Daher lassen sich die meisten Kleingewerbetreibenden nicht eintragen und auch F ist das nicht anzuraten.

405   7. Im materiellen Handelsrecht hat die Eintragung für Istkaufleute nur deklaratorischen Charakter (s.o. Rn 68), aber ist z.B. für § 15 II HGB von Bedeutung. Verfahrensrechtlich ist die Eintragung für die (funktionelle) Zuständigkeit der Kammern für Handelssachen von Bedeutung, da sie nach § 95 I Nr. 1 GVG zusätzlich zur Kaufmannseigenschaft auch dessen Eintragung voraussetzt.

406   8. Die Frage stellt sich insbesondere bei ehemals großen Betrieben, die sich auf einen kleingewerblichen Zuschnitt reduziert haben, kann aber auch in dem Fall eines Kleingewerbetreibenden relevant werden, der die Eintragungspflicht des § 29 HGB irrtümlich auf sich bezieht. Die Frage ist umstritten. Teilweise wird auf den Unterschied zwischen der bloß verfahrensrechtlichen Erklärung gemäß § 29 HGB und der Ausübung des Wahlrechts nach § 2 S. 2 HGB hingewiesen, die eine Willenserklärung darstelle. Wo eine solche materielle Erklärung fehle, sei nicht § 2 HGB sondern § 5 HGB anwendbar.[107] Die Gegenansicht wendet § 2 HGB auf alle eingetragenen Kleingewerbetreibenden an. Die Anmeldung nach § 29 HGB decke auch den Verbleib im Handelsregister und ein Wahlrecht bleibe dem Betreiber nach § 2 S. 3 HGB.[108]

---

[107] Vgl. nur Canaris, HR, § 3 Rn 19 ff.
[108] Vgl. Karsten Schmidt, ZHR 163 (1999), 87 ff. und JZ 2003, 585, 589.

9. Das Gut des L ist mit dem Hopfenanbau ein landwirtschaftlicher Betrieb i.S.d. **407**
§ 3 HGB. Der Brauereibetrieb fällt nicht darunter, da es nicht um die Gewinnung pflanzlicher oder tierischer Rohstoffe durch eigene Bodennutzung geht, sondern um deren Weiterverarbeitung. Er ist jedoch ein landwirtschaftlicher Nebenbetrieb, da er ein selbstständiges Unternehmen darstellt, aber von den landwirtschaftlich gewonnenen Rohstoffen abhängig ist. Daher gilt § 3 I, II HGB nicht nur für den landwirtschaftlichen Betrieb, sondern auch für die Brauerei. L ist daher nicht gemäß § 1 II HGB Kaufmann, sondern hat bei großgewerblichem Zuschnitt der Betriebe die Eintragungsoption des § 2 HGB (die er wiederum auch getrennt ausüben kann, s.o. Rn 403).

10. Der Anwendungsbereich des § 5 HGB ist weitgehend umstritten. Die h.M. **408**
verlangt dem Wortlaut entsprechend („das ... betriebene Gewerbe") das Vorliegen eines Gewerbes, so dass die Vorschrift in den Fällen (a) und (b) nicht anwendbar ist.[109] Im Fall (c) greift § 5 HGB, sofern man nicht § 2 HGB anwendet (s.o. Rn 406). Liegt nicht einmal ein wirksamer Antrag nach § 29 HGB vor (d), lässt sich § 2 HGB vom Wortlaut her immer noch heranziehen; hier liegt die Anwendung des § 5 HGB aber näher. Im Fall (e) greift § 5 HGB.

11. Die gewohnheitsrechtlich anerkannten allgemeinen Grundsätze der Rechtsscheinhaftung setzen viererlei voraus: (1) eine Rechtsscheingrundlage, (2) die Zurechenbarkeit des Rechtsscheins, (3) die Gutgläubigkeit des Dritten und (4) die Kausalität des Rechtsscheins für das Verhalten des Dritten. Rechtsfolge: Der Dritte kann sein Gegenüber an dem zurechenbar gesetzten Rechtsschein festhalten (kann sich aber auch auf die wahre Rechtslage berufen). Dem entspricht die Lehre vom Scheinkaufmann nach heutigem Verständnis: Wer zurechenbar den Rechtsschein setzt, Kaufmann zu sein, muss sich daran festhalten lassen.[110] **409**

12. (a) S ist als Freiberufler nicht Kaufmann. Er muss sich aber so behandeln lassen, da er durch den Begriff „Sanatorium" und insbesondere die Abkürzung „e.K." einen entsprechenden Eindruck erweckt. (b) Auch M erweckt einen entsprechenden Eindruck. Im Fall (c) erweckt schon die Bezeichnung „Berliner Bücherhaus" den Eindruck besonderer Größe. Die „Firma" verstärkt diesen Eindruck, auch wenn sie nach der Handelsrechtsreform von 1998 (und einer Übergangsfrist bis 2003 – Art. 38 EGHGB) nach § 19 I Nr. 2 HGB so nicht mehr zulässig ist. Daher ist die A und B-Gesellschaft als Schein-OHG zu behandeln. Nach denselben Grundsätzen entsteht im Fall (d) eine Schein-GmbH.[111] **410**

13. Vorgesellschaften (Vor-GmbH, Vor-AG usw.) sind schon errichtete, aber noch **411**
nicht eingetragene Gesellschaften. Sie werden erst mit Eintragung juristische

---

[109] Vgl. BGH v. 19.5.1960 – II ZR 72/59 = BGHZ 32, 307; a.A. Karsten Schmidt, HR, § 10 III 2b.
[110] Baumbach/Hopt, § 5 Rn 9 ff.; Canaris, HR, § 6.
[111] Vgl. Canaris, HR, § 6 Rn 27 ff.

Person und Formkaufmann. Ihnen kommt aber nach § 1 I HGB Kaufmannseigenschaft zu, wenn sie ein Handelsgewerbe betreiben.

412 14. Weder noch. Formkaufleute, aber nicht Handelsgesellschaften sind z.B. die Genossenschaften. Umgekehrt verhält es sich z.b. mit OHG und KG.

2.5 Lösungshinweise: Übungsfälle

413 **Fall 1: Eintragungspflicht der Gesellschaft**
Eine Eintragungspflicht ergibt sich aus § 106 I HGB, wenn die Gesellschaft eine OHG ist. Schließen sich drei Gesellschafter (das können auch GmbHs oder andere rechtsfähige Gesellschaften sein) vertraglich zur Verfolgung eines gemeinsamen Zwecks zusammen, so entsteht damit nach § 705 BGB eine BGB-Gesellschaft. Ist der Gesellschaftszweck auf den Betrieb eines Handelsgewerbes gerichtet, ist die Gesellschaft nach § 105 I HGB eine OHG.

414 **I. Bietergemeinschaft:** Durch den Zusammenschluss der drei GmbHs ist eine Gesellschaft entstanden, und zwar zunächst eine BGB-Gesellschaft: Der Gesellschaftszweck bestand in der Teilnahme an der Ausschreibung. Das ist keine Tätigkeit, die planmäßig auf Dauer angelegt ist, daher kein Gewerbe und erst recht kein Handelsgewerbe.

415 **II. ARGE:** Mit dem Zuschlag ändern sich der Gesellschaftszweck und damit auch die Beurteilung. Sie ist für Arbeitsgemeinschaften im Bau (Bau-ARGE) umstritten und von den konkreten Umständen abhängig. Schon das Merkmal der Dauerhaftigkeit und damit der Gewerblichkeit bleibt problematisch, wenn es – wie hier – um ein einzelnes Projekt geht. Allerdings bedeutet „dauerhaft" nicht auf unbegrenzte Zeit (vgl. § 131 I Nr. 1 HGB) und bei Großprojekten lässt sich argumentieren, dass sie längerfristig und auf eine Vielzahl von Rechtsgeschäften angelegt und daher gewerblich sind. Am Betrieb eines Handelsgewerbes fehlt es gemäß § 1 II HGB aber dennoch, wenn nach Art oder Umfang des Unternehmens keine kaufmännische Einrichtung erforderlich ist. So liegt es häufig und auch hier, da die Gesellschaft ohne größere eigene Organisation hauptsächlich die Aktivitäten der GmbHs koordinieren soll. Daher liegt zwar ein gewerblicher Zweck vor, aber kein handelsgewerblicher. Die Gesellschaft bleibt BGB-Gesellschaft und es besteht keine Eintragungspflicht. Wegen des kleingewerblichen Zwecks besteht allerdings nach § 105 II HGB die Eintragungsoption („Kann-OHG").[112]

---

[112] Vgl. Karsten Schmidt, GesR, § 58 III 3.

Fall 2: Vertretungsmacht des E – Kaufmannseigenschaft des D 416
E hat die Vertretungsmacht eines Prokuristen, wenn die Erteilung den Anforderungen des § 48 I HGB entspricht. Dazu ist eine ausdrückliche (nicht notwendig schriftliche) Erteilung durch den Kaufmann erforderlich. Die Eintragung ist nach § 53 I HGB vorgeschrieben, aber nicht Wirksamkeitserfordernis (s.o. Rn 197). Problematisch erscheint daher nur die Kaufmannseigenschaft des D. Kaufmann ist nach § 1 I HGB, wer ein Handelsgewerbe betreibt.

a) Wirtschaftsprüfer: Als Wirtschaftsprüfer ist D Freiberufler und betreibt daher 417
gar kein Gewerbe. Daher liegt eine „Prokura-Erteilung" durch einen Nichtkaufmann vor, die aber nach § 140 BGB in eine umfassende Bevollmächtigung umgedeutet werden kann. Die Vertretungsmacht besteht daher im Zweifel in dem in § 49 HGB beschriebenen Umfang, kann aber in den Grenzen der §§ 171 f. BGB auch mit Außenwirkung eingeschränkt werden (anders § 50 I HGB).

b) GmbH: Hier ist die GmbH Betreiberin des Geschäfts. D ist weder als Gesell- 418
schafter noch als Geschäftsführer Gewerbetreibender. Wenn D die Prokura im eigenen Namen erteilt, handelt er daher als Nichtkaufmann. Eine Prokuraerteilung im Namen der GmbH ist dagegen wirksam, da sie gemäß § 13 III GmbHG Handelsgesellschaft ist, so dass die HGB-Regeln unabhängig vom Unternehmensgegenstand gelten (§ 6 I, II HGB).

c) Südfrüchteimport in der Verlustzone: D betreibt ein Gewerbe. Die Verluste 419
der letzten Jahre ändern nichts daran, dass seine Absicht zur Gewinnerzielung anzunehmen ist (sofern man sie verlangt). Nach § 1 II HGB ist auch davon auszugehen, dass es sich um ein Handelsgewerbe handelt, sofern nach Art und Umfang kein kleingewerblicher Zuschnitt feststellbar ist. Die Art des Gewerbes spricht dafür, dass eine kaufmännische Einrichtung erforderlich ist, da ein Südfrüchteimport typischerweise durch eine Vielzahl von Lieferanten- und Kundenbeziehungen gekennzeichnet und die Komplexität des Geschäfts durch die Auslandsbeziehungen deutlich gesteigert ist. Der Umfang bestätigt das insofern, als 35 Beschäftigte regelmäßig eine differenzierte Lohnbuchhaltung erforderlich machen. Die Verluste der vergangenen Jahre stehen dem nicht entgegen. D betreibt daher nach § 1 HGB ein Handelsgewerbe; die fehlende Eintragung ändert nichts an seiner Kaufmannseigenschaft. Die Prokuraerteilung ist somit wirksam (ohne Eintragung allerdings nur von begrenztem Wert).

d) Großspuriger Stoffhändler: D ist als Kleingewerbetreibender ohne Eintra- 420
gung Nichtkaufmann. Durch sein Auftreten könnte er aber zum Scheinkaufmann werden. D hat durch seine Korrespondenz und die „Prokuraerteilung" einen entsprechenden Rechtsschein geschaffen (die Unzulässigkeit einer solchen Firma nach § 19 HGB steht nicht entgegen). Sofern ein Geschäftspartner auf diesen Rechtsschein und damit die Prokura vertraut hat, kann er D daran festhalten und auf Erfüllung des mit E geschlossenen Vertrags bestehen (oder auf den Rechtsscheinschutz verzichten und sich auf den wahren Sachverhalt – Bevollmächtigung nach § 167 BGB – stützen), s. Rn 434.

421 **e) Kommission:** D ist als kleingewerblicher Kommissionär ohne Eintragung ebenfalls Nichtkaufmann und kann keine Prokura erteilen. Nach § 383 II HGB finden in diesem Fall zwar die §§ 383 ff. und §§ 343 ff (ohne §§ 348-350) HGB in Ansehung des Kommissionsgeschäfts ebenfalls Anwendung. Das betrifft die §§ 48 ff. HGB aber nicht.

422 **Fall 3: Strafbarkeit des F**
In Betracht kommt hier eine Strafbarkeit nach § 283b StGB oder gar § 283 I Nr. 5, 6 und 7b StGB. Das setzt aber eine entsprechende Buchführungspflicht und daher gemäß § 238 HGB voraus, dass F Kaufmann ist. F war ursprünglich Kaufmann nach § 1 I, II HGB und blieb als solcher gemäß § 29 HGB eingetragen, als sein Geschäft zum Kleingewerbe herabsank. Ob sich in diesem Fall die Kaufmannseigenschaft aus § 2 HGB ergibt, ist umstritten (s.o. Rn 406).

423 Nimmt man hier die Kaufmannseigenschaft nach § 2 HGB an, kommt man zur Buchführungspflicht und ggf. auch zur Strafbarkeit. Die Gegenansicht wendet hier § 5 HGB an. Danach gilt F zwar für den Privatrechtsverkehr als Kaufmann, nach h.M. aber nicht im Hinblick auf öffentlich-rechtliche Pflichten wie die Buchführungspflicht. Nach dieser Ansicht ergibt sich also keine Strafbarkeit nach § 283 oder § 283b StGB[113].

424 **Fall 4: Ersatzlieferungsanspruch des G**
I. Anspruchsentstehung: G könnte einen Anspruch auf Ersatzlieferung gemäß §§ 433 I, 437 Nr. 1, 439 I BGB haben. G hat mit der H-GmbH einen wirksamen Kaufvertrag geschlossen. Die gelieferte Kaufsache war bereits bei Gefahrübergang mangelhaft (§ 434 I BGB) und für die Unverhältnismäßigkeit einer Ersatzlieferung (§ 439 III BGB) ist nichts ersichtlich. Daher ist der Anspruch des G entstanden.

425 **II. Anspruchsuntergang:** Der Anspruch könnte aber gemäß § 377 I HGB wieder untergegangen sein. Dazu müsste zunächst ein beiderseitiger Handelskauf vorliegen.
1. Handelskauf der H-GmbH: Das ist auf Seiten der H-GmbH unzweifelhaft.

426 **2. Handelskauf des G:** Fraglich ist aber, ob G ein Handelsgewerbe betreibt. Sein Betrieb erfüllt alle Merkmale des Gewerbebegriffs. Als eingetragener Kleingewerbetreibender könnte G daher gemäß § 2 HGB Kaufmann sein. Fraglich ist aber, ob sich aus § 3 HGB etwas anderes ergibt. Die Geflügelzucht des G ist durch Bodennutzung zur Gewinnung pflanzlicher Rohstoffe und zur Tierzucht gekennzeichnet und daher ein landwirtschaftlicher Betrieb. Nach § 3 II HGB besteht die (modifizierte) Eintragungsoption des § 2 HGB aber nur für Betriebe größeren Zuschnitts. Teilweise wird diese Regelung als abschließend verstanden. Der Gesetzgeber habe mit der Reform von 1998 für die Land- und Forstwirte nichts ändern wollen und auch vorher hätten Kleinbetriebe keine Eintragungsoption gehabt. Danach wäre G hier fälschlich eingetragen und es bliebe die Frage, ob er nach § 5 HGB als Kauf-

---

[113] Vgl. nur Canaris, HR, § 3 Rn 57 f.

mann gilt. Das setzt aber zumindest ein betriebenes Gewerbe voraus, was von diesem Standpunkt aus wiederum umstritten ist.[114]

Die h.L. sieht die Land- und Forstwirtschaft als Gewerbe an und wendet auf kleingewerbliche Betriebe § 2 HGB direkt an.[115] Das erscheint zutreffend, da kein Sachgrund besteht, landwirtschaftlichen Kleinbetrieben die Eintragungsmöglichkeit zu versagen. § 3 HGB sollte die Land- und Forstwirtschaft von Anfang an und auch bei Schaffung der Eintragungsoption privilegieren und nicht diskriminieren und nur in diesem Sinn sollte die Regelung in der Reform von 1998 beibehalten werden. Demnach ist auch G Kaufmann und der Kauf stellt ein beiderseitiges Handelsgeschäft dar.

3. Verletzung der Rügeobliegenheit: Da G den offensichtlichen Mangel nicht rechtzeitig gerügt hat, verliert er somit nach § 377 I HGB seinen Anspruch auf Ersatzlieferung. **427**

2.6 Lösungshinweise: Kommentararbeit

1. Kritik in § 1 Rn 16. **428**

2. Heute nicht mehr, § 1 Rn 26.

3. Vgl. § 1 Rn 27: Nach h.M. nein. Ausschlaggebend ist nicht die Organisation als gemeinnützige Anstalt des öffentlichen Rechts (vgl. § 1 Rundfunkstaatsvertrag), sondern die Erfüllung einer öffentlichen Aufgabe, der im Verfassungsgefüge (Art. 5 GG) eine besondere Stellung zukommt. Die Tätigkeit wird nicht als wirtschaftliche eingeordnet.

4. Vgl. § 1 Rn 23.

5. Betreiber ist i.d.R. der Strohmann (§ 1 Rn 30).

6. Vgl. § 1 Rn 32 ff. Minderjährige können Kaufleute sein. Beschränkt Geschäftsfähige können gemäß § 112 BGB ermächtigt werden (partiell unbeschränkte Geschäftsfähigkeit).

7. Zu Fall 3 vgl. § 2 Rn 4 und 6, § 5 Rn 2. Zu Fall 4 vgl. § 3 Rn 1 und 2.

8. Vgl. § 5 Rn 1: Keine bloße Rechtsscheinvorschrift. Die Vorschrift ist von Amts wegen zu berücksichtigen (Rn 4) und wirkt für und gegen alle (Rn 6).

9. Vgl. § 5 Rn 9 ff. Es handelt sich um eine Form der Rechtsscheinhaftung. Daher wirkt die Lehre nur gutgläubigen Dritten gegenüber (Rn 14) und nicht zugunsten des Scheinkaufmanns (Rn 15). Der Dritte hat ein Wahlrecht zwischen

---

[114] Vgl. insg. W.-H. Roth in Koller/Roth/Morck, § 3 Rn 1 m.w.N.
[115] Vgl. nur Baumbach/Hopt, § 3 Rn 2, Canaris, HR, § 3 Rn 36; Kindler, § 2 Rn 79 ff.; Karsten Schmidt, HR, § 10 VI.

Rechtsschein und tatsächlicher Sachlage (Rn 15) und muss sich insofern auf den Rechtsschein berufen.

10. Die Lehre vom Scheinkaufmann gilt als Rechtsscheinhaftung nur im Geschäftsverkehr (§ 5 Rn 16). § 5 HGB geht darüber hinaus und gilt z.B. im Deliktsrecht, nicht aber im öffentlichen Recht (Rn 6).

3 Unternehmenspublizität

Handelsregister - Unternehmensregister
- Öffentl. Register bei Amtsgerichten (§§ 8 ff. HGB, §§ 374 ff. FamFG, HRV)
- Elektronisches Handelsregister – Unternehmensregister (Publizitätsrichtlinie II)
- Formelle Publizität (von jedermann einsehbar)
- **Materielle Publizität für eintragungspflichtige Tatsachen: § 15 HGB**
    ⇒ Eintragung oder Bekanntmachung unterlassen: § 15 I (negative Publizität)
    ⇒ Eintragung und Bekanntmachung zutreffend: § 15 II (positive Publizität)
    ⇒ Bekanntmachung unrichtig: § 15 III (positive Publizität)

Firma
- Geschäftsname des Kaufmannes § 17 HGB (Information, good will)
- Firmenbildung (Personenfirma, Sachfirma, Phantasiebezeichnungen)
    ⇒ Kennzeichnungs- und Unterscheidungskraft, § 18 I HGB, vgl. § 30 HGB
    ⇒ Irreführungsverbot, § 18 II HGB
    ⇒ Rechtsformzusatz § 19 HGB, § 4 GmbHG, § 4 AktG
- Firmenfortführung §§ 21-24 HGB
- Firmenschutz § 37 HGB, §§ 12, 823 I BGB, §§ 5, 15 MarkenG

Pflichtangaben auf Geschäftsbriefen
- § 37a HGB für Einzelkaufmann
- §§ 125a, 177a HGB für OHG und KG, § 35a GmbHG, § 80 AktG

Rechnungslegung:
- Buchführung (§§ 238 f. HGB):
  chronologische „Buchung" aller Geschäftsvorfälle (nach GoB)
- Inventar (§§ 240 f. HGB):
  durch Inventur ermitteltes Verzeichnis des Vermögensbestands
- Jahresabschluss: Bilanz und GuV + Anhang
    ⇒ Bilanz: Gegenüberstellung der Aktiva und Passiva
      (§§ 242 I, 247 ff. + §§ 266 ff. HGB)
    ⇒ GuV: Gegenüberstellung der Aufwendungen und Erträge
      (§ 242 II + 275 ff. HGB)
- Anhang und Lagebericht (§§ 284 ff. HGB)
- Konzernrechnungslegung (§§ 290 ff. HGB)
- Offenlegung (§§ 315 ff. HGB)
- Besonderheiten für Genossenschaften, Banken, Versicherungen
- Richtlinienhintergrund, IAS-Verordnung (§ 315a HGB)

Vertiefungskurs - 3 Unternehmenspublizität

3.1 Vertiefungsfragen

429
1. Was sind konstitutive, was deklaratorische Eintragungen ins Handelsregister? Nennen Sie Beispiele!
2. Beschreiben Sie das Verfahren der Eintragung ins Handelsregister.
3. Was bedeutet die Lehre vom Wahlrecht im Rahmen des § 15 I HGB?
4. Wirkt § 15 HGB auch gegen Minderjährige?
5. Schützt § 15 HGB auch in dem Fall, dass eine einzutragende Tatsache falsch eingetragen, aber richtig bekanntgemacht ist?
6. Was besagt der Grundsatz der Firmeneinheit?
7. Was sind Zweigniederlassungen? Kann oder muss für sie eine eigene Firma eingetragen werden?
8. Einzelunternehmer U aus Darmstadt gründet über eine Agentur eine private limited company mit Sitz in England und agiert in Darmstadt mit einer "Zweigniederlassung" der englischen Gesellschaft. Muss diese ins Handelsregister eingetragen werden?
9. Was sind die Grundsätze ordnungsgemäßer Buchführung? Erläutern Sie auch die Grundsätze der Bilanzwahrheit, Bilanzklarheit, Bilanzkontinuität und der bilanziellen Bewertungsvorsicht.
10. Sind die folgenden Gegenstände in der Handelsbilanz einer Großbäckerei auszuweisen, ggf. wo?
    (a) gekaufte und geleaste Knetmaschinen
    (b) ein Computer, der zu 30 % von der Familie genutzt wird
    (c) ein in den letzten Jahren entwickeltes Marzipan-Rezept
    (d) der Geschäfts- oder Firmenwert einer aufgekauften Konkurrenz-Bäckerei
    (e) der Kredit für den Umbau der Backstube
    (f) der Kassenbestand und die Mehlvorräte
    (g) Reserven wegen einer angedrohten Klage eines Kunden und wegen der Gefahr eines Konjuktureinbruchs

3.2 Übungsfälle

430
1. Kaufmann K erteilt Schwiegertochter P Prokura, lässt das aber nicht eintragen. Nach mehreren riskanten Geschäften der P widerruft er die Prokura am 3. 4. und verzichtet erneut auf die Eintragung („Die Prokura steht ja eh nicht drin!"). P nimmt dennoch im Namen des K bei B ein Darlehen auf und lässt sich den Betrag auszahlen. Später verlangt B von K Rückzahlung.

2. In der A-B-KG sind die Komplementäre A und B laut Gesellschaftsvertrag und Handelsregister nur gemeinschaftlich vertretungsbefugt. Ende März scheidet B

aus. Am 20. 4. bestellt A im Namen der KG Waren bei V. Nach Belieferung der KG verlangt V von der Gesellschaft sowie A und B den Kaufpreis.

3. K handelt jahrelang als Einzelkaufmann mit Kühlgeräten, bevor er das Unternehmen in eine neu gegründete GmbH & Co. KG einbringt. Das wird zwar ordnungsgemäß eingetragen, K tritt aber weiter als Einzelkaufmann auf und führt keine Gesellschaftsfirma. Der langjährige Lieferant V, der von der Umwandlung nichts mitbekommen hat, verlangt auch wegen der neueren Lieferungen von K persönlich Zahlung.

4. A scheidet nach 25 Jahren zum 1. 6. aus der A-B-C-OHG aus, was aber erst am 3. 9. ins Handelsregister eingetragen wird. Am 13. 8. wird G von dem Lkw der OHG bei einem grob verkehrswidrigen Fahrverhalten angefahren und verletzt. G macht die OHG zu Recht haftbar und fragt, ob er auch A, B und C in Anspruch nehmen kann.

5. Kaufmann K entdeckt am 1. 10., dass sein Prokurist P mehrfach Gelder veruntreut hat. Er kündigt ihm noch am selben Tag fristlos und meldet das Erlöschen der Prokura zur Eintragung an (Eintragung am 4. 10., Bekanntmachung am 5. 10.). P gelingt es noch, bei dem ahnungslosen Kaufmann S eine Darlehensforderung des K i.H.v. 10.000 € "per prokura" einzuziehen und sich abzusetzen. Kann K dennoch erneut von S Zahlung verlangen, wenn P den Betrag
a) am 2. 10. eingezogen hat?
b) am 8. 10. eingezogen hat?

6. V will sein Unternehmen umbenennen und seine bisherige Firma zu Geld machen. Er verkauft und überträgt sie an K. Rechtsfolge?

3.3 Übungen zur Kommentararbeit

Beantworten Sie anhand des Kommentars Baumbach/Hopt, Handelsgesetzbuch, die folgenden Fragen:

1. Sind Unternehmensverträge einer GmbH im Handelsregster einzutragen?

2. Kann ein Dritter auch bei § 15 I und III HGB frei entscheiden, ob er sich auf den Vertrauensschutz beruft?

3. Kann eine fehlerhafte Eintragung, Bekanntmachung oder eine unterbliebene Löschung zu einer Amtshaftung führen?

4. Unter welchen Voraussetzungen verwirkt der Inhaber einer Firma seine Schutzrechte gegen einen Verletzer?

5. Welche Rechtsfolgen hat ein Verstoss gegen die ordnungsgemäße Aufstellung der Gewinn- und Verlustrechnung?

6. Wie ist die Aktivierung von Leasinggütern in den International Accounting Standards geregelt?

3.4 Lösungshinweise: Vertiefungsfragen

432   1. Konstitutive Eintragungen bewirken die eingetragene Rechtstatsache, deklaratorische geben sie nur kund und sind keine Wirksamkeitsvoraussetzung.[116]

> **Beispiele:** Konstitutiv wirken die Eintragungen nach §§ 2, 3 II, 105 II HGB (s.o. Rn 69, 74 und 85) und die nach § 11 I GmbHG: Durch sie wird die Vor-GmbH zur GmbH. Lediglich deklaratorische Wirkung haben z.B. die Eintragungen nach §§ 29, 31, 32 HGB und § 53 I, III HGB.
> Für die Wirksamkeit gegenüber Dritten sind die Eintragungen nach §§ 25 II, 28 II HGB entscheidend. Bei der OHG entscheidet die Eintragung gemäß § 123 HGB ebenfalls nur für die Wirksamkeit nach außen: Die Eintragung nach § 123 I HGB wirkt insofern konstitutiv.

433   2. Das Eintragungsverfahren erfolgt meist auf Anmeldung (z.B. § 29 HGB), die elektronisch in öffentlich beglaubigter Form (§ 12 I HGB) zu erfolgen hat. Das Registergericht wird nur ausnahmsweise von Amts wegen tätig (z.B. §§ 31 II, 32 HGB), auch nicht bei pflichtwidrig unterlassenen Anmeldungen (stattdessen Registerzwang, § 14 HGB, §§ 384 ff. FamFG). Das Gericht prüft die Anmeldung formell und materiell und hat bei Zweifeln von Amts wegen zu ermitteln (§ 26 FamFG).[117] Wenn die Voraussetzungen vorliegen, bewirkt das Registergericht die Eintragung und die Bekanntmachung (§ 10 HGB).

434   3. Die Lehre vom Wahlrecht i.S.d. § 15 I HGB besagt, dass sich ein gutgläubiger Dritter auf die Rechtsscheinwirkung des § 15 I HGB berufen kann, aber nicht muss. Er hat also ein Wahlrecht zwischen der wahren und der im Register ausgewiesenen Rechtslage.[118]

> **Beispiel:** K widerruft die Prokura des P, ohne dies eintragen zu lassen. P kauft namens K von V Waren. Da das Erlöschen der Prokura gemäß § 53 III HGB eine eintragungspflichtige Tatsache ist, kann sich K nach § 15 I HGB auf das Schweigen des Handelsregisters berufen und von K Erfüllung verlangen. Er kann aber auch auf die wahre Rechtslage pochen und P als Vertreter ohne Vertretungsmacht nach § 179 BGB haftbar machen (das kann z.B. bei Insolvenz des K günstiger sein).

435   4. Nach h.M. wirkt § 15 I HGB auch gegenüber nicht voll Geschäftsfähigen, da hier das reine Rechtsscheinprinzip ohne besondere Zurechnungsvoraussetzun-

---

[116] Kritisch zu der Unterscheidung z.B. J. Hager, Jura 1992, 58; Karsten Schmidt, HR, § 13 II.
[117] Vgl. z.B. RG v. 24.1.1930 – III 75/29 = RGZ 127, 154, 156; Baumbach/Hopt, § 8 Rn 8 ff.
[118] H.M., vgl. z.B. BGH v. 21.12.1970 – II ZR 258/67 = BGHZ 55, 267, 273; BGH v. 5.2.1990 – II ZR 309/88 = WM 1990, 638, 639; Baumbach/Hopt, § 15 Rn 6; Canaris, HR, § 5 Rn 24; Oetker, § 3 D II 4; a.A. Karsten Schmidt, HR, § 14 II 4 b.

gen verwirklicht ist.[119] (Ebenso wird überwiegend zu § 5 HGB entschieden.[120]) Die h.L. schränkt § 15 III HGB dagegen durch das Veranlassungsprinzip oder ähnliche Zurechnungskriterien ein (s.o. Rn 108) und gibt dementsprechend auch dem Minderjährigenschutz Vorrang. (Ebenso wertet die h.M. beim Scheinkaufmann und der allgemeinen Rechtsscheinhaftung.[121])

5. Die Frage ist umstritten. Da es um eine unrichtige Eintragung geht, ist allenfalls § 15 III HGB einschlägig, und da der Wortlaut der Vorschrift (anders als in Abs. 1 und 2) nur die Bekanntmachung erfasst, kommt nur eine analoge Anwendung in Betracht. Ein Verkehrsschutz analog § 15 III HGB wird teils befürwortet, da ansonsten Wertungswidersprüche entstehen.[122] Überwiegend wird sie dagegen abgelehnt, da der eindeutige Wortlaut vom Gesetzgeber bei Umsetzung der Publizitätsrichtlinie bewusst gewählt wurde. Danach wird der Rechtsverkehr in diesem Fall nur durch die allgemeine Rechtsscheinhaftung geschützt, so dass es auf die Kenntnis und entsprechende Dispositionen des Dritten ankommt.[123]

436

6. Der Grundsatz der Firmeneinheit besagt, dass für ein Unternehmen nur eine Firma geführt werden darf.[124] Handelsgesellschaften können nur eine Firma führen, die ihr maßgeblicher Name ist. Einzelkaufleute können mehrere Firmen führen, wenn sie mehrere – organisatorisch getrennte – Handelsgewerbe betreiben (vgl. Rn 403). Für ein Handelsgewerbe darf aber auch hier nur eine Firma geführt werden, um Verwechslungen zu vermeiden.

437

7. Jede Handelsgesellschaft muss einen Sitz haben (vgl. z.B. § 106 II Nr. 2 HGB, § 4a GmbHG), jeder Einzelkaufmann eine Handelsniederlassung (vgl. § 29 HGB). Zu dieser „Hauptniederlassung" können Zweigniederlassungen hinzukommen (§§ 13, 13d ff. HGB). Das sind keine gesonderten selbstständigen Unternehmen, aber auch keine bloßen unselbstständigen Betriebsabteilungen.

438

Beispiele: Annahmestellen einer Wäscherei sind noch keine Zweigniederlassungen, wohl aber Bankfilialen in mehreren Städten oder im Ausland.

Diese Zwischenstellung führt zu einer Modifikation des Prinzips der Firmeneinheit: Sie sind rechtlich unselbstständig und haben daher grundsätzlich keine eigene Firma (s.o. Rn 437), können aber einen unterscheidenden Zusatz erhalten (§§ 13 I, 50 III HGB).

---

[119] BGH v. 1.7.1991 – II ZR 292/90 = BGHZ 115, 78, 80; Baumbach/Hopt, § 15 Rn 6; Canaris, HR, § 5 Rn 21; Karsten Schmidt, HR, § 14 II 2 c; a.A. Dreher, DB 1991, 536; J. Hager, Jura 1992, 60 f.
[120] Baumbach/Hopt, § 5 Rn 5; Canaris, HR, § 3 Rn 53; W.-H. Roth in Koller/Roth/Morck, § 5 Rn 8.
[121] Baumbach/Hopt, § 5 Rn 11; Canaris, HR, § 6 Rn 70; a.A. Karsten Schmidt, HR, § 10 VIII 3 a bb.
[122] Baumbach/Hopt, § 15 Rn 18; W.-H. Roth in Koller/Roth/Morck, § 15 Rn 28.
[123] Canaris, HR, § 5 Rn 45; Hager, Jura 1992, 64; Karsten Schmidt, HR, § 14 III 2 b; Wiedemann/Fleischer, Fall 121.
[124] BGH v. 8.4.1991 – II ZR 259/90 = NJW 1991, 2023; kritisch z.B. Canaris, HR, § 11 Rn 35.

194 Vertiefungskurs - 3 Unternehmenspublizität

439 8. Die private limited company ist eine Kapitalgesellschaft englischen Rechts, die rasch und kostengünstig gegründet werden kann und Niederlassungs- und Dienstleistungsfreiheit (Art. 49 und 56 AEUV) genießt. Eine deutsche Zweigniederlassung einer ausländischen Gesellschaft ist aber nach § 13d HGB im deutschen Handelsregister einzutragen.[125]

440 9. Gemäß § 238 I 1 HGB ist jeder Kaufmann verpflichtet, Bücher zu führen und in diesen seine Handelsgeschäfte und die Lage seines Vermögens nach den Grundsätzen ordnungsgemäßer Buchführung ersichtlich zu machen. Sie sind zum Teil gesetzlich fixiert, zum Teil aber auch nur zum Gewohnheitsrecht gewordener kaufmännischer Brauch. Dazu gehören:

⇒ Grundsatz der Bilanzklarheit: Der Jahresabschluss muss nach § 243 II HGB klar und übersichtlich und jederzeit einem sachverständigen Dritten verständlich sein (§ 238 I 2 HGB). Wichtig ist in dem Zusammenhang das Verrechnungsverbot des § 246 II HGB.

⇒ Grundsatz der Bilanzwahrheit: Der Jahresabschluss muss wahr sein, formal und materiell richtig. Das dazugehörige Vollständigkeitsgebot ist in § 246 I HGB geregelt.

⇒ Grundsatz der Bilanzkontinuität: Dieser beinhaltet sowohl die formelle Bilanzkontinuität (= Ausweiskontinuität: jede Bilanz hat von den Wertansätzen der vorhergehenden Bilanz auszugehen) als auch die materielle Bilanzkontinuität (= Bewertungsstetigkeit: die Bewertungsmethoden sollen nicht von einer zur anderen Bilanz gewechselt werden).

⇒ Grundsatz der bilanziellen Bewertungsvorsicht (vgl. insb. § 252 I Nr. 4 und § 253 HGB). Wesentliche Aspekte sind das Imparitätsprinzip (alle vorhersehbaren Risiken und noch nicht eingetretene Verluste sind im Jahresabschluss zu berücksichtigen), das Realisationsprinzip (Gewinne dürfen erst dann in der Bilanz auftauchen, wenn sie wirklich realisiert wurden) und das Niederstwertprinzip (der Kaufmann soll im Zweifel sein Vermögen eher zu niedrig als zu hoch ansetzen).

441 10. Der Inhaber einer kaufmännischen Bäckerei hat seine Handelsbilanz nach § 247 HGB aufzustellen, wobei § 266 HGB auch jenseits der Kapitalgesellschaften eine gute Gliederungshilfe bietet.

442 (a) Eine Knetmaschine im Eigentum des Kaufmanns ist als Teil des Anlagevermögens auf der Aktivseite zu bilanzieren.[126] Geleaste Knetmaschinen hat er zu aktivieren, wenn sie wirtschaftlich seinem Vermögen zugerechnet werden (vgl. § 246 I 2 HGB für den Eigentumsvorbehalt). Daher hat beim

---

[125] Vgl. nur Baumbach/Hopt, Einl vor § 105 Rn 29 und § 13d Rn 1 m.w.N. Da es sich EU-rechtlich um ein GmbH-Pendant handelt, greifen ergänzend §§ 13e, 13g HGB.
[126] Gliederungspunkt A II 2 nach § 266 II HGB. Auf der Passivseite taucht der Wert beim Eigenkapital auf, wenn die Maschine aus eigenen Mitteln erworben ist.

Finanzierungsleasing der Leasingnehmer zu aktivieren und beim Operating-Leasing der Leasinggeber.[127]

(b) § 242 I HGB spricht zwar von „seinem Vermögen", meint aber nur das Geschäftsvermögen. Ob ein Computer dazugehört, entscheidet handelsrechtlich die entsprechende äußerlich erkennbare Zuordnung (Widmung). errechtlich gehört der Computer wegen der überwiegenden geschäftlichen Nutzung zum notwendigen Betriebsvermögen und ist entsprechend zu aktivieren. 443

(c) Immaterielle Gegenstände mit Vermögenswert sind grundsätzlich ebenfalls zu aktivieren (vgl. § 266 II HGB unter A I.). Soweit für selbst geschaffene immaterielle Vermögensgegenstände ein Aktivposten angesetzt werden darf (§ 248 II HGB), sind die „Herstellungskosten" maßgeblich (§ 255 IIa HGB). 444

(d) Der Geschäfts- oder Firmenwert ist ein immaterieller Wert i.S.d. Rn 444. Maßgeblich sind hier die „Anschaffungskosten". 445

(e) Verbindlichkeiten gegenüber Kreditinstituten sind auf der Passivseite einzustellen (vgl. § 266 III HGB unter C III 2.). 446

(f) Kassenbestand und Mehlvorräte werden als Umlaufvermögen aktiviert (vgl. § 266 II HGB unter B IV und B I 1). 447

(g) Dem Vorsichtsprinzip entsprechend hat der Kaufmann für bestimmte ungewisse Ereignisse (auf der Passivseite) Rückstellungen zu bilden; für andere Risiken sind Rückstellungen dagegen unzulässig (§ 249 HGB). Nach Abs. 1 Satz 1 müssen Rückstellungen für ungewisse Verbindlichkeiten wie eine drohende deliktische Haftung gebildet werden und auch für drohende Verluste aus laufenden Geschäften. Für Verluste wegen eines allgemeinen Konjunktureinbruchs ist eine Rückstellung dagegen nicht zulässig (Abs. 3 Satz 1). 448

3.5 Lösungshinweise: Übungsfälle

Fall 1: Rückzahlungsanspruch der B gegen K aus § 488 I 2 BGB 449
I. Das setzt zunächst voraus, dass zwischen B und K ein wirksamer Darlehensvertrag besteht. Dazu müsste P den K nach § 164 I, III BGB wirksam vertreten haben. P hat eine eigene Willenserklärung im Namen des K abgegeben und die korrespondierende Willenserklärung der B für K empfangen. Fraglich ist aber ihre Vertretungsmacht.

1. Prokuraerteilung: Da eine spezielle Bevollmächtigung nicht vorliegt, kommt insoweit die durch K erteilte Prokura in Betracht. K konnte als Kaufmann die 450

---
[127] Vgl. nur Merkt in Baumbach/Hopt, § 246 Rn 23 m.w.N. auch zum Steuerrecht.

Prokura erteilen und hat dies nach den Erfordernissen des § 48 I HGB getan. Die fehlende Eintragung ist insoweit unschädlich, da sie keine Wirksamkeitsvoraussetzung ist (s.o. Rn 197).

451 2. **Widerruf der Prokura:** Die Vertretungsmacht könnte durch den Widerruf der Prokura allerdings vor Vertragsschluss erloschen sein. Ein solcher Widerruf ist nach § 52 I HGB jederzeit und auch ohne wichtigen Grund möglich. Die Eintragung ist wiederum vorgeschrieben (§ 53 II HGB), aber nicht Wirksamkeitsvoraussetzung. Der am 3. 4. erklärte Widerruf ist daher wirksam.

452 3. **Registerpublizität gemäß § 15 I HGB:** Fraglich ist jedoch, ob K den Widerruf auch B entgegenhalten kann.
a) Dem könnte § 15 I HGB entgegenstehen, da es sich um eine eintragungspflichtige Tatsache handelt, die nicht eingetragen wurde. Da der B der Widerruf nicht bekannt war, kann K ihr den Widerruf danach nicht entgegenhalten.

453 b) Etwas anderes könnte sich allerdings daraus ergeben, dass auch die Erteilung der Prokura nicht eingetragen war. Auch in einem solchen Fall fehlender Voreintragung hält die h.M. aber an der Eintragungspflicht und der Anwendbarkeit des § 15 I HGB fest, um auch diejenigen zu schützen, die anderweitig von der (nicht eingetragenen) Prokuraerteilung erfahren haben.[128] Daher kann sich B wegen des Widerrufs auf das Schweigen des Handelsregisters berufen und P hat K wirksam vertreten. Es besteht also ein wirksamer Darlehensvertrag.
II. Da B den Darlehensbetrag auch zur Verfügung gestellt hatte, kann er bei Fälligkeit die Rückzahlung verlangen.

454 **Fall 2: Ansprüche des V auf Kaufpreiszahlung**
I. Anspruch gegen die KG aus § 433 II BGB: 1. Ein Zahlungsanspruch des V gegen die KG aus § 433 II BGB setzt zunächst einen wirksamen Kaufvertrag voraus. Auch die KG kann Partnerin eines Kaufvertrags sein (§§ 124 I, 161 II HGB). Fraglich ist aber, ob sie durch A wirksam vertreten worden ist. Dem könnte entgegenstehen, dass A ursprünglich nur gemeinsam mit B vertretungsberechtigt war (§§ 125 II, 161 II HGB). Diese Einschränkung ist allerdings durch das Ausscheiden des B gegenstandslos geworden: A ist als nunmehr einziger Komplementär allein vertretungsberechtigt, auch wenn das Handelsregister ihn nur als Gesamtvertreter ausweist. Die KG ist also wirksam vertreten, der Vertrag wirksam geschlossen worden. Der Kaufpreisanspruch ist damit entstanden.
2. Der Anspruch ist auch nicht durch Tilgung untergegangen und nach Belieferung der KG steht auch § 320 BGB seiner Durchsetzung nicht entgegen.

---

[128] BGH v. 11.11.1991 – II ZR287/90 = BGHZ 116, 37, 44; Baumbach/Hopt, § 15 Rn 11; Canaris, HR, § 5 Rn 12; Karsten Schmidt, HR, § 14 II 2 b; a.A. John, ZHR 140 (1976), 237: nur allg. Rechtsscheinhaftung. Allerdings wird überwiegend eine teleologische Reduktion anerkannt, wenn die Ausgangssituation intern geblieben ist.

II. Anspruch gegen A gemäß §§ 128, 161 II HGB: Für diese KG-Verbindlichkeit haftet auch der Komplementär A nach §§ 128, 161 II HGB persönlich unbeschränkt. 455

III. Anspruch gegen B gemäß §§ 128, 161 II, 15 I HGB: Fraglich bleibt, ob 456
auch B in gleicher Weise haftet. B war zwar bereits ausgeschieden und haftet grundsätzlich nur für die seinerzeit bestehenden Altverbindlichkeiten der KG (§§ 159, 161 II HGB). Aus § 15 I HGB könnte sich aber etwas anderes ergeben, da sein Ausscheiden nach § 143 I, II HGB eine einzutragende Tatsache ist, die nicht eingetragen wurde. Es ist aber fraglich, ob V sich hier auf das Schweigen des Registers berufen kann, denn ohne das Ausscheiden des B wäre der Kaufvertrag wegen der Gesamtvertretung gar nicht zustande gekommen. Teilweise wird das nach § 15 I HGB bestehende Wahlrecht (s.o. Rn 434) auf die einzelnen Tatsachen bzw. Rechtsfolgen bezogen, so dass sich V hier zur Gesamtvertretung auf die wahre Rechtslage und zum Ausscheiden des B auf die im Register ausgewiesene berufen kann.[129] Die Gegenansicht lehnt diese „Rosinentheorie" ab, da das Wahlrecht insoweit nicht teilbar ist.[130] Diese Gegenansicht ist insbesondere teleologisch vorzugswürdig, da ein schutzwürdiges Vertrauen des Dritten nicht erkennbar ist. Danach haftet B dem V nicht.
Eine Haftung des oder der Kommanditisten (§§ 171 f. HGB) war nicht zu diskutieren, da der Sachverhalt hierzu keine Angaben enthält.

Fall 3: Anspruch des V gegen K aus § 433 II BGB 457
V hat einen Anspruch auf Zahlung des Kaufpreises gegen K persönlich, wenn K und nicht die GmbH & Co. KG Vertragspartner geworden ist.

I. Unternehmensbezogenes Geschäft: K und V gingen hier gemeinsam davon aus, dass K die Bestellungen für sein Unternehmen aufgegeben hat. Durch solche unternehmensbezogenen Rechtsgeschäfte wird nach den allgemeinen Regeln grundsätzlich der Unternehmensträger berechtigt und verpflichtet, da sich ein entsprechendes Handeln in fremdem Namen aus den Umständen ergibt (§ 164 I 2 BGB, s.o. Rn 186). Danach ist hier die GmbH & Co. KG Käuferin.

II. Rechtsscheinhaftung des K: 1. Gleichwohl könnte K persönlich zahlungspflichtig sein, wenn er zurechenbar den Rechtsschein gesetzt hätte, das Geschäft selbst als Unternehmensträger zu schließen. Dafür kommen hier gleich mehrere Umstände in Betracht: (1) V hat in der laufenden Geschäftsbeziehung stets mit K persönlich kontrahiert und K hat ihm einen Wechsel des Vertragspartners nicht angezeigt. (2) V ist weiter als Einzelkaufmann aufgetreten und hat entgegen § 19 II HGB nicht den Rechtsformzusatz „GmbH & Co. KG" in der Firma geführt. 458

---

[129] BGH v. 1.12.1975 – II ZR 62/75 = BGHZ 65, 309 ff.; zust. z.B. Baumbach/Hopt, § 15 Rn 6; Kindler, § 3 Rn 30 ff.; W.-H. Roth in Koller/Roth/Morck, § 15 Rn 16; Karsten Schmidt, HR, § 14 II 4.
[130] Canaris, § 5 Rn 26; Hübner, Rn 151 ff.; John, ZHR 140 (1976), 237, 254.

459 2. Ob sich V auf diese Vertrauenstatbestände berufen kann, erscheint allerdings zweifelhaft, denn der Wechsel des Firmeninhabers ist nach § 31 I HGB eine einzutragende Tatsache, die K auch hat eintragen und bekanntmachen lassen. Daher muss ein Dritter sie gemäß § 15 II HGB grundsätzlich gegen sich gelten lassen. Diese Publizitätswirkung gilt aber nicht uneingeschränkt (s.o. Rn 106). Insbesondere ist anerkannt, dass sich die Vertrauenshaftung, die aus einem Verstoß gegen § 19 II HGB resultiert (2), gegenüber § 15 II HGB durchsetzt.[131] Ob das auch für das bloße Schweigen in einer laufenden Geschäftsbeziehung gilt, ist auch im Hinblick auf die Reichweite der Publizitätsrichtlinie umstritten.[132] Da hier beide Momente zusammenkommen, kann V den K jedenfalls an dem von K geschaffenen Rechtsschein festhalten, ohne dass § 15 II HGB entgegenstünde. Da V die Kaufverträge im Vertrauen auf die persönliche Haftung des K abgeschlossen hat und der zurechenbare Rechtsschein also auch kausal geworden ist, haftet K dem V persönlich auf Kaufpreiszahlung.

460 **Fall 4**
I. Anspruch des G gegen B und C gemäß § 128 S. 1 HGB: Es liegt eine OHG vor, die wegen des Unfalls auch haftbar ist. Da B und C Gesellschafter der OHG sind, haften sie nach § 128 I 1 HGB für ihre Verbindlichkeiten.
Der Sachverhalt gibt die Haftbarkeit vor, so dass sie nicht genauer zu problematisieren ist. In erster Linie greift die Halterhaftung gemäß § 7 StVG ein, da die OHG Halterin des Kfz ist. Daneben kommen § 823 I BGB und § 831 BGB i.V.m. § 31 BGB analog in Betracht. Das wäre bei entsprechender Fragestellung an erster Stelle unter eigener Überschrift (A. Ansprüche gegen die OHG) zu problematisieren.

461 **II. Anspruch des G gegen A gemäß §§ 128 S. 1, 15 I HGB:** Eine entsprechende Haftung des A könnte sich nur aus § 15 I HGB ergeben, da A am 13. 8. bereits ausgeschieden war. Das Ausscheiden ist nach § 143 I, II HGB eine eintragungspflichtige Tatsache, die am 13. 8. noch nicht eingetragen und bekannt gemacht war. Allerdings stößt die Rechtsscheinswirkung des § 15 I HGB hier an ihre Grenzen. Die Vorschrift setzt zwar (anders als die allgemeine Rechtsscheinshaftung) keine Kausalität voraus: Der Dritte muss nicht auf das Schweigen des Registers vertraut und sein Verhalten daran ausgerichtet haben. § 15 I HGB gilt aber nur im Geschäfts- und Prozessverkehr, da außerhalb nicht einmal ein abstraktes Vertrauen möglich ist:[133] Man lässt sich nicht im Vertrauen auf das Register anfahren. Daher kann sich G nicht auf § 15 I HGB berufen und A nicht haftbar machen.

---

[131] BGH v. 6.10.1977 – II ZR 4/77 = WM 1977, 1405; dazu z.B. Karsten Schmidt, HR, §§ 5 IV 2a, 14 I 2 mit Bsp. 4.
[132] Vgl. Canaris, § 6 Rn 36 ff., insb. 40 einerseits und Krebs in MK-HGB, § 15 Rn 78 f. andererseits.
[133] RG v. 8.7.1918 – VI 94/18 = RGZ 93, 238.

Fall 5: Anspruch des K gegen S aus § 488 BGB 462
I. Anspruchsentstehung: Ein Anspruch des K gegen S auf Rückzahlung des Darlehensbetrages ist zunächst entstanden, da er mit S einen Darlehensvertrag abgeschlossen und ihm den Darlehensbetrag zur Verfügung gestellt hat.

II. Anspruchsuntergang: Der Anspruch wäre aber gemäß § 362 I BGB untergegangen, wenn P den K bei der Rückzahlung des Betrags nach § 164 BGB wirksam vertreten hätte.
1. P hat bei der Empfangnahme im Namen des K gehandelt, auch wenn er das Geld für sich behalten wollte.
2. Problematisch ist aber seine Vertretungsmacht, da durch die fristlose Kündigung nach § 168 S. 1 BGB mit dem Arbeitsverhältnis auch die Prokura sofort erlischt; die Eintragung ist dafür nicht Voraussetzung.
3. Fraglich bleibt somit, ob S gemäß § 15 HGB in seinem Vertrauen auf die Prokura geschützt ist, da es sich bei dem Erlöschen um eine nach § 53 III HGB eintragungspflichtige Tatsache handelt.
a) Bei Einziehung am 2. 10. war das Erlöschen der Prokura noch nicht eingetragen 463
und bekanntgemacht. Daher kann K die fehlende Vertretungsmacht dem gutgläubigen S nach § 15 I HGB nicht entgegenhalten. K ist durch P wirksam vertreten worden und sein Rückzahlungsanspruch ist durch die Zahlung untergegangen.
b) Bei Einziehung am 8. 10. war das Erlöschen der Prokura eingetragen und be- 464
kanntgemacht. S kann sich daher grundsätzlich nicht auf § 15 I HGB berufen, sondern muss sich das Erlöschen der Prokura gemäß § 15 II 1 HGB entgegenhalten lassen. Fraglich ist nur, ob S gemäß § 15 II 2 HGB die Verlängerung der Rechtsscheinhaftung des § 15 I HGB in Anspruch nehmen kann, da er innerhalb der "Schonfrist" von 14 Tagen gutgläubig an den vermeintlichen Prokuristen P gezahlt hat. Dazu müsste er aber beweisen, dass er das Erlöschen der Prokura nicht kennen musste. Die h.M. verlangt indes jedenfalls von Kaufleuten, dass sie sich grundsätzlich über das Handelsregister unterrichten,[134] und dann hätte S vor dem 8. 10. vom Erlöschen der Prokura erfahren. Danach liegt keine unverschuldete Unkenntnis vor. S kann sich nicht auf die Schonfrist berufen, sondern muss sich die fehlende Vertretungsmacht des P entgegenhalten lassen. Der Zahlungsanspruch des K ist also nicht untergegangen.

Der Fall zeigt in Variante (a) die strengen Anforderungen, die im Interesse der 465
Rechtssicherheit an den eingetragenen Kaufmann gestellt werden: Er sollte sich schnellstmöglich um die erforderlichen Eintragungen kümmern und kann die Zwischenzeit nur über persönliche Informationen an alle wichtigen Geschäftspartner absichern. Variante (b) macht demgegenüber die strengen Informationsobliegenheiten der Geschäftspartner deutlich: Auch im Zeitalter eines online verfügbaren Registers ist die laufende Kontrolle auf eventuelle Änderungen kaum

---
[134] BGH v. 8.5.1972 – II ZR 170/69 = NJW 1972, 1418, 1419. Noch enger insb. unter Hinweis auf die Publizitätsrichtlinie Krebs in MK-HGB, § 15 Rn 73 und W.-H. Roth in Koller/Roth/Morck, § 15 Rn 22; weiter dagegen z.B. Canaris, HR, § 5 Rn 31 ff.

realistisch und es ist doppelt problematisch, ob eine solche Kontrolle auch Nichtkaufleuten abzuverlangen ist.

466 **Fall 6: Isolierte Übertragung der Firma**
§ 23 HGB verbietet die Leerübertragung einer Firma. Eine Übertragung durch Abtretungs- oder Lizenzvertrag ist daher gemäß § 134 BGB nichtig. Der Kaufvertrag ist demgemäß von vornherein auf eine objektiv unmögliche Leistung gerichtet (§§ 275 I, 311a BGB). Einem Schadensersatzanspruch des K steht § 442 BGB entgegen, da er das Verbot ebenso kennen musste wie V.

Erreicht K die Eintragung und Bekanntmachung „seiner" Firma, so können Dritte aus § 37 II HGB dagegen vorgehen und das Registergericht kann nach § 37 I HGB, § 393 FamFG vorgehen (Amtslöschung). Gutgläubige Dritte sind über § 15 III HGB geschützt.

3.6 Lösungshinweise: Kommentararbeit

467 1. Nach h.M. ja, vgl. § 8 Rn 5.

2. Ja, vgl. oben Rn 434 und § 15 Rn 6, 22.

3. Bei Eintragungs- und Bekanntmachungsfehlern ja, bei bloßer Nichtlöschung nein, vgl. § 15 Rn 23; § 8 Rn 15; § 37 Rn 6.

4. Vgl. § 17 Rn 36; § 37 Rn 12.

5. Vgl. § 275 Rn 35.

6. Vgl. § 246 Rn 24 ff.

4 Das Unternehmen als Rechtsobjekt

Das Unternehmen als Schutzobjekt
- Art. 14 GG
- Schutz durch BGB, HGB, MarkenG, PatG, UrhG, UWG, GWB, etc.
- § 823 I BGB: „eingerichteter und ausgeübter Gewerbebetrieb"
    ⇒ Schutzobjekt: werbendes Unternehmen
       (auch freiberuflich, kleingewerblich usw.)
    ⇒ Schutz nur subsidiär
    ⇒ Schutz nur vor betriebsbezogenen Eingriffen
    ⇒ Rechtswidrigkeit positiv festzustellen (Rechtsgüterabwägung)

Übertragung von Unternehmen
- Grundgeschäft: Kauf, Schenkung, Pacht usw.
                  (u.U. Form, z.B. § 311b BGB, § 15 III GmbHG)
- Übertragungsformen: Aktiva und Passiva (asset deal) vs. Anteilsübertragung (share deal)

Typische Probleme des Unternehmenskaufs
- Due Diligence-Prüfung: Garantien, cic-Haftung für Informationsfehler?
- Sachmängelhaftung
    ⇒ Gewinnerwartung, Ertragskraft usw. als Mängel des Kaufgegenstands
    ⇒ Einzelgegenstände als Mangel des Unternehmens, wenn elementare Bedeutung
    ⇒ Mängel auch beim Anteilskauf, wenn Unternehmenserwerb

Haftungskontinuität beim Übergang eines Handelsunternehmens (asset deal)
- **§ 25 HGB**
    ⇒ Erwerberhaftung neben Veräußerer (§ 26 HGB)
       => § 426 I, II BGB (nach Kaufvertrag)
    ⇒ Haftungsfrei: Unternehmen / Firma nicht fortgeführt, § 25 II HGB
    ⇒ Fiktion des Forderungsübergangs
- **§ 27 HGB:** Erwerberhaftung neben allg. Erbenhaftung (§§ 1922, 1967 BGB)
    ⇒ Haftungsfrei: Unternehmen/Firma nicht fortgeführt, §§ 27, 25 II HGB
- **§ 28 HGB:** Eintritt bei Einzelkaufmann
    ⇒ OHG/KG haftet (auch ohne Firmenfortführung)
    ⇒ Gesellschafterhaftung

4.1 Vertiefungsfragen

468 1. Sind Unternehmen insolvenzfähig und straffähig?
2. Kann ein Unternehmen als Ganzes (a) verpachtet, (b) verpfändet, (c) in der Insolvenz verwertet, (d) vererbt werden?
3. Welche rechtliche Bedeutung haben Hauptniederlassung und Sitz eines Unternehmens?
4. Beschreiben Sie die besonderen Voraussetzungen eines Schadensersatzanspruchs wegen Eingriffs in das Recht am Unternehmen.
5. Welche besonderen Unwirksamkeitsgründe können Sie sich bei Unternehmenskaufverträgen vorstellen?
6. Kann ein Unternehmenskäufer Minderung verlangen, wenn sich herausstellt, dass die Unterlagen des Verkäufers die Erträge der letzten Jahre zu positiv dargestellt haben?
7. Beschreiben Sie den Normzweck der §§ 25-28 HGB.
8. Greift die Erwerberhaftung des § 25 HGB
   a) bei Unwirksamkeit des Übernahmevertrags?
   b) wenn die Erwerber-GmbH statt bisher „P 3 KG" nunmehr „Diskothek P 3 GmbH" firmiert?
   c) wenn ein kleingewerblicher Betrieb samt Geschäftsbezeichnung fortgeführt wird?
   d) beim Unternehmenserwerb vom Insolvenzverwalter?
   e) beim Erwerb eines weitgehend vermögenslosen Unternehmens?
9. Ordnet § 25 I 2 HGB den Übergang der unternehmensbezogenen Forderungen an, oder wird der Übergang lediglich vermutet oder fingiert?
10. Greift § 27 HGB, wenn der bisherige einzige Kommanditist das Geschäft als Alleinerbe des einzigen Komplementärs fortführt?

4.2 Übungsfälle

469 1. Bäcker A behauptet (obwohl er es besser weiß) regelmäßig hinter vorgehaltener Hand, Bäcker B habe seinen Meisterbrief nur durch Bestechung erlangt. Kann B Unterlassung und Schadensersatz verlangen?
2. Dachdecker D verkauft aus Altersgründen seinen Betrieb samt Firma an E. Er übereignet das Betriebsgrundstück samt Zubehör laut Liste A (mit EDV und allen Dateien), tritt die Forderungen laut Liste B ab und E soll die Geschäftsverbindlichkeiten laut Liste C übernehmen. E führt das Unternehmen samt Firma fort.

(a) In Liste B ist verabredungsgemäß eine Forderung wegen einer Dachreparatur gegen A nicht aufgenommen, da A ein Kegelbruder des D ist und D ihn wegen seiner Krankheit zunächst schonen will. A zahlt aber an E, nachdem er von dem Betriebsübergang erfährt. Ist seine Schuld damit getilgt?
(b) V hatte an D auf Bestellung Dachpappe für 8.000 € geliefert. An wen kann er sich halten, wenn seine Kaufpreisforderung nicht in Liste C aufgenommen ist?

3. Buchhändler B hinterlässt seiner Tochter T sein „B Antiquariat e.K.". Während sie das Unternehmen unter dieser Firma fortführt, stellt sie immer weitere Altverbindlichkeiten fest. Daher veräußert sie das Antiquariat nach zehn Wochen samt Firma an K und begleicht mit dem Kaufpreis die privaten wie geschäftlichen Verbindlichkeiten ihres Vaters. Als die G-Bank die Rückzahlung von 12.000 € aus einem alten Geschäftsdarlehen des H verlangt, erhebt T die Dürftigkeitseinrede nach § 1990 BGB, da der Nachlass inzwischen aufgezehrt ist.
(a) Kann die G-Bank gleichwohl die Zahlung von T verlangen?
(b) Beschreiben Sie die weiteren Möglichkeiten der T, ihre Haftung zu beschränken.

4. A und B betreiben ihr Unternehmen in der Form der A+B-GmbH. Um dem Unternehmen neues, flexibel handhabbares Kapital zuzuführen, gründen sie mit ihrer GmbH die A+B GmbH & Co. KG und übernehmen beide eine Kommanditeinlage von 80.000 €. Als bald darauf die Rückzahlung eines Darlehens an die S-Bank fällig wird, fragt sie, ob dafür auch die KG haftet.

4.3 Übungen zur Kommentararbeit

Beantworten Sie anhand des Kommentars Baumbach/Hopt, Handelsgesetzbuch, die folgenden Fragen:

470

1. Welches sind die wichtigsten Fallgruppen des § 823 I BGB zum Schutz des Unternehmens?
2. Liegt eine Firmenfortführung vor, wenn die „Eugen Mutz & Co. OHG" in die neu gegründete „Eumuco AG" eingebracht wird?
3. Ordnen Sie die Rechtsfolge des § 25 I 2 HGB dogmatisch ein. Hilft die Vorschrift im obigen Fall 2 (Rn 469): (a) dem E, wenn er A in Anspruch nehmen will? (b) dem A, wenn D ihn in Anspruch nehmen will?
4. Was sind besondere Verpflichtungsgründe i.S.d. § 25 III HGB?
5. Kann die Nachhaftung des Veräußerers eines Handelsgeschäfts abweichend von der gesetzlichen Regelung vereinbart werden?

204 *Vertiefungskurs - 4 Das Unternehmen als Rechtsobjekt*

6. Beschreiben Sie die firmen- und haftungsrechtlichen Konsequenzen der Fortführung eines kaufmännischen Unternehmens durch eine ungeteilte Erbengemeinschaft.

7. Wie ist die Situation, wenn ein Erbe das kaufmännische Unternehmen samt Firma für die Erbengemeinschaft als Testamentsvollstrecker fortführt?

4.4 Lösungshinweise: Vertiefungsfragen

471 1. Insolvenzfähig sind nicht die Unternehmen selbst, sondern die Unternehmensträger, also z.b. der Kaufmann oder sonstige Einzelunternehmer, die BGB-Gesellschaft, OHG, GmbH usw. (§ 11 InsO). Als Rechtsobjekt kann ein Unternehmen auch nicht strafbar sein. Auch Unternehmensträger können nur strafbar sein, wenn es sich um Menschen handelt, da strafrechtliche Verantwortung persönliche Schuld voraussetzt (vgl. nur §§ 15, 29 StGB). Allerdings können Geldbußen auch gegen sonstige Unternehmensträger verhängt werden (§ 30 OWiG) und natürlich können die im Unternehmen verantwortlichen Menschen strafrechtlich verfolgt werden.

472 2. (a) Unternehmen sind Gegenstände i.S.d. § 581 BGB und können daher verpachtet werden. (b) Dagegen sehen §§ 1204, 1257 BGB nur die Verpfändung einzelner Sachen und Rechte vor. Daher ist die Verpfändung eines Unternehmens als Gesamtheit nicht möglich (und daran scheitert auch die Pfändung in der Zwangsvollstreckung). (c) Dagegen ist in der Insolvenz (des Unternehmensträgers, s. Rn 471) zunächst die Fortführung (vgl. schon § 22 I 2 Nr. 2 InsO) und schließlich die Veräußerung des Unternehmens als Gesamtheit möglich (vgl. §§ 160 II Nr. 1, 162 f. InsO) und zu seinem Erhalt (§ 1 InsO) oft vorteilhaft. (d) Unternehmen sind auch als Ganzes vererblich (§ 1922 BGB, vgl. § 27 HGB).

473 3. Kaufleute haben eine Handelsniederlassung, u.U. Haupt- und Zweigniederlassungen, Handelsgesellschaften einen Sitz (s.o. Rn 438). Bei Kapitalgesellschaften bestimmt die Satzung den Sitz und soll sich dabei nach dem Ort der Geschäftsleitung oder wenigstens eines Betriebes richten (vgl. nur § 4a GmbHG). Bei OHG und KG ist Sitz der tatsächliche Ort der Geschäftsleitung.[135] Ebenso ist die Hauptniederlassung der räumliche Mittelpunkt des Unternehmens, von dem aus die Geschäfte dauerhaft geleitet werden. Handelsniederlassung und Sitz sind einzutragen (vgl. nur §§ 29, 106 II Nr. 2 HGB, § 8 I Nr. 1 GmbHG) und auf Geschäftsbriefen anzugeben (vgl. nur §§ 37a I, 125a I 1 HGB, § 35a GmbHG). Sie sind entscheidend für die Zuständigkeit des Registergerichts und können maßgeblich sein, wenn es z.B. um die Bestimmung des Gerichtsstands (§§ 17 I, 21 ZPO), des Erfüllungsorts (§§ 270

---

[135] Das gilt nach h.M. auch bei abweichender Vertragsbestimmung und Eintragung (BGH v. 27.5.1957- II ZR 317/55 = BB 1957, 799; a.A. z.B. Schäfer in GK-HGB, § 106 Rn 20.

II, 269 BGB) oder bei Auslandsberührung um die Bestimmung des anwendbaren Rechts geht (z.B. Art. 4, 19 Rom I-VO).

4. Ein Anspruch aus § 823 I BGB setzt generell eine Schutzgutverletzung beim Anspruchsteller durch ein Verletzungsverhalten des Anspruchsgegners voraus, das rechtswidrig und schuldhaft begangen ist. Beim Recht am Unternehmen („eingerichteten und ausgeübten Gewerbebetrieb") ergeben sich folgende Besonderheiten: 474

a) **Subsidiarität:** Keine Anwendbarkeit, wenn der Sachverhalt durch speziellere Normen geregelt ist (z.B. Verletzung von Eigentum, gewerblichen Schutzrechten, § 824 BGB, § 3 UWG). 475

b) **Werbendes Unternehmen:** Schutzgut ist das werbende Unternehmen in seiner Gesamtheit. Dazu gehören auch nicht-gewerbliche Unternehmen, nicht aber die Aufbauphase vor Marktteilnahme. 476

c) **Betriebsbezogener Eingriff:** Die Rechtsprechung fordert, dass sich der Eingriff „irgendwie gegen den Betrieb als solchen richtet, also betriebsbezogen ist und nicht vom Gewerbebetrieb ohne weiteres ablösbare Rechte oder Rechtsgüter betrifft."[136] 477

> **Beispiele:** Boykott, Blockade, Lahmlegen des Betriebs durch fälschliche Durchsetzung eines patentrechtlichen Unterlassungsanspruchs, Verbreitung übermäßig negativer Werturteile (z.B. in Tests); nicht dagegen fahrlässige Beschädigung der wichtigsten Maschine oder der Stromzuleitung, nicht die fahrlässige Verletzung von Arbeitnehmern oder Geschäftsführern.

d) **Rechtswidrigkeit des Eingriffs:** Sie muss positiv durch Interessenabwägung festgestellt werden (z.B. Reputation eines Restaurants gegen Meinungs- und Pressefreiheit des Testers). 478

5. Typische Unwirksamkeitsgründe bei Unternehmenskaufverträgen: 479
   - Formunwirksamkeit nach § 126 BGB, insb. wenn Grundstücke mitbetroffen sind (§ 311b BGB) oder GmbH-Anteile veräußert werden (§ 15 III, IV GmbHG).
   - Verstoß gegen gesetzliche Verbote (§ 134 BGB), wenn die Übertragung von Kundendaten auch ohne deren Zustimmung wesentlicher Bestandteil sein soll (§ 4 II BDSG und insb. bei Anwalts- und Arztpraxen § 203 StGB).[137]
   - Der Verkauf kann insgesamt kartellrechtlich unzulässig sein (Fusionskontrolle nach §§ 35 ff. GWB und der EG-Fusionskontrollverordnung).[138]
   - Der Verkäufer unterliegt auch ohne besondere Vereinbarung einem Wettbewerbsverbot; Vereinbarungen über weitergehende Wettbewerbsverbote können gegen § 1 GWB und § 138 BGB verstoßen.[139]

---

[136] BGH v. 10. 12. 2002 - VI ZR 171/02 = NJW 2003, 1041 m.w.N.
[137] Vgl. z.B. BGH v. 17. 5. 1995- VIII ZR 94/94 = NJW 1995, 2026.
[138] Einführend z.B. Lettl, §§ 6 und 10.

480 6. Eine Minderung gemäß § 441 BGB kommt nur in Betracht, wenn die tatsächlich schlechtere Ertragslage einen Sachmangel des Unternehmens darstellt. Die Frage ist umstritten (s.o. Rn 165). Die Rechtsprechung hat das jedenfalls früher verneint, da sich die Ertragslage eines Unternehmens auch aufgrund äußerer nur eingeschränkt beeinflussbarer Faktoren ständig ändern kann und somit schon eine „Beschaffenheit" im Sinne des § 434 I BGB nicht vorliegt. Danach scheidet eine Minderung aus. Die h.L. bejaht dagegen eine Beschaffenheit und muss weiter fragen, ob die dargestellte bessere Ertragslage zur vereinbarten oder sonst geschuldeten Beschaffenheit des Unternehmens gehört. Ggf. kann der Käufer Minderung verlangen, da eine Nacherfüllung nicht in Betracht kommt.

481 7. Die §§ 25-28 HGB schützen nach h.M. die Kontinuitätserwartungen des Rechtsverkehrs, die durch die Firmenfortführung genährt werden.[140] Demgegenüber läuft die Erklärungstheorie (Firmenfortführung = Erklärung an die Allgemeinheit, die Altverbindlichkeiten zu übernehmen[141]) auf eine bloße Fiktion hinaus. Die Kontinuitätstheorie will die Verbindlichkeiten und Forderungen beim Unternehmen lassen und ordnet sie daher dem jeweiligen Unternehmensträger zu.[142] Das passt allerdings nicht zum Erfordernis der Firmenfortführung.

482 8. a) § 25 HGB setzt keinen rechtsgeschäftlich wirksamen Übernahmevertrag voraus, da das für die tragenden Haftungsgründe der Unternehmenskontinuität und der Verkehrserwartung in die Haftungskontinuität irrelevant ist.
b) Ja, es reicht wenn der Unternehmenskern und der Firmenkern fortgeführt werden.[143] Daran ändert insb. ein veränderter Rechtsformzusatz ebensowenig wie der in § 25 I HGB erwähnte Nachfolgezusatz.[144]
c) § 25 HGB greift vom Wortlaut her nicht, da kein „Handelsgeschäft" und keine Firma vorliegen. Die h.M. lehnt auch eine Analogie ab.[145] Dafür sprechen insb. die firmenrechtliche Anknüpfung der Haftung und die sonst fehlende Enthaftungsmöglichkeit des § 25 II HGB.
d) Bei einem Erwerb im Insolvenzverfahren gilt § 25 HGB nach h.M. nicht (teleologische Reduktion), da Unternehmen sonst unveräußerbar wären und die Gläubiger auch bei Firmenfortführung keine Erwartung in das Zufallsgeschenk eines weiteren Haftenden haben.[146]

---

[139] Vgl. nur BGH v. 19. 10. 1993 - KZR 3/92 = NJW 1994, 384; Lettl (Fn 93), § 2 Rn 115 ff..
[140] Vgl. nur BGH v. 28. 11. 2005 - II ZR 355/03 = NJW 2006, 1002; Baumbach/Hopt, § 25 Rn 1; gute Gesamtdarstellung bei Hopt, HR, Rn 282 ff.
[141] So früher das RG und z.B. Säcker, ZGR 1973, 261.
[142] Karsten Schmidt, HR, § 8 I.
[143] BGH v. 28. 11. 2005 - II ZR 355/03 = NJW 2006, 1002.
[144] BGH v. 15. 3. 2004 - II ZR 324/01 = ZIP 2004, 1103; a.A. Canaris, HR, § 7 Rn 30.
[145] BGH v. 17. 9. 1991 - XI ZR 256/90 = NJW 1992, 112; Baumbach/Hopt, § 25 Rn 2 f.; Canaris, HR, § 7 Rn 20; W.-H. Roth in Koller/Roth/Morck, § 25 Rn 3, a.A. z.B. Karsten Schmidt, HR, § 8 II 1 a.
[146] BGH v. 11. 4. 1988 - II ZR 313/87 = BGHZ 104, 151.

e) § 25 HGB bleibt nach h.M. anwendbar, da eine weitergehende teleologische Reduktion dem Tatbestand alle Kontur nähme.[147]

9. Nach § 25 I 2 HGB gelten die Forderungen den Schuldnern gegenüber als auf den Unternehmenserwerber übergegangen. Das wird vereinzelt als gesetzlicher Forderungsübergang verstanden,[148] überwiegend aber als bloße Schuldnerschutzvorschrift.[149] Für die h.M. spricht deutlich der Wortlaut („gelten den Schuldnern gegenüber"). Zudem geht es auch sonst vorrangig um den Schutz der Kontinuitätserwartungen (s.o. Rn 481). Im Ergebnis nähert sich die h.M. der Annahme eines tatsächlichen Übergangs, soweit eine unwiderlegliche Vermutung angenommen wird.[150]

483

10. Mit dem Tod des einzigen Komplementärs wird die KG beendet und der erbende Kommanditist führt das Unternehmen als Einzelkaufmann fort. Er erwirbt zwar durch die Erbschaft nicht das Unternehmen, sondern nur den Gesellschaftsanteil des Komplementärs. Da er damit aber zum Alleininhaber wird, ist § 27 HGB analog anzuwenden.[151]

484

4.5 Lösungshinweise: Übungsfälle

Fall 1: Unterlassungs- und Schadensersatzansprüche des B

485

Unterlassungs- und Schadensersatzansprüche sind in einem Gutachten grundsätzlich getrennt voneinander zu prüfen. Dabei kann Schadensersatz nicht nur Geldersatz bedeuten, sondern auch Naturalrestitution (§ 249 BGB) z.B. durch Widerruf. Hier erfolgt nur eine summarische Darstellung.

I. Anspruch aus § 823 II BGB i.V.m. § 187 StGB: A begeht eine Verleumdung i.S.d. § 187 StGB, indem er wider besseres Wissen über B die unwahre und herabwürdigende Tatsache behauptet, er habe seinen Meisterbrief nur durch Bestechung erlangt. § 187 StGB ist auch ein Schutzgesetz i.S.d § 823 II BGB und will auch gerade vor derartigen Kreditschädigungen schützen. Daher kann B Vermögensschäden, die daraus resultieren, von A ersetzt verlangen. Er hat auch einen Anspruch auf Unterlassung analog § 1004 BGB. Die Vorschrift behandelt zwar nur das Eigentum, ist aber analog anzuwenden, da für die meisten anderen in § 823 BGB genannten Rechtsgüter eine entsprechende Regelung fehlt, aber ein ebenso großes – und teils größeres – Schutzinteresse besteht: Das BGB will nicht, dass drohende Körper- oder Ehrverletzungen erst abgewartet und dann kompensiert werden müssen.

486

---

[147] Vgl. nur BGH v. 28. 11. 2005 - II ZR 355/03 = NJW 2006, 1002; a.A. Canaris, HR, § 7 Rn 26.
[148] Vgl. insb. Karsten Schmidt, HR, § 8 I 4 b und AcP 198 (1998), 529 ff.
[149] Vgl. nur Baumbach/Hopt, § 25 Rn 21, 24 ff.; Canaris, HR, § 7 Rn 62 ff.; Thiessen in MK-HGB, § 25 Rn 71 ff., 101 ff.
[150] So BGH v. 20. 1. 1992 - II ZR 115/91 = WM 1992, 736; anders OLG München v. 8. 1. 1992 - 27 U 473/91 = DB 1992, 518 und h.L. (vorige Fn).
[151] BGH v. 10. 12. 1990 - II ZR 256/89 = BGHZ 113, 132.

487 **II. Anspruch aus § 824 BGB:** Gleichzeitig ist auch der Tatbestand des § 824 BGB erfüllt. Er greift weiter, da er auch fahrlässige falsche Tatsachenbehauptungen erfasst, ist aber auch bei vorsätzlichen Behauptungen neben § 823 II BGB i.V.m. § 187 StGB anwendbar. Auch insoweit ergibt sich analog § 1004 BGB zudem ein Unterlassungsanspruch.

488 **III. Anspruch aus § 826 BGB:** Die vorsätzliche Verleumdung zur Schädigung eines Konkurrenten ist auch sittenwidrig. Daher ergibt sich auch aus § 826 BGB ein Schadensersatzanspruch und analog § 1004 BGB ein Unterlassungsanspruch.

489 **IV. Anspruch aus §§ 8 I, 9 i.V.m. §§ 3, 4 Nr. 7 und 8 UWG:** Die Verleumdung eines Mitbewerbers fällt gleichzeitig in den Beispielskatalog des § 4 Nr. 7 und 8 UWG und stellt damit eine unlautere Wettbewerbshandlung dar, die nach § 3 UWG verboten ist.[152] Aus § 8 I UWG ergibt sich daher ein Unterlassungsanspruch und im Verschuldensfall (wie hier) ein Schadensersatzanspruch aus § 9 UWG.[153]

490 **V. Anspruch aus § 823 I BGB (allgemeines Persönlichkeitsrecht):** Die Verleumdung verletzt B gleichzeitig in seinem allgemeinen Persönlichkeitsrecht, das als „sonstiges Recht" i.S.d. § 823 I BGB anerkannt ist. Daraus ergibt sich wiederum neben einem Unterlassungsanspruch ein Schadensersatzanspruch, der bei schweren Verletzungen auch immaterielle Schäden umfassen kann (Reduktion des § 253 I BGB im Lichte der Art. 1, 2 I GG).[154]

VI. Anspruch aus § 823 I BGB (Recht am Unternehmen): Die Rufschädigung trifft in erster Linie die Bäckerei des B. Dennoch ergibt sich kein Anspruch wegen Verletzung des Rechts am Unternehmen, da dieses Schutzgut nur subsidiär geschützt ist (s.o. Rn 475).[155]

491 **Fall 2: Der kegelnde Dachdecker**
Frage (a): Erfüllungswirkung der Zahlung an E
I. Erlöschen gemäß § 362 BGB: Nach § 362 I BGB erlöschen Forderungen grundsätzlich nur durch Leistungen, die an den Gläubiger bewirkt werden. Gläubiger oder Forderungsinhaber ist aber weiterhin D, da die Forderung nicht an E abgetreten wurde. Die Zahlung an E führt daher zumindest nicht unmittelbar zum Erlöschen der Schuld.

---

[152] Erfolgt die Behauptung im Rahmen eines werbenden Vergleichs, so greift zudem § 6 II Nr. 5 UWG.
[153] Da die Rechtsfolgen samt Schadensersatz im UWG mitgeregelt sind, sind §§ 3, 4 UWG keine Schutzgesetze i.S.d. § 823 II BGB.
[154] Vgl. nur Sprau in Palandt, § 823 Rn 83 ff.; Baumbach/Hopt, Einl v § 1 Rn 63 f.
[155] Inwieweit ein solcher Subsidiaritätsgrundsatz auch beim allgemeinen Persönlichkeitsrecht gilt, ist umstritten (vgl. nur Canaris, SBT II, § 80 I 6).

II. Schuldnerschutz gemäß § 407 ff. BGB: §§ 407 ff. BGB führen nicht zur befreienden Wirkung der Leistung, da eine Abtretung nicht erfolgt ist und A zudem nicht in Unkenntnis des tatsächlichen Gläubigers geleistet hat.

III. Erfüllungswirkung über § 25 I 2 HGB: Die Erfüllungswirkung ergibt sich aber, wenn die Forderung nach § 25 I 2 HGB als auf E übergegangen gilt.
1. Dazu müsste zunächst der Grundtatbestand des § 25 I 1 HGB erfüllt sein. Das Dachdeckerunternehmen ist gewerblich und es ist nicht ersichtlich, dass ein lediglich kleingewerblicher Betrieb vorliegt. Daher ist gemäß § 1 II HGB von einem kaufmännischen Unternehmen und damit einem „Handelsgeschäft" auszugehen, zumal eine Firma geführt wird. E hat das Unternehmen durch den Kauf unter Lebenden erworben und führt es auch samt Firma fort. Es liegt also ein Fall des § 25 I 1 HGB vor.
2. Für diesen Fall fingiert § 25 I 2 HGB den Übergang der im Betrieb begründeten Forderungen, wenn diese formfrei übertragbar sind und der bisherige Inhaber in die Firmenfortführung eingewilligt hat.[156] D hat hier die Firma mitverkauft und damit in ihre Fortführung eingewilligt. Die fragliche Forderung wurde durch eine Dachreparatur und damit im Betrieb des D begründet und sie ist auch formfrei übertragbar. Sie gilt daher für A als auf E übergegangen.
3. D und E haben zwar verabredet, dass die Forderung gegen A nicht übergehen solle. Nach § 25 II HGB hätte das aber nur Außenwirkung, wenn es eingetragen oder A mitgeteilt worden wäre. A konnte daher mit befreiender Wirkung an E zahlen. Die Forderung ist damit erloschen.
E hat damit auf Kosten des D mehr erhalten, als ihm nach ihrem Unternehmenskaufvertrag zusteht. Diese ungerechtfertigte Bereicherung hat E nach § 816 II BGB herauszugeben.

Frage (b): Ansprüche des V
I. Zahlungsanspruch gegen D aus § 433 II BGB: V hat einen Zahlungsanspruch gegen D aus § 433 II BGB, da beide einen wirksamen Kaufvertrag geschlossen haben. Der Anspruch ist durch die Unternehmensveräußerung nicht untergegangen, allenfalls ändert sich nach § 26 HGB die Durchsetzungsfrist.

II. Zahlungsanspruch gegen E aus §§ 433 II BGB, 25 I 1 HGB: V hat gemäß § 25 I 1 HGB auch einen Anspruch gegen E, da die Voraussetzungen der Vorschrift vorliegen (s.o.) und es sich um eine unternehmensbezogene Verbindlichkeit handelt. D und E hatten zwar vereinbart, dass E nur die Verbindlichkeiten in Liste C übernehmen solle, eine solche Vereinbarung wirkt gemäß § 25 II HGB Dritten gegenüber aber nur, wenn sie eingetragen oder sonst bekannt gemacht ist.
Die Vereinbarung wirkt sich lediglich im Rahmen des Gesamtschuldnerausgleichs aus: Da E die Verbindlichkeit nicht übernehmen sollte, kann er bei D vollen Regress nehmen, wenn er V befriedigt.

---

[156] Zur Gegenansicht (gesetzlicher Forderungsübergang) vgl. Rn 483.

496 Fall 3: Antiquariat mit Schuldenfalle
Frage (a): Ansprüche der G-Bank gegen T
I. Anspruch aus §§ 488, 1922, 1967 BGB
T haftet als Alleinerbin nach §§ 1922, 1967 BGB für die Darlehensschuld ihres Vaters, da diese zu den Nachlassverbindlichkeiten gehört. Dieser Anspruch ist auch nicht untergegangen. Seiner Durchsetzung könnte aber § 1990 BGB entgegenstehen. Danach kann der Erbe die Befriedigung eines Nachlassgläubigers verweigern, wenn der Nachlass so gering ist, dass Nachlassverwaltung und Nachlassinsolvenz mangels Masse „nicht tunlich" ist und er auch nicht zur Befriedigung des Nachlassgläubigers ausreicht. Da der Nachlass des B inzwischen aufgezehrt ist, kommen Nachlassverwaltung und Nachlassinsolvenz sowie eine auch nur teilweise Befriedigung der G-Bank aus dem Nachlass nicht in Betracht. Daher ist ihr Anspruch nicht durchsetzbar.

497 II. Anspruch aus §§ 488 BGB, 27 I, 25 I HGB
1. Entstehung: Das Antiquariat stellt ein kaufmännisches Unternehmen, also ein „Handelsgeschäft" i.S.d. § 27 I HGB, dar. T hat dieses Unternehmen durch Erbschaft erworben und das Geschäft samt Firma zunächst auch fortgeführt. Daher haftet sie nach §§ 27 I, 25 I HGB für die im Betrieb begründeten Verbindlichkeiten des früheren Inhabers B und damit auch für die Rückzahlung des Geschäftsdarlehens.

498 2. Ausschluss: Die Haftung ist gemäß § 27 II HGB ausgeschlossen, wenn in der Veräußerung an K eine Einstellung der Fortführung zu sehen ist. Das Reichsgericht hatte das verneint, da die Weiterveräußerung samt Firma den Eindruck der Haftungskontinuität noch verstärke.[157] Die mittlerweile herrschende Lehre bejaht dagegen zu Recht den Haftungsausschluss, da die Veräußerung nicht Fortführung des Unternehmens ist, sondern gerade Einstellung der Fortführung (durch den Erben). Die alten Geschäftsgläubiger haben wegen der Eintragung des Inhaberwechsels auch keine anders lautende Haftungserwartung und stehen zudem regelmäßig besser, als wenn dem Erben lediglich der Zerschlagungswert zufließt.[158] Daher ist hier von einer – nach 10 Wochen noch fristgemäßen – Einstellung der Fortführung auszugehen. Die G-Bank hat also auch keinen Anspruch aus §§ 488 BGB, 25 I, 27 I HGB.

499 Frage (b): Haftungsbeschränkungsmöglichkeiten der T
1. T hat zunächst die Möglichkeit, die Erbschaft auszuschlagen (§§ 1942 ff. BGB). Dadurch entfällt ihre Erbenhaftung und auch die Haftung nach § 27 HGB.[159]

---

[157] RG v. 2.12.1903 – I 293/03 = RGZ 56, 196, 198 f.
[158] Baumbach/Hopt, § 27 Rn 5; Burgard in GK-HGB, § 27 Rn 65; Canaris, HR, § 7 Rn 108; Thiessen in MK-HGB, § 27 Rn 50; W.-H. Roth in Koller/Morck/Roth, § 27 Rn 9; Karsten Schmidt, HR, § 8 IV 3 b.
[159] Diese Möglichkeit besteht aber grundsätzlich nur sechs Wochen lang (§ 1944 BGB); hinzu kommt u.U. die Möglichkeit der Anfechtung der Annahme (§§ 1954 ff. BGB).

2. Ihre Erbenhaftung kann sie zudem nicht nur mit der Dürftigkeitseinrede auf den Nachlass beschränken, sondern auch durch Nachlassverwaltung und Nachlassinsolvenz (§§ 1975 ff. BGB).

3. Die handelsrechtliche Haftung kann T tatbestandlich ausschließen, indem sie auf die Fortführung des Unternehmens oder auch nur auf die Fortführung der Firma verzichtet (die h.M. gibt hierfür zu Recht ebenfalls die Dreimonatsfrist des § 27 II HGB[160]).

4. Nach h.L. kann T zudem gemäß §§ 27 I, 25 II HGB den Ausschluss der unbeschränkten Haftung durch eine entsprechende Eintragung ins Handelsregister erreichen.

Fall 4: Umstrukturierung: Anspruch der S-Bank gegen die A+B GmbH & Co. KG aus §§ 488 BGB, 28 I HGB 500

Der Anspruch auf Darlehensrückzahlung aus § 488 BGB könnte sich gemäß § 28 I HGB auch gegen die KG richten, da A und B als Kommanditisten in ein kaufmännisches Unternehmen eingetreten sind und die so entstandene KG die Geschäfte fortführt. Problematisch erscheint allerdings, dass es sich hier um das Geschäft einer GmbH handelt und nicht um „das Geschäft eines Einzelkaufmanns". Im Sinne des § 6 HGB ist § 28 HGB aber auch auf die Entstehung einer OHG oder KG durch Eintritt in ein sonstiges kaufmännisches Geschäft anzuwenden.[161] Die S-Bank kann ihren Rückzahlungsanspruch daher auch gegen die GmbH & Co. KG geltend machen. Dabei kommt es nur auf die Fortführung des Unternehmenskerns, nicht auf die Firmenfortführung an.

4.6 Lösungshinweise: Kommentararbeit

1. Vgl. Einl. v. § 1 Rn 65 ff. 501

2. Nach RGZ 145, 278 ist § 25 HGB grundsätzlich anwendbar, es liegt aber keine Firmenfortführung vor (§ 25 Rn 8).

3. Zur dogmatischen Einordnung vgl. § 25 Rn. 21. § 25 I 2 HGB ist Schuldnerschutzvorschrift (§ 25 Rn 26). Daher hilft sie in Fall 2 nicht dem E (a). Inwieweit sie dem Schuldner hilft, ist umstritten (§ 25 Rn 25).

4. Vgl. § 25 Rn 17 ff.

5. Vgl. § 26 Rn 12.

6. Eine Erbengemeinschaft kann ein kaufmännisches Unternehmen auch langfristig fortführen (§ 22 Rn 2). Analog § 19 HGB ist dann ein entsprechender Rechtsformzusatz erforderlich (§ 19 Rn 2, 4, § 22 Rn 14). Die Erbengemein-

---

[160] RG v. 2.12.1903 – I 293/03 = RGZ 56, 196; Canaris, HR, § 7 Rn 110; Thiessen in MK-HGB, § 27 Rn 44; a.A. z.B. Baumbach/Hopt, § 27 Rn 5.
[161] Burgard in GK-HGB, § 28 Rn 19; Emmerich in Heymann, § 28 Rn 10; Thiessen in MK-HGB, § 28 Rn 19; Karsten Schmidt, HR, § 8 III 1 a aa.

schaft wird durch Abschluss eines Gesellschaftsvertrags OHG; die bloße Unternehmensfortführung oder eine Firmenbildung bedeutet aber nicht ohne teres einen solchen Abschluss (§ 1 Rn 37 f.). Für Altverbindlichkeiten haften die Erben über § 27 HGB (§ 27 Rn 1), für Neuverbindlichkeiten unmittelbar als Gesamtschuldner (§§ 427, 431 BGB). Vgl. § 1 Rn 37.

7. Vgl. § 27 Rn 3 und § 1 Rn 40 ff.

5 Kaufmännische Stellvertretung

§§ 48-58 HGB
- Basis: §§ 164 ff. BGB (§§ 164 I, 177, 179 →Vertretungsmacht)
- Abgrenzung: Realakte, Handelsvertreter, mittelbare Stellvertretung

Prokura (§§ 48 ff. HGB)
- **Erteilung:** Kaufmann/Organ persönlich + ausdrücklich
  (sonst u.U. Umdeutung, § 140 BGB)
- **Eintragung:** Pflicht (§ 53 I HGB), aber keine Wirksamkeitsvoraussetzung
- **Umfang der Vertretungsmacht** (§ 49 I HGB):
  gewöhnliche + außergewöhnliche Geschäfte irgendeines Handelsgewerbes;
  nach außen zwingend (§ 50 I HGB)
- **Grenzen:** Höchstpersönliches, Grundlagengeschäfte, § 49 II HGB,
  Missbrauch der Vertretungsmacht, wenn bewußte (?) Überschreitung evident
- **Sonderformen:** Gesamtprokura (auch halbseitig / gemischt), Filialprokura
- **Erlöschen:** mit Grundverhältnis (§ 168 S. 1 BGB), Widerruf, Tod des Prokuristen, Insolvenz des Kaufmanns, nicht: Tod des Kaufmanns (§ 52 HGB)
  ⇒ Einzutragen (§ 53 II HGB), sonst § 15 I HGB

Handlungsvollmacht (§ 54 HGB)
- **Arten:** General-HV, Art-HV, Spezial-HV
- **Erteilung** auch konkludent, durch alle Unternehmer (h.L.), keine Eintragung
- **Umfang der Vertretungsmacht:** Widerlegliche Vermutung: Gewöhnliche Geschäfte in der Branche / dem Rahmen
  (bei Bestehen der Handlungsvollmacht)
- **Grenzen:** Höchstpersönliches, Grundlagengeschäfte, § 54 II HGB, Missbrauch
- **Gutglaubensschutz:** § 54 III HGB
- **Erlöschen:** nach §§ 168, 173 BGB

Stellvertretung durch Ladenangestellte (§ 56 HGB)
- Unwiderlegliche Vermutung für Erteilung und typischen Umfang der Vertretungsmacht, vor § 54 HGB zu prüfen (str.)
- **Tatbestand:**
  ⇒ Laden usw. (jedes Verkaufslokal)
  ⇒ eines Kaufmanns oder sonst. Unternehmensträgers (h.L.)
  ⇒ Anstellung des Vertreters (willentliche Einschaltung in Verkaufstätigkeit)
- **Rechtsfolge:** Vertretungsmacht für übliche Verkäufe und Empfangnahmen, wenn Geschäftspartner gutgläubig (§ 54 III HGB analog)

5.1 Vertiefungsfragen

502
1. Regeln die §§ 48-58 HGB die Bevollmächtigungsmöglichkeiten eines Kaufmanns abschließend?
2. K unterzeichnet im Namen der X-KG einen Grundstückskaufvertrag, in dem sich die X-KG zur Bestellung einer Grundschuld zur Sicherung des gestundeten Teils des Kaufpreises verpflichtet. Ist die Vertretung wirksam, wenn
   a) K der Komplementär der X-KG ist?
   b) K als Kommanditist Prokura hat.
3. Ist es für die Wirksamkeit der Stellvertretung erforderlich, dass der Prokurist seine Prokura offen legt?
4. Kann der Prokurist der G-GmbH
   a) den Sitz der GmbH in den Nachbarort verlegen?
   b) den Mietvertrag über die Büroräume kündigen und neue Räume im Nachbarort anmieten?
   c) im Nachbarort eine Zweigniederlassung errichten?
   d) die entsprechende Anmeldung zum Handelsregister vornehmen?
5. Die G-GmbH hat P1 und P2 Gesamtprokura erteilt. Ist sie wirksam vertreten, wenn
   a) P1 P2 ermächtigt, stets für ihn mitzuzeichnen?
   b) P1 neue Büromöbel bestellt und P2 das in der folgenden Woche genehmigt?
   c) P1 beim Kauf der Büromöbel über eine verkehrswesentliche Eigenschaft irrt und P2 ohne einen solchen Irrtum genehmigt?
6. Ist eine Gesamtprokura in der Weise möglich, dass
   a) einer der Komplementäre nur zusammen mit einem Prokuristen handeln kann?
   b) der Prokurist nur zusammen mit einem persönlich haftenden Gesellschafter handeln kann?
   c) der Prokurist nur zusammen mit dem Einzelkaufmann handeln kann?
   d) der Prokurist nur zusammen mit einem Kommanditisten handeln kann?
   e) der einzige Komplementär nur zusammen mit einem Prokuristen handeln kann?
7. Sind Generalvollmacht und Generalhandlungsvollmacht dasselbe?
8. Entspricht die Handlungsvollmacht eines Verkäufers im Geschäft des Kaufmanns derjenigen eines Verkäufers im Außendienst?
9. Schützt § 54 III HGB auch den guten Glauben daran, dass eine Einzelhandlungsvollmacht vorliegt und keine Gesamthandlungsvollmacht?
10. Was bedeutet „Kennenmüssen" i.S.d. § 15 II HGB und § 54 III HGB?

5.2 Übungsfälle

1. Die X-Immobilienverwaltungs-GmbH will ihren Angestellten A zum Prokuristen oder Generalhandlungsbevollmächtigten machen, die Vertretung bei Grundstückskäufen und –verkäufen aber grundsätzlich ausklammern. Personalleiter P rät zu einer entsprechenden Eintragung ins Handelsregister.

2. Kaufmann Arglos wächst die Geschäftsführung seines Antiquariats zunehmend über den Kopf. Zu seiner Entlastung erteilt er seinem langjährigen Mitarbeiter Peter Protz Prokura. Noch bevor die entsprechende Handelsregistereintragung erfolgt, tätigt P eine Reihe von Geschäften, mit denen A überhaupt nicht einverstanden ist. A fragt, wie er die Prokura wieder aus der Welt schaffen kann und ob er durch die folgenden Geschäfte gebunden ist:
   a) P hat einen sündhaft teuren Oldtimer angeschafft, um das Antiquariat standesgemäß zu repräsentieren.
   b) P hat zu seiner eigenen Entlastung seiner Sekretärin Schlaumichel Prokura erteilt und den gesamten Einkauf übertragen. S hat auf ihrem ersten Streifzug durch verschiedene Antiquariate im Namen des A Bücher für 15.000 € eingekauft.
   c) P ist umfangreiche vertragliche Vereinbarungen mit einem südfranzösischen Weinhändler und einem Zigarrenimporteur in Hamburg eingegangen. In Zukunft möchte er neben alten Büchern auch guten Wein und gediegene Zigarren verkaufen – eine gelungene Mischung, wie er meint. A hatte sich schon in der Vergangenheit gegen eine derartige Geschäftserweiterung ausgesprochen und es dem P ausdrücklich untersagt, in dieser Richtung aktiv zu werden.

3. Kaufmann K verkauft seine Buchhandlung an die G-GmbH, die das Unternehmen nach Eintragung des Inhaberwechsels samt Firma fortführt. Ein Jahr zuvor hatte K seinem Angestellten A, der für den Einkauf zuständig war, Prokura erteilt, was auch ins Handelsregister eingetragen worden war. Die G-GmbH setzt A als Personalleiter ein. Als sich sonst niemand darum kümmert, bestellt A dennoch bei V 20 Globen und 50 Atlanten. Die G-GmbH distanziert sich von dem Geschäft. V wendet ein, man habe von dem Unternehmenskauf und der Umstrukturierung nichts gewußt und verlangt von der G-GmbH die Abnahme und Bezahlung der Ware.

4. V ist Verkäufer der Autohaus A-GmbH. Als sein Nachbar N erscheint und sich für einen neuen Volvo interessiert, strengt sich V besonders an, ködert ihn mit Rabatten und bietet an, Ns alten Golf unter die Lupe zu nehmen und einen guten Preis für die Inzahlungnahme zu machen. N fährt mit dem Wagen des V heim und abends erscheint V mit dem Golf und verschiedenen Vertragsformularen. N entscheidet sich, den Volvo zu leasen und im Vertragsformular wird vermerkt, dass N anstelle der Mietsonderzahlung den Golf in Zahlung gibt. Als später der Volvo geliefert wird, verweigert die A-GmbH die Annahme des Golf

und verlangt die Mietsonderzahlung, da V zu Ankäufen nicht bevollmächtigt sei.

Variante: Als V abends bei N erscheint, unterzeichnen sie nur einen Vertag über den Ankauf des Golf, da N mit dem Preis für den Volvo nicht einverstanden ist.

5. Die 16-jährige Anna macht in den Ferien ein Praktikum im Juweliergeschäft Gold e.K. Sie berät nach einigen Tagen die Kundschaft, soll aber keine Geschäfte abschließen. Als sich Fräulein von Schmacht für einen alten Ring mit Rubinen interessiert und immer ungeduldiger wird, weil G im Hinterzimmer endlos telefoniert, verkauft A ihr gleichwohl den Ring für 5.000 € und gibt ihn ihr gegen Rechnung gleich mit. G fällt aus allen Wolken, da er den Ring für 12.000 € hätte verkaufen wollen und selbst die 5.000 € wohl nie sehen werde. Als er die S ermittelt und den Ring herausverlangt, ergibt sich tatsächlich, dass S mittellos ist und den Ring zur Tilgung einer Darlehensschuld an Frau von Raff übereignet hat. Kann G den Ring von R herausverlangen?

5.3 Übungen zur Kommentararbeit

504 Beantworten Sie anhand des Kommentars Baumbach/Hopt, Handelsgesetzbuch, die folgenden Fragen.

1. Beschreiben Sie die Grundsätze der Duldungs- und Anscheinsvollmacht.
2. Ist eine Gesamtprokura in der Form möglich, dass der Prokurist an die Mitwirkung eines Handlungsbevollmächtigten gebunden ist?
3. Kann der Prokurist der K-KG einen Kommanditisten, einen stillen Teilhaber oder ein Darlehen aufnehmen?
4. Beschreiben Sie den Tatbestand und die Rechtsfolgen eines Missbrauchs der Vertretungsmacht. Kann § 254 BGB herangezogen werden, wenn auch der Kaufmann den Missbrauch mitverschuldet hat?
5. Können Handlungsbevollmächtigte Gerichtsstandsvereinbarungen und außergerichtliche Vergleiche abschließen?

5.4 Lösungshinweise: Vertiefungsfragen

505 1. Die §§ 48-58 HGB sind als abschließende Regelung konzipiert, indem nach § 54 I HGB jede kaufmännische Vollmacht, die nicht Prokura ist, eine Handlungsvollmacht ist. Damit sind jedoch nur Vollmachten für „aus dem Unternehmen heraus" Handelnde (samt Außendienst, § 55 HGB) gemeint. Ein Kaufmann kann aber auch Externe bevollmächtigen und Vollmachten erteilen, die sich nur auf ein einmaliges Rechtsgeschäft beziehen oder im Umfang über § 49 HGB hinausgehen.[162]

Beispiele: Erteilt die G-GmbH einem Patentanwalt eine Prozessvollmacht, so gelten nicht §§ 54 f. HGB, sondern lediglich §§ 80 ff. ZPO. Eine Generalvollmacht reicht über den Umfang einer Prokura hinaus (s. Rn 511); ob § 54 HGB gilt, ist umstritten.

2. Im Fall a) ist die Vertretung wirksam, da die organschaftliche Vertretungsmacht eines Komplementärs nach § 126 I HGB auch Grundstückskäufe und -belastungen umfasst. Im Fall b) fehlt dem K als Kommanditisten die organschaftliche Vertretungsmacht (§ 170 HGB). Seine Vertretungsmacht als Prokurist umfasst nach § 49 I, II HGB aber auch Grundstückskäufe. Die Verpflichtung zur Grundschuldbestellung ist wegen § 49 II HGB problematisch. Die Vorschrift gilt auch für das schuldrechtliche Verpflichtungsgeschäft, denn anderenfalls könnte mit Erfolg auf Erfüllung geklagt werden und der Schutzzweck liefe leer. Die Vorschrift des § 49 II HGB ist aber teleologisch zu reduzieren: Der Schutzzweck (Bestandsschutz) greift nicht, wenn Belastungen im Rahmen eines Zuerwerbs geschehen.[163]

506

3. Für eine wirksame Stellvertretung genügt es nach § 164 I 2 BGB grundsätzlich, wenn sich das Handeln in fremdem Namen aus den Umständen ergibt. Nach § 51 HGB ist der Prokurist zwar verpflichtet, mit einem die Prokura andeutenden Zusatz (z.B. „ppa.") zu zeichnen. Das ist aber eine reine Ordnungsvorschrift und ändert an der BGB-Regelung nichts.

507

4. a) Die Sitzverlegung fällt nicht in den Rahmen der Vertretungsmacht eines Prokuristen, da es sich nicht um den Betrieb eines Handelsgeschäfts handelt, sondern ein Grundlagengeschäft (h.M.).[164] Die Sitzverlegung verlangt nämlich eine Satzungsänderung (§ 3 I Nr. 1 GmbHG) und damit einen Gesellschafterbeschluss mit qualifizierter Mehrheit.
b) Das Eingehen und Beenden von Mietverhältnissen gehört grundsätzlich zum Betrieb eines Handelsgewerbes. Zweifelhaft könnte die Vertretungsmacht sein, da jedenfalls die Kombination der Geschäfte auf eine faktische Sitzverlegung hinausläuft. Dennoch halten sich die Einzelgeschäfte im Rahmen des § 49 I HGB.
c) Die Errichtung einer Zweigniederlassung hält sich nach h.M. im Rahmen des § 49 I HGB.
d) In einem solchen Fall deckt § 49 I HGB auch die Registeranmeldung.[165]

508

---

[162] Vgl. insg. Baumbach/Hopt, Überbl v § 48 Rn 2; Krebs in MK-HGB, vor § 48 Rn 29 ff. und 81 ff.
[163] Vgl. nur Canaris, HR, § 12, Rn 17.
[164] Krebs in MK-HGB, § 49 Rn 27; Karsten Schmidt, HR, § 16 III 3 a; a.A. Canaris, HR, § 12 Rn 12.
[165] BGH v. 2.12.1991 – II ZB 13/91 = BGHZ 116, 190, 194 gegen die damals h.L.

509 5. a) Im Rahmen einer Gesamtvertretung ist eine Ermächtigung eines Vertreters durch den oder die anderen in Einzelfällen möglich (vgl. § 125 II 2 HGB). Eine generelle Ermächtigung ist dagegen unwirksam, da damit der Zweck der Gesamtvertretung (Kontrolle durch das Vier-Augen-Prinzip) unterlaufe würde. Die GmbH ist hier also nicht wirksam vertreten.
b) Die Zustimmung des anderen Gesamtvertreters kann im voraus oder im nachhinein erteilt werden (§ 184 BGB analog).[166] Die Stellvertretung ist also wirksam.
c) Auch hier ist die Stellvertretung wirksam. Fraglich ist nur, ob die GmbH den Kaufvertrag nach § 119 II BGB anfechten kann. Dafür ist nach § 166 I BGB der Willensmangel beim Vertreter entscheidend und der Willensmangel bei einem Gesamtvertreter genügt.[167] Der Vertrag ist also anfechtbar.

510 6. Die Konstellation a) ist die klassische Form der gemischten Gesamtprokura, die nach § 125 III HGB zulässig ist. Auch der umgekehrte Fall (b) ist nach h.L. zulässig. Dagegen ist die Konstellation (c) unzulässig, da der Kaufmann sich nicht selbst vertreten kann. Die Konstellation (d) ist so nicht sinnvoll, da ein Kommanditist als solcher nach § 170 HGB keine Vertretungsmacht besitzt. Wird ihm Prokura erteilt, so läge ein Fall der – zulässigen – echten Gesamtprokura vor. Unzulässig ist auch Konstellation (e), da die Bindung des einzigen Vertretungsorgans zur Handlungsunfähigkeit z.B. gegenüber dem Prokuristen führen würde.[168]

511 7. Nein. Die Generalhandlungsvollmacht, wie in § 54 I HGB als dritte Alternative beschrieben, ist auf die branchentypischen und üblichen Geschäfte beschränkt. Demgegenüber ermächtigt die Generalvollmacht weit darüber hinaus zu allen Geschäften, sofern eine Vertretung überhaupt zulässig ist. Eine solche Generalvollmacht, die über eine Prokura hinausgeht, ist zulässig[169] und in der Praxis auch verbreitet. In der Literatur wird immer häufiger ihre Eintragung analog § 53 HGB befürwortet.[170]

512 8. Nein. Der Verkäufer im Außendienst fällt unter § 55 HGB, da er als Handlungsgehilfe (§ 59 S. 1 HGB) damit betraut ist, außerhalb des Betriebs des Kaufmanns Geschäfte in dessen Namen abzuschließen. Nach § 55 I HGB gilt für diese Art- oder Gattungshandlungsvollmacht § 54 HGB, so dass sich der Umfang der Vertretungsmacht zunächst grundsätzlich deckt. § 55 IV HGB stellt allerdings im Interesse des Rechtsverkehrs klar, dass die Vollmacht auch die Entgegennahme von Mängelrügen (§ 377 HGB) und dergleichen deckt. § 55 II und III HGB enthalten dagegen weitere (über § 54 II HGB hinausge-

---

[166] Vgl. nur Krebs in MK-HGB, § 48 Rn 97.
[167] Vgl. nur Brox/Henssler, Rn 204.
[168] Vgl. insg. z.B. Canaris, HR, § 12 Rn 20 ff.
[169] BGH v. 12.12.1960 - II ZR 255/59 = BGHZ 34, 27. Danach ist eine solche Bevollmächtigung zulässig, solange sie nicht auf eine – unzulässige – Übertragung der organschaftlichen Befugnisse hinausläuft.
[170] Baumbach/Hopt, Überbl v § 48 Rn 2; Canaris, HR, § 4 Rn 11; W.-H. Roth in Koller/Roth/Morck, § 8 Rn 8; dagegen z.B. Krebs in MK-HGB, § 53 Rn 4.

hende) Einschränkungen zum Schutz des Kaufmanns: Vertragsänderungen, insb. die Gewährung von Zahlungsfristen, sowie die Annahme von Zahlungen sind von der Handlungsvollmacht nicht gedeckt, sondern bedürfen einer besonderen Ermächtigung.

9. § 54 HGB setzt die Bevollmächtigung voraus; nur der Umfang wird nach Abs. 1 vermutet und nur im Hinblick auf weitere Beschränkungen gilt der Gutglaubensschutz des Abs. 3. Die h.L. sieht die Bindung der Vollmacht an die Zustimmung eines anderen als eine solche Beschränkung und wendet § 54 III HGB an. Die Gegenansicht verneint dies, da es um eine Form der Vollmachterteilung und nicht um eine Beschränkung gehe, wie auch § 48 II HGB gegenüber § 50 I HGB zeige.[171]

10. Nach der Legaldefinition des § 122 II 2 BGB bedeutet „kennen müssen" fahrlässige Unkenntnis. Der Maßstab ist dem Wortlaut nach in § 15 II 2 HGB und § 54 III HGB gleich, aufgrund unterschiedlicher Erkundigungspflichten praktisch aber sehr unterschiedlich: Da sich der Handelsverkehr um den Registerinhalt kümmern muss, sind Fälle unverschuldeter Unkenntnis bei § 15 II HGB sehr selten (s.o. Rn 105). Demgegenüber widerspräche es dem Schutzzweck des § 54 III HGB, Erkundigungspflichten über Vollmachtsbeschränkungen aufzustellen, solange keine besonderen Anhaltspunkte vorliegen. Der Maßstab ähnelt daher praktisch eher der groben Fahrlässigkeit.[172]

5.5 Lösungshinweise: Übungsfälle

Fall 1: Grundstücksgeschäfte
Der Rat des P ist schlecht. Zunächst sind Grundstücksverkäufe schon gesetzlich ausgeklammert (§ 49 II und § 54 II HGB), so dass eine Einschränkung und Verlautbarung insofern unnötig ist. Die weitere Ausklammerung auch der Grundstückskäufe ist im Fall der Prokuraerteilung gemäß § 50 I HGB unwirksam und daher auch nicht eintragungsfähig. Im Fall einer Gesamthandlungsvollmacht ist eine solche Einschränkung möglich und eine Kundgabe ist im Hinblick auf § 54 III HGB auch empfehlenswert. Eine Handelsregistereintragung scheidet dafür aber aus, da die Handlungsvollmacht gar nicht eingetragen wird.

Fall 2: Das ausufernde Antiquariat
I. A kann die Prokura des P ohne weiteres widerrufen. Er sollte das so tun, dass ihm im Streitfall ein entsprechender Beweis möglich ist (also z.B. einen Zeugen hinzuziehen oder ein Exemplar der Widerrufserklärung von P unterschreiben lassen). Zudem sollte er das Erlöschen im Handelsregister eintragen lassen, da ansonsten § 15 I HGB auch ohne Voreintragung eingreifen kann (s.o. Rn 453).

---
[171] Für die h.L. z.B. Canaris, HR, § 13 Rn 10; für die Gegenansicht z.B. Krebs in MK-HGB, § 54 Rn 22.
[172] Vgl. nur Canaris, HR, § 13 Rn 27.

II. An die Rechtsgeschäfte ist er gebunden, wenn er jeweils nach § 164 BGB wirksam vertreten worden ist. Fraglich ist insoweit nur die **Vertretungsmacht des P und der S.**

517 1. **Kauf des Oldtimers:** Die Vertretungsmacht des P ergibt sich aus der Prokura, wenn diese nach § 48 I HGB wirksam erteilt worden ist und nach § 49 HGB ein solches Geschäft abdeckt.
a) A als Kaufmann hat P Prokura erteilt; von einer ausdrücklichen persönlichen Erklärung des A ist insoweit auszugehen. Die Eintragung nach § 53 I HGB ist noch nicht erfüllt, aber auch kein Wirksamkeitserfordernis. Damit liegt eine wirksam erteilte Prokura vor.
b) P ist daher zu allen Geschäften ermächtigt, die der Betrieb irgendeines Handelsgewerbes mit sich bringt. Dazu gehört auch der Kauf eines solchen Oldtimers. Ein solcher Kauf gehört zwar typischerweise nicht zu dem Betrieb eines Antiquariats. Darauf kommt es im Rahmen des § 49 I HGB aber (anders als bei § 54 I HGB) nicht an. Es liegen auch keine Anhaltspunkte für einen Missbrauch der Vertretungsmacht vor. Daher ist A durch P wirksam vertreten worden und an den Oldtimer-Kauf gebunden. *Ob er P wegen einer Verletzung arbeitsvertraglicher Pflichten in Anspruch nehmen kann, steht auf einem anderen Blatt.*

518 2. **Bücherkauf durch S:** Die Vertretungsmacht der S kann sich aus einer Bevollmächtigung durch A oder P ergeben.
a) Eine Bevollmächtigung durch A könnte sich nur aus der Einstellung der S als Sekretärin ergeben. Darin mag eine stillschweigend erteilte Handlungsvollmacht für sekretariatstypische Geschäfte wie die Beauftragung eines Boten oder vielleicht die Anschaffung von Briefmarken oder Büromaterial liegen. Der Kauf von Büchern in Antiquariaten gehört aber nicht in einen solchen Geschäftskreis und insoweit fehlen auch Anhaltspunkte für eine Duldungs- oder Anscheinsvollmacht. Daher leitet sich aus einer Bevollmächtigung durch A keine Vertretungsmacht der S ab.

519 b) Eine Bevollmächtigung der S könnte sich aus der „Prokuraerteilung" durch P ergeben. Als solche ist sie aber unwirksam, da nach § 48 I HGB nur der Kaufmann persönlich Prokura erteilen kann. Die unwirksame „Prokuraerteilung" ist allerdings in eine Arthandlungsvollmacht (§ 54 HGB) umzudeuten (§ 140 BGB), die auch von einem Prokuristen erteilt werden kann. Indem P ihr den Einkauf übertrug, wollte er sie zu derlei Geschäften ermächtigen und insofern kann die fehlgeschlagene Prokuraerteilung als Arthandlungsvollmacht aufrechterhalten werden. Diese Vollmacht deckt auch die getätigten einzelnen Geschäfte, die sich im Rahmen des im Einkauf Üblichen halten. Auch S hat A daher wirksam vertreten.

520 3. **Wein- und Zigarrenkäufe:** P ist als Prokurist nach § 49 I HGB auch zu derlei Geschäften ermächtigt. Insbesondere handelt es sich bei der Erweiterung des Sortiments noch nicht um die Änderung des Unternehmensgegenstandes, die als Grundlagengeschäft iSv § 49 II HGB einzuordnen wäre. A hat zwar P den Abschluss derartiger Geschäfte ausdrücklich untersagt. Diese Beschränkung ist ge-

mäß § 50 I HGB aber im Außenverhältnis grundsätzlich unbeachtlich. Auch hier ist A also wirksam vertreten worden.

Fall 3: Unternehmenskauf: Anspruch des V gegen die G-GmbH auf Abnahme und Bezahlung der Globen und Atlanten aus § 433 II BGB 521
V hat einen Anspruch auf Abnahme und Bezahlung der Globen und Atlanten aus § 433 II BGB, wenn die Parteien darüber einen wirksamen Kaufvertrag geschlossen haben. Das setzt eine wirksame Stellvertretung durch A nach § 164 BGB voraus. Zweifelhaft erscheint insoweit die Vertretungsmacht des A.

I. K hat dem A wirksam Prokura erteilt. Fraglich ist allerdings, ob diese nach der 522
Veräußerung des Unternehmens fortbesteht. Mit dem Übergang des Unternehmens geht gemäß § 613a BGB auch der Dienstvertrag des A auf die G-GmbH über. Die Prokura ist davon aber unabhängig und nicht nur an die Person des Prokuristen (§ 52 II HGB), sondern auch an die Person des Vollmachtgebers (und nicht an das Unternehmen) gebunden.[173] Daher erlischt die Prokura im Fall eines Inhaberwechsels (außer im Todesfall – § 52 III HGB).

II. Die G-GmbH hat auch keine konkludente Handlungsvollmacht für Einkäufe 523
erteilt, da sie A als Personalleiter einsetzt. Auch für eine Duldungs- oder Anscheinsvollmacht fehlen Anhaltspunkte.

III. Fraglich ist aber, ob es der G-GmbH nach § 15 I HGB verwehrt ist, sich gegen- 524
über V auf das Erlöschen der Prokura zu berufen. Das Erlöschen ist nach § 53 II HGB eine eintragungspflichtige Tatsache, hier aber nicht gesondert eingetragen. Daher fragt sich, ob die Eintragung und Bekanntmachung des Inhaberwechsels nicht ausreicht. Das ist zu bejahen, da das Erlöschen der Prokura gesetzliche Folge der eingetragenen Tatsache ist, so dass sich eine gesonderte Eintragung erübrigt.[174] V kann sich daher nicht auf § 15 I HGB berufen, sondern muss sich den Inhaberwechsel mit den Folgen für die Prokura des A nach § 15 II HGB entgegenhalten lassen. V hat daher gegen die G-GmbH keinen Anspruch auf Abnahme und Zahlung der Waren. *V kann sich stattdessen gemäß § 179 BGB an A halten.*

Fall 4: Volvo-Leasing: 525
Anspruch der A-GmbH gegen N auf Leistung der Mietsonderzahlung
Der Anspruch auf Leistung der Mietsonderzahlung ergibt sich aus dem Leasingvertrag, wenn dieser wirksam geschlossen wurde und das Recht des N zur Inzahlunggabe seines Golf nicht entgegensteht, § 536 II BGB analog. Fraglich ist daher zunächst, ob die A-GmbH beim Abschluss des Leasingvertrags durch V wirksam vertreten wurde.

I. Das könnte im Hinblick auf die Inzahlungnahme zweifelhaft sein, wenn es sich 526
dabei um einen Bestandteil des Leasingvertrags handelt. Die Inzahlungnahme eines gebrauchten Pkw beim Kauf oder Leasing eines Neuwagens wird von der h.M. in der Regel als einheitlicher Vertrag bewertet, bei dem der Käufer das Recht

---

[173] Baumbach/Hopt, § 52 Rn 5; Karsten Schmidt, HR, § 16 III 5 c.
[174] Vgl. z.B. LG Halle v. 1.9.2004 – 11 T 8/04 = NZI 2004, 631; Krebs in MK-HGB, § 53 Rn 14.

hat, einen Teil des Kaufpreises oder die Mietsonderzahlung durch Hingabe des Gebrauchtwagens an Erfüllungs statt zu tilgen (§ 364 I BGB).[175] Eine solche Auslegung erscheint auch hier vorzugswürdig.

527 II. Fraglich ist daher, ob die Vereinbarung über die Inzahlungnahme den Rahmen der Vertretungsmacht des V überschreitet.
1. Die Vertretungsmacht des V ergibt sich aus der durch die GmbH als Handelsgesellschaft zumindest konkludent erteilten Arthandlungsvollmacht, die sich gemäß § 54 I HGB auf die üblichen Geschäfte eines Autoverkäufers erstreckt. Dazu gehört auch die Gewährung üblicher Rabatte oder Sonderleistungen, der Abschluss von Leasingverträgen und eben auch die Inzahlungnahme von Gebrauchtfahrzeugen der Kunden. Danach deckt die Vollmacht insgesamt auch den hiesigen Vertragsschluss einschließlich der Verabredung der Ersetzungsbefugnis.

528 2. Die Vertretungsmacht könnte sich ebenso aus § 56 HGB ergeben. V ist in den Verkaufsräumen der A-GmbH angestellt. Der Vertragsschluss fand zwar in der Wohnung des N statt. Für die Anwendung des § 56 HGB reicht es aber aus, wenn der Vertragsschluss in den Verkaufsräumen angebahnt wurde, weil sich daraus ein entsprechender Vertrauenstatbestand ergibt.[176] Nach § 56 HGB wird zwar nur die Ermächtigung zu Verkäufen vermutet. Das ist aber untechnisch gemeint und umfasst auch die Übereignung und den Abschluss eines entsprechenden Agenturvertrags oder Leasingvertrags.[177] Auch die Vereinbarung der Inzahlungnahme stellt sich nach dem Gesagten als üblicher Bestandteil eines solchen Verkaufsgeschäfts dar.[178] Daher deckt auch die Vermutung des § 56 HGB den hiesigen Vertrag insgesamt ab.

V hat die GmbH daher wirksam vertreten. Daher ist der Leasingvertrag insgesamt wirksam. Die A-GmbH ist auch an die Vereinbarung der Ersetzungsbefugnis gebunden und kann nicht die Leistung der Mietsonderzahlung verlangen.

529 **Variante: Isolierter Gebrauchtwagenkauf**
In der Variante ergibt sich wiederum die Frage nach der Vertretungsmacht des V.
1. Die Vertretungsmacht ergibt sich nicht aus § 54 I, III HGB, da eine Bevollmächtigung für solche Ankäufe nicht stattgefunden hat und auch keine Anhaltspunkte für eine entsprechende Duldungs- oder Anscheinsvollmacht bestehen.

530 2. Auch aus § 56 HGB ergibt sich vom Wortlaut her keine entsprechende Vermutung, da dort nur von Verkäufen und nicht von Käufen die Rede ist und sich „Empfangnahmen" nur auf Zahlungsmittel, Mängelrügen, Waren zur Reparatur usw. beziehen. Das wird durch die Systematik gestützt, da auch in anderen Vorschriften wie §§ 49 II, 54 II HGB bewusst nur Verkäufe und nicht Käufe geregelt sind,

---

[175] Zum Leasing BGH v. 30.10.2002 – VIII ZR 119/02 = NJW 2003, 505. Die praktisch wichtigste Alternative ist der Agenturvertrag (vgl. § 25a UStG zur Umsatzsteuer und BGH v. 26.1.2005 – VIII ZR 175/04 = ZIP 2005, 406; Hofmann, JuS 2005, 8 ff. zur Frage der Umgehung der §§ 474 ff. BGB). Übersicht bei Putzo in Palandt, § 480 Rn 6 ff.
[176] RGZ 106, 48, 49.
[177] Vgl. nur Baumbach/Hopt, § 56 Rn 4.
[178] Ebenso z.B. OGH v. 5.3.1980 – 1 Ob 745/79 = JBl 1981, 203; Krebs in MK-HGB, § 56 Rn 26; a.A. z.B. Karsten Schmidt, HR, § 16 V 3 e.

während in anderen Regelungen wie §§ 49 I, 54 I HGB allgemein von „Rechtshandlungen" oder „Geschäften" die Rede ist. § 56 HGB enthält daher eine bewusste Einschränkung und kann auf Ankäufe auch nicht analog angewandt werden.[179] Daher hat V in der Variante ohne Vertretungsmacht gehandelt.

Fall 5: Der alte Rubin-Ring: 531
Herausgabeanspruch des G gegen R aus § 985 BGB
I. Ein Anspruch aus § 985 BGB setzt zunächst voraus, dass G noch Eigentümer des Rings ist.

1. G war ursprünglich Eigentümer, könnte sein Eigentum aber nach § 929 S. 1 BGB an S verloren haben. Im Hinblick auf die dingliche Einigung müsste er nach § 164 BGB wirksam durch A vertreten worden sein.

a) Eine solche Vertretung ist nach § 165 BGB auch durch eine Sechzehnjährige möglich.

b) A hat auch den dinglichen Vertrag erkennbar im Namen des Unternehmensträgers G geschlossen.

c) Ihre Vertretungsmacht ergibt sich aber nicht aus § 54 HGB, da G ihr keine entsprechende Vollmacht erteilt hat.

d) Ihre Vertretungsmacht könnte sich aber aus § 56 HGB ergeben, da sie als Praktikantin in die Verkaufsaktivität des Kaufmanns G eingeschaltet und damit in seinem Laden angestellt war. Daher galt sie als ermächtigt, Verkäufe und Empfangnahmen, die in einem Juwelierladen gewöhnlich geschehen, vorzunehmen. Dazu gehört auch die hier fragliche Übereignung der verkauften Ware.
aa) Das gesamte Geschäft könnte aber im Hinblick auf den Preis des Rings den Rahmen des Gewöhnlichen überschreiten, der weniger als die Hälfte des geplanten Verkaufspreises betrug. Es ist aber nicht ersichtlich, dass der Ring entsprechend ausgezeichnet war und daher eine (eventuell ungewöhnliche) Rabattierung vorlag.
bb) Ungewöhnlich war das Geschäft aber insoweit, als A den Ring übereignet hat, ohne dass sie den Kaufpreis erhalten oder gesichert hätte. In Juweliergeschäften mögen solche Verkäufe gegen Rechnung bei gut bekannten Kunden vorkommen. Im Übrigen geschehen sie in einem derartigen Laden aber gewöhnlich nicht. Daher ist die Einigung i.S.d. § 929 S. 1 BGB auch nicht durch § 56 HGB gedeckt.
Da A für den G bei der Übereignung nicht im Rahmen ihrer Vertretungmacht gehandelt und G das Geschäft auch nicht nach § 177 BGB genehmigt hat, hat G sein Eigentum auch nicht an S verloren.

2. G könnte sein Eigentum aber nach §§ 929 S. 1, 932 BGB an R verloren haben.
a) S hat sich als Nichtberechtigte mit R über den Eigentumsübergang geeinigt und den Ring der R auch übergeben. Dabei ist für eine Bösgläubigkeit der R nichts ersichtlich.

---
[179] BGH v. 4.5.1988 – VIII ZR 196/87 = NJW 1988, 2109.

b) Ein gutgläubiger Erwerb wäre gemäß § 935 BGB aber ausgeschlossen, wenn der Ring dem G abhanden gekommen wäre. Das ist der Fall, wenn G den Besitz ohne seinen Willen verloren hätte. G hat den Besitz hier durch die Übergabe an S verloren, wobei S nur als Besitzdienerin (§ 855 BGB) gehandelt hat. In einer solchen Konstellation bleibt der Wille des Besitzherrn maßgeblich, sofern der Besitzdiener nicht im Rahmen seiner Vertretungsmacht (z.B. nach § 56 HGB) gehandelt hat.[180] Da das nicht der Fall war, bleibt der Wille des G maßgeblich. Der Ring ist daher abhanden gekommen. Somit scheitert ein gutgläubiger Erwerb durch R an § 935 BGB und G ist noch Eigentümer des Rings.

II. R ist auch Besitzerin des Rings und sie ist nicht i.S.d. § 986 BGB zum Besitz berechtigt. Daher kann G den Ring von R nach § 985 BGB herausverlangen.

5.6 Lösungshinweise: Kommentararbeit

1. Vgl. Überbl v § 48 Rn 5 und 6.

2. Nein. Die Rechtsprechung sieht darin eine Beschränkung, die gegen § 50 I HGB verstößt. Vgl. § 48 Rn 7.

3. § 49 I HGB deckt Darlehensaufnahmen. Die Aufnahme eines Kommanditisten ist ein Grundlagengeschäft und daher nicht von § 49 I HGB gedeckt. Für die Aufnahme eines stillen Gesellschafters ist das streitig. Vgl. § 49 Rn 1 und 2.

4. Vgl. § 50 Rn 4-6. Die h.M. wendet im Fall kollusiven Zusammenwirkens § 138 BGB und sonst § 242 BGB an. Der BGH hat im Rahmen dessen auch § 254 BGB herangezogen (BGHZ 50, 114). Dagegen wendet sich die h.L. mit Recht, da § 254 BGB nicht für Erfüllungsansprüche, sondern nur für Schadensersatzansprüche (z.B. gegen den Vollmachtgeber aus §§ 280, 311 II BGB) gilt. Ein Teil der Lehre zieht generell die §§ 177 ff. BGB analog heran.

5. Vgl. § 54, Rn 15. Handlungsbevollmächtigte sind zur Prozessführung nach § 54 II HGB grundsätzlich nicht ermächtigt. Unter Abs. 2 fallen alle rechtserheblichen Verfahrenshandlungen. Vor- und außergerichtliche Handlungen sind dagegen von § 54 I HGB gedeckt (str.).

---

[180] Bassenge in Palandt, § 935 Rn 8.

6 Allgemeine Handelsgeschäftslehre

Handelsgeschäft (§ 343 HGB)
- Geschäft eines Kaufmanns
- betriebszugehörig [nicht privat] (vermutet nach § 344 HGB)
- Beiderseitig nötig? Auf einer bestimmten Seite nötig?
  Sonst einseitig ausreichend (§ 345 HGB)

Schweigen im Handelsverkehr
- Kunde in laufender Geschäftsbeziehung/nach „Erbieten": § 362 HGB
- Unter Kaufleuten/Geschäftsleuten: Kaufmännisches Bestätigungsschreiben
  ⇒ Schreiben folgt abschlußreifer Verhandlung
  ⇒ allenfalls genehmigungsfähige (nicht arglistige) Änderungen
  ⇒ kein unverzüglicher Widerspruch
  ⇒ Folge: Vertrag wie bestätigt (Anfechtung eingeschränkt)

Besonderheiten im Schuldrecht
- **Vertragsstrafen:** § 348 HGB: keine Absenkung (nur §§ 138, 307 BGB)
- **Bürgschaft** (usw.): §§ 349, 350 HGB: formfrei und selbstschuldnerisch
- **Gerichtsstandsvereinbarungen:** §§ 29 II, 38 ZPO i.d.R. nur unter Kaufleuten
- **Zinsen:** im Verzug § 288 BGB vorrangig,
  sonst unter Kaufleuten: 5 % (§ 352 HGB); Fälligkeitszinsen (§ 353 HGB)
- **Entgelte** auch ohne ausdrückliche Vereinbarung (§ 354 HGB)
- **Abtretungsverbote** (§ 399 BGB):
  unter Kaufleuten/Unternehmensträgern (§ 354a HGB):
- **Abtretung** wirksam, aber Zahlung an Alt-Gläubiger möglich

Besonderheiten im Sachenrecht
- **gutgläubiger Erwerb** nach §§ 929 ff., 932 ff. BGB i.V.m. § 366 HGB
  Kaufmann verfügt im Handelsgewerbe als Nichtberechtigter:
  ⇒ Übereignung/Verpfändung: **bei gutem Glauben an Verfügungsbefugnis**
     (§ 366 I HGB) (nicht bei gutem Glauben an Vertretungsmacht, h.L)
  ⇒ Lastenfreier Erwerb: gleichgestellt (§ 366 II HGB)
  ⇒ Gesetzliche Pfandrechte: gleichgestellt (§ 366 III HGB)
- **Das kaufmännische Zurückbehaltungsrecht (§§ 369-371 HGB)**
  ⇒ Fällige Forderung K1 →K2
  ⇒ K1 besitzt Waren/Wertpapiere des K2 (Besitzerhalt mit Willen des K2)
  ⇒ Zurückbehaltung → Befriedigungsrecht

6.1 Vertiefungsfragen

533
1. Gilt § 344 HGB auch
   a) für Zweifel an der Kaufmannseigenschaft des Unternehmers?
   b) für Handelsgesellschaften?
   c) im Rahmen der §§ 13, 14 BGB?
   d) für Verträge zu teilweise privaten Zwecken?
2. Wie hat sich ein Richter zu verhalten, wenn sich eine Partei auf einen streitentscheidenden, ihm aber unbekannten Handelsbrauch beruft?
3. Vergleichen Sie § 362 HGB mit § 663 BGB. Gibt es weitere vergleichbare HGB-Normen? Welche Rechtsfigur steht hinter den Vorschriften?
4. Für welchen Personenkreis gelten § 362 und die Grundsätze vom kaufmännischen Bestätigungsschreiben?
5. Was bedeutet unverzügliches Widersprechen i.S.d § 362 HGB und im Rahmen der Grundsätze vom kaufmännischen Bestätigungsschreiben? Wie beurteilt sich jeweils der Fall, dass die Übermittlung verzögert wird oder scheitert?
6. Ist das Schweigen auf ein Angebot i.S.d. § 362 HGB und auf ein Bestätigungsschreiben anfechtbar?
7. Hilft ein Kaufmännisches Bestätigungsschreiben auch über Mängel der Vertretungsmacht hinweg?
8. Wie wirkt sich § 354a HGB auf die Zuständigkeit zur Geltendmachung der Forderung sowie in Zwangsvollstreckung und Insolvenz aus?
9. Beschreiben Sie das Verhältnis von § 354a S. 2 HGB zu §§ 406, 407 BGB.
10. Gelten § 350 HGB und § 366 HGB auch für Bürgschaften und Veräußerungen von nicht eingetragenen Kleingewerbetreibenden und Scheinkaufleuten?
11. Kommt ein gutgläubiger Eigentumserwerb in Betracht, wenn
    a) K als Kommissionär gebrauchte Pkw ohne Kfz-Brief veräußert?
    b) Autohändler A den Pkw des E unter Übergabe des Kfz-Briefs im Namen des E veräußert?
    c) Rechtsanwalt R für Rechnung seines Mandanten dessen Büromöbel veräußert?
    d) die A-GmbH Eigentumsvorbehalts-Ware in einem „Blitz-Verkauf" mit 40-70 % Rabatt abgibt?
    e) die L-Leasing-GmbH fünf neue Lkw veräußert, die einer Finanzierungsgesellschaft gehören?
12. Können Frachtführer das Pfandrecht aus § 441 I HGB auch wegen sog. inkonnexer Forderungen gutgläubig erwerben?
13. Inwiefern erleichtert das HGB den Pfandverkauf?

14. Wie wirkt sich das kaufmännische Zurückbehaltungsrecht aus
    a) im Verhältnis zwischen Gläubiger und Schuldner?
    b) gegenüber einem Dritten, der nachträglich Eigentum an der Sache erwirbt?
    c) in der Insolvenz des Schuldners?
15. Gewährt § 371 HGB mehrere Wege zur Verwirklichung des Befriedigungsrechts?

6.2 Übungsfälle

1. Am Tag nach einem mündlichen beiderseitigen Handelskauf faxt V eine „Auftragsbestätigung", in der er erstmals auf seine im Internet einsehbaren AGB hinweist. Am folgenden Tag erhält er von K ein „Bestätigungsschreiben", in dem auf die beigefügten AGB des K hingewiesen ist. Nach der Lieferung will K, seinen AGB gemäß, 3 % Skonto vom Kaufpreis abziehen. V verlangt vollständige Zahlung und verweist auf seine AGB, die einen Skonto-Abzug ausdrücklich ausschließen.   534

2. Die A-GmbH übernimmt Botendienste aller Art. Damit wirbt sie auch in einem persönlich gehaltenen Werberundbrief bei der Fleischerei F. F hofft auf sofortige Entlastung und schickt der GmbH per Post gleich einen Auftrag zu, in dem er ihr schon die Auslieferungen der nächsten Woche überträgt. Bei der A-GmbH geht das Schreiben unter, die Auslieferungen am Montag unterbleiben, ein Teil des Fleisches verdirbt. Als K bei der A-GmbH anruft, verspricht der Geschäftsführer die Auslieferung ab Dienstag, lehnt aber Schadensersatzansprüche ab, da kein Vertrag zustande gekommen sei; anderenfalls hätte er sich diesbezüglich geirrt und fechte daher an.

3. Kaufmann Edel beliefert Nobelrestaurants mit ausgesuchten Waren. Auf dem Fischmarkt bestellt er bei Großhändler Gut Muscheln aus der Normandie, wobei er Gut mit langen Ausführungen über das ganz besondere Aroma der Normandie-Muscheln die Zeit stiehlt. Gut bestätigt die Bestellung noch am selben Tag schriftlich und liefert am kommenden Freitag auch pünktlich – allerdings ostfriesische Muscheln. Als Edel die Abnahme verweigert, beruft sich Gut auf § 8 seines Bestätigungsschreibens, wonach er sich Lieferungen aus anderen Herkunftsorten vorbehält, solange diese ebenfalls in die Qualitätskategorie Ia fallen.

4. Alleingesellschafter K kauft im Namen seiner K-GmbH Jeanshosen für 84.000 € bei V. V liefert, nachdem K sich per Fax selbstschuldnerisch für die Kaufpreisschuld verbürgt. Zahlungen der GmbH bleiben ebenso aus wie die versprochene Original-Bürgschaftsurkunde. Kann V von K Zahlung der 84.000 € verlangen?

5. Kaufmann K ordert am 1.8. Bücher beim V-Verlag. Lieferung und Zahlung werden zum 8.8. vereinbart. Die Lieferung erfolgt am 10.8.; K zahlt erst am 30. 8., nachdem V ihn am 20. 8. gemahnt hat. Kann V von K Zinsen verlangen?

6. Die V-GmbH liefert Dachträger an Automobilhersteller K. In den einbezogenen K-AGB heißt es unter anderem: „Der Lieferant stellt seine Lieferungen vierteljährlich in Rechnung. Er kann Forderungen gegen die V nicht ohne deren Zustimmung abtreten." Als die V in Zahlungsschwierigkeiten gerät, schließt sie Ende 2006 mit der B-Bank einen Factoringvertrag und tritt ihr unter anderem die Forderungen gegen K ab.
Obwohl B auch K umgehend informiert und Zahlungen ausschließlich an sich fordert, zahlt K auch für das 1. Quartal 2007 direkt an V, um die weitere Belieferung abzusichern. Kann B nochmals Zahlung von K verlangen oder sich an die V halten?
Variante: Durch zunehmende Schwierigkeiten bei V kommt es Anfang April 2007 zu verspäteten Lieferungen an K, die dort erhebliche Schäden verursachen. K rechnet daher seine Schadensersatzforderung mit der Kaufpreisforderung der V auf. Ist die Aufrechnung wirksam?

7. K kauft von V drei Windkraftanlagen samt Montage und zahlt den Gesamtpreis von 2,1 Mio. € im voraus. V kauft die erforderlichen Rohrtürme unter verlängertem Eigentumsvorbehalt von E und lässt E die Turmsegmente an K liefern. Nachdem V insolvent geworden ist, verlangt E von K die Herausgabe der Segmente. K meint, er habe zumindest gutgläubig Eigentum erworben. V meint zutreffend, in der Branche wisse jeder, dass solche Großteile nur unter verlängertem Eigentumsvorbehalt geliefert werden.

8. Jurastudentin E will sich von einigen Erbstücken trennen, darunter drei Erstausgaben Thomas Manns, eine vom Autor handsigniert. Sie gibt die drei Bände einem Freund F, der Germanistik studiert. F versucht zunächst, die Bände per Internet zu veräußern. Als das nicht fruchtet, wendet er sich an Antiquar A, erzählt von seinem Auftrag und gibt die Bücher in Kommission. A erinnert F daran, dass F wegen älterer Bücherkäufe noch eine Rechnung über 600 € bei ihm offen habe. Er werde die Bücher als Pfand nehmen, bis seine Rechnung bezahlt ist. E ist empört und verlangt die Bücher unverzüglich heraus, zumal F nicht befugt gewesen sei, die Bände aus der Hand zu geben.

6.3 Übungen zur Kommentararbeit

535 Beantworten Sie anhand des Kommentars Baumbach/Hopt, Handelsgesetzbuch, die folgenden Fragen.

1. Gelten Handelsbräuche auch für Nichtkaufleute?
2. Was bedeutet die Handelsklausel „Arbitrage"?

3. Treten die Rechtsfolgen des § 362 I 1 HGB auch dann ein, wenn dem Kaufmann ein Antrag zugeht und er mit „Antrag notiert" antwortet?
4. Beschreiben Sie Voraussetzungen und Rechtsfolgen eines kaufmännischen Bestätigungsschreibens. Gilt das auch im internationalen Verkehr?
5. Reicht eine telefonische oder briefliche Vorverhandlung, damit die Grundsätze vom kaufmännischen Bestätigungsschreiben eingreifen?
6. Greift § 350 HGB auch dann ein, wenn die Hauptschuld nicht aus einem Handelsgeschäft stammt?
7. Gilt § 350 HGB auch für persönlich haftende Gesellschafter einer OHG?
8. Welches sind die wichtigsten Fallgruppen von Bösgläubigkeit i.S.d. § 366 HGB?
9. Zu welchem Zeitpunkt entsteht das gesetzliche Pfandrecht des Kommissionärs?
10. Können wegen einer Forderung gegen eine OHG Sachen der Gesellschafter zurückbehalten werden oder umgekehrt?

6.4 Lösungshinweise: Vertiefungsfragen

1. a) § 344 HGB setzt die Kaufmannseigenschaft voraus und hilft bei Zweifeln hierüber nicht.
   b) Geschäfte von Handelsgesellschaften sind nie Privat- und stets Handelsgeschäfte. Daher ist § 344 HGB gegenstandslos.
   c) Die Geltung des § 344 HGB im Rahmen der §§ 13, 14 BGB ist umstritten.[181] Die besseren Gründe sprechen gegen eine Analogie, da die §§ 13, 14 BGB der Umsetzung von Verbraucherschutzrichtlinien dienen und dort andere Zweifelsregeln gelten.[182]
   d) Bei gemischten (privaten und betriebsbezogenen) Zwecken greift § 344 HGB, sofern der betriebsbezogene Zweck nicht von ganz untergeordneter Bedeutung ist.[183]

   536

2. Handelsbräuche sind keine Rechtsnormen (die der Richter selbstständig ermitteln und anwenden muss), sondern Tatsachen, die von den Parteien grundsätzlich vorzutragen und ggf. zu beweisen sind, sofern das Gericht nicht aus eigener Sachkunde entscheidet (vgl. § 114 GVG für die Kammern für Handelssachen). Wichtigstes Beweismittel sind die Gutachten der Industrie- und Handelskammern (s.o. Rn 386). Darauf hat der Richter die Partei ggf. hinzuweisen (§ 139 ZPO).

   537

---

[181] Vgl. nur Baumbach/Hopt, § 344 Rn 1.
[182] Vgl. nur EuGH v. 20. 1. 2005 – C-464/01 = NJW 2005, 653.
[183] Canaris, HR, § 20 Rn 8.

230 *Vertiefungskurs - 6 Allgemeine Handelsgeschäftslehre*

538 3. § 663 BGB statuiert eine Anzeigepflicht für Geschäftsbesorger für den Fall, dass sie nach öffentlicher Bestellung oder einer invitatio ad offerendum einen Antrag nicht annehmen. Ihr Schweigen bringt aber, anders als bei § 362 HGB, keinen Vertrag zustande, sondern kann lediglich zu einer Schadensersatzpflicht nach § 280 BGB führen. Dem § 362 HGB entsprechende Regeln finden sich auch in §§ 75h, 91a HGB Alle Vorschriften lassen sich als Konkretisierung vorvertraglicher Sorgfaltspflichten (§ 311 II BGB) verstehen. Auch wenn die Vorschriften nicht greifen, kommt eine Haftung nach §§ 280 I, 311 II, 241 II BGB in Betracht.

539 4. § 362 HGB gilt für Kaufleute und (durch Verweisung, z.B. in § 383 II HGB) für zahlreiche Kleingewerbetreibende. Die h.L. wendet die Vorschrift aber auf ähnlich am Geschäftsleben teilnehmende Nichtkaufleute analog an.[184] Das deckt sich mit der h.M. zu den Grundsätzen vom kaufmännischen Bestätigungsschreiben (s.o. Rn 238). Nach § 362 HGB kommt es auf die Person des Anbietenden nicht an, während die h.M. beim Bestätigungsschreiben auch auf Absenderseite einen Geschäftsmann verlangt.

540 5. Unverzüglich bedeutet nach der Legaldefinition des § 121 I 1 BGB „ohne schuldhaftes Zögern". Das gilt auch für § 362 HGB, kaufmännische Bestätigungsschreiben und § 377 HGB. Teilweise ist angeordnet, dass eine rechtzeitige Absendung genügt (§ 121 I 2 BGB, § 377 IV HGB). Der Empfänger trägt also das Verzögerungsrisiko. Die h.M. verlangt aber immerhin den – wenn auch verspäteten – Zugang der Erklärung, lässt das Verlustrisiko (und die Beweislast für den Zugang) also beim Erklärenden.[185] Beides lässt sich auf § 362 HGB und kaufmännische Bestätigungsschreiben übertragen.

541 6. Schweigen mit Erklärungswert kann nach h.L. analog §§ 119, 123 BGB angefochten werden, wenn ein entsprechendes „ok" anfechtbar wäre und die Funktion des § 362 HGB und der Grundsätze vom kaufmännischen Bestätigungsschreiben nicht ausgehöhlt werden. Daraus ergibt sich:
- Keine Anfechtung bei Irrtum über die rechtliche Bedeutung des Schweigens
- Keine Anfechtung bei Unkenntnis vom (zugegangenen) Schreiben
- Keine Anfechtung bloß wegen Abweichungen vom Vorbesprochenen
- Keine Anfechtung bei verschuldeten Missverständnissen[186]
- Anfechtung bei unverschuldetem Irrtum
- Anfechtung bei Drohung und Täuschung

---

[184] Baumbach/Hopt, § 362 Rn 3; W.-H. Roth in Koller/Roth/Morck, § 362 Rn 5; Welter in MK-HGB, § 362 Rn 17.

[185] BGH v. 13.5.1987 – VIII ZR 137/86 = BGHZ 101, 49 zu § 377 HGB; kritisch z.B. Canaris, HR, § 29 Rn 69.

[186] Wertung nach dem Erfordernis eines Widerspruchs „ohne schuldhaftes Zögern"; vgl. nur BGH v. 7.10.1971 – VII ZR 177/69 = NJW 1972, 45; Medicus/Petersen, Rn 58 und 65; Karsten Schmidt, HR, § 19 II 2 e bb und III 6 c; großzügiger insoweit Canaris, HR, § 23 Rn 38 f.

6.4 Lösungshinweise: Vertiefungsfragen   231

7. Ein zunächst vollmachtlos geschlossenes Geschäft kann durch ein Bestätigungsschreiben des Vertretenen nach § 177 BGB genehmigt werden. Auch ein Schweigen des Vertretenen auf ein Bestätigungsschreiben des Geschäftspartners kann Mängel der Vertretungsmacht heilen. Allerdings ist zweifelhaft, ob das auch dann gilt, wenn das Bestätigungsschreiben im Unternehmen des Vertretenen gerade zu Händen des Vertreters geschickt wird, denn der Absender kann dann kaum auf eine Genehmigung durch Schweigen vertrauen.[187] **542**

8. Die in § 354a HGB angeordnete Wirksamkeit der Abtretung führt dazu, dass die Forderung nunmehr dem Neugläubiger (Abtretungsempfänger, Zessionar) zusteht. Der Neugläubiger kann die Forderung einklagen,[188] sie erlassen, mit einer Gegenforderung aufrechnen usw. Der Schuldner kann nach § 354a S. 2 HGB zwar auch an den Altgläubiger befreiend leisten. Er leistet dann aber an den materiell Falschen und der Neugläubiger hat gegen den Altgläubiger einen Herausgabeanspruch nach § 816 II BGB. **543**
Wenn Gläubiger des Altgläubigers (Abtretenden, Zedenten) die Forderung pfänden, steht dem Neugläubiger die Drittwiderspruchsklage gemäß § 771 ZPO und im Fall der Insolvenz des Altgläubigers ein Aus- oder Absonderungsrecht nach § 47 oder § 50 f. InsO zu.
Beim Neugläubiger kann in die abgetretene Forderung ohne weiteres vollstreckt werden und sie fällt im Fall einer Insolvenz in die Insolvenzmasse. Allerdings bleibt es beim Wahlrecht des Schuldners nach § 354a HGB, da die vollstreckungsrechtliche Beschlagnahme nur Verfügungen des Inhabers betrifft.

9. Nach § 354a S. 2 HGB kann der Schuldner trotz Wirksamkeit der Abtretung mit befreiender Wirkung an den Alt-Gläubiger leisten, d.h. zahlen, aufrechnen usw. Dieses Wahlrecht steht ihm im Unterschied zu § 407 BGB auch zu, wenn er die Abtretung kennt, und er kann auch in den nach § 406 BGB ausgeschlossenen Fällen aufrechnen. **544**

Hintergrund: Dieser umfassende Schutz bildet gleichsam das Gegenstück zu der angeordneten Unwirksamkeit von Abtretungsverboten, die immerhin einen recht massiven Eingriff in die kaufmännische Privatautonomie darstellt.

10. § 350 HGB ist auf nicht eingetragene Kleingewerbetreibende nicht analog anwendbar. Die Vorschrift fand schon vor der Handelsrechtsreform auf Minderkaufleute keine Anwendung (§ 351 HGB a.F.) und ist seitdem ausdrücklich ausgenommen, wo für Kleingewerbetreibende auf §§ 343 ff. verwiesen wird (z.B. § 383 II 2 HGB). Daher fehlt es schon an einer Regelungslücke. Dagegen **545**

---

[187] Bejahend z.B. BGH v. 27.9.1989 – VIII ZR 245/88 = NJW 1990, 386; a.A. z.B. Canaris, HR, § 23 Rn 30 f.
[188] Die h.L. fordert wegen S. 2, daß der Neugläubiger auf Zahlung an sich oder den Altgläubiger klagt (vgl. z.B. Canaris, HR, § 26 Rn 20).

wendet die h.L. § 350 HGB auch zu Lasten von Scheinkaufleuten an (s.o. Rn 78).

§ 366 HGB ist auf zahlreiche Kleingewerbetreibende schon kraft Verweisung anwendbar und wird nach h.L. auf kleingewerbliche Warenhändler analog angewandt (s.o. Rn 263). Für Scheinkaufleute und im Rahmen des § 15 HGB ist die Frage umstritten, da der Vertrauensschutz hier zu Lasten Dritter gehen würde.[189]

546 11. Die Frage eines gutgläubigen Erwerbs stellt sich nur, wenn den Verfügenden die erforderliche Ermächtigung fehlt. Davon ausgehend kommt ein Erwerb nur nach §§ 929 ff., 932 ff. BGB, ggf. i.V.m. § 366 HGB in Betracht.

a) Wer ein Kfz erwirbt, ohne den Kfz-Brief zu erhalten, handelt regelmäßig grob fahrlässig, gleich ob er an das Eigentum oder die Verfügungsbefugnis des Veräußerers glaubt. Ein gutgläubiger Erwerb scheidet daher aus.

b) Wenn A als (nicht bevollmächtigter) Vertreter eines Kunden handelt, kommt ein Erwerb nach §§ 929 S. 1, 932 BGB nicht in Betracht, da der Kunde ihn nicht für den Eigentümer hält. Auch § 366 I HGB hilft nicht, da der Kunde auch nicht auf die Verfügungsbefugnis des A vertraut, sondern auf seine Vertretungsmacht und § 366 I HGB dieses Vertrauen nach h.L. nicht schützt (s.o. Rn 264 f.).

c) Ein Käufer der Büromöbel könnte allenfalls darauf vertrauen, dass der Eigentümer R zu Verfügungen ermächtigt hat. Ein gutgläubiger Erwerb nach §§ 929 S. 1, 932 BGB i.V.m. § 366 I HGB scheitert aber daran, dass R als Freiberufler nicht Kaufmann (s.o. Rn 53) und § 366 I HGB insoweit auch nicht analog anzuwenden ist (s.o. Rn 263).

d) Eigentumsvorbehaltsverkäufer willigen in aller Regel nur in Veräußerungen ein, die im Rahmen eines ordnungsgemäßen Geschäftsgangs geschehen. Außerhalb dieses Rahmens kann ein Erwerber grundsätzlich auch nicht auf eine Verfügungsbefugnis des Eigentumsvorbehaltskäufers vertrauen. Daher scheidet ein gutgläubiger Erwerb nach §§ 929 S. 1, 932 BGB i.V.m. § 366 I HGB aus, wenn Ware zu Schleuderpreisen verkauft wird. Auch bei besonders raschen Lagerräumungen und Verkäufen unter Einstandspreis liegt die Bösgläubigkeit eines Erwerbers nahe.[190]

e) Auch hier ist im Rahmen des § 366 I HGB fraglich, ob der Käufer damit rechnen darf, dass die Übereignung von der Einwilligung der Finanzierungsgesellschaft gedeckt ist. Da eine Leasinggesellschaft üblicherweise Verkäufe nur bei Beendigung eines Leasingvertrags tätigt, erscheint es zweifelhaft, ob die Veräußerung noch im Rahmen eines ordnungsgemäßen Geschäftsgangs geschehen ist. In solchen Fällen, in denen die Übereignung zwar betriebsbezogen aber branchenuntypisch ist, läßt die Rechtsprechung

---

[189] Offen BGH v. 9.11.1998 - II ZR 144/97 = NJW 1999, 425; ablehnend RG v. 26.1.1929 = LZ 1929, 778; OLG Düsseldorf v. 18.11.1998 - 11 U 36/98; Baumbach/Hopt, § 5 Rn 16; befürwortend z.B. Canaris, HR, § 6 Rn 26; Koller in Koller/Roth/Morck, § 15 Rn 60; differenzierend Karsten Schmidt, HR, § 23 II 1 a.

[190] Vgl. nur Canaris, HR, § 27 Rn 22 f.; die Rspr. ist allerdings teils strenger.

einen gutgläubigen Erwerb zwar zu, stellt aber an den guten Glauben strengere Anforderungen.[191]

12. Frachtführer haben nach § 441 I HGB ein gesetzliches Pfandrecht am Frachtgut, das nicht nur alle durch den Frachtvertrag begründeten (konnexen) Forderungen sichert, sondern auch unbestrittene Forderungen aus anderen Verträgen (sog. inkonnexe Forderungen). Das Pfandrecht besteht nur am Gut des Absenders. Ein Pfandrecht an Frachtgut, das anderen gehört, kann nach § 366 III HGB aber auch gutgläubig erworben werden. Soweit es um inkonnexe Forderungen geht, muss sich der gute Glaube des Frachtführers allerdings auf das Eigentum des Absenders beziehen.[192]

13. § 368 HGB beschleunigt den Pfandverkauf durch Verkürzung der Androhungsfrist. § 1234 BGB verlangt für die Verwertung verpfändeter Sachen eine Androhung und den Ablauf einer einmonatigen Wartefrist. Diese Frist verkürzt § 368 I HGB für vertragliche Pfandrechte auf eine Woche, wenn die Verpfändung ein beiderseitiges Handelsgeschäft ist. Nach § 368 II HGB gilt die Verkürzung auch für bestimmte gesetzliche Pfandrechte. Für Speditions- und Frachtverträge genügt dabei sogar ein einseitiges Handelsgeschäft; die Wochenfrist gilt hier also auch zu Lasten von Privatleuten! Schließlich gilt die Wochenfrist auch für das Befriedigungsrecht aufgrund eines kaufmännischen Zurückbehaltungsrechts (§ 371 II HGB).

14. a) Der Gläubiger kann nach § 369 I HGB die Sachen und Wertpapiere zurückbehalten (d.h. die Herausgabe, Lieferung usw. so lange verweigern, so lange er nicht die ihm gebührende Leistung empfängt (dilatorische Einrede). Nach h.M. hat er damit ein Besitzrecht i.S.d. § 986 I BGB.
   b) Erwirbt ein Dritter zwischenzeitlich das Eigentum (z.B. nach § 931 BGB), so kann der Gläubiger sein Zurückbehaltungsrecht in den Grenzen des § 986 II BGB auch ihm gegenüber geltend machen (§ 369 II HGB).
   c) In der Insolvenz des Schuldners besteht ein Absonderungsrecht des Gläubigers nach § 51 Nr. 3 InsO.

15. Zur Verwirklichung seines Befriedigungsrechts kann der Kaufmann zunächst den allgemeinen Weg der Vollstreckungsbefriedigung gehen, wie § 371 III HGB klarstellt („Sofern die Befriedigung nicht im Wege der Zwangsvollstreckung stattfindet"). Er muss dazu durch eine gewöhnliche Leistungsklage, einen Mahnbescheid usw. einen Titel erwirken, für Vollstreckungsklausel und Zustellung sorgen und kann die zurückbehaltenen Sachen pfänden und verwerten lassen (§§ 809, 814 ff. ZPO).
Auch der Weg der Verkaufsbefriedigung führt über den Richter: Nach § 371 III HGB muss der Gläubiger den Schuldner auf Duldung der Befriedigung aus § 371 I HGB verklagen und die zurückbehaltenen Sachen mit diesem Titel wie

---

[191] BGH v. 9.11.1998 – II ZR 144/97 = NJW 1999, 425.
[192] Ausführliche Kritik bei Canaris, HR, § 27 Rn 43 ff.

ein Pfandrecht – nur mit verkürzter Wartefrist (s.o. Rn 548) – verwerten (§§ 1233 ff. BGB i.V.m. § 371 II HGB).[193]

6.5 Lösungshinweise: Übungsfälle

551 **Fall 1: Kreuzende AGB:**
Anspruch des V auf vollständige Kaufpreiszahlung aus § 433 II BGB
V kann den vollen Kaufpreis nach § 433 II BGB verlangen, wenn der Kaufvertrag zwischen ihm und K wirksam geschlossen ist und sich weder aus der Vereinbarung noch aus einem Handelsbrauch ein Recht zum Skonto-Abzug ergibt.

I. Der **Kaufvertrag** ist schon mündlich geschlossen und für eine Skonto-Abrede ist insoweit nichts ersichtlich.

552 II. Eine Modifikation könnte sich aus dem **Bestätigungsschreiben** des K ergeben, wenn dessen Inhalt nach den gewohnheitsrechtlichen Grundsätzen Vertragsbestandteil geworden und die AGB damit wirksam einbezogen wären.

1. Die Einbeziehung von AGB gegenüber einem Unternehmer wie V („beiderseitiger Handelskauf") richtet sich gemäß § 310 I BGB nach allgemeinen Regeln und kann auch durch ein kaufmännisches Bestätigungsschreiben geschehen, sofern ein Hinweis erfolgt und eine zumutbare Möglichkeit zur Kenntnisnahme besteht (s.o. Rn 233). Das ist durch den schriftlichen Hinweis und die Beifügung der AGB unproblematisch der Fall.

2. Das „Bestätigungsschreiben" ist nach mündlichen Verhandlungen von einem Kaufmann an einen Kaufmann geschickt worden und enthält mit den AGB auch keine so gravierenden Änderungen, dass mit einer Genehmigung nicht gerechnet werden könnte. Daher wäre der Vertrag grundsätzlich mit dem Inhalt des Bestätigungsschreibens – und damit der Skonto-Abrede – zustande gekommen, wenn B nicht unverzüglich widerspricht (vgl. allg. Rn 237 ff.).

3. Ein schutzwürdiges Vertrauen des K erscheint allerdings zweifelhaft, da B ihm bereits am Vortag eine „Auftragsbestätigung" mit Hinweis auf seine, insoweit widersprechenden AGB zugefaxt hat. Auch bei diesem Schreiben handelt es sich um ein kaufmännisches Bestätigungsschreiben und nicht um eine Auftragsbestätigung im Sinne einer Annahme und auch hier sind die Voraussetzungen für die Einbeziehung erfüllt; insbesondere müssen die AGB nicht beigelegt sein. Daher konnte K nicht davon ausgehen, dass das spätere Schweigen des V seine Zustimmung zu den K-AGB bedeute.

---

[193] Nach § 1233 II BGB ergibt sich auf diesem Weg wiederum ein Abzweig in die §§ 814 ff. ZPO (Pfandverkauf ohne Pfändung).

III. Auch die **Durchführung des Vertrags** konnte K angesichts der gegenteiligen Äußerung des V nicht dahin auffassen, dass V seine AGB nunmehr akzeptiere. Eine solche Auslegung, die bei kreuzenden AGB oder Bestätigungsschreiben den bevorzugt, der das letzte Wort hat, wird zutreffend überwiegend abgelehnt. Die Durchführung gibt vielmehr zu erkennen, dass die Parteien am Vertrag trotz der Differenzen im Einzelnen festhalten wollen (kein Dissens, § 154 BGB). Die h.M. lässt den Vertrag in solchen Fällen daher insoweit gelten, als sich die Erklärungen samt AGB decken, und versagt den sich widersprechenden Bedingungen die Wirksamkeit, so dass insoweit das dispositive Recht greift.[194]

553

IV. Das **dispositive Recht** geht nach §§ 271, 433 II BGB von einer vollständigen sofortigen Kaufpreiszahlung aus. Ein anderslautender Handelsbrauch ist trotz der Häufigkeit von Skonto-Vereinbarungen nicht erkennbar.
Daher kann V von K den vollständigen Kaufpreis verlangen.

Fall 2: Gammelfleisch:
Anspruch des F gegen die A-GmbH auf Schadensersatz aus § 280 I BGB
Ein Schadensersatzanspruch könnte aus einer Vertragspflichtverletzung resultieren.
I. Das setzt zunächst einen wirksamen **Dienstvertrag** voraus.

554

1. Ein Angebot auf Abschluss eines Auslieferungsvertrags liegt nicht schon in dem Werberundbrief, da er zwar persönlich gehalten war, als Rundbrief aber nicht ohne weiteres mit Annahme Rechtsbindungen erzielen sollte (invitatio ad offerendum).

2. Ein Angebot liegt vielmehr in dem Schreiben des F, das der GmbH auch zugegangen (wenn auch dort untergegangen) ist.

3. Eine Annahme könnte sich nach § 362 I HGB aus der fehlenden Reaktion der A-GmbH ergeben. Die GmbH ist nach § 13 III GmbHG Handelsgesellschaft und gilt daher nach § 6 HGB als Kaufmann. Das Angebot des F ist ihr auch im Anschluss an ihr entsprechendes Anerbieten (S. 2) zugegangen, da es sich bei dem Werbebrief nicht um ein allgemeines Rundschreiben, sondern ein persönlich gehaltenes Schreiben handelte.[195] Daher gilt das Schweigen der GmbH als Annahme und der Vertrag war schon zum Montag wirksam.

4. Die durch den Geschäftsführer erklärte Anfechtung greift nicht durch, denn die fehlende Kenntnisnahme bildet ebensowenig einen Anfechtungsgrund wie der Irrtum über die Rechtsfolgen (s.o. Rn 541).
Daher bestand schon am Montag ein wirksamer Dienstvertrag.

II. Die daraus resultierenden **Pflichten** hat die GmbH durch Nichtleistung **verletzt** und für eine Entlastung nach § 280 I 2 BGB ist nichts ersichtlich.

---

[194] Vgl. für AGB § 305 II BGB und insg. z.B. Baumbach/Hopt, § 346 Rn 22.
[195] Vgl. allg. z.B. Welter in MK-HGB, § 362 Rn 24.

III. Daher ist die A-GmbH verpflichtet, dem F den daraus entstandenen **Schaden** zu ersetzen. Inwieweit ein Mitverschulden des F an dem Fleischverderb mitgewirkt hat (§ 254 I BGB), ist nicht ersichtlich.

555 Fall 3: Muscheln aus der Normandie: Wirksamkeit des Vorbehalts
Der Vorbehalt in § 8 des Bestätigungsschreibens könnte den Kaufvertrag nach den gewohnheitsrechtlichen Grundsätzen vom kaufmännischen Bestätigungsschreiben modifiziert haben.
Der persönliche Anwendungsbereich der Regeln ist eröffnet, da Edel und Gut Kaufleute sind. Das Schreiben ging Edel auch unmittelbar im Anschluss an die mündlichen und abschlussreifen Vertragsverhandlungen zu. Der Absender eines solchen Schreibens ist aber nicht schutzwürdig, wenn dessen Inhalt von dem vorab Vereinbarten so erheblich abweicht, dass der Absender vernünftigerweise mit dem Einverständnis des Empfängers nicht rechnen kann. Vorliegend kam es Edel gerade auf die Herkunft der gelieferten Muscheln an, so dass Gut nicht damit rechnen konnte, dass Edels Schweigen auf das Bestätigungsschreiben Zustimmung zu dem Vorbehalt bedeutet. Daher hat das kaufmännische Bestätigungsschreiben vorliegend auf den Vertragsinhalt keinen Einfluss.

556 Fall 4: Die Bürgschaft des Alleingesellschafters:
Anspruch des V gegen K auf Zahlung von 84.000 € aus §§ 433 II, 765 BGB
V kann die Zahlung von K verlangen, wenn eine Hauptverbindlichkeit in der Höhe entstanden ist und K sich wirksam dafür verbürgt hat.

I. Die **Hauptverbindlichkeit** der K-GmbH ist mit dem Kaufvertrag entstanden.

II. Der **Bürgschaftsvertrag** könnte indes nach §§ 766 S. 1, 125 BGB formunwirksam sein.

1. Die Bürgschaft per Telefax erfüllt das Formerfordernis nicht, da damit weder die Warn- noch die Beweisfunktion in gleicher Weise erfüllt ist.[196]

2. Die Schriftform ist nach § 350 HGB entbehrlich, wenn K Kaufmann ist und die Bürgschaft für ihn ein Handelsgeschäft darstellt.
a) Kaufmann ist, wer ein Handelsgewerbe betreibt (§ 1 I HGB); das ist hier die GmbH und nicht K (s.o. Rn 81). Die h.M. lehnt auch eine analoge Anwendung des § 350 HGB auf Alleingesellschafter-Geschäftsführer ab.[197] Danach bleibt die Bürgschaft formunwirksam und ein Anspruch scheidet aus.[198]

---

[196] BGH v. 28.01.1993 – IX ZR 259/91 = BGHZ 121, 224.
[197] BGH v. 8.11.2005 – XI ZR 34/05 = BGHZ 165, 43 m.w.N. auch zur Gegenansicht; dort auch zur weiteren Frage der Formbedürftigkeit nach § 492 BGB.
[198] Es ist auch nicht treuwidrig, wenn sich K auf die Formunwirksamkeit beruft (anders für einen „königlichen Kaufmann" BGH v. 27.10.1967 – V ZR 153/64 = BGHZ 48, 396).

b) Wer eine Analogie bejaht, muss weiter prüfen, ob die Bürgschaft für den K ein betriebsbezogenes Geschäft ist.[199]

III. Wer eine wirksame Bürgschaft annimmt, kommt auch zu einem durchsetzbaren Zahlungsanspruch:

K kann zwar nach § 768 BGB Einreden gegen die Hauptverbindlichkeit geltend machen; der Anspruch auf Kaufpreiszahlung ist aber nach Lieferung der Hosen auch durchsetzbar (§ 320 BGB). K kann sich auch nicht auf § 771 BGB berufen, da er auf die Einrede verzichtet hat und sie ihm nach dieser Lösung gemäß § 349 HGB ohnehin nicht zusteht.

Fall 5: Verspätete Zahlung: Anspruch des V auf Zahlung von Zinsen.   557
I. Verzugszinsen: Zunächst kann sich ein Anspruch aus §§ 286, 288 I, II BGB ergeben.
Dazu müßte K mit seiner Zahlungspflicht in Verzug geraten sein.

1. Das setzt nach § 286 I BGB zunächst eine fällige und einredefreie Zahlungspflicht des K voraus. Durch die Order haben K und V einen Kaufvertrag geschlossen. Aus diesem Schuldverhältnis ergab sich nach § 433 II BGB eine Zahlungspflicht. Die Zahlung wurde laut Vereinbarung nicht sofort (§ 271 BGB), sondern zum 8.8. fällig. Erst mit der Lieferung der Bücher am 10.8. wurde sie auch einredefrei (§ 320 BGB).

2. Der Verzug setzt ferner eine Mahnung voraus, die hier am 20.8. erfolgt ist. Die Mahnung ist nach § 286 II Nr. 1 BGB aber entbehrlich, wenn die Leistungszeit nach dem Kalender bestimmt ist. Eine solche Bestimmung war hier im Kaufvertrag erfolgt. Daher war die Mahnung entbehrlich.

3. Da für eine Entlastung des K nach § 286 IV BGB nichts ersichtlich ist, ist K damit am 10.8. in Verzug geraten. Der Verzug endete mit der Zahlung des Kaufpreises.

4. Nach § 288 BGB schuldet K dem V-Verlag für die Zeit des Verzugs Verzugszinsen. Da beide Unternehmer i.S.d. § 14 BGB sind, liegt der Zinssatz nach § 288 II BGB acht Prozentpunkte über dem Basiszins.

II. Fälligkeitszinsen: Gemäß §§ 352 I, 353 I HGB schulden Kaufleute untereinander für Forderungen aus beiderseitigen Handelsgeschäften Zinsen i.H.v. 5 % schon ab Fälligkeit. Auch das gilt aber erst, wenn die Forderung einredefrei ist, also ab dem 10.8. Da zu diesem Zeitpunkt bereits der Verzug einsetzt, bleibt für die HGB-Regelung kein Raum.
Wegen dieser Subsidiarität werden §§ 286, 288 BGB hier vorrangig geprüft. Oft greifen die Regelungen auch nacheinander ein; dann ist auch eine chronologische Prüfung nach Zeitabschnitten möglich.

---

[199] Allg. bejahend z.B. Canaris, HR, § 24 Rn 12 f.; verneinend z.B. Horn in Heymann, § 350 Rn 5; W.-H. Roth in Koller/Roth/Morck, § 350 Rn 5.

558 Fall 6: Factoring
I. Zahlungsanspruch der B-Bank gegen K aus §§ 433 II, 398 BGB
B hat gegen K einen Zahlungsanspruch, wenn der Kaufpreisanspruch der V-GmbH wirksam entstanden, auf sie übergegangen und nicht durch Zahlung der K erloschen ist.

1. V und K haben wirksam einen Sukzessivlieferungsvertrag geschlossen, bei dem die Kaufpreisansprüche mit den jeweiligen Bestellungen entstehen.

2. Der Kaufpreisanspruch für das 1. Quartal 2007 könnte durch die Vorausabtretung im Factoringvertrag auf B übergegangen sein. Der Übergang könnte zwar nach § 399 BGB daran scheitern, dass die laut AGB erforderliche Zustimmung der K fehlt. Die Wirksamkeit der Abtretung könnte sich aber aus § 354a HGB ergeben. Die fragliche Forderung stammt aus dem Liefervertrag zwischen V und K und damit aus einem beiderseitigen Handelsgeschäft. Die Vorschrift bestimmt zwar nur die Wirksamkeit einer Abtretung trotz eines vertraglichen Abtretungsverbots, gilt ihrem Sinn und Zweck nach aber auch für andere Verabredungen, die die Abtretung erschweren und damit auch für einen Zustimmungsvorbehalt wie den vorliegenden.[200] Daher ist die Abtretung an B gemäß § 354a S. 1 HGB wirksam.

3. Dennoch hat K nach § 354a S. 2 HGB mit befreiender Wirkung an V geleistet. Anders als bei § 407 BGB schadet die Kenntnis der K insoweit nicht und die Ausübung des Wahlrechts erscheint auch nicht rechtsmissbräuchlich. Daher ist die Kaufpreisforderung gemäß § 362 BGB untergegangen und K braucht nicht erneut an B zu zahlen.

559 II. Zahlungsanspruch der B gegen V aus § 816 II BGB
K hat durch Zahlung an V aber an einen Nichtberechtigten geleistet und diese Leistung war, wie gesehen, der Berechtigten (B-Bank) gegenüber wirksam. Daher ist V gegenüber B nach § 816 II BGB zur Herausgabe des Geleisteten verpflichtet.

560 III. Variante: Wirksamkeit der Aufrechnung
Da Schuldner durch eine Abtretung keine schon bestehenden Aufrechnungsmöglichkeiten verlieren sollen, bestimmt § 406 BGB, dass er auch nach der Abtretung aufrechnen kann, es sei denn, dass er beim Erwerb seiner Forderung von der Abtretung wusste oder seine Forderung erst später fällig geworden war. Vorrangig anwendbar ist hier jedoch § 354a S. 2 HGB, der einen weitergehenden Schutz gewährt. Die Vorschrift gestattet „Leistungen" an den Altgläubiger, um seine Interessen (auch an Verrechnungsmöglichkeiten) uneingeschränkt zu wahren. Daher sind als „Leistungen" nicht nur Erfüllungshandlungen, sondern auch Erfüllungssurrogate wie die Aufrechnung zu verstehen (s. Fn 200).
Daher ist auch die Aufrechung der K wirksam.

---

[200] BGH v. 26.1.2005 – VIII ZR 275/03 = ZIP 2005, 445.

Fall 7: Windräder: Anspruch auf Herausgabe aus § 985 BGB   561
E könnte einen Herausgabeanspruch aus § 985 BGB haben, wenn er weiter Eigentümer wäre und K Besitzer ohne Besitzrecht.

I. Das **Eigentum** an den Turmsegmenten stand zunächst E zu.

1. E hat das Eigentum nicht durch Auslieferung an K nach § 929 S. 1 BGB verloren, denn E wollte – für K erkennbar – nicht K zum Eigentümer machen, sondern seinen Vertrag mit V erfüllen. Daher fehlt es schon an einer dinglichen Einigung.[201]

2. E hat das Eigentum durch die Auslieferung auch nicht an V verloren, denn die   562
hierzu nach § 929 S. 1 BGB erforderliche Einigung war durch den Eigentumsvorbehalt bedingt (§ 158 I BGB) und die Bedingung vollständiger Kaufpreiszahlung ist nicht eingetreten.

3. Indem V die Turmrohre durch seine Geheißperson E ausliefern ließ, könnte er sie als Nichtberechtigter an K übereignet haben. Nach §§ 929 S. 1, 932 BGB ist dafür neben der Einigung und Übergabe erforderlich, dass K den V für den Eigentümer hielt. Davon kann indes nicht ausgegangen werden, da auch K als Branchenzugehöriger wissen musste, dass solche Turmsegmente nur gegen Eigentumsvorbehalt geliefert werden, und er nicht davon ausgehen konnte, dass V den schon erhaltenen Kaufpreis gerade für die Bezahlung des E verwandt hatte.

4. Danach kommt ein gutgläubiger Erwerb nur noch über § 366 I HGB in Betracht,   563
da V die Turmsegmente als Kaufmann im Rahmen seines Handelsgewerbes veräußert hat. Fraglich ist allerdings, ob K auf die Verfügungsbefugnis der V vertrauen konnte: Regelmäßig ermächtigt der Vorbehaltsverkäufer zur Weiterveräußerung nur deshalb, weil er im Gegenzug durch Vorausabtretung die damit entstehende Forderung erwirbt. Daher kann ein Erwerber nicht auf die Ermächtigung vertrauen, wenn er umgekehrt die Abtretung unmöglich macht. Das hatte der BGH früher entschieden, wenn die Erwerber ein Abtretungsverbot vereinbart hatten,[202] und ebenso hat er in einem Fall wie dem hiesigen entschieden: „Der Erwerber einer Sache nimmt grob fahrlässig im Sinne von § 366 I HGB die Verfügungsbefugnis des Veräußerers an, wenn er nach den Umständen mit einem verlängerten Eigentumsvorbehalt des Vorlieferanten rechnen muss und weiß, dass die für die Verfügungsbefugnis im Rahmen eines solchen Eigentumsvorbehalts konstitutive Vorausabtretung deswegen ins Leere geht, weil er selbst seine Leistung bereits im Voraus an seinen abtretungspflichtigen Vertragspartner erbracht hat."[203] Danach hat K hier nicht gemäß §§ 929 S. 1, 932 BGB, 366 I HGB gutgläubig Eigentum erworben. Eigentümer ist daher weiterhin E.

---

[201] Zu solchen Durchlieferungsfällen vgl. z.B. Baur/Stürner, § 51 Rn 17; Medicus/Petersen, Rn 563 ff.; Karsten Schmidt, JuS 1982, 858;
[202] BGH v. 18.6.1980 – VIII ZR 119/79 = BGHZ 77, 274 (durch § 354a HGB weitgehend überholt).
[203] BGH v. 22.9.2003 – II ZR 172/01 = ZIP 2003, 2211.

564 II. K ist **Besitzer** der Turmsegmente und kann aus seinem Kaufvertrag **kein Recht zum Besitz** herleiten.

E hat daher einen Herausgabeanspruch aus § 985 BGB.

565 Fall 8: Erstausgaben: Herausgabeansprüche der E gegen A

I. **Vertragliche Herausgabeansprüche** scheiden aus, da nicht ersichtlich ist, dass F mit A einen Vertrag im Namen der E geschlossen hat.

II. Da E weiterhin Eigentümerin der Bücher ist und A sie in Besitz hat, kommt ein **Herausgabeanspruch aus § 985 BGB** in Betracht. Fraglich ist daher, ob A ein Besitzrecht im Sinne des § 986 BGB oder ein Zurückbehaltungsrecht zusteht.

1. Das allgemeine Zurückbehaltungsrecht aus § 273 BGB kann A nur seinem Schuldner, also F, gegenüber geltend machen, nicht E gegenüber.

2. Ein kaufmännisches Zurückbehaltungsrecht nach § 369 I HGB, das nach Abs. 2 auch gegenüber E als Drittem wirken könnte, scheitert schon daran, dass A die Bücher wegen einer Forderung gegen den Studenten F und nicht gegen einen anderen Kaufmann zurückbehält, wie § 369 HGB voraussetzt.

3. Dem A könnte als Kommissionär nach § 397 HGB ferner ein gesetzliches Pfandrecht an den Büchern zustehen, da er mit F im Rahmen seines Gewerbes einen Kommissionsvertrag abgeschlossen und die Bücher als Kommissionsgut in Besitz hat. Das Pfandrecht sichert allerdings nur Forderungen, die entweder aus dem Kommissionsgeschäft herrühren (konnexe Forderungen) oder aus laufender Rechnung aus anderen Kommissionsgeschäften (inkonnexe Forderungen). Die alte Kaufpreisforderung gegen F gehört daher nicht zu den Forderungen, derentwegen ein gesetzliches Pfandrecht an den Büchern entstehen könnte. A steht damit auch kein Pfandrecht an den Büchern zu.

E kann die Thomas-Mann-Bände daher von A herausverlangen.

Auf die weitere Frage, ob A das gesetzliche Pfandrecht an dem für F fremden Gut nach § 366 III HGB erwerben konnte, kommt es deshalb nicht an.

6.6 Lösungshinweise: Kommentararbeit

566 1. Vgl. § 346 Rn 3-5: Handelsbräuche gelten auch für Nichtkaufleute, wenn sie sich als Verkehrssitte auf sie erstrecken oder Nichtkaufleute sich ihnen unterwerfen.

2. Vgl. § 346 Rn 40 unter „Arbitrage": Es handelt sich um eine Schiedsvereinbarung für alle Streitigkeiten.

3. Vgl. § 362 Rn 5. Antwortet der Kaufmann positiv, so ist der Vertrag deshalb geschlossen (nicht nach § 362 I BGB). Lehnt er ab, kommt kein Vertrag zustande. Antworten, die das Ergebnis in der Schwebe halten, führen nicht zum Vertragsschluss; anders aber Antworten, die auf eine stillschweigende Annahme schließen lassen wie „Antrag notiert".

6.6 Lösungshinweise: Kommentararbeit

4. Vgl. § 346 Rn 16 ff., zum internationalen Verkehr Rn 29.
5. Vgl. § 346 Rn 20. Auch telefonische Vorverhandlungen reichen aus, briefliche i.d.R. nicht, da kein Feststellungsbedarf mehr besteht.
6. Ja, es kommt nur darauf an, dass die Bürgschaft für den Bürgen ein Handelsgeschäft ist, vgl. § 350 Rn 7.
7. Vgl. § 350 Rn 7 und § 105 Rn 21, 49. § 350 gilt danach für persönlich haftende Gesellschafter einer OHG nicht (str.). BGH BB 1968, 1053 hat das für ein privates Schuldanerkenntnis entschieden.
8. Vgl. § 366 Rn 6.
9. Vgl. § 366 Rn 8 und § 397 Rn 3 ff.: Entscheidend ist die Besitzerlangung am Kommissionsgut, wenn der Vertag geschlossen ist.
10. Vgl. § 369 Rn 8: Ein Kaufmann kann wegen einer Forderung gegen eine OHG Sachen der Gesellschafter zurückbehalten, da diese nach § 128 HGB persönlich dafür haften. Umgekehrt können Sachen der OHG nicht wegen einer Forderung gegen einen Gesellschafter zurückbehalten werden.

7 Handelskauf

Handelskauf (§§ 373-381 HGB)
- Kaufvertrag über Waren (§ 381 HGB: auch Werklieferung + Wertpapiere)
- für mind. eine Partei: Handelsgeschäft (§§ 377-379 HGB: für beide)
- Vorrang §§ 474 ff. BGB, wenn Kaufmann an Verbraucher verkauft

Annahmeverzug (§§ 373 f. HGB)
- **Tatbestand:** Handelskauf + §§ 293 ff. BGB
- **Rechtsfolgen:** § 373 HGB + BGB-Folgen (§ 374 HGB)
  ⇒ Hinterlegung aller Ware auf Kosten und Gefahr des Käufers (Abs. 1)
  ⇒ Selbsthilfeverkauf (Abs. 2-5) für Rechnung des Käufers
     (→§§ 666, 667, 670 BGB)

Fixhandelskauf (§ 376 HGB)
- **Tatbestand:** Handelskauf + (rel.) Fixgeschäft (§ 323 I, II Nr. 2 BGB)
- **Rechtsfolgen:**
  ⇒ Rücktritt ohne Fristsetzung (§ 376 I 1 HGB)
  ⇒ Verzögerungsschaden (§§ 280 I, II, 286 BGB)
  ⇒ Schadensersatz statt der Leistung ohne Fristsetzung (§ 376 I 1, II, III HGB)
  ⇒ Erfüllungsanspruch nur nach sofortiger Anzeige (§ 376 I 2 HGB)

Rügeobliegenheit (§ 377 HGB)
- Beiderseitiger Handelskauf
- Ablieferung
- Mangel (§ 434 BGB)
  ⇒ offen (bei Untersuchung entdeckbar) → Rüge nach Untersuchung
  ⇒ verdeckt (bei Untersuchung nicht entdeckbar) → Rüge nach Entdeckung
- Rüge: unverzügliche Absendung + Zugang
- Säumnis: Ware gilt als genehmigt → Verlust aller Rechte wegen Mangels

7.1 Vertiefungsfragen

567 1. Gelten §§ 373 ff. HGB auch für
   a) Tauschverträge
   b) Werklieferungsverträge
   c) Abzahlungskäufe
   d) Finanzierungsleasing?
2. Geht die durch §§ 373-381 HGB bezweckte Beschleunigung eher zu Lasten des Verkäufers oder des Käufers? Beurteilen Sie diese Tendenz rechtspolitisch.
3. Inwiefern ergibt sich aus § 373 HGB ein Wahlrecht, das dem Käufer nach den BGB-Regeln nicht zusteht?
4. Kann der Verkäufer Waren bei Annahmeverzug des Käufers auch selbst verwahren?
5. Wie stehen die Begriffe Bestimmungskauf, Spezifikationskauf und Wahlschuld zueinander?
6. Stehen in §§ 375 II und 376 I HGB die Rechtsbehelfe des Rücktritts und des Schadensersatzes kumulativ zur Verfügung?
7. Gilt § 376 HGB auch für den Verzug des Käufers?
8. Gilt § 377 HGB auch
   a) für Scheinkaufleute
   b) für nicht eingetragene Kleingewerbetreibende
   c) für Rechtsmängel
   d) im Anschluss an eine Nacherfüllung
   e) nach Rüge eines Mangels, wenn ein anderer Mangel erkennbar wird?
9. Können AGB wirksam
   a) die Rügeobliegenheit des § 377 HGB ausschließen
   b) die Rügefrist für offensichtliche Mängel auf drei Tage beschränken
   c) bestimmte Untersuchungen festlegen?
10. Welche Rechtsfolgen ergeben sich im Fall einer ungerügten Zuviellieferung?
11. Spielt es im Fall von Minder- und Aliud-Lieferungen eine Rolle, ob diese besonders krass abweichen oder aus den Lieferpapieren ersichtlich sind?
12. Kommt im Rahmen des § 377 III HGB eine Rüge auch noch drei Jahre nach Ablieferung in Betracht?
13. Gilt § 377 HGB auch für Rückgriffsansprüche beim Verbrauchsgüterkauf?
14. Erstreckt sich der Rechtsverlust nach § 377 II, III HGB auch auf Schadensersatzansprüche?

15. Treffen den Käufer bei Distanzgeschäften besondere Pflichten, wenn er die Ware beanstanden will?

7.2 Übungsfälle

1. Kaufmann Edel bestellt bei Großhändler Gut 30 kg Muscheln aus der Normandie für 100 € „fix ausschließlich zum 15. 2., 12.00-16.00 Uhr". Bei der (pünktlichen) Lieferung hält Edels Angestellter A das unverwechselbare Aroma der Muscheln fälschlich für ein Zeichen mangelnder Frische und weist die Lieferung zurück. Gut rät A, seinen Chef anzurufen. Spätestens morgen früh müsse er die Ware versteigern lassen, da sie sonst erheblich an Wert verliere. Nachdem sich Edel nicht gemeldet hat, lässt Gut die Muscheln am nächsten Morgen öffentlich versteigern. Der Erlös beträgt 70 €, die Kosten betragen 20 €. Ansprüche Guts? **568**

2. Häuslebauer H hat sich von der Landschaftsgärtnerei L-GmbH seinen Garten planen und im Wesentlichen auch anpflanzen lassen. Den Rasen möchte er allerdings selber anlegen und bestellt zu diesem Zweck bei der L-GmbH 150 Rollen Rollrasen. Die L-GmbH ordert daraufhin 150 Rollen bei der örtlichen Raiffeisen-Genossenschaft R-eG und lässt sie direkt bei H anliefern. Nach zwei Wochen erhält die L-GmbH die Rechnung der R-eG und fordert daraufhin auch von H die Zahlung der 150 Rollen. H entgegnet, es seien nur 100 Rollen geliefert worden, was aber ein großes Glück gewesen sei, da er sich verrechnet habe und 100 Rollen völlig ausgereicht hätten. Natürlich werde er jetzt auch nur die 100 Rollen bezahlen. Die L-GmbH möchte nun ihrerseits weniger an die R-eG zahlen. Zu Recht?

3. B, der mehrere Fahrradgeschäfte betreibt, kauft bei Fahrradgroßhändler F 60 Fahrräder der Marke Schott sowie 300 Fahrradschläuche. Da B momentan keinen Platz im Lager hat, vereinbaren B und F, dass die Fahrräder und Schläuche zunächst bei F zwischengelagert und am 11.4. von B abgeholt werden sollen. B holt die Ware zum vereinbarten Termin bei F ab und untersucht sie gleich nach Abladung in seinem Lager. Dabei entdeckt er an 5 Fahrrädern Lackschäden und zeigt diese sofort telefonisch an. Von den Fahrradschläuchen pumpt er zehn probeweise auf und entdeckt keine Mängel. Erst später stellt sich heraus, dass fünf der ungeprüften Schläuche Löcher aufweisen, was B umgehend mitteilt. F lehnt Ersatzlieferungsansprüche ab. B habe sich jeweils zu spät gemeldet, zumal er selbst jetzt nicht mehr beim Hersteller reklamieren könne.

4. V liefert aus ungeklärten Gründen eine selbst produzierte Maschine mit defekter Kühlung an K. Durch die Überhitzung wird eine der Fabrikhallen des K in Brand gesetzt und zerstört. K hätte den Defekt bei ordnungsgemäßer Untersuchung erkennen müssen, hat ihn aber übersehen und nicht gerügt. Kann K gleichwohl Ersatzlieferung einer neuen Maschine und Schadensersatz wegen der Fabrikhalle verlangen?

7.3 Übungen zur Kommentararbeit

569 Beantworten Sie anhand des Kommentars Baumbach/Hopt, Handelsgesetzbuch, die folgenden Fragen.
1. Was sind Zulieferverträge? Findet § 377 HGB auf sie Anwendung?
2. Welche Anforderungen an Form und Inhalt stellen sich an eine Androhung i.S.d. § 373 II HGB?
3. Wie wird ein eigenmächtiger Selbsthilfeverkauf durch den Verkäufer rechtlich behandelt?
4. Führen die Klauseln „fix", „ohne Nachfrist", „prompt" zu einem Fixhandelskauf?
5. Was bedeutet „Ablieferung" in § 377 HGB
   a) im Hinblick auf Bedienungshandbücher
   b) bei Containerverschiffung
   c) Holschuld?
6. Welche Faktoren bestimmen, inwieweit eine Untersuchung „tunlich" ist? Kann dazu auch gehören, einen Sachverständigen heranzuziehen?
7. In welcher Frist sind offensichtliche Mängel zu rügen?
8. Besteht die Rügeobliegenheit auch, wenn der Verkäufer den Mangel nach Vertragsschluss erkennt, aber dennoch stillschweigend liefert?

7.4 Lösungshinweise: Vertiefungsfragen

570 1. Die Regeln über den Handelskauf finden nach § 480 BGB auch auf Tauschverträge und nach § 381 II HGB auf Werklieferungsverträge Anwendung. Während Abzahlungskäufe wie andere Kaufverträge erfasst sind, lehnt die h.M. die Anwendung auf Finanzierungsleasing-Verträge ab. Insbesondere trifft auch den kaufmännischen Leasingnehmer nicht die Rügeobliegenheit nach § 377 HGB, sondern die mietrechtliche Anzeigepflicht aus § 536c I 1 BGB. Da umgekehrt dem Leasinggeber als Käufer durch § 377 HGB Rechtsverluste gegenüber dem Verkäufer drohen, sollte er selbst untersuchen oder die Verträge anpassen.[204]

571 2. §§ 373, 375 HGB verschlechtern die Position des Käufers. § 376 HGB verbessert die Rechtsstellung des Käufers, ist aber im Hinblick auf den Erfüllungsanspruch gerade für Geschäftsunerfahrene gefährlich. §§ 377, 379 HGB belasten wiederum den Käufer.

---

[204] BGH v. 24.1.1990 - VIII ZR 22/89 = BGHZ 110, 130; kritisch z.B. Canaris, HR, § 29 Rn 49 f.

Die Belastungen des Käufers erscheinen zur Beschleunigung gerechtfertigt, sofern es sich (wie in §§ 377, 379 HGB verlangt) um Kaufleute handelt. Die Belastungen privater Käufer stehen dagegen in einem merkwürdigen Gegensatz zu den allgemeinen Verbraucherschutzbemühungen.[205]

3. Nach § 372 BGB können nur Geld, Urkunden und Kostbarkeiten hinterlegt werden und umgekehrt können nur andere (hinterlegungsunfähige) Sachen nach § 383 BGB versteigert werden. § 373 HGB kennt dieses Entweder-Oder nicht; der Käufer kann vielmehr Waren und Wertpapiere nach seiner Wahl hinterlegen oder versteigern lassen. Haben die Waren oder Wertpapiere einen Börsen- oder Marktpreis ergibt sich zudem ein Wahlrecht zwischen öffentlicher Versteigerung und Freihandverkauf (§ 373 II HGB – ähnlich allerdings § 385 BGB). 572

4. § 373 I HGB gibt dem Verkäufer die Möglichkeit, die Ware in einem öffentlichen Lagerhaus oder sonst sicherer Weise zu hinterlegen. Damit ist die Verwahrung durch einen Dritten gemeint. Da § 373 HGB aber nur die Möglichkeiten des Verkäufers erweitern soll, bleibt es ihm unbenommen, die Ware in eigener Verwahrung zu behalten. § 373 I HGB gilt insoweit nicht analog. Der Käufer hat gleichwohl die Gefahr zu tragen (§ 300 II BGB) sowie die Mehrkosten zu ersetzen und der Verkäufer kann nach § 354 I HGB ein übliches Lagergeld verlangen, wenn er Kaufmann ist.[206] 573

5. Ein Bestimmungs- oder Spezifikationskauf ist nach § 375 HGB ein Kauf, bei dem der Käufer die nähere Bestimmung (Spezifikation) über Form, Maß o.ä. treffen kann (§ 315 BGB). Während es hier also um die genauere Ausgestaltung einer Leistungspflicht geht (Farben von Automobilen, Sorten von Garnen, Qualitäten einer Chemikalie), stehen bei der Wahlschuld mehrere verschiedene Leistungen zur Wahl (§ 262 BGB). 574
Für den Bestimmungskauf sieht § 375 HGB in Abs. 1 eine Spezifikationspflicht vor. Nach Abs. 2 hat der Verkäufer im Verzugsfall drei Möglichkeiten. Er kann die Bestimmung selbst vornehmen und den Vertrag nach einer fruchtlosen Widerspruchsfrist entsprechend durchführen. Er kann aber auch dem Käufer eine Nachfrist zur Vornahme der Bestimmung setzen und nach erfolglosem Fristablauf zurücktreten oder Schadensersatz statt der Leistung verlangen.

6. Ja, gemäß § 325 BGB ist eine Kumulation seit der Schuldrechtsmodernisierung möglich. Der Wortlaut der §§ 375 II, 376 I HGB („oder") spricht zwar dagegen. Es ist aber nichts dafür ersichtlich, dass der Gesetzgeber diese Möglichkeit gerade für diese Fälle einschränken wollte. Vielmehr sind die Vorschriften nur unvollständig an die Neufassung des BGB angepasst (daher auch „Schadensersatz wegen Nichterfüllung" in § 376 I HGB). 575

---

[205] Kritisch z.B. Karsten Schmidt, HR, § 29 I 2 b) und II 2 b); dagegen z.B. Canaris, HR, § 29 Rn 14 ff.
[206] Vgl. insg. BGH v. 14.2.1996 – VIII ZR 185/94 = NJW 1996, 1464.

576   7. Ja, § 376 HGB spricht nur von „Vertragspartei" und „Leistung" und ist daher (im Gegensatz zu § 373 HGB) nicht auf eine Vertragspartei beschränkt. Praktische Bedeutung hat das vor allem bei Börsentermingeschäften und dergleichen.

577   8. a) Die Rechtsscheinsgrundsätze gelten zu Lasten, nicht aber zugunsten des Scheinkaufmanns. § 377 HGB ist daher anwendbar, wenn der Käufer Scheinkaufmann ist, nicht aber, wenn der Verkäufer Scheinkaufmann ist.
b) Die h.L. lehnt eine analoge Anwendung aus Gründen der Rechtssicherheit ab.[207] Da der Gesetzgeber 1998 Kleingewerbetreibende bewusst von der Anwendung der §§ 373 ff. HGB ausgenommen hat, fehlt es schon an einer Regelungslücke.
c) Die Frage ist umstritten.[208] Für die Einbeziehung spricht der Wortlaut „Mangel", der nicht zwischen Sach- und Rechtsmängeln differenziert, und die grundsätzliche Gleichbehandlung nach § 435 BGB (auch im Hinblick auf die Verjährung). Auch der Normzweck, rasch Klarheit über Beanstandungen zu schaffen, trifft bei Rechtsmängeln zu; soweit sie durch eine tunliche Untersuchung nicht aufzudecken sind, greift § 377 III HGB.
d) Der Käufer hat auch im Fall einer Nachlieferung oder Nachbesserung die Ware anschließend zu untersuchen und etwaige Mängel zu rügen.[209]
e) Ja, die Rügeobliegenheit und die Genehmigungsfiktion beziehen sich jeweils auf den konkreten Mangel und nicht auf die Ware insgesamt. Ein zweiter Mangel ist also ebenfalls zu rügen; anderenfalls gehen die Rechte wegen dieses zweiten Mangels verloren. Umgekehrt hindert eine versäumte Rüge nicht, einen weiteren Mangel fristgerecht zu rügen und die diesbezüglichen Rechte geltend zu machen.

578   9. Beim beiderseitigen Handelskauf erfolgt die Inhaltskontrolle von AGB gemäß § 310 I BGB nicht nach §§ 308, 309 BGB, sondern lediglich nach § 307 BGB.
a) Danach ist ein genereller Ausschluss der Rügeobliegenheit unwirksam, da er auch offensichtliche und später entdeckte Mängel erfasst und in dieser Form nicht gerechtfertigt ist (s.o. Rn 234).
b) Während eine generelle Einführung einer Drei-Tage-Frist die Gegenseite ebenfalls unangemessen benachteiligt,[210] ist eine solche Befristung zur Rüge offensichtlicher Mängel als Pauschalierung wohl nicht zu beanstanden.
c) Ebenso sind Konkretisierungen im Hinblick auf die Untersuchungsobliegenheiten möglich, sofern sie nicht unangemessen sind.

---

[207] Vgl. z.B. Canaris, HR, § 29 Rn 46 f.; Grunewald in MK-HGB, § 377 Rn 9; Hübner, Rn 583; Oetker, § 8 Rn 30; W.-H. Roth in Koller/Roth/Morck, § 377 Rn 4; a.A. insb. Karsten Schmidt, HR, § 29 III 2 b; kritisch auch Baumbach/Hopt, § 377 Rn 3.

[208] Für die Einbeziehung z.B. Baumbach/Hopt, § 377 Rn 12; Canaris, HR, § 29 Rn 52 f.; Hübner, Rn 595 f.; dagegen u.a. Grunewald in MK-HGB, § 377 Rn 47; Oetker, § 8 Rn 33; W.-H. Roth in Koller/Roth/Morck, § 377 Rn 5.

[209] BGH v. 22.12.1999 – VIII ZR 299/98 = BGHZ 143, 307 (vereinbarte Nachbesserung); OLG Düsseldorf v. 26.11.2004 – (I-)16 U 45/04 = NJW-RR 2005, 832 (Nachlieferung nach § 439 BGB).

[210] BGH v. 10.10.1991 – III ZR 141/90 = BGHZ 115, 324.

10. Zuviellieferungen sind nach dem bewusst gewählten Wortlaut des § 434 III HGB keine Mängel und daher nach h.L. (anders als nach § 378 HGB a.F.) nicht gemäß § 377 HGB rügepflichtig. Dagegen spricht indes die hinter § 434 BGB stehende Verbrauchsgüterkauf-Richtlinie, die in Anlehnung an das UN-Kaufrecht jede nicht vertragsgemäße Lieferung und damit auch die Zuviellieferung erfasst. Daher wird die Rügeobliegenheit teilweise auch auf diese Fälle bezogen.[211] Im Fall der Rügesäumnis wird aber nicht die Konsequenz des UN-Kaufrechts gezogen, dass die „genehmigte" größere Menge auch voll zu bezahlen ist (Art. 52 II CISG), da § 377 HGB nur Käuferrechte einschränken und nicht neue Verkäuferrechte schaffen solle. Daher kann der Verkäufer nur auf den Schutz der Genehmigungsfiktion verzichten und das zuviel Gelieferte nach § 812 I 1 (1) BGB wieder herausverlangen. Für den Fall eines teureren Aliud wird ebenso entschieden (s.o. Rn 295).

579

11. §§ 434 III BGB, 377 HGB unterscheiden insoweit nicht. Sie erfassen auch krasse Abweichungen. Die h.L. verlangt aber, dass die Lieferung zumindest als Erfüllungsversuch erkennbar ist. Wer Wintergerste bestellt, muss Sommergerste und Roggen als Aliud rügen, aber wohl nicht die Lieferung von Fahrrädern oder Zirkuselefanten.
Auch offen ausgewiesene Abweichungen fallen unter §§ 434 III BGB, 377 HGB. Hier kann allerdings zu prüfen sein, ob in der Lieferung ein Angebot zur Vertragsänderung zu sehen ist, das der Käufer durch rügelose Abnahme annimmt.[212]

580

12. § 377 HGB sieht keine Obergrenze vor wie z.B. Art. 39 II CISG. Eine Rüge, die den Verlust von Rechten wegen eines Mangels verhindert, ist aber nur so lange praktisch relevant, wie diese Ansprüche durchgesetzt werden können. Daher ist die Rüge regelmäßig nach zwei Jahren belanglos, da Ansprüche wegen eines Mangels nach § 438 I Nr. 3 BGB verjährt sind. Eine spätere Rüge kommt aber in Betracht, wenn eine andere Verjährungsfrist gilt (z.B. nach §§ 438 I Nr. 2 b oder 479 BGB), oder wenn der Verkäufer auf die Verjährungseinrede verzichtet hat.

581

13. Die Verbrauchsgüterkauf-Richtlinie verlangt von den EU-Mitgliedstaaten, für den Fall einer Inanspruchnahme des Letztverkäufers in irgendeiner Form für dessen Regressmöglichkeit zu sorgen. Die §§ 478, 479 BGB sehen einen Regress innerhalb der jeweiligen Vertragsbeziehungen vor und stärken die Käuferrechte durch Modifikationen, die nach § 478 IV BGB nicht ohne adäquaten Ausgleichsanspruch abbedungen werden können (eine verbrauchertypische Regel für den Handelsverkehr!). § 479 II BGB gewährt zudem eine zusätzliche Zweimonatsfrist, um eine „Verjährungsfalle" zu vermeiden.
Gleichwohl bestimmt § 478 VI BGB, dass § 377 HGB unberührt bleibt. Daher können Letztverkäufer und Zwischenhändler ihre Regressmöglichkeit verlie-

582

---

[211] Vgl. nur Canaris, HR, § 29 Rn 56 und 73; W.-H. Roth in Koller/Roth/Morck, § 377 Rn 19e und 27b.
[212] W.-H. Roth in Koller/Roth/Morck, § 377 Rn 27b.

ren, wenn sie ihre Rügeobliegenheiten verletzt haben. Auch diese Regel ist freilich richtlinienkonform anzuwenden und darf nicht zu einem faktischen Leerlauf des Regresses führen.[213]

583 14. Die Frage ist besonders praxis- und prüfungsrelevant! Der Rechtsverlust nach § 377 II, III HGB erstreckt sich auch auf mangelbedingte vertragliche Schadensersatzansprüche. Eine gute Orientierung liefern zunächst die §§ 437 Nr. 3, 438 BGB.

a) Wer aufgrund eines Mangels Ansprüche auf Schadensersatz statt der Leistung nach §§ 280 I, III, 281, 283, 440 BGB geltend machen will, ist nicht nur an die Verjährungsfrist des § 438 BGB gebunden, sondern auch an die Rügeobliegenheit nach § 377 HGB.

b) Auch für Schadensersatzansprüche aus §§ 437 Nr. 3, 280 I BGB, also etwa für Verzögerungsschäden aufgrund des Mangels oder für Mangelfolgeschäden, gelten § 438 BGB und § 377 HGB ebenso.

c) Nicht erfasst sind Ansprüche aus § 280 I BGB wegen Nebenpflichtverletzungen, die keinen spezifischen Zusammenhang mit dem Mangel aufweisen (z.B. Verpackungs-, Transport- oder Beratungsfehler).[214]

d) Nicht erfasst sind Ansprüche aus § 280 I BGB wegen der Verletzung selbstständiger Verträge (z.B. Beratungsvertrag, Garantievertrag [str.]).

e) Nicht erfasst sind nach h.M. deliktische Ansprüche, da Vertragspartner nicht schlechter stehen sollen als Dritte.[215]

584 15. Bei beiderseitigem Handelskauf ja. Im Fall einer Beanstandung hat er nach § 379 HGB für eine einstweilige Aufbewahrung zu sorgen und hat bei Verderbsgefahr ein Recht zum Notverkauf nach § 373 HGB.

7.5 Lösungshinweise: Übungsfälle

585 **Fall 1: Verkannte Muscheln aus der Normandie: Ansprüche Guts gegen Edel**

I. Anspruch auf Kaufpreiszahlung i.H.v. 100 € aus § 433 II BGB

1. Der Kaufpreisanspruch ist mit Abschluss des Kaufvertrags entstanden.
2. Er könnte allerdings nach § 326 I BGB untergegangen sein, da Gut aufgrund der Versteigerung auch die Muscheln nicht mehr liefern kann. Die Versteigerung führt allerdings nicht zur Leistungsbefreiung nach § 275 I BGB, wenn ihr nach § 362 II BGB, § 373 III HGB Erfüllungswirkung zukommt.

a) Der Muschelkauf stellt einen Handelskauf dar, da sogar beide Parteien Kaufleute sind und im Rahmen ihrer gewerblichen Tätigkeit handeln.

---

[213] Jung, § 37 Rn 13.
[214] Grenzfall: BGH v. 28.4.1976 – VIII ZR 244/74 = BGHZ 66, 208; kritisch z.B. Grunewald in MK-HGB, § 377 Rn 95.
[215] Vgl. z.B. BGH v. 16.9.1987 – VIII ZR 334/86 = BGHZ 101, 339; Baumbach/Hopt, § 377 Rn 50; Canaris, HR, § 29 Rn 81; W.-H. Roth in Koller/Roth/Morck, § 377 Rn 26; a.A. z.B. Karsten Schmidt, HR, § 29 III 5 b.

b) Durch die Ablehnung des tatsächlichen Angebots des Gut ist Edel nach §§ 293 ff. BGB in Annahmeverzug geraten.
c) Gut hat den Selbsthilfeverkauf auch angedroht und in der Form der öffentlichen Versteigerung zum laufenden Preis durchführen lassen, wie § 373 II HGB fordert. Daher erfolgte der Selbsthilfeverkauf nach § 373 III HGB für Rechnung des Edel und führte analog § 362 II BGB zur Tilgung der Lieferverpflichtung. Ein Unmöglichkeitsfall liegt also nicht vor.
Daher ist der Kaufpreisanspruch des Gut nicht untergegangen.

II. Anspruch auf Aufwendungsersatz aus §§ 373 III HGB, 670 BGB
Gut hat auch einen Anspruch auf Ersatz der erforderlichen Aufwendungen aus § 670 BGB i.V.m. § 373 III HGB. Dazu gehören die angefallenen Versteigerungskosten i.H.v. 20 €. Gut kann insgesamt also 120 € verlangen

III. Gegenanspruch auf Erlösherausgabe aus §§ 373 III HGB, 667 BGB
Edel hat gemäß § 373 III HGB wie ein Auftraggeber einen Anspruch auf das durch die Versteigerung Erlangte. Er kann daher den Erlös i.H.v. 70 € herausverlangen.
IV. Die Ansprüche stehen sich aufrechenbar gegenüber. Nach Aufrechung kann Gut von Edel die Zahlung von 50 € verlangen.

Fall 2: Rollrasen: Minderungsrecht der L-GmbH
Der Zahlungsanspruch ist mit Abschluss des Kaufvertrags in voller Höhe entstanden. Er könnte sich aber aufgrund der Minderung durch die L-GmbH gemäß §§ 434 I, III, 437 Nr. 2, 441 BGB verringern.

I. Entstehung des Minderungsrechts der L-GmbH: Die Parteien haben einen Sachkauf über 150 Rollen Rollrasen geschlossen. Die Lieferung von 100 statt 150 Rollen stellt eine Zuweniglieferung und daher einen Mangel i.S.d. § 434 I, III BGB dar. Dieser Mangel berechtigt in erster Linie dazu, Nacherfüllung zu verlangen (§§ 437 Nr. 1, 439 BGB). Ein Minderungsrecht ergibt sich nur in den Grenzen der §§ 323, 440 BGB, wie sich aus der Eingangsformulierung „Statt zurückzutreten" in § 441 I BGB ergibt. Die L-GmbH hat der R-eG daher grundsätzlich zunächst nach § 323 I BGB eine Nachfrist zur Lieferung der fehlenden 50 Rollen zu setzen. Daraus, dass H mit den 100 Rollen zufrieden ist, ergeben sich keine besonderen Umstände i.S.d. § 323 II Nr. 3 BGB und keine Unzumutbarkeit i.S.d. § 440 S. 1 BGB. Es sind auch keine sonstigen Gründe ersichtlich, die eine Nachfrist entbehrlich machten. Daher kommt eine Minderung erst nach erfolgloser Nachfristsetzung in Betracht.

II. Verlust der Gewährleistungsrechte nach § 377 I, II HGB: Die L-GmbH könnte den Nacherfüllungsanspruch und das subsidiäre Minderungsrecht aber gemäß § 377 I, II HGB verloren haben.

1. Beiderseitiger Handelskauf: Der Kaufvertrag stellt einen beiderseitigen Handelskauf dar, da er Waren betrifft und beide Parteien gemäß § 6 I HGB, § 13 III

GmbHG, § 17 II GenG Formkaufleute sind *(für die es auf eine gewerbliche Tätigkeit und die Abgrenzung zum Privatbereich nicht ankommt – s.o. Rn 89 ff. und 229).*

2. Ablieferung: Die Ware ist dadurch abgeliefert worden, dass die R-eG sie auf Geheiß der L-GmbH direkt an H geliefert hat. Die Rügeobliegenheit entfällt nicht dadurch, dass sich der kaufmännische Käufer einen Transport erspart und die Ware direkt liefern lässt, und zwar auch dann nicht, wenn der Empfänger Nichtkaufmann ist. Die L-GmbH hätte vielmehr dafür sorgen müssen, dass der Rollrasen bei H auf Mängel untersucht wird.

3. Mangel und Rüge: Die Minderlieferung stellt auch einen Mangel dar (s.o.). Dieser war ohne weiteres erkennbar, so dass die L-GmbH ihn nach § 377 I HGB unverzüglich hätte rügen müssen.

Da die L-GmbH die Mindermenge erst nach zwei Wochen beanstandet, hat sie nicht unverzüglich gerügt. Daher gilt die Lieferung insoweit nach § 377 II HGB als genehmigt. Die L-GmbH kann somit keine Nachlieferung verlangen und auch den Kaufpreis nicht mindern.

H hat als Nichtkaufmann indessen seine Gewährleistungsrechte gegen die L-GmbH nicht nach § 377 HGB verloren. Auch er kann allerdings zunächst nur Nacherfüllung verlangen, bleibt also an die vereinbarte Liefermenge gebunden. Die L-GmbH wird ihn allerdings kaum daran festhalten, da sie den Rasen ja selbst erneut bestellen und bezahlen müsste.

588 **Fall 3: Fahrradhandel:**
Ersatzlieferungsansprüche des B gegen F aus § 437 Nr. 1, 439 I BGB

I. Anspruch wegen der Lackschäden an den Fahrrädern

1. Entstehung des Anspruchs: Die Parteien haben einen Kaufvertrag über Waren geschlossen und die Lackschäden an fünf Rädern stellen einen Mangel i.S.d. § 434 I 2 Nr. 2 BGB dar. Daher kann B nach §§ 437 Nr. 1, 439 I BGB insoweit die Lieferung mangelfreier Räder verlangen.

2. Untergang des Anspruchs nach § 377 I, II HGB

a) Beiderseitiger Handelskauf: Die Parteien des Warenkaufs (s.o.) sind als Großhändler und Einzelhändler mit mehreren Filialen Kaufleute (§ 1 I, II HGB) und haben den Kauf jeweils im Rahmen ihrer gewerblichen Tätigkeit geschlossen (§ 343 HGB). Daher liegt ein beiderseitiger Handelskauf vor.

b) Ablieferung: Eine Ablieferung i.S.d. § 377 HGB liegt vor, wenn der Käufer die tatsächliche Verfügungsgewalt über die Sache und damit die Möglichkeit zur Untersuchung der Sache erhält.[216] Da B erst mit Abholung der Fahrräder die Möglichkeit hatte, diese in Augenschein zu nehmen, ist auch die Ablieferung erst zu diesem Zeitpunkt vorgenommen worden.

---

[216] S.o. Rn 288 und BGH v. 30.01.1985 – VIII ZR 238/83 = BGHZ 93, 338, 345.

B führte die Untersuchung der Fahrräder nach dem Abholen unverzüglich durch und zeigte die Mängel dem F auch sofort an. Daher ist seine Rüge nicht verspätet und sein Ersatzlieferungsanspruch bleibt bestehen. *Dass F seinerseits nicht mehr gegenüber seinem Verkäufer rügen kann, ändert daran nichts, sondern beruht darauf, dass er die erforderliche Untersuchung selbst nicht durchgeführt hat.*

II. Anspruch wegen der Löcher in den Schläuchen

Auch hier ist ein Anspruch auf Ersatzlieferung entstanden, denn die Löcher in den Schläuchen stellen einen Mangel dar. Da ein beiderseitiger Handelskauf vorliegt, bleibt die Frage, ob die erfolgte Rüge sofort nach Entdeckung nach § 377 III HGB ausreicht, oder ob B nach § 377 I, II HGB unverzüglich nach Ablieferung und Untersuchung hätte rügen müssen. Das wäre nur der Fall, wenn die Löcher einen sog. offenen Mangel darstellen, der bei einer Untersuchung, die nach dem „ordentlichen Geschäftsgang tunlich ist" (§ 377 I HGB), hätte entdeckt werden müssen. Inwieweit eine Untersuchung gemäß § 377 I HGB tunlich ist, richtet sich nach dem Einzelfall und wird vor allem nach der Schwere der Folgen bei übersehenen Mängeln einerseits und der Möglichkeit und Zumutbarkeit für den Käufer andererseits beurteilt. Die hier in Rede stehenden Löcher machen die Ware nicht unbrauchbar, aber unverkäuflich und sie lassen keine schweren Mangelfolgeschäden befürchten. Andererseits lassen sie sich nur in der Einzelkontrolle durch Aufpumpen prüfen (wobei sie ausgepackt werden müssen aber nicht zerstört werden). Angesichts dieser Umstände erscheint es ausreichend, dass B sich auf Stichproben beschränkt hat und 10 von 300 Schläuchen (= 3 %) geprüft hat.

Daher hat B seine Untersuchungs- und Rügeobliegenheiten nach Abholung erfüllt. Die später entdeckten Löcher sind als sog. verdeckte Mängel zu qualifizieren, die B nach § 377 III HGB rechtzeitig gerügt hat. Auch insoweit ist der Anspruch auf Ersatzlieferung also nicht ausgeschlossen.

254 Vertiefungskurs - 7 Handelskauf

590 **Fall 4: Überhitzte Kühlung: Ansprüche des K gegen V**
I. Ersatzlieferung einer mangelfreien Maschine nach §§ 437 Nr. 1, 439 BGB
1. **Anspruchsentstehung:** Die defekte Kühlung stellt einen Mangel der von V an K verkauften Maschine i.S.d. § 434 I BGB dar, der bereits bei Gefahrübergang vorhanden war. Daher ergibt sich ein Anspruch auf Ersatzlieferung aus §§ 437 Nr. 1, 439 I BGB.

2. **Anspruchsuntergang:** Der Anspruch könnte aber nach § 377 I, II HGB untergegangen sein. Es ist davon auszugehen, dass V als Maschinenhersteller und K als Fabrikant Kaufleute nach § 1 I, II HGB sind und den Vertrag im Rahmen ihrer gewerblichen Tätigkeit geschlossen haben. Damit ist der Kauf ein beiderseitiger Handelskauf. Die Maschine ist bei K abgeliefert worden und der Mangel wäre bei ordnungsgemäßer Untersuchung erkennbar gewesen. Daher hätte K ihn nach § 377 I HGB unverzüglich rügen müssen. Da das nicht geschehen ist, gilt die Ware nach § 377 II HGB als genehmigt. Dadurch ist der Anspruch auf Ersatzlieferung untergegangen.

591 **II. Schadensersatzansprüche wegen der abgebrannten Fabrikhalle**
1. **Anspruch aus §§ 437 Nr. 3, 280 I BGB**
Ein Schadensersatzanspruch könnte sich zunächst aus §§ 437 Nr. 1, 280 I BGB ergeben. Die mangelhafte Lieferung stellt eine Pflichtverletzung i.S.d. § 280 I BGB dar, aus der ein Schaden an Rechtsgütern der K resultiert. Diesen hat V zu ersetzen, sofern sie sich nicht nach § 280 I 2 BGB entlasten kann. Eine solche Entlastung scheidet wegen der ungeklärten Ursache jedoch aus. Damit ist ein Schadensersatzanspruch entstanden.
Auch er ist allerdings aufgrund der versäumten Rüge der K untergegangen, denn die Genehmigungsfiktion des § 377 II HGB erfasst – wie auch § 438 BGB – auch die mangelbedingten vertraglichen Schadensersatzansprüche wie den hier geltend gemachten Mangelfolgeschaden.[217] Ein vertraglicher Schadensersatzanspruch kommt daher nicht in Betracht.

592 2. **Anspruch aus § 1 I 1 ProdHaftG**
Ein Anspruch aus § 1 I 1 ProdHaftG könnte sich ergeben, da hier ein Sachschaden durch den Fehler (d.h. nach § 3: ein Sicherheitsdefizit) eines von V hergestellten Produkts verursacht worden ist. Die Haftung scheidet nach § 1 I 2 ProdHaftG aber aus, da es sich hier um einen gewerblichen Sachschaden handelt.

593 3. **Anspruch aus § 823 I BGB**
a) **Entstehung des Anspruchs:** V hat durch die Herstellung und Lieferung der Maschine mit defekter Kühlung rechtswidrig die Zerstörung der Fabrikhalle und damit eine Eigentumsverletzung verursacht. Eine Fahrlässigkeit des V ist zwar nicht feststellbar. Insoweit greift aber die richterrechtlich entwickelte Beweislastumkehr, wonach es Sache des Produzenten ist, sich zu entlasten, wenn feststeht, dass ein Produkt fehlerhaft ist und davon auszugehen ist, dass es seinen Betrieb

---
[217] Einschränkend allerdings Canaris, HR, § 29 Rn 76 mit ähnlichem Beispielsfall.

schon fehlerhaft verlassen hat.[218] Die ungeklärten Ursachen des Defekts gehen daher zu Lasten des V. Es ist von einer schuldhaften Verletzung seiner Herstellerpflichten auszugehen. Der Anspruch ist daher wirksam entstanden.

b) Untergang des Anspruchs: Fraglich bleibt damit, ob auch der deliktische Anspruch aufgrund der Genehmigungsfiktion des § 377 II HGB untergegangen ist. Die h.M. verneint das, da sie § 377 HGB auf vertragliche Ansprüche beschränkt (s.o. Rn 583 unter e)). Dafür spricht zunächst die grundsätzliche Anspruchskonkurrenz: Vertragliche und deliktische Ansprüche folgen grundsätzlich eigenen Regeln. Damit stimmt § 438 BGB überein, denn auch die Verjährungsregel gilt für die vertraglichen, aber nicht die deliktischen Ansprüche.[219] Vor allem würde eine Verkürzung des deliktischen Schutzes im Vergleich zu Dritten schwer zu rechtfertigen sein: Warum sollte K hier schlechter stehen, als wenn er die Maschine von einem Zwischenhändler gekauft hätte? Damit erfasst § 377 HGB deliktische Ansprüche nicht. Der Anspruch des K aus § 823 I BGB ist nicht untergegangen.

7.6 Lösungshinweise: Kommentararbeit

1. Zulieferverträge sind typischerweise einheitliche Dauerlieferverträge oder Rahmenverträge mit einzelnen Ausführungsverträgen, also Dauerschuldverhältnisse mit Werklieferungspflicht. Darauf findet nach § 381 II HGB § 377 HGB (in der Praxis meist vertraglich modifiziert) Anwendung (s. Überbl. Vor § 373 Rn 30 ff. und § 377 Rn 59).

594

2. Die Androhung ist formfrei (aber ggf. zu beweisen!) und muss erkennen lassen, dass gerade die Vertragsware verwertet werden soll (§§ 373, 374, Rn 14 f.).

3. Vgl. §§ 373, 374 Rn 26 ff.: § 373 HGB gilt nicht. Der Verkauf ist aber u.U. als berechtigte GoA gerechtfertigt.

4. Vgl. § 376 Rn 8: Solche Klauseln haben lediglich (unterschiedliche) Indizwirkung. Entscheidend ist immer die Auslegung anhand der Gesamtumstände.

5. Ware ist abgeliefert, wenn sie so in den Machtbereich des Käufers gelangt, dass er sie untersuchen kann. Dazu gehört auch die Übergabe der nötigen Bedienhandbücher (§ 377 Rn 6). Bei Containerversendung besteht die Untersuchungsmöglichkeit regelmäßig erst mit Eintreffen im Lager (§ 377 Rn 8). Bei der Holschuld ist regelmäßig nicht die Bereitstellung, sondern erst die tatsächliche Übergabe maßgeblich (vgl. § 377 Rn 7; s.o. Rn 588).

6. Vgl. § 377 Rn 25 ff. und 28. Zahlreiche Faktoren sind maßgeblich wie z.B. die Branche, Betriebsgröße, Art der Ware, Dauer der Geschäftsbeziehung usw. Entscheidend ist die Sorgfalt eines ordentlichen Kaufmanns. Ggf. kann auch ein Sachverständiger nötig sein.

---

[218] BGH v. 26.11.1968 – VI ZR 212/66 = BGHZ 51, 91.
[219] Vgl. nur Putzo in Palandt, § 438 Rn 3.

7. Da eine Untersuchung nicht nötig ist, gilt nur die Frist unverzüglicher Überlegung und Kommunikation. Richtwerte sind problematisch, mehr als zwei Werktage sind aber nur in Sonderfällen entschuldigt (§ 377 Rn 35).

8. Nach § 377 V HGB kann sich der Verkäufer auf die Abs. 2 und 3 nicht berufen, wenn er den Mangel arglistig verschweigt. Die Rechtsprechung stellt dabei bei Gattungskäufen auf die Ablieferung und bei Spezieskäufen auf den Vertragsschluss ab. Überzeugender erscheint es, generell auf die Ablieferung abzustellen, da der Verkäufer dann nicht schutzwürdig ist (§ 377 Rn 51).

8 Weitere Handelsgeschäfte

Kommissionsgeschäft (§§ 383-406 HGB)
- Gewerblicher Kauf und Verkauf von Waren und Wertpapieren in eigenem Namen für fremde Rechnung (auch ähnliche Geschäfte, auch Gelegenheitskommission, auch herzustellende Waren, § 406 HGB)
- Kommissionsvertrag: §§ 384 ff. HGB modifizieren §§ 675, 662 ff. BGB
- Ausführung: zwischen Kommissionär (in eigenem Namen) und Drittem
- Abwicklung: insb. Forderungsabtretung oder §§ 929 S. 1, 930 (antizipiert)
- Kommittentenschutz durch Drittschadensliquidation und § 392 II HGB

Handelsvertreter und andere Geschäftsmittler
- **Handelsvertreter** (§ 84 HGB):
  ⇒ Gewerbetreibender (selbstständig!)
  ⇒ ständig betraut
  ⇒ Vermittlung oder Abschlüsse für andere Unternehmer
     (u.U. nur einen → § 92a HGB)
     → Provision (§§ 87, 87a HGB) +
        Ausgleichsanspruch (§ 89b HGB)
- **Handelsmakler** (§§ 93 ff. HGB): „neutraler Mittler"
- **Vertragshändler:**
  Verkauf in eigenem Namen für eigene Rechnung in Vertriebssystem

Bankgeschäfte (→ § 1 KWG)
- **Zahlungsdienste:** §§ 675c ff. BGB
- **Kontokorrent** (§§ 355-357 HGB)
  ⇒ Laufende Geschäftsverbindung mit einem Kaufmann
  ⇒ Einstellung der gegenseitigen Forderungen in eine laufende Rechnung
     → „Lähmung"
  ⇒ Periodische Verrechnung
     (verhältnismäßige Gesamtaufrechung oder §§ 366, 396 BGB analog)
  ⇒ Saldofeststellung (abstraktes Schuldanerkenntnis, § 781 BGB)
     → Novation oder § 364 II BGB
  ⇒ Sicherungen bestehen am Saldo fort (§ 356 BGB)
  ⇒ Pfändung des Zustellungssaldos und künftiger Salden (§ 357 BGB)

Versicherungsgeschäfte (VAG und VVG)
- Schadensversicherung und Personenversicherung
- Legalzession bei Schadensversicherung (§ 86 VVG; vgl. § 116 SGB X)
- Direktanspruch und Gesamtschuld bei Kfz-Haftpflichtversicherung
  (§§ 115 I 1 Nr. 1, 115 I 3, 116 I VVG)

8.1 Vertiefungsfragen

595 1. Inwieweit ist der Kommissionär an Weisungen und Preisgrenzen des Kommittenten gebunden und wie sind die Rechtsfolgen weisungswidriger Ausführung?
2. Was bedeutet der Selbsteintritt des Kommissionärs?
3. Kommissionär K kauft bei D für Rechnung des T 26 Kartons eines alten Rioja. Wie kann K den T möglichst schnell zum Eigentümer des Weins machen?
4. K verkauft dem D für Rechnung des T einen Satz seltener Briefmarken. Kann G, ein Gläubiger des K, die Kaufpreisforderung oder das bei K eingehende Bargeld pfänden lassen?
5. Verhindert § 392 II HGB Aufrechnungen zwischen Kommissionär und Drittem?
6. Die kalifornische Eaton Inc. kündigt ihren Vertrag mit Handelsvertreter Ingmar. Der Vertrag unterliegt nach seiner Rechtswahlklausel kalifornischem Recht, das bei Vertragsbeendigung keinen Ausgleichsanspruch vorsieht. Ingmar verlangt gleichwohl einen Ausgleich gemäß § 89b HGB, da die Regelung der zugrundeliegenden Richtlinie zwingendes Recht ist.
7. Wie erklärt es sich dogmatisch, dass der Handelsmakler beiden Parteien haftet (§ 98 HGB) und im Zweifel von beiden die hälftige Provision verlangen kann (§ 99 HGB)?
8. Welche Bedeutung hat es im Rahmen des Einlagengeschäfts, wenn
a) ein Sparbuch angelegt wird
b) Eltern oder Verwandte Sparkonten im Namen von Kindern anlegen?
9. Unternehmer U arbeitet seit Jahren mit Handelsvertreter H zusammen und sie verrechnen ihre gegenseitigen Forderungen halbjährlich. Wegen einer Provisionsforderung geraten sie im Februar in Streit. Kann H
a) die Forderung einklagen?
b) das Bestehen des Anspruchs klageweise feststellen lassen?
c) den Anspruch einem Inkassounternehmen abtreten?
10. Unternehmer U arbeitet seit Jahren mit Handelsvertreter H zusammen und sie verrechnen ihre gegenseitigen Forderungen halbjährlich. Für das zweite Halbjahr ergeben sich drei Provisionsforderungen aus Juli (3.000 €), August (4.000 €) und Oktober (5.000 €). Dem steht eine Schadensersatzforderung des U i.H.v. 1.200 € gegenüber. Wie setzt sich der Saldo nach Verrechnung zusammen, wenn es nicht zur Anerkennung des Saldos kommt?
11. Was geschieht im vorigen Fall mit der kausalen Saldoforderung, wenn der Saldo anerkannt wird?

12. Was kann H unternehmen, wenn er feststellt, dass der anerkannte Saldo für das vorletzte Halbjahr einen miteingestellten Provisionsanspruch nicht berücksichtigt?
13. Kann der Saldo eines Kontokorrents im Wege der Zwangsvollstreckung gepfändet werden?
14. Wie verträgt sich die „Lähmungswirkung" des Kontokorrents mit § 354a HGB?

8.2 Übungsfälle

1. Kaufmann K verkauft für T kommissionsweise 18 Kisten Bordeaux an D. Nachdem D die Rechnung über 3.268 € erhält, erklärt er die Aufrechung mit zwei ihm zustehenden Ansprüchen. Er verweist zutreffend darauf, dass K zum einen durch die verspätete Bordeaux-Lieferung eine Vertragsstrafe von 500 € verwirkt habe und zum anderen vor acht Monaten eine Rioja-Lieferung zurücknehmen musste und deshalb noch 1.800 € schulde. Ist die Kaufpreisforderung i.H.v. 2.300 € erloschen?   **596**

2. Jurastudentin E gibt einem Freund, Theologiestudent T, 50 € und drei alte Bibeln, die ihre Großmutter ihr hinterlassen hat, damit T ihren Wert ermittelt. T gibt die wunderschön illustrierten Bibeln dem Antiquar K zur Begutachtung und beauftragt ihn anschließend zum kommissionsweisen Verkauf. Durch Verkauf an D erzielt K 4.500 €, behält vereinbarungsgemäß 500 € als Provision und zahlt die 4.000 € bar an T aus.
a) Kann E die Bibeln von D herausverlangen?
b) Kann E den Kaufpreis herausverlangen?

3. W beliefert Bauunternehmer U in einer laufenden Geschäftsverbindung mit Material. Da U finanziell angeschlagen ist, willigt W in eine Großlieferung nur ein, nachdem Subunternehmer B (in der Hoffnung auf Folgeaufträge von U) telefonisch erklärt, für die Kaufpreisforderung in voller Höhe (500.000 €) zu bürgen. Die Forderung wird in das Kontokorrent eingestellt. Am Ende der Rechnungsperiode ergibt sich ein Saldo zugunsten des W i.H.v. 260.000 €. Den erkennt U zähneknirschend an, meint aber, so schnell könne er darauf nichts zahlen. Kann sich W an B halten?

8.3 Übungen zur Kommentararbeit

Beantworten Sie anhand des Kommentars Baumbach/Hopt, Handelsgesetzbuch, die folgenden Fragen.   **597**

1. Kann ein Einkaufskommissionär gutgläubig Eigentum erwerben, wenn der Kommittent bösgläubig ist?

2. Kann der Kommittent das Kommissionsverhältnis durch Widerruf beenden?
3. Kunde K beauftragt seine Bank B, seine VW-Aktien zu verkaufen. Welche Sonderregeln gelten?
4. Kann eine GmbH Handelsvertreter sein?
5. Auf welche Vertragsverhältnisse ist § 89b HGB analog anwendbar?
6. V lässt durch den deutschen Frachtführer F per Lkw Maschinenteile von Leipzig nach Lyon transportieren. Nach welchen Regeln richtet sich der Transport, und inwieweit gelten dort besondere Auslegungsregeln?
7. Wie sind die Rechtsbeziehungen bei der Lastschrift und beim Akkreditiv?
8. Können bei einem Kontokorrent Sicherheiten auch an der Saldoforderung bestellt werden?

8.4 Lösungshinweise: Vertiefungsfragen

598 1. Der Kommissionär ist nach § 384 I HGB verpflichtet, das übernommene Geschäft mit der Sorgfalt eines ordentlichen Kaufmanns zu führen, dabei das Interesse des Kommittenten zu wahren und dessen Weisungen zu befolgen. Abweichungen sind in den Grenzen des § 665 BGB möglich. Bei davon nicht gedeckten Abweichungen braucht der Kommittent das Geschäft nach § 385 I HGB nicht für seine Rechnung gelten zu lassen. Wenn der Kommissionär seine Pflichten aus § 384 I HGB schuldhaft verletzt, wird er nach § 280 I BGB schadensersatzpflichtig. Für Weisungswidrigkeiten ordnet § 385 I HGB die Schadensersatzpflicht noch einmal spezialgesetzlich an; das Verschuldenserfordernis ist nicht erwähnt, gilt aber auch hier. Für Preisgrenzen wird das Zurückweisungsrecht durch § 386 HGB modifiziert: Es muss unverzüglich nach der Ausführungsanzeige ausgeübt werden und kann durch eine Deckungszusage des Kommissionärs abgewendet werden.

599 2. Der Kommissionär hat gemäß § 400 HGB das Recht zum Selbsteintritt, wenn das Kommissionsgut einen Börsen- oder Marktpreis hat. Den Selbsteintritt muss der Kommissionär zusammen mit der Ausführungsanzeige erklären (§ 405 I HGB). Dadurch kommt ein Kaufverhältnis zwischen ihm und dem Kommittenten zustande, das neben dem Kommissionsverhältnis besteht. Der Kommissionär behält nach § 403 HGB den Anspruch auf Provision. Für den Preis ist nach § 400 II-V HGB grundsätzlich der Börsen- oder Marktpreis maßgeblich; nach § 401 HGB kommt dem Kommittenten aber ein günstigerer Preis aus einem tatsächlichen oder möglicheren Deckungsgeschäft zugute.

600 3. Ein Direkterwerb durch T lässt sich erreichen, indem K beim Eigentumserwerb als Stellvertreter und Geheißperson des T auftritt. Damit verlässt K für das Erfüllungsgeschäft den Weg des Handelns in eigenem Namen und gibt den

Kommittenten preis. Eine verdeckte Stellvertretung im Sinne eines Geschäfts für den, den es angeht, kommt regelmäßig nicht in Betracht, da dem Dritten die Person des Eigentümers kaum gleichgültig ist.

Üblich ist der Weg über §§ 929 S. 1, 930 BGB, bei dem die Einigung und das Besitzkonstitut antizipiert werden. Möglich ist auch der Weg über ein Insichgeschäft des Kommissionärs, das nach § 181 BGB zulässig ist, da der Kommissionär seine Verpflichtung aus § 384 II HGB erfüllt. Beide Wege führen allerdings zu einem Zwischenerwerb für eine logische Sekunde. Daher erfasst eine in diesem Moment bestehende Beschlagnahme auch das Kommissionsgut.

4. Einer Pfändung der Kaufpreisforderung steht § 392 II HGB entgegen, da die Kaufpreisforderung aus dem Ausführungsgeschäft stammt und daher K und G gegenüber als Forderung des T gilt. Ob die Regelung auch der Pfändung des Bargeldes entgegensteht, ist umstritten. Die traditionelle h.M. lehnt eine analoge Anwendung der Vorschrift ab, da seinerzeit eine bewusst beschränkte Regelung getroffen wurde und Surrogate zwischenzeitlich in den Parallelregelungen des Transportrechts (§§ 422 II, 457 S. 2 HGB) einbezogen seien, in § 392 II HGB aber eben nicht. Die Schutzlücke sei als Konsequenz des Handelns im eigenen Namen auch hinnehmbar.[220] Die mittlerweile h.L. gewichtet die Schutzinteressen des Kommittenten höher, da Gläubiger bei Kommissionären wie Transporteuren typischerweise mit fremden Gütern rechnen müssten. Die in der Transportrechts-Reform mit den §§ 422 II, 457 S. 2 HGB getroffene Wertung sei daher im Kommissionsrecht zu übertragen.[221]

601

5. Nach § 392 II HGB sind Verfügungen des Kommissionärs zugunsten seiner Gläubiger ebenso unwirksam wie Vollstreckungsmaßnahmen der Gläubiger. Der Kommissionär kann ihnen die Forderung nicht zur Sicherung abtreten und er kann, wenn der Dritte sein Gläubiger ist, dessen Forderung nicht per Aufrechnung tilgen (§ 389 BGB).

602

Umgekehrt kann der Dritte nach h.M. seine Forderung gegen die des Kommissionärs aufrechnen, da er nicht nur als Gläubiger, sondern auch als Vertragspartner betroffen sei und insofern die Aufrechnungsmöglichkeit wie bei einer Vorausabtretung nach § 406 BGB behalten müsse.[222] Die Gegenansicht schränkt diese Möglichkeit auf konnexe Forderungen ein und wendet im Übrigen § 392 II HGB an, da der Dritte insoweit ein Gläubiger wie jeder andere sei.[223]

603

---

[220] BGH v. 26.9.1980 – I ZR 119/78 = BGHZ 79, 89; OLG Hamm v. 7.10.2003 - 27 U 81/03 = ZIP 2003, 2262, zustimmend z.B. Häuser in MK-HGB, § 392 Rn 45; Hübner, Rn 900 ff.
[221] Baumbach/Hopt, § 392 Rn 7; Canaris, HR, § 30 Rn 81 ff.; Oetker, § 9 Rn 21; W.-H. Roth in Koller/Roth/Morck, § 392 Rn 5; Karsten Schmidt, HR, § 31 V 4 c.
[222] BGH v. 19.11.1968 – VI ZR 215/66 = NJW 1969, 276; Baumbach/Hopt, § 392 Rn 12; Canaris, HR, § 30 Rn 77 ff.; Oetker, § 9 Rn 20; Petersen, Jura 2003, 748; W.-H. Roth in Koller/Roth/Morck, § 392 Rn 6.
[223] Fezer, Klausurenkurs im Handelsrecht, Fall 21; Karsten Schmidt, HR, § 31 V 4 b.

604 6. Auch ein Handelsvertretervertrag unterliegt grundsätzlich dem von den Parteien gewählten Recht (vgl. Art. 3 Rom I-VO). Diese Rechtswahlfreiheit ist aber im Hinblick auf besonders wichtige, international zwingende Normen eingeschränkt (vgl. Art. 9 Rom I-VO). In diesem Sinne hat der EuGH im (englischen) Originalfall entschieden: „Artikel 17 und 18 der Richtlinie ..., die dem Handelsvertreter nach Vertragsbeendigung gewisse Ansprüche gewähren, sind auch dann anzuwenden, wenn der Handelsvertreter seine Tätigkeit in einem Mitgliedstaat ausgeübt hat, der Unternehmer seinen Sitz aber in einem Drittland hat und der Vertrag vereinbarungsgemäß dem Recht dieses Landes unterliegt. Die zwingende Regelung der Artikel 17 bis 19 der Richtlinie bezweckt nämlich, über die Gruppe der Handelsvertreter die Niederlassungsfreiheit und einen unverfälschten Wettbewerb im Binnenmarkt zu schützen, so dass diese Bestimmungen einzuhalten sind, wenn der Sachverhalt einen starken Gemeinschaftsbezug aufweist."[224] Für Handelsvertreter, die außerhalb der EU tätig sind, sind die Vorschriften dagegen nach § 92c HGB nicht zwingend.

605 7. Die Regelung ist selbstverständlich, wenn beide Parteien den Handelsmakler beauftragen. Teilweise wird auch vertreten, dass die Vorschriften einen zumindest stillschweigenden Vertragsschluss voraussetzen. Die h.L. geht stattdessen von einem gesetzlichen Schuldverhältnis aus. Dabei wird § 98 HGB teils als gesetzliche Anordnung einer vertraglichen Schutzwirkung zugunsten Dritter gelesen und teils mit Schutzpflichten aufgrund beruflicher Stellung und in Anspruch genommenen Vertrauens (§ 311 III 2 BGB) erklärt.[225]

606 8. a) Mit dem Anlegen eines Sparbuchs entsteht ein Namenspapier mit Inhaberklausel i.S.d. § 808 BGB. Regelmäßig ist der namentlich Benannte auch Gläubiger der Einlagenforderung und gleichzeitig Inhaber des Sparbuchs, das ihm nach § 952 BGB gehört. Die Abtretung der Einlageforderung nach § 398 BGB geschieht regelmäßig unter Übergabe des Sparbuchs und Eintragung des Neugläubigers; sie ist aber auch sonst wirksam.
Die Bank muss nur an den Inhaber auszahlen und wird von der Leistungspflicht frei, wenn sie an einen Inhaber zahlt, der nicht der wahre Gläubiger der Einlageforderung ist (anders bei Vorsatz und grober Fahrlässigkeit, Art. 40 III WG analog).
b) Legen Eltern oder Verwandte Sparkonten im Namen von Kindern an, kann ein echter Vertrag zugunsten Dritter geschlossen sein. Das hängt aber von dem erkennbaren Willen bei Kontoeröffnung ab. Behalten Sie das Sparbuch ein, wollen sie im Zweifel selbst Gläubiger bleiben – zumindest zu Lebzeiten (§ 331 I BGB).[226]

---

[224] EuGH v. 9.11.2000 – C-381/98 = NJW 2001, 2007.
[225] Vgl. insg. z.B. Baumbach/Hopt, § 93 Rn 24, § 98 Rn 1 und § 99 Rn 1.
[226] Vgl. nur Grüneberg in Palandt, § 328 Rn 9a und § 331 Rn 2.

Beispiel: Kind K eröffnet im eigenen Namen ein Sparkonto, Vater V zahlt 60.000 € ein und nimmt das Sparbuch an sich. Nach dem Tod des V gibt Mutter M das Sparbuch nicht heraus. K hat hier einen Herausgabeanspruch aus § 985 BGB: Wenn keine greifbaren gegenteiligen Anhaltspunkte vorliegen, sollte K Gläubiger der Einlageforderung werden und ist damit nach § 952 BGB auch Eigentümer des Sparbuchs.[227]

9. Die Provisionsforderung ist in das Kontokorrent eingestellt und verliert damit ihre Selbstständigkeit. Daher ist eine Leistungsklage (a) oder Abtretung (c) unzulässig. Eine Feststellungsklage bleibt möglich. Das Feststellungsinteresse ergibt sich daraus, dass die Forderung streitig ist, und es ist auch prozessökonomisch, den Streit nicht in die Zukunft zu verlagern.[228]

607

10. Die Zusammensetzung des Saldos, die z.B. bei unterschiedlichen Zinsen oder Verjährungsfristen relevant werden kann, ist umstritten. Die Rechtsprechung geht von einer „verhältnismäßigen Gesamtaufrechung" aus, würde also die 1.200 €-Forderung pro rata anrechnen, so dass sich der Saldo aus Restforderungen i.H.v. 2.700, 3.600 und 4.500 € zusammensetzt. Die h.L. wendet §§ 366, 396 BGB analog an und würde die 1.200 €-Forderung auf die am schnellsten verjährende Juli-Forderung anrechnen (Restforderungen: 1.800, 4.000 und 5.000 €). Diese Lösung ist näher am Gesetz, regelmäßig sachgerechter und oft auch praktikabler, da meist die Zahl der „Reste" verringert wird.[229]

608

11. Mit dem Anerkenntnis des Saldos entsteht nach § 781 BGB eine neue, abstrakte Forderung. Nach der vor allem von der Rechtsprechung vertretenen Novationstheorie tritt sie an die Stelle der kausalen Saldoforderung. Nach der h.L. tritt sie gemäß § 364 II BGB erfüllungshalber neben die kausale Saldoforderung. Die wichtigste praktische Auswirkung des Streits hat der Gesetzgeber allerdings schon 1897 erledigt: Nach § 356 HGB bestehen die Sicherheiten an der anerkannten Saldoforderung fort. Das wird von den einen als bestätigende Durchbrechung der Novation verstanden und von den anderen als Absage.[230]

609

12. H kann nach § 812 I 1 (1), II BGB das Schuldanerkenntnis kondizieren und aufgrund der Kontokorrentabrede eine neue, korrekte Verrechnung (oder das Anerkenntnis seiner Verrechnung) verlangen.

610

13. Der Saldo eines Kontokorrents kann nach § 357 HGB gepfändet werden. Dabei wird aber nicht der Saldo zum Ende der Verrechnungsperiode zu Grunde gelegt, sondern der Zwischensaldo, der sich bei Zustellung des Pfändungsbeschlusses ergibt (Zustellungs- oder Tagessaldo). Das führt zur Beschlagnahme, nicht aber zur Unterbrechung der Rechnungsperiode, so dass der Gläubiger Zahlung erst zum Ende der Rechnungsperiode verlangen kann (str.). Ist der Gläubiger durch die Pfändung dieses Zwischensaldos noch nicht befriedigt, hat

611

---

[227] BGH v. 25.4.2005 – II ZR 103/03 = NJW 2005, 2222.
[228] Vgl. RG v. 3.10.1929 – VI 14/29 = RGZ 125, 411, 416.
[229] Vgl. nur Canaris, HR, § 25 Rn 20 ff.; Oetker, § 7 Rn 82; Karsten Schmidt, HR, § 21 IV 2.
[230] Vgl. nur Canaris, HR, § 25 Rn 28 ff.; Oetker, § 7 Rn 85; Karsten Schmidt, HR, § 21 V 1 b.

er die Möglichkeit, auch künftige Salden zu pfänden. Das schließt nach der Rechtsprechung Tagessalden beim Girokonto und auch in Anspruch genommene offene Kreditlinien mit ein.[231]

612　14. Die Einstellung von Forderungen in ein Kontokorrent bewirkt, dass die Forderungen nicht abgetreten werden können und wirkt insofern wie ein Abtretungsverbot. Gleichwohl steht § 354a HGB nicht entgegen, solange das Kontokorrent nicht missbräuchlich zur Umgehung eingesetzt wird, denn die Einschränkung der Verfügungsmöglichkeit ist systemimmanent.

8.5 Lösungshinweise: Übungsfälle

613　**Fall 1: Bordeaux gegen Rioja:**
Erlöschen der Kaufpreisforderung nach §§ 387, 389 BGB
Die Kaufpreisforderung könnte durch Aufrechung gemäß §§ 387, 389 BGB erloschen sein. D hat die Aufrechung erklärt. Fraglich ist aber, ob eine Aufrechnungslage bestand, da es an der Gegenseitigkeit der Forderungen fehlt, wenn die Kaufpreisforderung gemäß § 392 II HGB im Verhältnis zwischen T und K oder dessen Gläubigern als Forderung des T gilt.

1. Dazu müsste ein wirksames Kommissionsverhältnis bestehen und die Kaufpreisforderung in Ausführung des Kommissionsgeschäfts entstanden sein. K ist Kaufmann und verkauft den Rotwein für T kommissionsweise. Da er auch sonst mit Wein handelt, ist anzunehmen, dass er gewerblich Kommissionsgeschäfte tätigt; aber auch wenn nur eine Gelegenheitskommission vorliegt, sind die §§ 383 ff. HGB nach § 406 I 2 HGB anwendbar. Somit liegt ein Kommissionsgeschäft vor und die Kaufpreisforderung ist im Rahmen dieses Geschäfts entstanden. Daher gilt sie gemäß § 392 II HGB im Verhältnis zwischen T und K sowie zwischen T und den Gläubigern des K als Forderung des T. Fraglich bleibt daher, ob D mit seinen Forderungen aus § 339 BGB und § 346 I BGB Gläubiger im Sinne dieser Vorschrift ist oder als Vertragspartner insoweit eine Sonderstellung genießt.

614　2. Die Forderung i.H.v. 500 €, die aus der verspäteten Bordeaux-Lieferung resultiert, ist eine konnexe Forderung und betrifft den D in erster Linie als Vertragspartner des K. Daher steht die Forderung i.H.v. 500 € der Kaufpreisforderung aufrechenbar gegenüber. Beide sind mit der Aufrechnungserklärung daher untergegangen.

615　3. Die Forderung i.H.v. 1.800 € betrifft ein ganz anderes Geschäft und ist daher eine inkonnexe Forderung. Hier ist die Situation umstritten (s.o.Rn 603). Ein Teil der Lehre sieht D hier wie jeden anderen Gläubiger auch, ordnet die Kaufpreisforderung insoweit nach § 392 II HGB dem T zu und verneint entsprechend die Ge-

---

[231] BGH v. 30.6.1982 – VIII ZR 129/81 = BGHZ 84, 325; BGH v. 29.3.2001 – IX ZR 34/00 = BGHZ 147, 193.

genseitigkeit der Forderungen. Die herrschende Meinung zählt die Vertragspartner auch insoweit nicht zu den Gläubigern i.S.d. § 392 II HGB und belässt ihnen die Aufrechnungsmöglichkeit, solange sie sich die Gegenforderung nicht arglistig verschafft haben. Dafür spricht insbesondere die Parallele zu dem Fall einer Vorausabtretung, bei der dem Schuldner die Aufrechnungsmöglichkeit auch nach § 406 BGB grundsätzlich erhalten bleibt. Danach besteht auch insoweit eine Aufrechnungslage. Die Kaufpreisforderung geht daher auch i.H.v. 1.800 € nach § 389 BGB unter.

Nicht gefragt war nach den Ansprüchen des T gegen K: T kann nach § 384 II HGB die Abtretung der Restkaufpreisforderung verlangen, im Übrigen ist K gemäß § 275 I BGB wegen des Untergangs der Kaufpreisforderung von seiner Leistungspflicht befreit. Da durch die Aufrechnung seine Altverbindlichkeit getilgt ist, hat K infolge der Unmöglichkeit einen Ersatz erlangt und ist nach § 285 BGB ausgleichspflichtig. Ob wegen § 392 II HGB ein bereicherungsrechtlicher Ausgleichsanspruch analog § 816 II BGB hinzutritt, ist umstritten.[232] Ob K nach §§ 275 IV, 280 I, III, 283 BGB zum Schadensersatz statt der Leistung verpflichtet ist, hängt davon ab, ob er die Unmöglichkeit zu vertreten hat. 616

Fall 2: Alte Bibeln: Ansprüche der E 617
I. Anspruch gegen D auf Herausgabe der Bibeln aus § 985 BGB
E hat gegen D einen Herausgabeanspruch aus § 985 BGB, wenn sie noch Eigentümerin der Bibeln ist und D Besitzer ohne Recht zum Besitz. D könnte das Eigentum aber gutgläubig von K nach §§ 929 S. 1, 932 BGB, 366 I HGB erlangt haben. K hat sich in Erfüllung des Kaufvertrags mit D darüber geeinigt, dass D Eigentümer werden solle, und ihm die Bibeln übergeben. Dabei war er aber weder Eigentümer noch durch die Eigentümerin zur Veräußerung ermächtigt, so dass nur ein gutgläubiger Erwerb in Betracht kommt. D glaubte nicht, dass K Eigentümer war, glaubte aber daran, dass K als Kommissionär verfügungsbefugt sei. Das reicht nach § 366 I HGB aus, denn K ist als Antiquar Gewerbetreibender, es ist nach § 1 II HGB davon auszugehen, dass er Kaufmann ist, und die Veräußerung erfolgte auch im Rahmen seines Handelsgewerbes. Schließlich waren die Bibeln E auch nicht abhanden gekommen, § 935 I BGB. Daher hat E das Eigentum an D verloren und kann die Bibeln nicht herausverlangen.

II. Ansprüche gegen T auf Herausgabe des Kaufpreises 618
1. Anspruch aus §§ 675, 275 I, IV, 285 BGB
T könnte zunächst aus § 285 BGB zur Herausgabe verpflichtet sein. T hatte der E einen Gegenstand zu leisten, denn er war aufgrund des Geschäftsbesorgungsvertrags nach §§ 675, 667 BGB verpflichtet, die Bibeln als das zur Ausführung Erhaltene zurückzugeben. Diese Rückgabe ist durch die Weiterveräußerung an D unmöglich geworden, falls T die Bibeln nicht von D zurückerlangen kann (§ 275 I BGB).

---
[232] Vgl. nur Canaris, HR, § 30 Rn 80 und 89 ff.

Fraglich ist allerdings, ob T infolge des Umstands, der zu seiner Leistungsbefreiung geführt hat, den Kaufpreis erhalten hat, denn die Weiterveräußerung erfolgte durch K und K hat den Kaufpreis an T weitergeleitet. Dieser Zwischenschritt hindert die Anwendung des § 285 BGB aber nicht, denn es genügt, dass das unmöglichkeitsbegründende Ereignis und das zum Ersatz führende Ereignis eine wirtschaftliche Einheit bilden. Davon ist in einem solchen Kommissionsfall auszugehen, zumal nach § 392 II BGB der Anspruch auf den Verkaufserlös im Innenverhältnis bereits dem T zusteht. Daher kann E von T den erlangten Kaufpreis nach § 285 BGB herausverlangen.

619 2. Anspruch aus §§ 687 II 1, 681, 667 BGB
Ein Herausgabeanspruch könnte sich auch aus angemaßter GoA ergeben. T hat durch das Kommissionsgeschäft ein Geschäft der E wie ein eigenes geführt, obwohl er wusste, dass er dazu nicht berechtigt war. Nach § 687 II 1 BGB kann E daher u.a. die Ansprüche aus § 681 S. 2 BGB geltend machen und damit auch dasjenige herausverlangen, was T durch die Geschäftsführung erlangt hat. Das ist bei der gebotenen wirtschaftlichen Betrachtungsweise wiederum der von K ausgekehrte Kaufpreis.

620 3. Anspruch aus § 816 I 1 BGB
Fraglich ist schließlich, ob sich ein Herausgabeanspruch auch aus § 816 I 1 BGB ergibt, denn nicht T hat durch die Übereignung der Bibeln als Nichtberechtigter verfügt, sondern K. Daher ist umstritten, gegen wen sich der Kondiktionsanspruch richtet.[233] Die traditionell h.M. sieht den Kommissionär als einzigen richtigen Kondiktionsschuldner, da er in eigenem Namen verfügt.[234] Freilich ist der Kommissionär regelmäßig aufgrund der Weiterleitung des Kaufpreises nach § 818 III BGB entreichert.[235] Teilweise wird angenommen, § 816 I 1 BGB gestatte die Abschöpfung der Bereicherung beim Kommissionär und Kommittenten, da ersterer der Verfügende sei und letzterem der bereicherungsrechtliche Eingriff zuzurechnen sei.[236] Eine vordringende Gegenansicht sieht nur den Kommittenten als richtigen Kondiktionsschuldner, da § 392 II HGB den Erlös ihm zuordne und allgemein die Person des Bereicherten und nicht die des Eingreifenden entscheide.[237]
Demnach hat E gegen T nach der zweiten und dritten Meinung auch aus § 816 I 1 BGB einen Herausgabeanspruch.

Hinzu kommen Schadensersatzansprüche gegen T wegen der Vertragsverletzung (§ 280 I BGB), Eigentumsverletzung (§ 823 I BGB) und Unterschlagung (§ 823 II BGB i.V.m. § 246 StGB).

---

[233] Offen BGH v. 1.3.1967 – VIII ZR 247/64 = BGHZ 47, 128.
[234] OLG Hamburg v. 12.3.1954 – 1 U 177/53 = MDR 1954, 356; OLG Karlsruhe v. 6.7.2000 – 9 U 159/99, = WM 2003, 584; Baumbach/Hopt, § 392 Rn 4; Sprau in Palandt, § 816 Rn 11.
[235] So insb. BGH v. 1.3.1967 – VIII ZR 247/64 = BGHZ 47, 128.
[236] Vgl. nur Karsten Schmidt, HR, § 31 V 2 c bb m.w.N.
[237] Vgl. nur Canaris, HR, § 30 Rn 89 ff. m.w.N.

Fall 3: Die letzte Materiallieferung: 621
Anspruch des W gegen B aus § 765 I BGB
Die Bürgenhaftung des B setzt zunächst ein wirksames Bürgschaftsverhältnis und eine wirksame Hauptforderung voraus.

I. Bürgschaftsvertrag: Der Bürgschaftsvertrag wurde telefonisch abgeschlossen und könnte daher gemäß § 125 BGB nichtig sein, da er nicht der Schriftform der §§ 766, 125, 126 BGB entsprach. § 766 BGB findet nach § 350 HGB keine Anwendung, wenn die Bürgschaft für B ein Handelsgeschäft darstellt. B ist als Subunternehmer eines Bauunternehmers Gewerbetreibender und nach § 1 II HGB ist von seiner Kaufmannseigenschaft auszugehen. Die Bürgschaftsübernahme erfolgte zur Sicherung von Folgeaufträgen und damit im Rahmen seines Gewerbes. Daher stellt sie für B ein Handelsgeschäft dar und ist nach § 350 HGB nicht formunwirksam.

II. Hauptforderung: B hatte sich ursprünglich für die Kaufpreisforderung i.H.v. 500.000 € verbürgt. Fraglich ist aber, wie es sich auf die Bürgschaft auswirkt, dass diese Forderung in das Kontokorrent aufgenommen wurde, und die Rechnungsperiode mittlerweile mit einem Saldoanerkenntnis abgeschlossen ist. Nach § 356 I BGB bleiben Bürgschaften und andere Sicherungen auch nach dem Saldoanerkenntnis in Kraft; das gilt unabhängig von dem Streit um die Novationstheorie (s.o. Rn 609). Der Gläubiger kann nach Anerkenntnis aus der Sicherheit Befriedigung suchen, soweit sich die gesicherte Forderung und der anerkannte Saldo decken. W hat gegen B also einen Anspruch aus § 765 I BGB i.H.v. 260.000 €.

III. Einrede der Vorausklage: Der Anspruch ist auch durchsetzbar, denn § 771 BGB gilt gemäß § 349 HGB nicht, da die Bürgschaftsübernahme für B ein Handelsgeschäft war (s.o.).

8.6 Lösungshinweise: Kommentararbeit 622

1. Ja, da der Kommissionär in eigenem Namen handelt, ist grundsätzlich seine Kenntnis entscheidend. § 166 II BGB ist nicht generell analog anzuwenden (str., vgl. § 283 Rn 20).

2. Der Kommissionsvertrag ist Geschäftsbesorgungsvertrag nach § 675 BGB. Die Vorschrift verweist auf das Auftragsrecht, nimmt dabei die Regelung über die Widerruflichkeit (§ 671 BGB) aber gerade aus. Wenn in § 405 III HGB von Widerruf gesprochen wird, ist damit die Kündigung nach allgemeinen Regeln gemeint, d.h. nach §§ 649 und 314 BGB, wenn der Vertrag Werkvertragscharakter hat, und nach §§ 626, 627 BGB, wenn er Dienstvertragscharakter hat (vgl. § 383 Rn 12).

3. Der An- und Verkauf von Wertpapieren in eigenem Namen für fremde Rechnung ist nach § 383 HGB ein Kommissionsgeschäft. Effektengeschäfte bilden heute sogar einen praktischen Schwerpunkt des Kommissionsrechts (§ 383

Rn 4). Für sie gelten neben den §§ 383 ff. HGB gegebenenfalls das DepotG und besondere Banken-AGB (§ 383 Rn 8, abgedruckt und kommentiert unter (8) AGB-WP-Geschäfte).

4. Ja, vgl. § 84 Rn 8.

5. Vgl. § 89b Rn 4 f. und § 84 Rn 12: Die Vorschrift gilt insb. für Vertragshändler, Franchisenehmer und Kommissionsagenten entsprechend, wobei sich aber Besonderheiten bei der Berechnung ergeben können.

6. Da es sich um einen grenzüberschreitenden Transport handelt, gilt vorrangig die CMR, vgl. § 407 Rn 10 und (19) CMR Einl Rn 1. Wie bei anderen internationalen Abkommen ist darauf zu achten, dass sie nicht „national", sondern aus sich heraus, autonom auszulegen ist. Lücken sind unter Rückgriff auf das berufene nationale Recht (vgl. Art. 3, 4 RomI-VO) zu schließen; vgl. (19) CMR Einl Rn 2.

7. Vgl. BankGesch (7) Rn D 1 ff. und Rn K 1ff.

8. Ja, das ist zwar nicht in § 356 HGB geregelt aber besonders praxisrelevant (vgl. § 356 Rn 3).

Stichwortverzeichnis

Die Verweise beziehen sich auf die Randnummern des Buches.

A

Abbuchungsauftrag 345
Ablieferung 288, 290, 588
Abschlussvertreter 315
Abschreibung 135
Abstrakte Schadensberechnung........ 286
Abtretungsverbot................... 253 ff., 563
Abwicklungsgeschäft 306, 309
Abzahlungskäufe............................... 570
Ad hoc-Publizität 141
ADHGB 7, 249, 379
ADSp...334
ADWO 7, 380
AG...................................... 12, 90
AGB 231, 232, 552, 578
Aliud 289, 295, 579, 580
Anfechtung.. 541
Annahmeverzug 279
Anscheinshandlungsvollmacht......... 211
Anteilskauf..................... 158, 166, 169
Antizipiertes Besitzkonstitut 312
Arbeitsrecht....................................... 378
Arbitrage 566
ARGE.. 415
Art 62
Arthandlungsvollmacht 214, 527
asset deal 157
Ausführungsgeschäft................ 306, 308
Ausgleichsanspruch.......................... 321
Außendienst 314, 512
Außenverhältnis 184, 200
Ausweiskontinuität........................... 440

B

Banken-AGB...................... 342, 337
Bankgeschäfte............................. 337 ff.
Befriedigungsrecht 270, 550
Beiderseitige Handelsgeschäfte 228
Bekanntmachung 100
Berufsmäßigkeit................................. 54
Besitzkonstitut 312, 600
Bestätigungsschreiben .... 237 ff., 540 ff., 552 f., 555
Bestimmungskauf 574
Betreiber 80, 402
Betriebsaufspaltung 159, 402
Bevollmächtigung............................. 188
Bewertung 135, 440
Bewertungsstetigkeit 440
Bewertungsvorsicht 440
BGB-Gesellschaft............................... 83
Bietergemeinschaft 414
Bilanz .... 133 ff., 440 ff.
Bilanzierungsverhalten 135
Bilanzklarheit 440
Bilanzkontinuität 440
Bilanzrecht .... 126 ff., 440 ff.
Bilanzwahrheit......................... 139, 440
Bildzeichen....................................... 113
Buchführung............................... 60, 130
Buchführungspflicht.......................... 63
Bundesanzeiger 100
Bundesoberhandelsgericht........... 7, 380
Bürgschaft 246, 621

C

Canaris 384
CISG 298, 579, 581
CMR 333, 622
Code de Commerce 6, 39, 379, 382

D

Dauerauftrag 347
Dauerhaftigkeit 50
Deckungszusage 366
Deklaratorische Eintragung . 68, 197, 432
Depotstimmrecht 341
Direktanspruch 368
Direktlieferung 288, 587
Doppelkarte 366
Drittschadensliquidation 310
Due Diligence 162
Duldungsvollmacht 211
Durchlieferung 288, 587
Dürftigkeitseinrede 499

E

E-Geld 342
EC-Karte 342
Effektengeschäfte 622
EU-Vertrag 22
Eigentumsvorbehalt 253
Einfirmenvertreter 315
Eingerichteter und ausgeübter
    Gewerbebetrieb 154, 474
Einkaufskommissionär 308
Einlagengeschäft 339
Einrede der Vorausklage 247
Eintragungsverfahren 433
Einzelhandlungsvollmacht 216
Einzelkaufleute 42
Einzugsermächtigung 345
Entgelte 249
Entgeltlichkeit 27, 52, 250, 400
Erbenhaftung 175, 499
Erlaubtheit 54

Erlöschen der Prokura .... 207 f.

Ertragslage 480
Erwerberhaftung .... 168 ff.
EuGH 23
EuGVVO 248
EU-Recht .... 22 ff., 385
Europäische Aktiengesellschaft 90
Europäisches Handelsgesetzbuch 385
EWIV 90
EXW 231

F

Factoring 253
Fälligkeit 8
Fälligkeitszinsen 8, 252, 557
Fallprüfung 31
Falschlieferung 289, 295
Fiktivkaufmann 75
Filialprokura .... 206 f.
Firma 110
Firmenbeständigkeit 115, 117
Firmenbildung .... 111 f.
Firmeneinheit .... 437 f.
Firmenfortführung .... 116, 172 ff., 481 f.
Firmenkern 482
Firmenschutz 118
Firmenwahrheit 114, 115
FOB 231
Forderungsübergang . 174, 364, 483, 493
Formfreiheit 247
Frachtvertrag 327
Franchising 325
Freiberufler 53, 401

G

Gattungsvollmacht 214
Geldkarte 342
Genehmigung 295
Generalhandlungsvollmacht .. 212 f., 511

Generalvollmacht 511
Genossenschaften 90
Genossenschaftsregister 98
Gerichtsstandsvereinbarung 248, 394
Gesamtprokura 204, 510
Gesamtvertretung 509
Geschäftsaufgabe 402
Geschäftsbezeichnung 110, 122
Geschäftsmittlung............................. 304
Gesellschaftsgründung .... 177 ff.
Gesellschaftsrecht............................. 377
Gesetzliche Pfandrechte ... 266, 547, 565
Gewerbe 43, 47
Gewerbeordnung................................. 43
Gewinn- und Verlustrechnung . 133, 137
Gewinnerzielung 27
Gewinnerzielungsabsicht 51, 400
Gewohnheitsrecht............. 230, 237, 440
Girogeschäft 342
Girovertrag...........................345
GmbH................................. 12, 89
Goldschmidt 384
Grundhandelsgeschäfte 361
Grundlagengeschäft................. 201, 508
Grundsätze ordnungsgemäßer
 Buchführung 130, 440
Grundstücksbelastung 201
Grundstücksveräußerung................. 201
Gutgläubiger Erwerb 259, 546, 563, 617

H

Haftungskontinuität...................... 168 ff.
Handelsbilanz....................... 133, 136
Handelsbrauch............. 20, 25, 230, 566
Handelsbücher................................... 128
Handelsgeschäft 226
Handelsgesellschaften 12, 42, 82, 377
Handelskammer................................. 231
Handelskauf 276
Handelsklauseln 231
Handelsmakler......................... 322, 605
Handelsniederlassung............... 438, 473
Handelsregister............................ 96, 98

Handelsstand ... 10, 38, 53, 98, 229, 304,
 374, 378
Handelsvertreter 313, 604
Handelsvertreterrichtlinie ... 22, 385, 604
Händlerregress................................. 582
Handlungsgehilfe....................... 378, 512
Handlungsvollmacht............... 188, 211
Hanse.. 5
Hinterlegung..................................... 280

I

IAS-Verordnung............................... 143
Incoterms 25, 31, 231, 386
Industrie- und Handelskammer... 63, 386
Inhaberwechsel......... 117, 169, 177, 522
Inkonnexe Forderungen... 547, 565, 603,
 615
Innenverhältnis 184, 200, 369, 618
Insichgeschäft 600
Insolvenz 209, 471, 482, 543
Insolvenzfähigkeit 471
Insolvenzverfahren 402, 482
International Accounting Standards . 143
Internationale Handelskammer 386
Internationaler Transport 333
Internationaler Warenkauf............... 296
Internationalität 24, 31, 231, 249
Inventar... 132
Inzahlungnahme .... 526 ff.
Irreführungsverbot.......................114 f.
Istkaufmann .... 57 ff.
IWF 24, 329

J

Jahresabschluss................... 133 ff., 202

K

Kammern für Handelssachen............ 383
Kannkaufmann 69
Kauffrau... 40
Kaufmann 38, 40, 398
Kaufmännische Einrichtung ....59 f.

Kaufmännisches Bestätigungsschreiben .... 237 ff., 540 ff., 552 ff.
Kennzeichnungskraft 113
Kfz-Haftpflichtversicherung 367
KG 12, 83
Kleingewerbe .... 59 ff., 69 ff.
Kleingewerbetreibende. 256, 403 f., 406, 545, 577
Kommission .... 304 ff., 598 ff.
Kommissionsagent 323
Kommissionsgeschäft 304
Kommissionsverhältnis .... 306 f.
Kommunale Eigenbetriebe 52
Konnexe Forderungen 547, 603, 614
Konstitutive Eintragung 69, 432
Kontokorrent .... 351 ff., 607 ff., 621
Konventionalstrafe 244
Konzernrechnungslegung 142
Kreditgeschäft 340
Kreditinstitute 338
Kreditkarte 342, 347
Kreditschädigung 152
Kreditwesengesetz 337
Kundenkarte 345

L

Ladenvollmacht 188, 219, 528, 531
Lagebericht 140
Lagergeld 252
Landwirtschaft 74, 407, 426
Lastenfreier Erwerb 266
Lastschrift 342, 347
Laufende Rechnung 352
Leasing 570
Leerübertragung 466
Limited 439
Logistik 326

M

Mangel .... 163 ff., 287 ff., 577, 586 ff.
Mängelrüge 33, 287, 512
Marken 122
MarkenG 147

Maßgeblichkeitsprinzip 136
Merkantilordnung 5
Missbrauch der Vertretungsmacht 203
Missbrauch von Zahlungsdiensten ... 349
Mittelbare Stellvertretung. 190, 224, 264
Multimodaler Transport 332

N

Namen 121
Namensfunktion 113
Nebenbetrieb 407
Negative Publizität 103
Niederstwertprinzip 440
Novation 358, 609
Nürnberger Konferenz 380

O

Offene Mängel 292
Offenlegung 141
OHG 12, 83
Ordonnance de Commerce 6
Organschaftliche Vertretung 187, 196

P

Partnerschaftsregister 98
PayPal 342
Personengesellschaften 83
Personenversicherung 361
Persönlichkeitsrecht 490
Pfandrecht 259, 266, 268, 547, 565
Pfändung 472, 601, 611
Pfandverkauf 270, 548
Planmäßigkeit 50
Positive Publizität 104
Prämienzahlung 366
Privatgeschäfte 226
Prokura .... 103, 193 ff., 416, 450 ff., 505 ff., 515 ff.
Provision 252, 318, 322
Prüfung 140
Publizität 30, 75, 96, 141

Publizitätsrichtlinie 22, 385

R

Realisationsprinzip.......................... 440
Rechnungsabgrenzungsposten 135
Rechnungseinheiten 329
Rechnungslegung............................. 125
Rechnungswesen.............................. 127
Recht am Unternehmen................... 153
Rechtsformzusatz 116, 458, 482
Rechtsgeschäftslehre 229
Rechtsmangel 163, 577
Rechtsscheinhaftung 409, 435, 458
Registerpublizität 101, 452, 459
Reichsgericht....................................... 7
Reichsjustizgesetze 380
Reichsoberhandelsgericht 7, 380
Relativität der Rechtsbegriffe........... 150
Richtlinie...................... 22 f., 385, 604
Rosinentheorie 456
Rückstellungen........................ 135, 448
Rüge.. 292
Rügeobliegenheit 330, 332, 577

S

Sachmangel ..... 163 ff., 480, 577, 586 ff.
Saldoanerkenntnis 356, 609
Saldoverzinsung 353
Sammelverwahrung......................... 341
Schadensberechnung........................ 286
Schadensversicherung..................... 361
Scheinkaufleute 545
Scheinkaufmann. 77, 409, 420, 435, 577
Schiedsvereinbarung 248, 566
Schmidt 384
Schuldanerkenntnis 247
Schuldversprechen 247, 344
Schweigen 235, 538, 541, 554
Seehandel 15
Selbstständig 48, 314, 438
Selbsteintritt 599
SEPA 342
share deal 158, 169

Sicherungsabtretung 253
Sichtkontrolle 291
Sitz..473
Sonderprivatrecht 3
Sonderziehungsrechte......................329
Sorgfaltsanforderungen 29
Sozialversicherung 361
Sparbuch..606
Sparkassen.......................................338
Spezialhandlungsvollmacht.............216
Spezifikationskauf 574
Stadtrechte..5
Stadtwerke.......................................399
Staffelkontokorrent..........................355
Staub..384
Stellvertretung .... 184 ff., 502 ff.
Steuerbilanz.....................................136
Steuerrecht................................. 43, 63
Stichproben 291, 589
stille Reserven 135
Summenverwahrung........................339
Surrogate 601

T

Tausch 570
Tonfolgen 113
Transportrecht 327
true and fair view............................139

U

Überweisung.......................... 342, 347
Umdeutung 192, 194, 519
Umfang..62
Umzug 331
UN-Kaufrecht 24, 31, 297, 381, 579
Unrichtige Eintragung 436
Unternehmen 148
Unternehmensgegenstand 520
Unternehmensgesetzbuch 382
Unternehmenskauf.................... 156, 170
Unternehmenskennzeichen 122
Unternehmenskern...........................482
Unternehmenspacht 159, 172

Unternehmensregister........... 96, 98, 141
Unternehmensstrafbarkeit 471
Unternehmensträger 149, 471
Unternehmensveräußerung.............. 498
Unternehmer................. 44, 398
Unterscheidungskraft 113, 119
Untersuchung................ 589
Unverzüglich................ 540

V

Veranlassungsprinzip 435
Verbraucherschutzrecht... 44 f., 248, 336 536, 571
Verbrauchsgüterkauf-Richtlinie 298, 579, 582
Verfügungsbefugnis .... 261 ff.
Verkaufsbefriedigung..................... 550
Verkaufskommissionär.................... 308
Verkehrsgeltung................ 123
Verleumdung................486 ff.
Verlustrisiko................. 540
Vermittlungsvertreter 315
Vermögensverwaltung 49
Verordnung................ 22
Verpfändungsklauseln................ 259
Versicherungsbedingungen 362
Versicherungsgeschäft 361
Versteckte Mängel 293
Vertragshändler................ 324
Vertragsstrafe................ 244
Vertrauensschutz................ 30, 96
Vertriebssystem................ 304, 324
Verzögerungsrisiko 540
Verzugszinsen................ 557
Vollständigkeitsgebot...................... 440

Vollstreckungsbefriedigung.............. 550
Vorausabtretungsfiktion 311
Vorgesellschaften 411
Vorsichtsprinzip 139, 448

W

Wahlrecht 434, 456, 544
Wahlschuld................... 574
Wechselordnung................ 7
Weisungen................ 598
Weltbank 24
Werklieferung................ 570
Wertpapiere................ 303, 344
Wettbewerbsverbot................317, 479
Wirtschaftsrecht................ 3
WTO................ 24, 31

Z

Zahlungsauthentifizierung.............349
Zahlungsdienst.........................342
Zahlungsdienstevertrag...............345
Zahlungskarte 342
Zinsen................ 249, 252
Zinseszins-Verbot................ 353
Zug-um-Zug-System................ 269
Zuliefervertäge 594
Zurechnungsprinzip................ 108
Zurückbehaltungsrecht................ 269
Zusammensetzung des Saldos 608
Zuviellieferung................ 579
Zuweniglieferung 289, 295, 586
Zweigniederlassung................ 438, 473
Zweigniederlassungsrichtlinie.... 22, 385

MIX
Papier aus verantwortungsvollen Quellen
Paper from responsible sources
FSC® C105338

If you have any concerns about our products,
you can contact us on
ProductSafety@springernature.com

In case Publisher is established outside the EU,
the EU authorized representative is:
**Springer Nature Customer Service Center GmbH
Europaplatz 3, 69115 Heidelberg, Germany**

Printed by Libri Plureos GmbH
in Hamburg, Germany